Reihe Rechtswissenschaft
Band 170

Bedeutung und Wirkung von Schriftformklauseln

Eine Untersuchung mit Bezug auf Individualvereinbarungen und Allgemeine Geschäftsbedingungen unter Einbeziehung des schweizerischen Rechts, des amerikanischen UCC sowie des UN-Kaufrechts

Siegfried Breitling

Centaurus Verlag & Media UG 1994

Die Deutsche Bibliothek – CIP-Einheitsaufnahme

Breitling, Siegfried:
Bedeutung und Wirkung von Schriftformklauseln : eine Untersuchung mit Bezug auf Individualvereinbarungen und Allgemeine Geschäftsbedingungen unter Einbeziehung des schweizerischen Rechts, des amerikanischen UCC sowie des UN-Kaufrechts / Siegfried Breitling. – Pfaffenweiler : Centaurus-Verl.-Ges., 1994
(Reihe Rechtswissenschaft ; BT 170)
Zugl.: Freiburg (Breisgau), Univ., Diss., 1993
ISBN 978-3-89085-904-0 ISBN 978-3-86226-298-4 (eBook)
DOI 10.1007/978-3-86226-298-4
NE: GT

ISSN 0177-2805

Satz: Vorlage des Autors

*"Nur die Schrift, nicht das Wort,
entkräftet die Schrift."*

(Johann Caspar **Bluntschli**,
Erläuterungen zu § 917 des Zürcherischen
Privatrechtlichen Gesetzbuches, 1855)

INHALTSVERZEICHNIS

ZWEITER TEIL
SCHRIFTFORMKLAUSELN IN ALLGEMEINEN GESCHÄFTSBEDINGUNGEN

SCHRIFTTUM

Achilles/Greiff (1937): Bürgerliches Gesetzbuch nebst Jugendwohlfahrtsgesetz, 14. Aufl. Berlin/Leipzig 1937

Adomeit (1969): Gestaltungsrechte, Rechtsgeschäfte, Ansprüche. Zur Stellung der Privatautonomie im Rechtssystem. Berlin 1969

Alternativkommentar: Kommentar zum Bürgerlichen Gesetzbuch (Reihe Alternativkommentare/hrsg. von *Wassermann*). Neuwied und Darmstadt 1979 ff

Anderson (1982): Uniform Commercial Code, 3. Aufl. Rochester N. Y./ San Francisco 1982

Bachmann (1949): Der Schiedsgutachter. Diss. Zürich 1949

Bähr (1855): Die Anerkennung als Verpflichtungsgrund. Cassel 1855

Baron (1890): Pandekten, 7. Aufl. Leipzig 1890

Baudenbacher (1987): Braucht die Schweiz ein AGB-Gesetz?, ZBJV 123 (1987), 505 ff

Bauer (1977): Der Schutz vor unbilligen Allgemeinen Geschäftsbedingungen (AGB) im schweizerischen Recht. Diss. Zürich 1977

Baumann (1980): Schriftformklauseln und Individualabrede, BB 1980, 551 f

Beitzen (1909): Abänderung und Aufhebung formbedürftiger Verträge. Diss. Heidelberg 1909

Bekker (1888): System und Sprache des Entwurfes eines Bürgerlichen Gesetzbuches für das Deutsche Reich. Berlin und Leipzig 1888

Bernard (1979): Formbedürftige Rechtsgeschäfte. Berlin 1979

Berner (1940): Die durch Rechtsgeschäft bestimmte Form. Diss. Rostock 1940

Berner Kommentar: Kommentar zum schweizerischen Zivilrecht. Bern 1910 ff. Seit 1964: Kommentar zum schweizerischen Privatrecht

Bianca/Bonell (1987): Commentary on the International Sales Law, The 1980 Vienna Sales Convention. Mailand 1987

Biedenkopf (1972): Rechtsfragen der Konzentration, ZBJV 108 (1972), 1 ff

Black (1990): Black's Law Dictionary, 6. Aufl. St. Paul, Minn. 1990

Blomeyer (1985): Zivilprozeßrecht - Erkenntnisverfahren, 2. Aufl. Berlin 1985

Bluntschli (1855): Privatrechtliches Gesetzbuch für den Kanton Zürich. Mit Erläuterungen, Bd. 3, Forderungen und Schulden. Zürich 1855

Bluntschli/Dahn (1864): Deutsches Privatrecht, 3. Aufl. München 1864

Boergen (1971): Die Effektivität vertraglicher Schriftformklauseln, BB 1971, 202 ff

Böhm (1979): Das Abgehen von rechtsgeschäftlichen Formgeboten, AcP 179 (1979), 425 ff

Borcherdt (1899): Das Miethsrecht. Breslau 1899

Brox (1992): Allgemeiner Teil des Bürgerlichen Gesetzbuchs, 16. Aufl. Köln/Berlin/Bonn/München 1992

Bucher, E. (1988): Schweizerisches Obligationenrecht. Allgemeiner Teil ohne Deliktsrecht, 2. Aufl. Zürich 1988

Bucher, E. (1991): Überblick über die Neuerungen des Wiener Kaufrechts; dessen Verhältnis zur Kaufrechtstradition und zum nationalen Recht, in: Wiener Kaufrecht / hrsg. von *Bucher, E.*, Bern 1991, 13 ff

Bucher, J. (1951): Die Erforschung der materiellen Wahrheit und ihre Grenzen nach dem Bundesgesetz über den Bundeszivilprozess vom 4. 12. 1947. Bern 1951

Buck (1904): Bedarf die nachträgliche Vereinbarung einer Herabsetzung des Mietzinses, wenn sie auf länger als ein Jahr gelten soll, der Schriftform des § 566 des bürgerlichen Gesetzbuchs?, GruchB 48 (1904), Nr. 30, 723 ff

Bülow (1881): Dispositives Civilprozeßrecht und die verbindliche Kraft der Rechtsordnung, AcP 64 (NF 14, 1881), 1 ff

Bülow (1899): Das Geständnisrecht. Freiburg/Leipzig/Tübingen 1899

Bunte (1981): Erfahrungen mit dem AGB-Gesetz - Eine Zwischenbilanz nach 4 Jahren -, AcP 181 (1981), 31 ff

Bunte (1982): Handbuch der Allgemeinen Geschäftsbedingungen. München 1982

***Bunte*:** Entscheidungssammlung zum AGB-Gesetz, Bd. 1 - 6. Heidelberg 1982 ff

Burckhardt (1939): Einführung in die Rechtswissenschaft. Zürich 1939

Büren, von (1964): Schweizerisches Obligationenrecht. Allgemeiner Teil. Zürich 1964

Bydlinski (1967): Privatautonomie und objektive Grundlage des verpflichtenden Rechtsgeschäfts. Wien 1967

Bydlinski (1982): Juristische Methodenlehre und Rechtsbegriff. Wien 1982

Caemmerer, von/Schlechtriem (1990): Kommentar zum einheitlichen UN-Kaufrecht. Das Übereinkommen der Vereinten Nationen über Verträge über den internationalen Warenkauf - CISG Kommentar. München 1990

Calamari/Perillo/Hadjiyannakis Bender (1989): Cases and problems on contracts, 2. Aufl. St. Paul, Minn. 1989

Coing (1985): Europäisches Privatrecht, Bd. 1, Älteres gemeines Recht (1500-1800). München 1985

Coing (1989): Europäisches Privatrecht, Bd. 2, 19. Jahrhundert. München 1989

Danz (1906): Die Auslegung der Rechtsgeschäfte. Zugleich ein Beitrag zur Rechts- und Tatfrage, 2. Aufl. Jena 1906

Däubler (1968): Rechtsgeschäftlicher Ausschluß der Veräußerlichkeit von Rechten?, NJW 1968, 1117 ff

Dehn (1908): Die Bedeutung mündlicher Nebenabreden bei formellen Verträgen nach bürgerlichem Rechte. Diss. Leipzig 1908

Dernburg (1894): Lehrbuch des Preußischen Privatrechts und der Privatrechtsnormen des Reichs, Bd. 1, Die Allgemeinen Lehren und das Sachenrecht des Privatrechts Preußens und des Reichs, 5. Aufl. Halle a. S. 1894

Dernburg/Biermann (1903): Pandekten, Bd. 2, Obligationenrecht, 7. Aufl. Berlin 1903

Dickhoff (1940): Die Rechtsnatur und Wirksamkeit von Beweisvereinbarungen im Zivilprozeß. Diss. Erlangen 1940

Dietlein/Rebmann (1976): AGB aktuell - Erläuterungen zum Gesetz zur Regelung des Rechts der Allgemeinen Geschäftsbedingungen. Köln 1976

Dölle (1936): Der Deutsche Einheitsmietvertrag. Hamburg 1936

Dölle (1976): Kommentar zum Einheitlichen Kaufrecht. Die Haager Kaufrechtsübereinkommen vom 1. Juli 1964. München 1976

Eberstein (1987): Die zweckmäßige Ausgestaltung von Allgemeinen Geschäftsbedingungen im kaufmännischen Geschäftsverkehr, 3. Aufl. Heidelberg 1987

Eck (1896): Erstes Buch, Allgemeiner Theil des Entwurfs eines Bürgerlichen Gesetzbuchs. Berlin 1896

Eisner (1969): Die Schriftformklausel in der Praxis, NJW 1969, 118 ff

Elsener (1969): Schweizerisches Privatrecht, Bd. 1, Geschichtliche Grundlegung, Rechtsschulen und kantonale Kodifikationen bis zum Schweizerischen Zivilgesetzbuch. Basel 1969

Enderlein/Maskow/Stargardt (1985): Kaufrechtskonvention der UNO (mit Verjährungskonvention). Berlin 1985

Engel (1973): Traité des Obligations en Droit Suisse. Dispositions générales du CO. Neuchâtel 1973

Enneccerus/Lehmann (1958): Lehrbuch des Bürgerlichen Rechts, Bd. 2, Recht der Schuldverhältnisse, 15. Aufl. Tübingen 1958

Enneccerus/Nipperdey (1959): Lehrbuch des Bürgerlichen Rechts, Bd. 1, Allgemeiner Teil des Bürgerlichen Rechts, 1. Halbband, 15. Aufl. Tübingen 1959

Enneccerus/Nipperdey (1960): Lehrbuch des Bürgerlichen Rechts, Bd. 1, Allgemeiner Teil des Bürgerlichen Rechts, 2. Halbband, 15. Aufl. Tübingen 1960

Erman (1963): Anm. zu BAG 4. 6. 1963 (5 AZR 16/1963) - AP Nr. 1 zu § 127 BGB, Bl. 983 f

Erman (1989): Handkommentar zum Bürgerlichen Gesetzbuch, Bd. 1, 8. Aufl. Münster 1989

Esser (1968): Globalzession und verlängerter Eigentumsvorbehalt, JZ 1968, 281 ff

Esser (1970): Schuldrecht, Bd. 1, Allgemeiner Teil, 4. Aufl. Karlsruhe 1970

Esser/Schmidt (1992): Schuldrecht, Bd. 1, Allgemeiner Teil, Teilbd. 1, 7. Aufl. Heidelberg 1992

Eugster (1926): Die Entstehung des schweizerischen Obligationenrechts vom Jahre 1883. Diss. Zürich 1926

Fehl (1979): Systematik des Rechts der Allgemeinen Geschäftsbedingungen; Die Auswirkungen des AGB-Gesetzes auf den Hypothekarkredit nach dem Hypothekenbankgesetz. Heidelberg 1979

Feltham (1981): The United Nations Convention on Contracts for the International Sale of Goods, JBL 24 (1981), 346 ff.

Fick (1911): Das schweizerische Obligationenrecht vom 30. März 1911, Titel 1-22 mit leicht fasslichen Erläuterungen, 1. Aufl. Zürich 1911

Fikentscher (1992): Schuldrecht, 8. Aufl. Berlin/New York 1992

Finger (1932): Die Umgestaltung nichtiger Rechtsgeschäfte. Berlin 1932

Fischer, M. (1952): Der Begriff der Vertragsfreiheit. Diss. Zürich 1952

Fischer, O. (1913): Konversion unwirksamer Rechtsgeschäfte, in: FS *Wach*, Leipzig 1913, 66 ff

Fischer, R. (1968): Anm. zu BGH 5. 2. 1968 (II ZR 85/1967 - BGHZ 49, 364 ff) - LM § 125 BGB, Nr. 28

Flume (1960): Rechtsgeschäft und Privatautonomie, in: FS Deutscher Juristentag, Karlsruhe 1969, 135 ff

Flume (1992): Allgemeiner Teil des Bürgerlichen Rechts, Bd. 2, Das Rechtsgeschäft, 4. Aufl. Berlin/Heidelberg/New York 1992

Förster (1865): Theorie und Praxis des heutigen gemeinen preußischen Privatrechts auf der Grundlage des gemeinen deutschen Rechts, Bd. 1. Berlin 1865

Forstmoser (1976): Allgemeine Geschäftsbedingungen und ihre Bedeutung im Bankverkehr, in: Rechtsprobleme der Bankpraxis / hrsg. von *Forstmoser*, Bern und Stuttgart 1976, 11 ff

Forstmoser (1982): Gesetzgebung und Gerichtspraxis zu den allgemeinen Geschäftsbedingungen in der Schweiz - Eine Standortbestimmung, in: Allgemeine Geschäftsbedingungen in Doktrin und Praxis / hrsg. von *Giger/Schluep*, Zürich 1982, 23 ff

Fränkel (1897): Das Miet- und Pachtrecht nach dem Bürgerlichen Gesetzbuch für das Deutsche Reich. Berlin 1897

Fuld (1898): Das Mietrecht nach dem Bürgerlichen Gesetzbuch für das Deutsche Reich. Leipzig 1898

Funk (1928): Handkommentar des Obligationenrechts. Aarau 1928

Furrer (1992): Heilung des Formmangels im Vertrag. Zürich 1992

Gareis (1900): Der Allgemeine Theil des Bürgerlichen Gesetzbuches. Berlin 1900

Gauch (1982): Vertrag und Parteiwille, in: Hundert Jahre schweizerisches Obligationenrecht, Jubiläumsschrift, Freiburg i. Ue. 1982, 343 ff

Gauch/Schluep (1991): Schweizerisches Obligationenrecht. Allgemeiner Teil, Bd. 1 und 2, 5. Aufl. Zürich 1991

Gautschi (1913): Beweislast und Beweiswürdigung bei freiem richterlichem Ermessen. Zürich 1913

Geldsetzer (1993): Einvernehmliche Änderung und Aufhebung von Verträgen. Baden-Baden 1993

Gerber, von/Cosack (1895): System des Deutschen Privatrechts, 17. Aufl. Jena 1895

Gernhuber (1976): Bürgerliches Recht. Ein systematischer Leitfaden in 50 Übersichten. Tübingen 1976

Gernhuber (1983): § 242 BGB - Funktionen und Tatbestände, JuS 1983, 764 ff

Gernhuber (1989): Das Schuldverhältnis. Tübingen 1989

Gernhuber (1991): Bürgerliches Recht, 3. Aufl. München 1991

Giger (1983): Geltungs- und Inhaltskontrolle Allgemeiner Geschäftsbedingungen. Zürich 1983

Guggenbühl (1924): Die Entstehung des zürcherischen privatrechtlichen Gesetzbuches. Diss. Zürich 1924

Guhl/Merz/Koller (1991): Das Schweizerische Obligationenrecht, 8. Aufl. Zürich 1991

Guldener (1946): Über dispositives Recht im zürcherischen Zivilprozess und eidgenössischen Betreibungsrecht, ZSR 65 (1946), 185 ff

Guldener (1955): Beweiswürdigung und Beweislast nach schweizerischem Zivilprozessrecht. Zürich 1955

Happek (1910): Wesen und Bedeutung des contrarius consensus nach römischem Recht und BGB, insbesondere bei erfüllten Verträgen, ArchBürgR 35 (1910), 404 ff

Hay (1987): Einführung in das amerikanische Recht, 2. Aufl. Darmstadt 1987

Heck (1929): Grundriß des Schuldrechts. Tübingen 1929

Hedemann (1935): Der Dresdner Entwurf von 1866. Berlin 1935

Heldrich, K. (1941): Die Form des Vertrages. Vorschläge zur Neugestaltung des Rechts auf Grund eines Referates, AcP 147 (1941), 89 ff

Hellwig (1900): Anspruch und Klagerecht. Jena 1900

Hellwig (1912): System des deutschen Zivilprozeßrechts, 1. Teil. Leipzig 1912

Helm (1978): AGB-Gesetz und Allgemeine Versicherungsbedingungen, NJW 1978, 129 ff

Henle (1924): Anm. zu RG 18. 12. 1923 (III 88/23) - JW 1924, 796

Henle (1926): Lehrbuch des Bürgerlichen Rechts, 1. Allgemeiner Teil. Berlin 1926

Henrich (1940): Formlose Aufhebung der Schriftformklausel bei Mietverträgen, DR 1940, 1268

Herber (1983): Wiener UNCITRAL-Übereinkommen über internationale Warenkaufverträge vom 11. April 1980. Köln 1983

Herber/Czerwenka (1991): Internationales Kaufrecht. Kommentar zu dem Übereinkommen der Vereinten Nationen vom 11. April 1980 über Verträge über den internationalen Warenkauf. München 1991

Herschel (1952): Der für die Umdeutung von Rechtsgeschäften maßgebliche Zeitpunkt, DRiZ 1952, 41 f

Herz (1934): Die Bedeutung der Form des Formalgeschäfts nach deutschem und schweizerischem Recht. Diss. Basel 1934

Heusler (1923): Der Zivilprozeß der Schweiz. Mannheim/Berlin/Leipzig 1923

Hieber (1954): § 140 BGB und das Grundbuchamt, DNotZ 1954, 304 f

Hillman (1988): Article 29 (2) of the United Nations Convention on Contracts for the International Sale of Goods: A New Effort at Clarifying the Legal Effect of "No Oral Modification" Clauses, Cornell Intl. L. J. 21 (1988), 449 ff

Hippel, von (1936): Das Problem der rechtsgeschäftlichen Privatautonomie. Tübingen 1936

Hirt (1943): Der Erlassvertrag im schweizerischen Recht. Diss. Basel 1943

Höfling (1991): Vertragsfreiheit: eine grundrechtsdogmatische Studie. Köln 1991

Hogan/Penney (1993): New York Annotations zum Uniform Commercial Code, in: Commercial Law 1993/94, Gold Book Bender Pamphlet Edition. New York 1993

Honnold (1989): Documentary History of the Uniform Law for International Sales. The studies, deliberations and decisions that led to the 1980 United Nations Convention with introductions and explanations. Deventer 1989

Honnold (1991): Uniform Law for International Sales under the 1980 United Nations Convention, 2. Aufl. Deventer 1991

Honsell (1990): Das Übereinkommen über den internationalen Warenkauf (Wiener Kaufrecht), Plädoyer 2 (1991), 38 ff

Huber, E. (1914): Formen im schweizerischen Privatrecht. Bern 1914

Huber, H. (1966): Die verfassungsrechtliche Bedeutung der Vertragsfreiheit. Berlin 1966

Huber, U. (1979): Der UNCITRAL-Entwurf eines Übereinkommens über internationale Warenkaufverträge, RabelsZ 43 (1979), 413 ff

Hübner (1985): Allgemeiner Teil des Bürgerlichen Gesetzbuches, 1. Aufl. Berlin/New York 1985

Hueck (1968): Formvorschriften für die Änderung von Gesellschaftsverträgen, DB 1968, 1207 ff.

Jackson/Bollinger (1980): Contract Law in Modern Society, Cases and Materials, 2. Aufl. St. Paul, Minn. 1980

Jauernig (1991): Bürgerliches Gesetzbuch. Mit Gesetz zur Regelung des Rechts der Allgemeinen Geschäftsbedingungen, 6. Aufl. München 1991

Johae (1931): Der Formzwang für die Aufhebung, Teilaufhebung und Änderung formbedürftiger Schuldverträge. Diss. Bonn 1931

Karollus (1991): UN-Kaufrecht, Eine systematische Darstellung für Studium und Praxis. Wien/New York 1991

Keller, F./Lewis (1866): Pandekten, Vorlesungen, Bd. 1, 2. Aufl. Leipzig 1866

Keller, M./Schöbi (1988): Allgemeine Lehren des Vertragsrechts, Bd. 1, 3. Aufl. Basel 1988

Knecht (1937): Die Beweisverträge im Zivilprozeß. Diss. Freiburg i. Br. 1937

Koch, C. F. (1878): Allgemeines Landrecht für die Preußischen Staaten, Bd. 1, 7. Ausg. Berlin 1878

Koch, E./Stübing (1977): Allgemeine Geschäftsbedingungen, Kommentar zum Gesetz zur Regelung des Rechts der Allgemeinen Geschäftsbedingungen. Neuwied/Darmstadt 1977

Kohler (1887): Über prozeßrechtliche Verträge und Kreationen, GruchB 31 (1887), 276 ff, 481 ff

Köndgen (1981): Selbstbindung ohne Vertrag. Zur Haftung aus geschäftsbezogenem Handeln. Tübingen 1981

König (1876/77): Zum Entwurf des Schweizerischen Obligationen- und Handelsrechts, ZBJV 12 (1876/77), 374 ff

Körnig (1972): Schriftformklausel und mündliche Abrede - Ein Beitrag zu § 125 Satz 2 BGB. Diss. München 1972

Kötz (1967): Anm. zu BGH 19. 9. 1966 (VIII ZR 106/1964) - JZ 1967, 288 ff

Krampe (1980): Die Konversion des Rechtsgeschäfts. Frankfurt a. M. 1980

Küchler (1972): Die Entwicklung der Zivilrechtspflege im Kanton Obwalden von 1867-1967. Diss. Freiburg i. Ue. 1972

Kuhlenbeck (1903): Das Bürgerliche Gesetzbuch für das Deutsche Reich nebst dem Einführungsgesetze, Bd. 1, 2. Aufl. Berlin 1903

Kummer (1942): Beiträge zur Lehre von der causa, insbesondere bei der Abtretung und beim Erlass von Forderungen. Diss. Bern 1942

Lange (1934): Vom alten zum neuen Schuldrecht. Hamburg 1934
Larenz (1989): Allgemeiner Teil des Deutschen Bürgerlichen Rechts, 7. Aufl. München 1989
Leuch (1956): Die Zivilprozessordnung für den Kanton Bern. 3. Aufl. Bern 1956
Liebs, D. (1987): Römisches Recht, 3. Aufl. Göttingen 1987
Liebs, D. (1991): Lateinische Rechtsregeln und Rechtssprichwörter, 5. Aufl. München 1991
Liebs, R. (1975): Die unbeschränkbare Verfügungsbefugnis, AcP 175 (1975), 1 ff
Lindacher (1982): Zur Vertretungsmachtbegrenzung durch formularmäßige Schriftform- und Bestätigungsvorbehaltsklauseln, JR 1982, 1 ff
Liver (1954): Der Wille des Gesetzes. Bern 1954
Liver (1955): Der Begriff der Rechtsquelle, ZBJV 91bis (1955), 1 ff
Locher (1990): Das Recht der Allgemeinen Geschäftsbedingungen, 2. Aufl. München 1990
Loewe (1899): Die Form der Rechtsgeschäfte im Bürgerlichen Gesetzbuch. Diss. Rostock 1899
Lorenz (1957): Das Problem der Aufrechterhaltung formnichtiger Schuldverträge, AcP 156 (1957), 381 ff
Löwe/Westphalen, von/Trinkner (1977): Kommentar zum Gesetz zur Regelung des Rechts der Allgemeinen Geschäftsbedingungen. Heidelberg 1977
Ludwig (1980): Entwicklungstendenzen des Rechts der notariellen Beurkundung, AcP 180 (1980), 373 ff
Lutz (1967): Gesetz über die Zivilrechtspflege (Zivilprozess) für den Kanton St. Gallen, 2. Aufl. St. Gallen 1967
Medicus (1992): Allgemeiner Teil des BGB, 5. Aufl. Heidelberg 1992
Medicus (1993): Bürgerliches Recht, 16. Aufl. Köln/Berlin/Bonn/München 1993
Meier-Hayoz (1948): Das Vertrauensprinzip beim Vertragsabschluss. Aarau 1948
Merz (1968): Massenvertrag und Allgemeine Geschäftsbedingungen, in: FS *Schönenberger*, Freiburg i. Ue. 1968, 137 ff
Merz (1970): Privatautonomie heute - Grundsatz und Rechtswirklichkeit. Karlsruhe 1970
Merz (1973): Dauer und Wandel des Rechts, ZSR 92 I (1973), 325 ff
Merz (1974): Die vertraglich vorbehaltene Form (Art. 16 OR), 1974 (maschinengeschriebener Text des Autors); publiziert in: La forme dans les actes juridiques, 169 ff. Travaux de la 5e Semaine juridique Turco-Suisses, Journées d'Istanbul 13-20 avril 1975, Publication de l'Institut de Droit Comparé de l'Université d'Istanbul 1976

Merz (1982): Das schweizerische Obligationenrecht von 1881, in: Hundert Jahre schweizerisches Obligationenrecht, Jubiläumsschrift, Freiburg i. Ue. 1982, 3 ff

Merz (1992): Vertrag und Vertragsschluss, 2. Aufl. Freiburg i. Ue. 1992

Meyer (1987): Wirksamkeit mündlicher Abreden trotz vereinbarter konstitutiver Schriftform unter besonderer Berücksichtigung des Erklärungsbewußtseins. Diss. Bayreuth 1987

Moser (1948): Vertragsabschluss, Vertragsgültigkeit und Parteiwille im internationalen Obligationenrecht. St. Gallen 1948

Mugdan (1899): Die gesammten Materialien zum Bürgerlichen Gesetzbuch für das Deutsche Reich, Bd. 1, Einführungsgesetz und Allgemeiner Theil, Bd. 2, Recht der Schuldverhältnisse. Berlin 1899

Müller (1938): Die Heilung formnichtiger Rechtsgeschäfte durch Erfüllung. Diss. Freiburg i. Ue. 1938

***Münchener Kommentar*:** Münchener Kommentar zum Bürgerlichen Gesetzbuch / hrsg. von *Rebmann/Säcker*. München 1984 ff, 1993 (Bd. 1, Allgemeiner Teil (§§ 1-240), AGB-Gesetz)

Nägeli (1951): Allgemeine Geschäftsbedingungen. Diss. Zürich 1951

Neuhaus/Kropholler (1981): Rechtsvereinheitlichung - Rechtsverbesserung?, RabelsZ 45 (1981), 73 ff

Neumayer/Ming (1993): Convention de Vienne sur les contrats de vente internationale de marchandises, Commentaire / hrsg. von *Dessemontet*. Lausanne 1993

Niese (1950): Doppelfunktionelle Prozeßhandlungen. Ein Beitrag zur allgemeinen Prozeßrechtslehre. Göttingen 1950

Nobel (1979): Praxis zum öffentlichen und privaten Bankenrecht der Schweiz. Bern 1979

Nordmann (1974): Le contrat d'adhesion, abus et remèdes. Diss. Lausanne 1974

***Obligationenrecht*:** Kommentar zum schweizerischen Privatrecht. Obligationenrecht I, Art. 1-529 OR / hrsg. von *Honsell*, Basel/Frankfurt a. M. 1992

Oertmann (1930): Grundriß des deutschen Zivilprozeßrechts, 4. und 5. Aufl. Leipzig 1930

Ofner (1889): Der Ur-Entwurf und die Beratungs-Protokolle des Oesterreichischen Allgemeinen bürgerlichen Gesetzbuches. Wien 1889

Oftinger (1948): Die Vertragsfreiheit, in: Die Freiheit des Bürgers im schweizerischen Recht, in: FS zur Jahrhundertfeier der Bundesverfassung, Zürich 1948, 315 ff

Oftinger (1973): Bundesgerichtspraxis zum Allgemeinen Teil des Schweizerischen Obligationenrechts, 2. Aufl. Zürich 1973

Oser/Schönenberger (1929): Das Obligationenrecht, Bundesgesetz betreffend die Ergänzung des schweizerischen Zivilgesetzbuches vom 30.3.1911, 1. Halbband, Art. 1-183, 2. Aufl. Zürich 1929

Oswald (1960): Kann ein Mietvertrag mit Schriftformklausel später mündlich oder gar stillschweigend geändert werden?, ZMR 1960, 198 ff

Otto, C. E./Schilling/Sintenis (1832): Das Corpus Juris Civilis in's Deutsche übersetzt, Bd. 5, 2. Abt., 4. Buch: Codex. Leipzig 1832

Otto, C. E./Schilling/Sintenis/Treitschke (1830): Das Corpus Juris Civilis in's Deutsche übersetzt, Bd. 1, Institutiones. Leipzig 1830

Otto, H.-H. (1984): Allgemeine Geschäftsbedingungen und Internationales Privatrecht. Göttingen 1984

Palandt (1993): Bürgerliches Gesetzbuch, 52. Aufl. München 1993

Patry (1955): Les contrats d'adhesion comme source de droit, ZBJV 91bis (1955), 373 ff

Pawlowski (1993): Allgemeiner Teil des BGB, 4. Aufl. Heidelberg 1993

Pedrazzini/Oberholzer (1993): Grundriss des Personenrechts, 4. Aufl. Bern 1993

Peters (1943): Nebenabreden im Hinblick auf Formvorschriften. Diss. Frankfurt a. M. 1943

Piltz (1991): UN-Kaufrecht: Wegweiser für die Praxis. Bonn 1991

Planck (1903): Bürgerliches Gesetzbuch nebst Einführungsgesetz, Bd. 1, Einleitung und Allgemeiner Teil, 3. Aufl. Berlin 1903

Posch/Kandut (1992): Die allgemeinen Bestimmungen über den Warenkauf: Art. 25-29, in: Das Einheitliche Wiener Kaufrecht / hrsg. von *Hoyer* und *Posch*. Wien 1992, 59 ff

Quinn (1978): Uniform Commercial Code. Commentary and Law Digest. Boston/ New York 1978

Raiser (1935): Das Recht der Allgemeinen Geschäftsbedingungen. Hamburg 1935 (unveränderter Neudruck Bad Homburg v. d. H. 1961)

Rehbein/Reincke (1880): Allgemeines Landrecht für die Preußischen Staaten nebst den ergänzenden und abändernden Bestimmungen der Reichs- und Landesgesetzgebung. Mit Erläuterungen, 1. Theil. Berlin 1880

Rehbinder, E. (1987): Vertragsschluß nach UN-Kaufrecht im Vergleich zu EAG und BGB, in: Einheitliches Kaufrecht und nationales Obligationenrecht / hrsg. von *Schlechtriem*, Baden-Baden 1987

Reinhart (1969): Das Verhältnis von Formnichtigkeit und Heilung des Formmangels im bürgerlichen Recht. Diss. Heidelberg 1969

Reinhart (1991): UN-Kaufrecht. Kommentar zum Übereinkommen der Vereinten Nationen vom 11. April 1980 über Verträge über den internationalen Warenkauf. Heidelberg 1991

Reinicke (1976): Die Bedeutung der Schriftformklausel unter Kaufleuten, DB 1976, 2289 ff

Reinicke/Tiedtke (1992): Kaufrecht, 5. Aufl. Neuwied/Kriftel/Berlin 1992

RGR-Kommentar: Das Bürgerliche Gesetzbuch, unter besonderer Berücksichtigung der Rechtsprechung des Reichsgerichts und des Bundesgerichtshofes, Kommentar / hrsg. von Mitgliedern des Bundesgerichtshofes. Berlin/New York 1959 ff

Roquette (1940): Formlose Aufhebung der Schriftformklausel bei Mietverträgen, DR 1940, 961 ff

Roquette (1943): Anm. zu RG 23. 11. 1942 (V 63/42) - DR 1943, 488

Roquette (1961): Mietrecht, 5. Aufl. Tübingen 1961

Rosenberg/Schwab (1986): Zivilprozeßrecht, 14. Aufl. München 1986

Rothoeft (1968): System der Irrtumslehre als Methodenfrage der Rechtsvergleichung, dargestellt am deutschen und englischen Vertragsrecht. Tübingen 1968

Rüthers (1991): Allgemeiner Teil des BGB, 8. Aufl. München 1991

Rutkowski (1978): Gewillkürte Schriftform. Diss. Göttingen 1978

Sachse (1929): Beweisverträge, ZZP 54 (1929), 409 ff

Savigny, von (1853): Das Obligationenrecht als Theil des heutigen Römischen Rechts, Bd. 2. Berlin 1853

Schaber/Rohwer (1990): Contracts in a Nutshell, 3. Aufl. St. Paul, Minn. 1990

Scharr (1960): Römisches Privatrecht. Zürich/Stuttgart 1960

Scheyhing (1983): Handbuch des Schuldrechts, Bd. 2, Sukzessionen. Tübingen 1983

Schiedermair (1935): Vereinbarungen im Zivilprozeß. Bonn 1935

Schlechtriem (1988): Einheitliches UN-Kaufrecht, JZ 1988, 1037 ff

Schlechtriem (1990): Das Wiener Kaufrechtsübereinkommen von 1980 (Convention on the International Sale of Goods), IPRax 1990, 277 ff

Schlechtriem/Magnus (1987): Gesetzessammlung zum Internationalen Kauf beweglicher Sachen. Baden-Baden 1987

Schlesinger (1968): Formation of Contracts. A Study of the Common Core of Legal Systems, Bd. 2. New York und London 1968

Schlosser, H. (1970): Außenwirkungen verfügungshindernder Abreden bei der rechtsgeschäftlichen Treuhand, NJW 1970, 681 ff

Schlosser, P. (1968): Einverständliches Parteihandeln im Zivilprozeß. Tübingen 1968

Schlosser, P./Coester-Waltjen/Graba (1977): Kommentar zum Gesetz des Rechts der Allgemeinen Geschäftsbedingungen. Bielefeld 1977

Schmidt-Rimpler (1941): Grundfragen einer Erneuerung des Vertragsrechts, AcP 147 (1941), 130 ff

Schmidt-Rimpler (1974): Zum Vertragsproblem im Funktionswandel der Privatrechtsinstitutionen. Tübingen 1974

Schmidt-Salzer (1968): Rechtsprobleme der Schriftformklauseln, NJW 1968, 1257 ff

Schmidt-Salzer (1973): AGB, Bilanz und rechtspolitische Folgerung. Berlin 1973

Schmidt-Salzer (1977): Allgemeine Geschäftsbedingungen, 2. Aufl. München 1977

Schmitthoff (1990): Schmitthoff's Export Trade. The Law and Practice of International Trade, 9. Aufl. London 1990

Schneider, K. (1902): Treu und Glauben im Rechte der Schuldverhältnisse des Bürgerlichen Gesetzbuches. München 1902

Schneider, M. (1912): Formbedürftige Rechtsgeschäfte nach schweizerischem Recht. Diss. Zürich 1912

Schnyder (1960): Vertragsfreiheit als Privatrechtsbegriff. Diss. Freiburg i. Ue. 1960

Schubert (1980): Die Vorlage der Redaktoren für die erste Kommission zur Ausarbeitung des Entwurfs eines Bürgerlichen Gesetzbuches. Recht der Schuldverhältnisse, Teil 1: Allgemeiner Teil; Verfasser: *Franz Philipp von Kübel*. Berlin/New York 1980

Schubert (1981): Die Vorlage der Redaktoren für die erste Kommission zur Ausarbeitung des Entwurfs eines Bürgerlichen Gesetzbuches. Allgemeiner Teil 1 und 2; Verfasser: *Albert Gebhard*. Berlin/New York 1981

Schuler (1978): Über Grund und Grenzen der Geltung von Allgemeinen Geschäftsbedingungen. Diss. Zürich 1978

Seifert (1966): Verfügungsfreiheit und rechtsgeschäftliches Veräußerungsverbot. Diss. Frankfurt a. M. 1966

Serozan (1968): Die Überwindung der Rechtsfolgen des Formmangels im Rechtsgeschäft nach deutschem, schweizerischem und türkischem Recht. Diss. Tübingen 1968

Seuffert (1881): Zur Geschichte der obligatorischen Verträge. Dogmengeschichtliche Untersuchungen. Nördlingen 1881

Seuffert/Walsmann (1932): Kommentar zur Zivilprozeßordnung, 12. Aufl. München 1932

Siber (1921): Die schuldrechtliche Vertragsfreiheit, JherJb 70 (1921), 223 ff

Siegel (1914): Die privatrechtlichen Funktionen der Urkunde, AcP 111 (1914), 1 ff

Skonietzki/Gelpcke (1911): Zivilprozeßordnung und Gerichtsverfassungsgesetz für das deutsche Reich, Bd. 1. Berlin 1911

***Soergel*:** Bürgerliches Gesetzbuch mit Einführungsgesetz und Nebengesetzen, 12. Aufl. Stuttgart/Berlin/Köln 1987 ff

Sohm (1899): Institutionen. Ein Lehrbuch der Geschichte und des Systems des Römischen Privatrechts, 8. und 9. Aufl. Leipzig 1899

Sommer (1927): Zur Lehre vom Formmangel und seiner Heilung. Diss. München 1927

Spiro (1948): Über den Gerichtsgebrauch zum allgemeinen Teil des revidierten Obligationenrechts. Basel 1948

***Staudinger*:** Kommentar zum Bürgerlichen Gesetzbuch, 12. Aufl. Berlin 1978 ff

Stein, A. (1977): Gesetz zur Regelung des Rechts der Allgemeinen Geschäftsbedingungen. Stuttgart/Berlin/Köln/Mainz 1977

Stein, E. (1912): Die Bedeutung mündlicher Abreden neben schriftlich geschlossenen Verträgen (Nach dem Bürgerlichen Gesetzbuche). Diss. Heidelberg 1912

Stern (1990): Erklärungen im UNCITRAL-Kaufrecht. Wien 1990

Stobbe (1855): Zur Geschichte des deutschen Vertragsrechts. Leipzig 1855

Stoffel (1990): Ein neues Recht des internationalen Warenkaufs in der Schweiz, SJZ 1990, 169 ff

Stoll, Hans (1978): Vertrauensschutz bei einseitigen Leistungsversprechen, in: FS *Flume*, Köln 1978, 741 ff

Stoll, Hans (1988): Internationalprivatrechtliche Fragen bei der landesrechtlichen Ergänzung des Einheitlichen Kaufrechts, in: FS *Ferid*, Frankfurt a. M. 1988, 495 ff

Stoll, Heinrich (1936): Vertrag und Unrecht, 1. Halbband. Tübingen 1936

Stone (1989): Uniform Commercial Code in a Nutshell, 3. Aufl. St. Paul, Minn. 1989

Strauß (1928): Nebenabreden und Nebenverträge. Berlin 1928

Strippelmann (1860): Der Beweis durch Schrift-Urkunden. Erste Abtheilung: Die Urkunden. Kassel 1860

Stubenrauch, von/Schuster von Bonnott/Schreiber (1903): Commentar zum österreichischen allgemeinen bürgerlichen Gesetzbuche, 8. Aufl., Bd. 2. Wien 1903

Sudhoff (1985): Der Gesellschaftsvertrag der Personengesellschaften, 6. Aufl. München 1985

Swoboda (1944): Das österreichische allgemeine bürgerliche Gesetzbuch. Dritter Teil. Das Recht der Schuldverhältnisse, 2. Aufl. Wien 1944

Tauber (1905): Wirksamkeit mündlicher Abänderungen eines schriftlichen Mietvertrags über ein Grundstück, GruchB 49 (1905), Nr. 8, 228 ff

Teske (1990): Schriftformklauseln in Allgemeinen Geschäftsbedingungen. Köln/Berlin/Bonn/München 1990

Thöl (1876): Das Handelsrecht, Bd. 1, 2. Abt., 5. Aufl. Leipzig 1876

Tiedtke (1976): Die Bedeutung des Verzichts auf die Geltendmachung mündlicher Vertragsänderungen, MDR 1976, 367 f

Tiefenbacher (1968): Anm. zu BGH 5. 2. 1968 (II ZR 85/1967 - BGHZ 49, 364 ff) - BB 1968, 608

Treitel (1983): The Law of Contract, 6.Aufl. London 1983

Trinkner (1975): Vorrang der Individualabrede bei Verwendung Allgemeiner Geschäftsbedingungen, in: Liber amicorum *Cohn*, Heidelberg 1975, 191 ff

Trutter (1890): Über prozessuale Rechtsgeschäfte. München 1890

Tuhr, von (1914): Der Allgemeine Teil des Deutschen Bürgerlichen Rechts, Bd. 2, 1. Hälfte: Die rechtserheblichen Tatsachen, insbesondere das Rechtsgeschäft. München/Leipzig 1914

Tuhr, von (1918): Der Allgemeine Teil des Deutschen Bürgerlichen Rechts, Bd. 2, 2. Hälfte. München/Leipzig 1918

Tuhr, von (1923): Bürgerliches Recht, Allgemeiner Teil. Berlin 1923

Tuhr, von/Peter (1979): Allgemeiner Teil des Schweizerischen Obligationenrechts, Bd. 1, 3. Aufl. Zürich 1979

Tuhr, von/Siegwart (1942): Allgemeiner Teil des Schweizerischen Obligationenrechts, 1. Halbband, 2. Aufl. Zürich 1942

Ullmer (1870): Commentar zum privatrechtlichen Gesetzbuche des Kantons Zürich. Zürich 1870

Ulmer/Brandner/Hensen (1993): AGB-Gesetz. Kommentar zum Gesetz zur Regelung des Rechts der Allgemeinen Geschäftsbedingungen, 7. Aufl. Köln 1993

Venrooy, van (1978): Anm. zu OLG Düsseldorf 25. 3. 1977 (16 U 169/1976) - NJW 1978, 766

Vogt (1877): Entwurf eines Schweizerischen Obligationenrechtes, Heft 1: Einleitung und Artikel 1-77. Bern 1877

Völderndorff, von (1857): Die Form der Rechtsgeschäfte nach allgemeinen Grundsätzen und den positiven Rechten. Nördlingen 1857

Wach (1881): Das Geständnis, AcP 64 (1881), 201 ff

Wächter (1842): Handbuch des im Königreiche Württemberg geltenden Privatrechts, 2. Bd. Allgemeine Lehren. Stuttgart 1842

Warneyer (1923): Kommentar zum Bürgerlichen Gesetzbuch für das Deutsche Reich, Bd. 1. Tübingen 1923

Wassertrüdinger (1928): Die Verletzung der vereinbarten Vertragsform, JR 1928, 82 ff

Weigel (1989): Schriftformklauseln in Allgemeinen Geschäftsbedingungen. Frankfurt a. M./Bern/New York/Paris 1989

Weitnauer (1975): Die unverzichtbare Handlungsfreiheit, in: FS *Weber*, Berlin/New York 1975, 429 ff

Wey (1984): Der Vertragsabschluss beim internationalen Warenkauf nach UNCITRAL- und schweizerischem Recht. Diss. Basel 1984

White/Summers (1988): Uniform Commercial Code. 3. Aufl. St. Paul, Minn. 1988

Widmer (1971): Der richterliche Eingriff in den Vertrag. Diss. Zürich 1971

Wieczorek (1957): Zivilprozeßordnung, Bd. 2, Teil 1. Berlin 1957

Williston (1972): Williston on Contracts, 3. Aufl. Rochester, N. Y. 1972

Windscheid/Kipp (1906): Lehrbuch des Pandektenrechts, Bd. 2, 9. Aufl. Frankfurt a. M. 1906

Winiwarter (1844): Das persoenliche Sachenrecht, 2. Aufl. Wien 1844

Wolf, E. (1982): Allgemeiner Teil des bürgerlichen Rechts, 3. Aufl. Köln/Berlin/Bonn/München 1982

Wolf, M. (1970): Rechtsgeschäftliche Entscheidungsfreiheit und vertraglicher Interessenausgleich. Tübingen 1970

Wolf, M. (1972): Rechtsgeschäftslehre, in: Athäneum-Zivilrecht, Bd. 1, Grundlagen des Vertrags- und Schuldrechts, 2. Kap. Frankfurt a. M. 1972, 20 ff

Wolf, M./Horn/Lindacher (1989): AGB-Gesetz, Gesetz zur Regelung des Rechts der Allgemeinen Geschäftsbedingungen, 2. Aufl. München 1989

Wolff, C. W. (1843): Lehrbuch des gemeinen deutschen Privatrechts, 1. Bd. Göttingen 1843

Wurm/Wagner/Zartmann (1989): Das Rechtsformularbuch, 12. Aufl. Köln 1989

Wyss, von (1877a): Bemerkungen zum Commissionalentwurfe erster Lesung eines Schweizerischen Obligationenrechtes, Juli 1877. Bern 1877

Wyss, von (1877b): Abänderungsvorschläge. Bern 1877 (Schweizerisches Bundesarchiv, Bern)

Zeiller, von (1812): Commentar ueber das allgemeine buergerliche Gesetzbuch für die gesamten Deutschen Erblaender der Oesterreichischen Monarchie, Bd. 3, 1. Abth. Wien und Triest 1812

Zeller (1953): Der Hausbesitzer. Stuttgart/München/Hannover 1953

Zitelmann (1889): Die Rechtsgeschäfte im Entwurf eines Bürgerlichen Gesetzbuches für das Deutsche Reich. Studium, Kritiken, Vorschläge, 1. Theil, in: Beiträge zur Erläuterung und Beurtheilung des Entwurfes eines Bürgerlichen Gesetzbuches für das Deutsche Reich / hrsg. von *Bekker/Fischer*, Berlin 1889, 7. und 8. Heft, § 91, 152 ff

***Zürcher Kommentar*:** Kommentar zum Schweizerischen Zivilgesetzbuch. Zürich 1909 ff

ABKÜRZUNGEN

AcP	Archiv für die civilistische Praxis (Zeitschrift)
ADSp	Allgemeine Deutsche Spediteurbedingungen
AP	Arbeitsrechtliche Praxis (Nachschlagewerk des Bundesarbeitsgerichts)
ArchBürgR	Archiv für Bürgerliches Recht (Zeitschrift)
BB	Der Betriebsberater (Zeitschrift)
BGE	Entscheidungen des Schweizerischen Bundesgerichts (Amtliche Sammlung, Schweiz)
BJM	Basler Juristische Mitteilungen (Zeitschrift, Schweiz)
BStBl	Bundessteuerblatt
Cornell Intl. L.J.	Cornell International Law Journal (Zeitschrift, USA)
DB	Der Betrieb (Zeitschrift)
DNotZ	Deutsche Notar-Zeitschrift
DR	Deutsches Recht (Zeitschrift)
DRiZ	Deutsche Richterzeitung (Zeitschrift)
GruchB	Beiträge zur Erläuterung des (bis 15. 1871: preußischen) Deutschen Rechts/begründet von *Gruchot* (1. 1857 - 73. 1933)
HGE	Entscheidungen des Handelsgerichtes des Kantons St. Gallen (Schweiz)
HRR	Höchstrichterliche Rechtsprechung (Zeitschrift)
IPRax	Praxis des Internationalen Privat- und Verfahrensrechts (Zeitschrift)
JBL	The Journal of Business Law (Zeitschrift, England)
JherJb	Jherings Jahrbücher für die Dogmatik des bürgerlichen Rechts (Zeitschrift)
JR	Juristische Rundschau (Zeitschrift)
JuS	Juristische Schulung (Zeitschrift)
JW	Juristische Wochenschrift (Zeitschrift)
JZ	Juristenzeitung (Zeitschrift)
LM	Nachschlagewerk des Bundesgerichtshofs in Zivilsachen/hrsg. von *Lindenmaier* und *Möhring*
MDR	Monatsschrift für deutsches Recht (Zeitschrift)
NJW	Neue Juristische Wochenschrift (Zeitschrift)
NJW-RR	Neue Juristische Wochenschrift - Rechtsprechungs-Report Zivilrecht (Zeitschrift)
OR	Schweizerisches Obligationenrecht

Plädoyer	Plädoyer (Zeitschrift, Schweiz)
RabelsZ	Rabels Zeitschrift für ausländisches und internationales Privatrecht (Zeitschrift)
RKE	Entscheidungen der kantonsgerichtlichen Rekurskommission des Kantons St. Gallen (Schweiz)
ROHG	Reichsoberhandelsgericht, auch Entscheidungen des Reichsoberhandelsgerichts (3. 1872 - 25. 1880)
ROLG	Die Rechtsprechung der Oberlandesgerichte auf dem Gebiete des Zivilrechts/hrsg. von *Mugdan* und *Falkmann* (1. 1900 - 46. 1928)
SeuffArch	Seufferts Archiv für Entscheidungen der obersten Gerichte in den deutschen Staaten (Zeitschrift)
SJZ	Schweizerische Juristenzeitung (Zeitschrift, Schweiz)
UCC	Uniform Commercial Code (USA)
UN-Kaufrecht	Übereinkommen der Vereinten Nationen vom 11. April 1980 über Verträge über den internationalen Warenkauf
VerbrKrG	Verbraucherkreditgesetz
VertrG	Gesetz zu dem Übereinkommen der Vereinten Nationen vom 11. April 1980 über Verträge über den internationalen Warenkauf sowie zur Änderung des Gesetzes zu dem Übereinkommen vom 19. Mai 1956 über den Beförderungsvertrag im internationalen Straßengüterverkehr (CMR)
WarnR	*Warneyer*, Die Rechtsprechung des Reichsgerichts
WM	Wertpapiermitteilungen (Zeitschrift)
ZBGR	Schweizerische Zeitschrift für Beurkundungs- und Grundbuchrecht (Zeitschrift, Schweiz)
ZBJV	Zeitschrift des Bernischen Juristenvereins (Zeitschrift, Schweiz)
ZGB	Schweizerisches Zivilgesetzbuch
ZHR	Zeitschrift für das gesamte Handels- und Wirtschaftsrecht
ZIP	Zeitschrift für Wirtschaftsrecht; bis 1982: Zeitschrift für Wirtschaftsrecht und Insolvenzpraxis
ZMR	Zeitschrift für Miet- und Raumrecht
ZR	Blätter für Zürcherische Rechtsprechung (Zeitschrift, Schweiz)
ZRP	Zeitschrift für Rechtspolitik
ZSR	Zeitschrift für Schweizerisches Recht, Neue Folge (Schweiz)
ZZP	Zeitschrift für Zivilprozeß

ZZRP Zeitschrift für Kunde und Fortbildung der Zürcherischen Rechtspflege/begründet von *Schauberg* (1. - 8. Band), fortgeführt von *Gwalter* (Schweiz)

US-amerikanische Abkürzungen und Zitate gemäß *The Bluebook, A Uniform System of Citation*, 15. Aufl. Cambridge, Mass. 1991

EINLEITUNG

"***Abänderungen, Ergänzungen sowie die Aufhebung dieses Vertrages bedürfen der Schriftform***". Diese und ähnlich formulierte Bestimmungen - sogenannte Schriftformklauseln, wonach die nachträgliche Änderung oder Ergänzung sowie die Aufhebung einzelner oder sämtlicher Teile eines Rechtsgeschäftes der Schriftform bedürfen - finden sich in zahlreichen Verträgen. Die Schriftformklausel wird in Formularbüchern empfohlen[1], und ist in den gebräuchlichsten Vertragsvordrucken, zum Teil schon seit Jahrzehnten, enthalten.[2] Ihr liegt insbesondere das Bestreben der Parteien zugrunde, stets Klarheit über den Inhalt eines Vertrages zu haben, sich vor Übereilung zu schützen oder einen Beweis zu sichern, was nicht zuletzt der Rechtssicherheit dient.[3]

Die Vertragschließenden wissen, daß ein Vertrag nach geltendem Recht, sofern keine gesetzliche Formvorschrift besteht, formlos aufgehoben, abgeändert und ergänzt werden kann. Durch den Gebrauch der Schriftformklausel wollen sie auf diese Möglichkeit verzichten, denn es ist ihnen wichtig, jederzeit zweifelsfrei zu sein, was vereinbart wurde. Den offenkundigen Nachteil, daß die Beweglichkeit ihrer geschäftlichen Beziehungen eingeschränkt wird, nehmen sie dabei bewußt in Kauf, weil der Vorteil, nämlich die Transparenz der Geschäftsbeziehungen, überwiegt.

Im Rechtsalltag zeigt sich, daß die Schriftformklausel ihren Zweck und die in sie gesetzten Erwartungen in aller Regel erfüllt. Die Vertragsparteien werden veranlaßt, Abänderungen des Vertrages

---

1 So z. B. für Verträge über Personengesellschaften, für Miet- und Pachtverträge über Grundstücke, für Dienst- und Werkverträge von einiger wirtschaftlicher Bedeutung für Bürgschafts- und Versicherungsverträge, vgl. **Wurm/Wagner/Zartmann** (1989), 360 (Mietvertrag), 417 (Pachtvertrag), 442 (Leasingvertrag), 465 (Freier Mitarbeiter-Vertrag), 508 (Architektenvertrag), 1231 (Anstellungsvertrag), 1438 (Gesellschaftsvertrag).

2 Verwiesen sei auf die rechtstatsächlichen Untersuchungen von **Teske** (1990), 33 ff, 50, 80 in fine und **Weigel** (1989), 7 f.

3 Vgl. die Definition von **Körnig** (1972), 4.

schriftlich vorzunehmen und sei es auch bloß deshalb, Schwierigkeiten oder Verzögerungen aus dem Wege zu gehen. Die berufliche Praxis des *Verf.* bestätigt dies: Während der letzten fünfzehn Jahre hatten weder die *Citibank* noch die *Royal Trust* noch die *Mövenpick-Unternehmungen* in Deutschland oder der Schweiz Probleme bei der Abänderung, Ergänzung oder Aufhebung von Verträgen, die Schriftformklauseln enthielten. Es kommt aber immer wieder vor, daß trotz Schriftformklausel eine solche Änderung mündlich oder durch konkludentes Verhalten vereinbart wird: Entweder, weil an die Schriftformklausel nicht gedacht oder, weil sie bewußt ignoriert wird. Dabei stellt sich die Frage, welche Folgen dieses Vorgehen zeitigt, ob und gegebenenfalls welche Rechtswirkungen die formlose, zeitlich spätere Vereinbarung entfaltet und was aus der Kollision mit der zeitlich früheren Vereinbarung der Schriftformklausel folgert.

Obwohl im Rechtsverkehr ein unabweisbares Bedürfnis besteht, die Änderung und Ergänzung - mitunter auch die Aufhebung - zahlreicher Verträge aus den genannten Gründen der Schriftform zu unterwerfen, halten die Gerichte in der Regel die entsprechenden Vertragsbestimmungen weitgehend für wirkungslos. Dieser Zustand, auf den in vorliegender Arbeit eingegangen wird,[4] ist erstaunlich und befremdlich.[5] Dabei anerkennt die Rechtsprechung zwar ausdrücklich die Bedürfnisse der Praxis, meint aber, der Grundsatz der Vertragsfreiheit (Privatautonomie) führe unausweichlich dazu, die Vertragsparteien könnten die selbstgeschaffene Bindung an die gesetzlich nicht vorgeschriebene Schriftform wieder abstreifen, und zwar jederzeit und formlos. Schließlich komme es lediglich auf ihre zeitlich letzte, ausdrückliche oder konkludente Vereinbarung an. Diese grundsätzliche Erwägung findet im rechtswissenschaftlichen Schrifttum überwiegend Zustimmung, obwohl die einzelnen Urteile, sei es in bezug auf das Ergebnis oder aufgrund ihrer Begründung, Kritik erfahren.[6] Vor allem wird vorgebracht, die Vertragsfreiheit enthalte nicht das Recht, auf sie zu verzichten.[7] So überzeugend, um nicht zu sagen entwaffnend, diese Argumentation auf den ersten Blick erscheint, so notwendig ist es jedoch, sie einer kritischen Betrachtung zu unterziehen.

---

4 Vgl. § 2 A I 2.
5 Vgl. **Böhm** (1979), 428; **Teske** (1990), 57; **Körnig** (1972), 52.
6 Vgl. § 2 A I 3.
7 **Reinicke/Tiedtke** (1992), 32; **Reinicke** (1976), 2290 re. Sp.; **Tiedtke** (1976), 368 li. Sp.

Insbesondere soll geprüft werden, was das Gesetz zu dieser Fragestellung sagt. Es ist auffallend, daß die Rechtsprechung lediglich mit allgemeinen Überlegungen der genannten Art, nicht aber auf der Grundlage einer gesetzlichen Regelung argumentiert, sieht man vom gelegentlichen nackten Hinweis auf die §§ 127, 125 BGB ab.[8] Dennoch ist es nicht nur denkbar, sondern zu erwarten, daß das Gesetz die Wirkung der gewillkürten Schriftformklausel regeln sollte und dies auch getan hat. Die mit solchen Klauseln verbundenen Interessen waren den Redaktoren des Bürgerlichen Gesetzbuches nämlich bekannt.[9] Dabei steht nicht zu erwarten, das Gesetz gehe von der Annahme aus, der vertraglichen Abmachung der Parteien wohne eo ipso eine sie selber bindende Kraft inne; wohl ist es aber durchaus möglich, das Gesetz lege der vereinbarten Schriftformklausel unter gewissen Voraussetzungen eine bindende Wirkung bei. Dies zu untersuchen, untermauert durch rechtshistorische und rechtsvergleichende Überlegungen, ist schwerpunktmäßig Gegenstand vorliegender Abhandlung.

Folgende Fragenkomplexe, die bisher bei der Erörterung der Schriftformklausel im Vordergrund standen, verlieren alsdann an Bedeutung, und sind einer weniger eingehenden Erörterung zu unterziehen:

> Sind an den Nachweis der formlosen Abrede, der eine Schriftformklausel entgegensteht, höhere Anforderungen zu stellen als an sonstige vertragliche Vereinbarungen, um der Schriftformklausel im Geschäftsverkehr nicht von vornherein jegliche Bedeutung zu nehmen?
>
> Muß sich die formlose Abrede auf die Aufhebung der Schriftformklausel erstrecken, und falls dies bejaht würde, inwiefern, oder genügt es, daß die Parteien sich ohne wissentlichen und gewollten Bezug auf die Formabsprache über eine Änderung des Vertrages einigen?
>
> Steht es den Vertragsparteien frei, die Formvereinbarung nur für die jeweils aktuelle Vertragsänderung formlos außer Kraft zu setzen oder sie für immer aufzuheben?

---

8 So schon die Entscheidung RG 5.7.1912 - III 63/12 - WarnR 1912, 402 Nr. 367; noch weitergehender die Entscheidung BGH 26.11.1964 - VII ZR 111/63 - NJW 1965, 293, die diese Bestimmung nicht einmal erwähnt (lediglich der Ablagehinweis der Gerichtskanzlei des Bundesgerichtshofs nimmt auf die Bestimmung des § 125 BGB Bezug).

9 Vgl. § 4 AA II 3.

Hindern Schriftformklauseln, nach denen auf das Formerfordernis nur schriftlich verzichtet werden kann, die formlose Vertragsänderung, zumindest bei Handelsgeschäften unter Kaufleuten?

Im Ansatz dieser Abhandlung wird von der grundsätzlichen Verbindlichkeit der Schriftformklausel ausgegangen. Deshalb stellen sich die Probleme zwangsläufig in einer anderen Priorität. Vor allem gewinnen durch diese Betrachtungsweise neue Fragen, die vertieft werden sollen, an Bedeutung:

Unter welchen Voraussetzungen macht die Schriftformklausel eine spätere formlose Abrede nichtig?

Entspricht eine wegen Verstoßes gegen die Schriftformklausel nichtige Vereinbarung den Erfordernissen eines anderen (wirksamen) Rechtsgeschäftes?

Kann ausnahmsweise eine formlose Vereinbarung Verbindlichkeit beanspruchen oder sonst Rechtsfolgen zeitigen, obwohl sie wegen Verstoßes gegen die Schriftformklausel nichtig ist?

Ausgangspunkt ist hier nicht der für sich genommene Rechtsgeschäftswille der Vertragschließenden, sondern die Frage, ob dieser in Verbindung mit seiner Sanktion *durch das Gesetz* imstande ist, die Schriftformklausel für die Vertragschließenden verbindlich zu machen. Deswegen muß klar unterschieden werden, ob sich die Klausel auf den Abschluß eines Vertrages (Abschlußklausel) oder auf dessen spätere Änderung, Ergänzung oder Aufhebung (Schriftformklausel) bezieht. Es ist nämlich durchaus möglich, daß das Gesetz der Abschlußklausel nicht die gleiche Wirkung verleiht wie der Schriftformklausel. Wie sich zeigen wird, ist die Situation der Beteiligten sowie ihr vom Gesetz anzuerkennendes und zu schützendes Interesse in beiden Fällen wesentlich verschieden. Deshalb geht es nicht an - wie es bisher überwiegend und wie selbstverständlich in der Rechtsprechung sowie im rechtswissenschaftlichen Schrifttum[10] geschehen ist - den Vertragsabschluß und die sich auf die nachträgliche Vertragsänderung beziehende Schriftformklausel undifferenziert gleich zu behandeln. Nicht zuletzt diesem methodischen Fehler dürfte es zuzuschreiben sein, daß die Bedeutung der in den §§ 125 Satz 2 und 154 Abs. 2 BGB enthaltenen Bestimmungen sowie ihr Verhältnis zueinander für die anstehenden Fragen

10 Vgl. **Teske** (1990), 228 ff, 268 ff.

teilweise entweder überhaupt nicht oder unrichtig gesehen und insgesamt unterschätzt wurden.

Die Bedeutung und Wirkung der Schriftformklausel tritt heute im Rechtsleben überwiegend in Allgemeinen Geschäftsbedingungen in Erscheinung. Deshalb soll im Rahmen dieser Abhandlung untersucht werden, ob und bejahendenfalls wie sich das seit dem 1.4.1977 in Kraft stehende Gesetz zur Regelung des Rechts der Allgemeinen Geschäftsbedingungen vom 9.12.1976 (AGB-Gesetz) auf die Wirksamkeit von Schriftformklauseln auswirkt. Es darf indessen nicht verkannt werden, daß die mit Schriftformklauseln verbundene Kernfrage, ob diese die Parteien binden, am deutlichsten in Individualvereinbarungen zutage tritt und in Allgemeinen Geschäftsbedingungen lediglich eine besondere Ausgestaltung erfährt.

Desweiteren soll in vorliegender Abhandlung untersucht werden, ob und wie sich das seit dem 1.1.1991 in Kraft stehende Übereinkommen der Vereinten Nationen vom 11.4.1980 über Verträge über den internationalen Warenkauf (UN-Kaufrecht)[11] auf Schriftformklauseln auswirkt; Anlaß hierzu gibt Art. 29 Abs. 2 Satz 1 UN-Kaufrecht, der Bestimmungen zu Bedeutung und Wirkung *schriftlich* vereinbarter Schriftformklauseln trifft.

Die begründeten Lösungsvorschläge basieren auf dem deutschen Recht; ein Ausblick unterbreitet einen für das schweizerische Recht. Ziel dieser Studie ist es, die rechtliche Problematik der Schriftformklausel zu erhellen und eine mit dem Bürgerlichen Gesetzbuch bzw. dem Schweizerischen Obligationenrecht im Einklang befindliche und für die Praxis brauchbare Klauselformulierung anzubieten.

11 Vgl. § 2 B.

Erster Teil

Schriftformklauseln in Individualvereinbarungen

A. Bedeutung und rechtliche Behandlung von Schriftformklauseln in Rechtsprechung und rechtswissenschaftlichem Schrifttum

In diesem Teil wird sowohl auf die praktische Bedeutung der Schriftformklausel im Geschäftsleben als auch auf ihre Einordnung im Rechtssystem in Deutschland und der Schweiz in Gesetzgebung, Rechtsprechung und rechtswissenschaftlichem Schrifttum eingegangen. Das Recht der Vereinigten Staaten von Amerika wurde, trotz systembedingter Unterschiede, in die Betrachtungen einbezogen, da im deutschen rechtswissenschaftlichen Schrifttum auf dieses Bezug genommen und aus ihm Lösungsvorschläge entwickelt werden.[12]

§ 1. Abgrenzung der Schriftformklausel von anderen Formvereinbarungen

Der Begriff Schriftformklausel[13] wird für unterschiedliche Fälle verwendet, wobei er oft fälschlicherweise für Klauseln mit anderem Inhalt und Zweck eingesetzt wird. Vor allem darf die

---

12 **Eisner** (1969), 129 f; vgl. §§ 2 A I 3 a; 3 E II.

13 Vgl. die Definitionen von **Körnig** (1972), 4; **Teske** (1990), 33 ff und **Weigel** (1989), 3 ff.

Schriftformklausel[14] nicht mit solchen Formvereinbarungen verwechselt werden, die in Wirklichkeit schon von vornherein Änderungsmöglichkeiten[15], Bestätigungsvorbehalte[16] oder bloße Haftungsregeln[17] enthalten.

Ferner wird häufig nicht oder nicht ausdrücklich zwischen Abschlußklausel (auch Vollständigkeitsklausel genannt)[18] und Schriftformklausel unterschieden,[19] wobei einige Stimmen im Schrifttum eine solche Unterscheidung sogar gänzlich in Frage stellen.[20] Der markanteste Beleg dafür ist die verfehlte Zitierung des Urteils des Reichsgerichts vom 21.3.1919:[21] Diese Entscheidung wird in zahl-

---

14 Vgl. auch die im rechtswissenschaftlichen Schrifttum gelegentlich gebrauchten Bezeichnungen *reine Formklausel* [**Körnig** (1972), 5 Fn. 2; **Bunte** (1982), 68] bzw. *einfache Schriftformklausel* [**Weigel** (1989), 3; **Brandner**, in: **Ulmer/Brandner/Hensen** (1993), Anh. §§ 9-11 Rn. 634].

15 Vgl. z. B. AGB der Deutsche Bank AG, Ziffer 1, Nr. 2 (Ausgabe Januar 1993): Änderungen dieser Geschäftsbedingungen werden dem Kunden schriftlich bekanntgegeben. Sie gelten als genehmigt, wenn der Kunde nicht schriftlich Widerspruch erhebt. Auf diese Folge wird ihn die Bank bei der Bekanntgabe besonders hinweisen. Der Kunde muß den Widerspruch innerhalb eines Monats nach Bekanntgabe der Änderungen an die Bank absenden.
Für die Schweiz: vgl. z. B. Art. 15 Muster-AGB der Schweizerischen Bankiervereinigung, SBV-Zirkular 180, 19.1.1966.

16 BGH 26.3.1986 - VIII ZR 85/85 - NJW 1986, 1809 ff: "Mündliche Abmachungen haben ohne schriftliche Bestätigung der Firma keine Gültigkeit"; OLG Karlsruhe 17.1.1980 - 12 U 111/79 - NJW 1981, 405 ff: "Andere als die hier schriftlich festgelegten Vereinbarungen, insbesondere mündliche Abmachungen, haben ohne schriftliche Bestätigung keine Gültigkeit"; **Medicus** (1992), Rn. 637; **Weigel** (1989), 4 in fine f.
Vgl. Fn. 1026, 1134.

17 Vgl. z. B. § 6 Abs. 2 ADSp: Keine Partei ist verantwortlich für Schäden, die nur infolge mündlicher Aufträge, Weisungen, Erklärungen oder Mitteilungen eingetreten sind, es sei denn, daß sie von einer Seite schriftlich bestätigt worden sind.
Für die Schweiz: vgl. z. B. Art. 1 Muster-AGB der Schweizerischen Bankiervereinigung, SBV-Zirkular 180, 19.1.1966.

18 **Weigel** (1989), 5 in fine f.

19 **Schneider, K.** (1902), 179; **Kuhlenbeck** (1903), § 125 Anm. 5; **Planck** (1903), § 125 Anm. 2; **Siegel** (1914), 48; **von Tuhr** (1918), § 63 VIII, 530; **Henle** (1926), § 34 III, 272; **Rüthers** (1991), Rn. 306; **Brox** (1992), Rn. 271 f.

20 Nachweise bei **Teske** (1990), 269 Fn. 258.

21 RG 21.3.1919 - III 388/18 - RGZ 95, 175 f.
Der Mieter einer Gastwirtschaft behauptete, ihm sei vom Vermieter bei Vertragsabschluß mündlich eine Eigenschaft, nämlich "völlige Brauereifreiheit" zugesichert worden. Der schriftliche Mietvertrag enthielt die Formklausel, "Änderungen und Zusätze" bedürften zur Rechtswirksamkeit der schriftlichen Abfassung und der Unterschrift beider Teile. In der Folge nahm gleich nach Eröffnung des Wirtschaftsbetriebes eine Brauerei dem Mieter gegenüber, aufgrund angeblich zwischen ihr und dem Vermieter getroffener Vereinbarungen

reichen Gerichtsurteilen[22] und im rechtswissenschaftlichen Schrifttum[23] dahingehend interpretiert, sie enthalte eine Aussage auch für den Fall einer späteren Abänderung. Dies ist jedoch nicht richtig, denn bei ihr ging es allein um den Inhalt der getroffenen Vereinbarung. Entscheidungserheblich war, ob der Mietvertrag unter der Zusicherung "völliger Brauereifreiheit" zustandegekommen war. Damit handelt es sich in casu um einen nach § 157 BGB zu beurteilenden Fall und nicht um den einer nachträglichen formlosen Änderung eines mit einer Schriftformklausel versehenen Vertrages.

Abschluß- und Schriftformklausel ist gemeinsam, daß die Vertragsparteien die vom Gesetz nicht geforderte Schriftform vereinbaren. Trotz dieser Gemeinsamkeit, die aus dem Prinzip der Vertragsfreiheit (Privatautonomie) resultiert, müssen beide Fälle klar auseinandergehalten werden. Bei der Abschlußklausel geht es um das Zustandekommen des Vertrages; bei der Schriftformklausel um dessen Abänderung oder Aufhebung[24]. Beide Fallgestaltungen werfen unterschiedliche dogmatische Fragen auf.

---

die Gastwirtschaft als zu ihrem Absatzgebiet gehörig in Anspruch. Sie veranlaßte alle mit ihr zu einem Ringe vereinten Brauereien, dem Mieter die Lieferung zu verweigern. Das Reichsgericht stellte zur Wirksamkeit der Formklausel fest, die Vertragsparteien könnten eine solche "für den Einzelfall" außer Kraft setzen, was geschehe, "wenn sie darüber einig sind, daß für ihre vertraglichen Beziehungen *neben* dem Urkundeninhalt auch eine bestimmte mündliche Abrede maßgebend sein soll."

22 RG 23.11.1942 - V 63/42 - DR 1943, 487 f; BGH 20.6.1962 - V ZR 157/60 - NJW 1962, 1908 f; BAG 4.6.1963 - 5 AZR 16/63 - AP Nr. 1 zu § 127 BGB; BGH 26.11.1964 - VII ZR 111/63 - NJW 1965, 293; BGH 19.9.1966 - VIII ZR 106/64 - JZ 1967, 287 f.

23 ***Soergel*** - **Hefermehl**, § 125 Rn. 32 Fn. 2; ***RGR-Kommentar*** - **Krüger-Nieland**, § 125 Anm. 30; **Strauß** (1928), 20; **Johae** (1931), 6 Fn. 3; **Herz** (1934), 93; **Peters** (1943), 32; **Raiser** (1935), 235 Fn. 1; **Hueck** (1968), 1210 Fn. 10; **Reinicke** (1976), 2289 Fn. 1; ***Münchener Kommentar*** - **Förschler**, § 125 Rn. 77 Fn. 204; **Böhm** (1979), 425 ff; **Wolf, E.** (1982), 323 Fn. 85; **Larenz** (1989), 416 Fn. 24; **Teske** (1990), 56 Fn. 8.

24 Bei einer Aufhebung vereinbaren die Parteien, daß ein zwischen ihnen bestehender und wirksamer Vertrag in seiner Gesamtheit dahinfallen soll. Bei einer Abänderung, daß eine oder mehrere Vertragsbestimmungen - betreffend die Hauptleistungen, Nebenverpflichtungen oder Leistungsmodalitäten - dahinfallen oder mit anderem Gehalt fortgelten sollen (§§ 305, 241 BGB); der Änderungsvertrag läßt das ursprüngliche Schuldverhältnis unter Wahrung seiner Identität fortbestehen. Vgl. **Buck** (1904), 723 ff; **Palandt/Heinrichs** (1993), § 305 Rn. 2 ff; **Geldsetzer** (1993), 30; ***Zürcher Kommentar*** - **Jäggi**, Art. 12 OR Rn. 6-8.

A. Abschlußklausel

Vereinbaren die Parteien bei Vertragsverhandlungen, der abzuschließende Vertrag bedürfe der Schriftform, geht es um die Abschlußklausel. Die Frage ist hier, ob ein Vertrag wirksam zustandegekommen ist und welche Rechtsfolgen eintreten, wenn es nicht zur schriftlichen Abfassung des Vertrages kommen sollte. Die Abschlußklausel zielt also nur auf den abzuschließenden Vertrag. Ist ein solcher Vertrag unter Beachtung der Abschlußklausel zustandegekommen, hat sie ihren Zweck erfüllt, die Klausel ist konsumiert. Eine solche Klausel findet sich vor allem in Austauschverträgen.[25] Sie lautet sinngemäß: "*Der Vertrag kommt erst zustande, wenn er schriftlich niedergelegt ist.*"
Blieb bei einem erst abzuschließenden Vertrag, für den Schriftform vereinbart worden ist, die Klausel bei Vertragsabschluß unbeachtet, fragt sich, ob er auch ohne Einhaltung der Schriftform wirksam ist. Mit anderen Worten: Dann muß geprüft werden, ob die Einhaltung der Form Wirksamkeitsvoraussetzung der von ihr erfaßten Rechtsgeschäftselemente, die Form damit konstitutiver Natur ist, oder ob sie lediglich deklaratorische Wirkung haben soll. Es kommt hier deshalb auf die Ermittlung des beidseitigen Parteiwillens an.

B. Schriftformklausel

Vereinbaren die Vertragsparteien, daß die Abänderung, Ergänzung oder Aufhebung des Vertrages der Schriftform bedürfe, so geht es hierbei um die Schriftformklausel. In Frage steht dann, welche Rechtsfolgen eine Abänderung, Ergänzung oder Aufhebung eines wirksam zustandegekommenen Vertrages unter Außeracht-

25 Vgl. die Klauseln in den folgenden Urteilen: BGH 16.3.1954 - I ZR 255/52 - MDR 1954, 346 ff; LG Hamburg 24.6.1966 - 11 O 34/66 - MDR 1967, 594; LG Freiburg i. Br. 2.11.1972 - 3 S 114/72 (nicht publiziert); AG Heidelberg 23.8.1972 - 25 C 331/72 (nicht publiziert); AG Achern 5.4.1973 - C 247/72 (nicht publiziert); OLG Marienwerder 19.9.1905, II. Ziv. Sen. - ROLG 12, 28 ff, 30; LG Lübeck 1.2.1957 - 5 a O 9/56 - BB 1957, 839 re. Sp. [Entgegen **Teske** (1990), 70, handelt es sich bei den den beiden letzten Entscheidungen zugrundegelegten Formklauseln nicht um Schriftformklauseln].

lassung der vereinbarten Schriftform zeitigt, ob also die Parteien an die Schriftformklausel gebunden sind. Wird in der vorliegenden Abhandlung der Begriff Schriftformklausel verwendet, so ist er in jenem Sinn gemeint. Mit dieser Klausel soll für zukünftige Absprachen, welche die Parteien lediglich für möglich halten, eine Regelung getroffen werden. Sie lautet typischerweise und häufig:[26] "*Abänderungen, Ergänzungen sowie die Aufhebung dieses Vertrages bedürfen der Schriftform*". Eine solche Klausel findet sich zwar auch bei Austauschverträgen. Sie ist jedoch wegen der Essentialität des Zeitmoments[27] besonders bei Dauerrechtsverhältnissen (Dauerschuldverhältnissen) wie z. B. Gesellschaftsvertrag, Miete, Darlehen und Dienstvertrag sinnvoll und üblich. Vorliegende Untersuchung beschäftigt sich daher hauptsächlich mit Dauerrechtsverhältnissen.
Bei der Abänderung, Ergänzung oder Aufhebung eines bestehenden Vertrages, in dem eine Schriftformklausel vereinbart worden ist, kommt dem Parteiwillen im Hinblick auf die Abänderung, Ergänzung oder Aufhebung Bedeutung zu; insbesondere muß ermittelt werden, welcher Zweck mit der Formvorschrift verfolgt wurde.[28] Die Formabrede wird nämlich durch den von den Parteien verfolgten Formzweck begrenzt und dieser bestimmt zugleich auch den Umfang des Formzwanges.[29] Zusätzlich stellt sich die Frage, ob die Parteien an ihre (frühere) Vereinbarung, für die Abänderung, Ergänzung oder Aufhebung sei Schriftform erforderlich, (später) gebunden sind und ob sie diese Bindung nur unter Einhaltung der Schriftform wieder abstreifen können. Bereits an dieser Stelle sei bemerkt, daß die Frage, ob die Rechtsordnung eine Selbstbindung der Parteien aufgrund der Schriftformklausel zuläßt, die dogmatische Kernfrage dieser Abhandlung bildet.
Den Vertragsparteien steht es frei, die Tragweite der Schriftformklausel zu bestimmen. Sie können bestimmen, auf welche Bestandteile des Rechtsgeschäftes sich der Formzwang erstrecken soll. Haben sie z. B. vereinbart, nur die *wesentlichen* Bestandteile des Rechtsgeschäftes seien formbedürftig, so kann eine spätere Absprache über nicht wesentliche Punkte formfrei getroffen werden. Was "wesentlich" ist, bestimmen die Parteien. Dabei werden sie sich in

26 Zur Häufigkeit dieser Schriftformklausel: **Teske** (1990), 33 ff, 50, 80 in fine. A. A. **Körnig** (1972), 5, 75, jedoch ohne Begründung.

27 ***Berner Kommentar*** - **Kramer**, Allgemeine Einleitung in das schweizerische Obligationenrecht, Rn. 160; **Raiser** (1935), 235 Fn. 3.

28 ***Alternativkommentar*** **- Hart**, § 125 Rn. 12.

29 **Böhm** (1979), 436 f; ***Alternativkommentar*** **- Hart**, § 125 Rn. 12.

aller Regel an den zu gesetzlichem Formzwang entwickelten Begründungen orientieren;[30] gegebenenfalls bedarf es der Auslegung (§ 157 BGB)[31]. Wurde der Formzwang nicht auf einzelne Teile des Rechtsgeschäftes beschränkt, so sind sämtliche späteren Absprachen, z. B. über die Erfüllung, den Erfüllungsort, Bedingungen oder Dauer eines Mietvertrages, formbedürftig.[32]
In der Regel wird die Schriftformklausel schriftlich vereinbart.[33] Die Vereinbarung kann aber auch mündlich oder stillschweigend[34] geschehen. Sofern eine ausdrückliche Bestimmung nicht vorliegt, ist im Wege der Auslegung (§ 157 BGB) zu ermitteln.[35] Häufig sind es Auslegungsfragen, die über die Relevanz der gewillkürten Form entscheiden.[36]

Dem Wortlaut der typischerweise verwendeten Schriftformklausel "Abänderungen, Ergänzungen sowie die Aufhebung dieses Vertrages bedürfen der Schriftform" kann nicht mit letzter Klarheit entnommen werden, in welchem Sinne sie aufzufassen ist. Einerseits wird die Ansicht vertreten, das Wort "bedürfen" deute - schon rein sprachlich - darauf hin, die Schriftformklausel solle Wirksamkeitsvoraussetzung sein[37], insbesondere, weil diese Formulierung das Gesetz selber wähle, um eine Form mit konstitutiver Wirkung vorzuschreiben und so an den Formmangel die in § 125 Satz 1 BGB bestimmte Nichtigkeitsfolge knüpfe.[38] Dem wird andererseits entgegengehalten, diese

---

30 Bei gesetzlichem Formzwang rechnet man dazu teils nur die abstrakten, an den gesetzlichen Geschäftstypen ausgerichteten essentialia negotii, teils zusätzlich die Abreden, welche die Parteien für wesentlich erachten: **Bernard** (1979), 51 m. w. N. in Fn. 3 f; **Roquette** (1961), 130.

31 Für das schweizerische Recht: Art. 18 OR; vgl. **Spiro** (1948), 27, 329.

32 **Strauß** (1928), 20; **Peters** (1943), 32; **Palandt/Heinrichs** (1993), § 125 Rn. 13.

33 **Rutkowski** (1978), 10 f; **Merz** (1974), 3 ff. Das UN-Kaufrecht trifft nur hinsichtlich einer schriftlichen Formklausel Bestimmung: Art. 29 Abs. 1 Satz 1 UN-Kaufrecht.

34 Vgl. BAG 4.6.1963 - 5 AZR 16/63 - AP Nr. 1 zu § 127 BGB.
Für das schweizerische Recht: Cour d'appel de Berne Ire Chambre civ. 27.4.1926 - SJZ 25 (1928/29), 25 f Nr. 26; **Wey** (1984), Rn. 458 m. w. N.; ***Obligationenrecht*** - **Schwenzer**, Art. 16 OR Rn. 11 m. w. N.; **Neumayer/Ming** (1993), Art. 29, 2.

35 **Körnig** (1972), 7.
Für das schweizerische Recht: Art. 18 OR. **Merz** (1974), 4, 6.

36 **Rutkowski** (1978), 9; **Herz** (1934), 89.

37 **Teske** (1990), 76; **Hueck** (1968), 1209, nach dem folgende Formulierung vorzuziehen sei: "Änderungen des Vertrages sind nur wirksam, wenn sie schriftlich erfolgen".

38 Vgl. §§ 311, 312 Abs. 2 Satz 2, 313 Satz 1, 566 Satz 1, 792 Abs. 1 Satz 2 BGB, 74 Abs. 1 HGB, 1 Abs. 2 TVG; **Teske** (1990), 210.

Formulierung sei indifferent, weil in ihr lediglich die Tatsache der Formvereinbarung zum Ausdruck komme.[39] Letzterer Ansicht ist beizupflichten. Zum einen ist das Wort "bedürfen" sprachlich mehrdeutig. Desweiteren können die Parteien, die eine Schriftformklausel vereinbart haben, welche für die Gültigkeit späterer Abänderungsabreden die Schriftform vorschreibt[40] oder ausdrücklich bestimmt, eine solche Abrede müsse schriftlich erfolgen[41], der Form gleichwohl lediglich deklaratorischen Charakter beigemessen haben (§ 133 BGB).[42]

In Anlehnung an Rechtsprechung und rechtswissenschaftliches Schrifttum wird zwischen einfacher und qualifizierter Schriftformklausel unterschieden, wobei erstere ohne den Zusatz "einfach" gebraucht wird; gemeint sind dabei nur konstitutive, nicht jedoch deklaratorische Schriftformklauseln. Bei der qualifizierten Schriftformklausel handelt es sich um eine, die durch eine verstärkende Zusatzklausel (Ergänzungsklausel) qualifiziert ist, nach der auf das Formerfordernis nur schriftlich verzichtet werden kann bzw. eine Befreiung von der Schriftform durch mündliche Vereinbarung unwirksam (nichtig) ist.

C. Interessenlage

Zwischen Abschluß- und Schriftformklauseln ist eine klare Unterscheidung zu treffen, weil die Interessenlage der Vertragsparteien sowie die des Gesetzes jeweils eine andere ist.

I. Interessen der Vertragsparteien

Wenn die Vertragsparteien übereinstimmend den Vertrag für abgeschlossen halten, so ist die Abschlußklausel für sie bedeutungslos geworden. Die Parteien knüpfen an die Abschlußklausel keine

---

39 **Körnig** (1972), 11.

40 **Boergen** (1971), 204; **Körnig** (1972), 11; BGH 26.11.1964 - VII ZR 111/63 - NJW 1965, 293; BGH 2.7.1975 - VIII ZR 223/73 - NJW 1975, 1653 ff; OLG Düsseldorf 25.3.1977 - 16 U 169/76 - NJW 1977, 2216.

41 BGH 26.10.1966 - VIII ZR 173/65 - WM 1966, 1335: "Nachträgliche Änderungen und Ergänzungen dieses Vertrages müssen schriftlich erfolgen. Mündliche Abreden haben keine Gültigkeit."

42 **Körnig** (1972), 11.

Erwartungshaltung für die Zukunft. Fürderhin besteht dann keine Beschränkung der Vertragsfreiheit mehr.

Bei der Schriftformklausel knüpfen sie hingegen an ihre Vereinbarung eine bestimmte Erwartungshaltung für die Zukunft. Diese wird durch die Vorstellung, welche die Parteien bei ihrer Vereinbarung haben, konkretisiert, insbesondere durch den Zweck, den sie mit ihr verfolgen.[43]

1. Zweck des Formgebots

Dabei ist an zwei Fallgestaltungen zu denken: Zum einen können die Parteien mit Blick auf spätere Abreden eine Bindung ihrer selbst an die Schriftformklausel bezwecken. Zum anderen können sie den Zweck verfolgen, bei späteren Abreden die Schriftformklausel beiseiteschieben zu können, sofern auch ohne Einhaltung der Schriftform Klarheit und Sicherheit oder Beweisbarkeit des später Vereinbarten erzielt wird.

Im ersten Fall, wo von einer Bindungswirkung der Schriftformklausel ausgegangen wird, sehen die Parteien in der Beachtung der Form eine Wirksamkeitsvoraussetzung der von der Formabrede umfaßten rechtsgeschäftlichen Elemente: Der Schriftformklausel kommt in diesem Falle konstitutive[44] Wirkung zu und wäre etwa folgendermaßen zu formulieren:

> Abänderungen, Ergänzungen sowie die Aufhebung dieses Vertrages bedürfen der Schriftform. Erfolgen Abänderungen, Ergänzungen oder die Aufhebung formlos, so sind sie nichtig.

Im zweiten Fall, wo von einer fehlenden Bindungswirkung der Schriftformklausel ausgegangen wird, messen die Parteien der mit Hilfe der Schriftformklausel vereinbarten Form lediglich deklaratorischen Charakter zu; eine solche könnte folgendermaßen lauten:

> Abänderungen, Ergänzungen sowie die Aufhebung dieses Vertrages bedürfen der Schriftform. Erfolgen Abänderungen, Ergänzungen oder

---

43 ***Alternativkommentar*** **- Hart**, § 125 Rn. 12.

44 Zum Begriffspaar konstitutiv und deklaratorisch vgl. **Boergen** (1971), 203; **Körnig** (1972), 8 Fn. 4; **Palandt/Heinrichs** (1993), § 125 Rn. 12; **Brox** (1992), Rn. 271; **Serozan** (1968), 1 in fine, 2 in fine; BGH 2.6.1976 - VIII ZR 97/74 - BGHZ 66, 378 ff; BAG 4.6.1963 - 5 AZR 16/63 - AP Nr. 1 zu § 127 BGB.

die Aufhebung formlos, so sind sie gleichwohl wirksam; wer sich im Streitfalle darauf beruft, muß jedoch die Abänderung, Ergänzung oder Aufhebung beweisen.

Vergleicht man die Interessenlage bei Abschlußklausel und Schriftformklausel mit deklaratorischer Wirkung einerseits mit der bei Schriftformklausel mit konstitutiver Wirkung andererseits, so drängt sich eine unterschiedliche Bewertung beider Sachverhalte durch das Gesetz auf. Im Falle der Schriftformklausel mit konstitutiver Wirkung erwarten die Parteien, das Gesetz anerkenne und gewährleiste ihren Bindungswillen. Sie setzen dabei voraus, das Gesetz gewähre ihnen Privatautonomie dahingehend, die nach ihren Vorstellungen vom Gesetz gewährte Abänderungs-, Ergänzungs- oder Aufhebungsfreiheit beschränken zu können. Bei der Abschlußklausel und der Schriftformklausel mit deklaratorischer Wirkung erwarten die Parteien keine besonderen gesetzlichen Folgen. Aus ihrer Sicht bleibt nämlich auch in bezug auf eine spätere Abänderung, Ergänzung oder Aufhebung des die Klausel enthaltenden Vertrages ihre Gestaltungsfreiheit, die sich nach ihren Vorstellungen aus der Privatautonomie ergibt, unverändert und unbeschränkt bestehen.

2. Einzelne Zwecke

Bei gewillkürtem Formzwang werden im Rahmen rechtsgeschäftlicher Freiheit subjektive und im Falle mehrseitiger Rechtsgeschäfte meist parteimäßig verschiedene Zwecke angestrebt. In diesem Sinne hängt die Wirksamkeit vertraglicher Abreden nicht davon ab, ob ein objektives Parteiinteresse, vergleichbar dem objektiven Zweck bei gesetzlichen Normen, besteht.[45]
Sofern die Schriftformklausel selbst nichts über ihren Zweck aussagt, wenn also der Regelfall vorliegt, stößt man in Rechtsprechung und rechtswissenschaftlichem Schrifttum auf stets wiederkehrende Zweckumschreibungen.[46] Die wichtigsten sind:

a) Inhaltsklarheit

Mit der Inhaltsklarheit bezwecken Vertragsparteien, immer Klarheit darüber zu haben, was unter ihnen vereinbart worden ist,

45 ***Berner Kommentar*** - **Merz**, Art. 2 ZGB Rn. 56.

46 **Bekker** (1889), 70; **Heldrich, K.** (1941), 91 ff; **Böhm** (1979), 432 Fn. 59; **Hueck** (1968), 1209 li. Sp.; **Körnig** (1972), 12; **Erman/Brox** (1989), § 125 Rn. 7.

einschließlich etwaiger Abänderungs-, Ergänzungs- oder Aufhebungsabreden.

b) Beweissicherung

Zum Zweck der Inhaltsklarheit tritt oft der - selten für sich allein stehende - Zweck der Beweissicherung hinzu.[47] Beweissicherung bedeutet, stets sicheren Beweis über eine vertragliche Beziehung der Parteien zu haben, einschließlich einer etwaigen Abänderung, Ergänzung oder Aufhebung.

c) Übereilungsschutz

Ein anderer Zweck, den die Parteien mit der Schriftformklausel verfolgen, ist der Schutz vor Übereilung, d. h. vor einer vorschnellen Abänderung, Ergänzung oder Aufhebung.[48]

d) Erkennbarkeit für Dritte

Ein weiterer Zweck der Schriftformklausel ist die Möglichkeit für Dritte, von einer eventuellen künftigen Abänderung, Ergänzung oder Aufhebung Kenntnis zu nehmen. Dies ist dann der Fall, wenn der Bestand des Vertrages jederzeit und zweifelsfrei auch für Dritte erkennbar sein soll, so z. B. mit Anfangstermin und Fortbestand, wozu Abänderungen, Ergänzungen sowie die Aufhebung gehören.

3. Fehlen einer Bestimmung der Folgen bei Nichtbeachtung vereinbarter Formvorschriften

Zu fragen ist, wie sich die Interessenlage darstellt, wenn die Parteien die Folgen einer Nichtbeachtung der von ihnen vereinbarten Formvorschrift nicht geregelt haben. Die Parteien gehen davon aus, es stehe ihnen als Ausfluß der Vertrags- und Formfreiheit frei, die Folgen der Außerachtlassung der von ihnen vereinbarten Form festzulegen. Sie meinen, sie könnten z. B. Nichtigkeit oder eine mindere Rechtsfolge, wie bloße Nichtklagbarkeit, ausdrücklich oder stillschweigend vereinbaren. Seien die von ihnen verwendeten Worte nicht rechtsspezifisch oder nicht genügend eindeutig - wie bei-

47 **Erman/Brox** (1989), § 125 Rn. 7.

48 **Lorenz** (1957), 393; **Larenz** (1989), 410; **Kötz** (1967), 290 li. Sp.; **Schmidt-Salzer** (1968), 1257 ff.

spielsweise Unbeachtlichkeit oder Unverbindlichkeit - so sei ihre Absprache gemäß §§ 133, 157 BGB auszulegen. Dabei sei insbesondere zu ermitteln, welche Vorstellungen sie bei der Formgebung hatten, ob sie der Form konstitutiven oder deklaratorischen Charakter beigemessen haben. Im Falle der Nichtregelung durch die Parteien selber geht ihr Interesse deshalb dahin, das Gesetz werde ihren Vorstellungen, die sie bei der Formvereinbarung hatten, zur Wirksamkeit verhelfen.
Bei lebensmäßiger Betrachtung ist es im Regelfall so, daß die Parteien im Augenblick der Formabrede über die Folgen der Nichtwahrung der Form nicht nachdenken, weil sie zu diesem Zeitpunkt fest entschlossen sind, später die Schriftform einzuhalten.[49] Deshalb wird die Annahme, die Parteien hätten die Form konstitutiv vereinbart, ihren Vorstellungen und Erwartungen eher gerecht als die Annahme, dies sei bloß deklaratorisch geschehen. Nur erstere Sachlage hat eine Bindung zur Folge, und trägt dadurch der erhöhten Rechtssicherheit Rechnung, welche die Parteien mit der Klausel erstreben. Die Interessenlage der Parteien geht also dahin, eine Bindung an die Schriftformklausel als in der Regel gewollt anzunehmen.[50]

II. Zweck der gesetzlichen Regelung

Auf der Basis einer geschlossenen Rechtsordnung und als rechtsstaatliche Forderung hat das Gesetz das Interesse, dem Rechtsunterworfenen und somit jeder Vertragspartei, Sicherheit über die von ihm dekretierte Rechtslage zu vermitteln.[51] Falls die Parteien dort, wo das Gesetz keine besondere Form vorschreibt, eine solche gewählt haben, so besteht für das Gesetz ein Interesse, den Parteien die Folgen dieser Wahl aufzuzeigen und kund zu tun. Die maßgebliche Interessenlage ergibt sich daraus, daß Formen durch Verabredung unter den Parteien gewählt werden können, das Recht sich aber nicht weiter damit beschäftigt; das Gesetz stellt näher geregelte Formen zur Verfügung und überläßt es im übrigen den Beteiligten, sich für ihren Rechtsverkehr Formen zu wählen.[52]
Deshalb sind gewillkürte Formvorschriften Ausfluß der vom Gesetz gewährten Privatautonomie. Diese erlaubt auch, sie im Rahmen der Rechtsordnung zu gestalten. Bei vereinbarten Formvorschriften hat

---

49 **Siegel** (1914), 47.
50 **Tiefenbacher** (1968), 608; **Sudhoff** (1985), 515.
51 Vgl. **Liver** (1954), 4 in fine.
52 **Huber, E.** (1914), 80; **Siber** (1921), 225.

das Gesetz überdies ein Interesse, diese Formvereinbarungen weitestgehend zu gewährleisten. Das Gesetz gewährleistet bei der Abschlußklausel und der Schriftformklausel mit deklaratorischer Wirkung deren Aufhebung oder Nichtbeachtung, indem es letztere hinnimmt; bei der Schriftformklausel mit konstitutiver Wirkung, indem es die Bindung der Parteien sanktioniert. Deshalb drängt sich eine diesbezügliche gesetzliche Regelung auf.
Dabei ist anzunehmen, das Gesetz regle den (Normal)Fall, nämlich daß die Parteien die Folgen einer Nichtbeachtung der von ihnen vereinbarten Formvorschrift nicht vereinbart haben, wenn es sich also nicht um eine ausdrückliche oder stillschweigende Festlegung handelt.[53] In diesem Fall greift die Bestimmung des § 125 Satz 2 BGB ein. Diese bestimmt, im Zweifel sei die Beachtung der gewillkürten Form Wirksamkeitsvoraussetzung der von der Form umfaßten Abreden; die gewillkürte Form zeitigt also im Zweifel eine konstitutive Wirkung.

III. Kongruenz von Parteiinteressen und Gesetzeszweck

Die gesetzliche Vorschrift von § 125 Satz 2 BGB, welche die Interessenlage des Gesetzes widerspiegelt, entspricht der für den Regelfall anzunehmenden Interessenlage der Parteien und bestätigt dadurch den Einklang der beiden. Insbesondere bestätigt sie, die Bindung der Parteien an die Schriftformklausel mit konstitutiver Wirkung entspreche ebenso der Wertung des Gesetzes, wie der umgekehrte Fall, nämlich die Nichtbindung an die Schriftformklausel mit deklaratorischer Wirkung.

Es ist festzuhalten, daß die Unterscheidung Abschlußklausel, Schriftformklausel mit deklaratorischer Wirkung einer- und mit konstitutiver Wirkung andererseits durchaus Sinn macht, da die Interessenlage der Vertragsparteien sowie der Rechtsordnung eine jeweils andere ist. Entsprechend drängt sich eine unterschiedliche Wertung beider Sachverhalte durch das Gesetz auf, was in der Bestimmung des § 125 Satz 2 BGB geschieht.

---

53 **Siegel** (1914), 47.

§ 2. Bedeutung der Schriftformklausel im Geschäftsleben und ihre rechtliche Behandlung in Deutschland, der Schweiz und den Vereinigten Staaten von Amerika

A. Nationales Recht

I. Deutschland

In Deutschland stößt man in Formularbüchern, Musterverträgen und der täglichen Praxis überaus häufig auf Schriftformklauseln. Nach *Raiser* sind die Beispiele dafür so zahlreich, daß es hierfür keines Beleges bedürfe.[54] Bei solchen Klauseln, die in Formularbüchern und Musterverträgen erwähnt sind, handelt es sich meist um die (einfache) Schriftformklausel, seltener um die qualifizierte.[55]

Im übrigen rechtswissenschaftlichen Schrifttum werden ähnliche Formulierungen vorgeschlagen;[56] den meisten gerichtlichen Entscheidungen liegen ebenfalls Schriftformklauseln zugrunde, die der einfachen oder der qualifizierten im Wortlaut oder nach dem Sinn entsprechen.[57]

Aus eigener Praxis des *Verf.* ist zu berichten, daß die *Citibank AG* und die *Chemical Bank, New York*, Zweigniederlassung Frankfurt, in Verträgen, denen Dauerrechtsverhältnisse zugrunde liegen, regel-

---

54 **Raiser** (1935), 235 Fn. 1; vgl. auch die rechtstatsächlichen Untersuchungen von **Teske** (1990), 33 ff, 50, 80 in fine und **Weigel** (1989), 7 f.

55 **Wurm/Wagner/Zartmann** (1989), 360, 417, 442, 465, 508, 1231, 1438.

56 **Boergen** (1971), 204; **Medicus** (1992), Rn. 636; **Weigel** (1989), 4.

57 RG 23.11.1942 - V 63/42 - DR 1943, 487; BGH 20.6.1962 - V ZR 157/60 - NJW 1962, 1908 f; BGH 26.11.1964 - VII ZR 111/63 - NJW 1965, 293; BGH 19.9.1966 - VIII ZR 106/64 - JZ 1967, 287; BGH 2.6.1976 - VIII ZR 97/74 - BGHZ 66, 378 ff; AG Achern 18.3.1971 - 1 C 280/70 (nicht publiziert); LG Konstanz 25.2.1972 - 3 O 171/70 (nicht publiziert); AG Rottweil 21.12.1972 - 2 C 581/72 (nicht publiziert); AG Bad Mergentheim 4.1.1973 - 2 C 477/70 (nicht publiziert).

mäßig eine Schriftformklausel vereinbaren, welche die Rechtsfolge ihrer Nichtbeachtung festschreibt.[58]

1. Gesetzgebung

Das Bürgerliche Gesetzbuch erwähnt den Begriff *Schriftformklausel* expressis verbis nicht. In § 125 Satz 2 enthält das Bürgerliche Gesetzbuch eine Bestimmung, nach welcher der Mangel der durch Rechtsgeschäft bestimmten Form im Zweifel Nichtigkeit zur Folge hat und in § 154 Abs. 2 eine weitere Vorschrift, nach der bei Verabredung einer Beurkundung des beabsichtigten Vertrages dieser im Zweifel solange nicht geschlossen ist, bis jene erfolgt ist.

2. Rechtsprechung

In der ersten einschlägigen Entscheidung, die nach Inkrafttreten des Bürgerlichen Gesetzbuches veröffentlicht wurde, hat das Bayerische Oberste Landesgericht in seinem Urteil vom 19.6.1903[59] ausgeführt, eine nur mündlich vereinbarte Änderung sei nichtig, solange die Parteien bei der vereinbarten Schriftformklausel stehen blieben. Durch eine solche Klausel, welche die Parteien nur in ihrem eigenen Interesse träfen, könnten sie sich aber nicht der Möglichkeit berauben, eine den gesetzlichen Erfordernissen entsprechende neue Vereinbarung ohne Beachtung der früheren rechtswirksam zu treffen; sie könnten sich über die von ihnen selbst errichtete Schranke hinwegsetzen, *auf deren Beachtung nur sie ein Recht hätten*. Ein solcher Wille dürfe nicht schon dann angenommen werden, wenn sie sich mündlich über eine Änderung des Vertragsverhältnisses geeinigt hätten; vielmehr bringe es die getroffene Vereinbarung mit sich, solche Beredungen als unverbindliche Vorbesprechungen anzusehen. Bleiben also die Parteien bei der Vereinbarung der Schriftformklausel stehen, so seien spätere mündliche Änderungsabreden wegen ihr nichtig. Legen die Vertragsparteien aber die Ernstlichkeit ihres Willens, daß die mündliche Einigung bindend, also ein Vertrag sein solle, dadurch an den Tag, daß sie das Vereinbarte in Vollzug

---

58 Vgl. Electronic Banking Services Agreement der Citibank: "All Modifications to this Agreement must be made in writing. Any verbal understanding to this effect is void."

59 BayObLG 19.6.1903 - Recht 1903, 359, Nr. 1942. Infolge Ablaufs der Aufbewahrungspflicht und Vernichtung der Unterlagen kann der diesem Fall zugrunde liegende Sachverhalt nicht mehr ermittelt werden.

setzen, so sei die frühere Vereinbarung für diesen Fall außer Kraft gesetzt und der neue Vertrag ohne Beachtung der vereinbarten Schriftform gültig.
Das Urteil des Reichsgerichts vom 15.11.1907[60] gab der höchstrichterlichen Rechtsprechung zum ersten Mal Gelegenheit, zur Schriftformklausel Stellung zu nehmen. Damals blieb jedoch dahingestellt, ob die Parteien eine bloß vertragsmäßig festgesetzte Formvorschrift nachträglich jederzeit beliebig und formlos ändern können.[61]
Wenige Jahre später hatte das Reichsgericht in seinem Urteil vom 23.11.1910[62] darüber zu befinden, ob die mündlich getroffene Ergänzung eines Mietvertrages, der eine Schriftformklausel enthält, wirksam sei. Das Gericht bejahte die Frage mit der Begründung, die Vertragsparteien könnten das auf Privatwillkür beruhende Formerfordernis jederzeit durch contrarium consensum wieder außer Kraft setzen; der Abänderungsvertrag bedürfe keiner Form und könne auch durch schlüssige Handlungen zustande gebracht werden. Eine solch schlüssige Handlung, welche die Annahme eines derartigen Vertragswillens rechtfertige, sei namentlich die tatsächliche Bewirkung der vertragsmäßigen Leistung. An dieser Rechtsansicht hielt das Reichsgericht in der Folgezeit fest[63], obwohl ihm einzelne nachgeordnete Gerichte darin nicht folgten.[64] So kommt das Oberlandesgericht Braunschweig in einem Urteil vom 27.10.1911[65] zu dem Schluß, Voraussetzung für die Wirksamkeit mündlich getroffener Abänderungen sei die schriftliche Aufhebung der Schriftformklausel. Begründet wird dies damit, auch ein etwa (stillschweigend) abgegebenes Einverständnis der Parteien darüber, daß es zu einer

---

60 RG 15.11.1907 - III 142/07 - WarnR 1908, 33, Nr. 38 = SeuffArch 63, Nr. 196.
Quelle für den vollständigen Wortlaut der handschriftlich ausgefertigten Entscheidung: Zentrales Staatsarchiv Potsdam.

61 Das Reichsgericht begründete seine Entscheidung aus dem Einwand der Arglist (§§ 826, 249 BGB).

62 RG 23.11.1910 - III 203/10 - JW 1911, 94, Nr. 15.
Quelle für den vollständigen Wortlaut der handschriftlich ausgefertigten Entscheidung: Zentrales Staatsarchiv Potsdam.

63 RG 5.7.1912 - III 63/12 - WarnR 1912, 402, Nr. 367.
Quelle für den vollständigen Wortlaut der handschriftlich ausgefertigten Entscheidung: Zentrales Staatsarchiv Potsdam.

64 OLG Braunschweig 27.10.1911, I. Ziv. Sen. - ROLG 24, 355; OLG Königsberg 24.11.1939 - 2 U 205/39 - HRR 16 (1940), Nr. 349; inzidenter: KG 3.7.1905, XIV. Ziv. Sen. - ROLG 12, 141. Infolge Ablaufs der Aufbewahrungspflicht und Vernichtung der Unterlagen kann auf diese nicht mehr zurückgegriffen werden.

65 OLG Braunschweig 27.10.1911, I. Ziv. Sen. - ROLG 24, 355; **Berner** (1940), 56.

Vertragsänderung nicht mehr der Schriftform bedürfe, enthalte eine Änderung des Vertrages, und zwar eine Beseitigung der Schriftformklausel. Das vertragliche Abgehen von der im Vertrag vereinbarten Schriftformklausel bedürfe aber als Vertragsänderung *wegen der vorherigen bindenden Parteifestsetzung* zu seiner Wirksamkeit ebenso der Schriftform wie dies bei jeder sonstigen Äußerung der Fall sei. In einem Urteil vom 24.11.1939 führte das Oberlandesgericht Königsberg aus, eine Vereinbarung, welche die vertragsmäßige Schriftform durch nachträgliche Absprachen beseitige, müsse ausdrücklich getroffen werden: "Andernfalls wäre das Abkommen über den Schriftzwang wertlos, weil es alsdann durch jedwede Vereinbarung, bei der es nicht beachtet wurde, von selbst außer Kraft gesetzt werden würde."[66]
Es dürften einzelne kritische Stimmen aus dem rechtswissenschaftlichen Schrifttum,[67] vielleicht auch die erwähnten Urteile der Oberlandesgerichte Braunschweig und Königsberg,[68] ursächlich dafür gewesen sein, weshalb das Reichsgericht gegen Ende seiner Tätigkeit, in der diesbezüglich letzten publizierten Entscheidung, Zweifel an der Richtigkeit seiner bisherigen Rechtsprechung aufkommen ließ, die Parteien könnten die Schriftformklausel jederzeit konkludent außer Wirkung setzen. In einem Urteil vom 23.11.1942[69] hat es ausgeführt, das Berufungsgericht komme dem Beklagten schon weit entgegen, wenn es eine etwaige mündliche Abänderung trotz Schriftformklausel für wirksam erachte. Dies, obschon eine Rechtsprechung existiere, wonach die Parteien das durch Rechtsgeschäft bestimmte Formerfordernis nachträglich durch formlose, auch stillschweigende Einigung wieder beseitigen könnten. Andererseits sei dieser Meinung aber mit gewichtigen Gründen widersprochen worden. Deshalb komme eine solche nicht-schriftliche Abänderung nur dann in Betracht, wenn die Absicht einer dauernd wirksamen Vertragsänderung - nicht nur eines bloß vorübergehenden Entgegenkommens ohne Bindung für die Zukunft - wirklich klar und zweifelsfrei erhelle; *die Beweiserfordernisse seien* dabei *nicht gering zu stellen*.

---

66 OLG Königsberg 24.11.1939 - 2 U 205/39 - HRR 16 (1940), Nr. 349.
67 Vgl. **Beitzen** (1909), 28; **Roquette** (1940), 961 re. Sp.; ders. (1961), 129 Fn. 13.
68 Vgl. die Hinweise in Fn. 64.
69 RG 23.11.1942 - V 63/42 - DR 1943, 487 f.
Quelle für den vollständigen Wortlaut der handschriftlich ausgefertigten Entscheidung: Zentrales Staatsarchiv Potsdam.

Erst zwanzig Jahre später beschäftigte die Schriftformklausel das oberste Zivilgericht erneut. Der Bundesgerichtshof hatte sich erstmals in seiner Entscheidung vom 20.6.1962[70] eingehender mit ihr zu befassen; dabei stellte er mit aller Klarheit fest, die Frage, ob eine Schriftformklausel in einem Mietvertrag die formlose Abänderung des Vertrages nichtig mache, sei nach § 125 Satz 2 BGB zu entscheiden. Nach dieser Bestimmung mache die Schriftformklausel den formlosen Abänderungsvertrag nur im Zweifel nichtig, d. h., wenn die Vertragspartner nichts anderes gewollt hätten. Bald darauf führte der Bundesgerichtshof in dem Urteil vom 26.11.1964[71] die frühere Rechtsprechung des Reichsgerichts an und bemerkt, er trete deren Begründung bei. Die Bindung der Parteien an die von ihnen vereinbarte Schriftformklausel könne nur so lange bestehen bleiben, solange und soweit sie keinen anderen Willen zum Ausdruck brächten; durch eine neue, auch konkludente Einigung der Parteien seien alle dieser entgegenstehenden früheren Abmachungen überholt, auch die Vereinbarung der Schriftform. Dabei sei es unerheblich, ob sich die Parteien daran erinnerten, daß sie von dem früheren Vertrag abwichen; entscheidend sei allein der von Willensmängeln unbeeinflußte neue Vertrag. Dabei werde sicherlich der Zweck der Schriftformklausel, immer Klarheit über den Inhalt eines Vertrages zu haben, häufig nicht erreicht; das liege aber daran, daß die Parteien selbst übereinstimmend von der Beachtung der gesetzlich nicht vorgeschriebenen Form, *über die sie allein zu bestimmen hätten*, abwichen.

Auch in seinem Urteil vom 26.10.1966[72] stellte der Bundesgerichtshof fest, die Parteien könnten einen schriftlichen Vertrag trotz Schriftformklausel selbst dann mündlich ändern, wenn sie bei ihrer mündlichen Vereinbarung nicht an jene gedacht hätten. An dieser Rechtsansicht hielt das oberste Zivilgericht ohne weitere Begründung fest.[73] Andere oberste Gerichte[74] - sowie nachgeordnete

---

70 BGH 20.6.1962 - V ZR 157/60 - NJW 1962, 1908 f.

71 BGH 26.11.1964 - VII ZR 111/63 - NJW 1965, 293=LM Nr. 20 zu § 125 BGB.

72 BGH 26.10.1966 - VIII ZR 173/65 - WM 1966, 1335.

73 BGH 29.6.1966 - VIII ZR 163/64 - NJW 1966, 1705 ff; BGH 19.9.1966 - VIII ZR 106/64 - JZ 1967, 287 f; BGH 26.10.1966 - VIII ZR 173/65 - WM 1966, 1335; BGH 20.3.1967 - VIII ZR 199/64 (nicht publiziert); BGH 29.11.1973 - VII ZR 205/71 - WM 1974, 105 f; BGH 2.7.1975 - VIII ZR 223/73 - NJW 1975, 1653 ff; BGH 2.6.1976 - VIII ZR 97/74 - BGHZ 66, 378 ff; BGH 22.4.1982 - III ZR 122/80 - WM 1982, 902 f.

74 BAG 4.6.1963 - 5 AZR 16/63 - AP Nr. 1 zu § 127 BGB; BAG 10.1.1989 - 3 AZR 460/87 - NJW 1989, 2149 f; BFH 24.1.1990 - I R 157/86 - BStBl. II 1990, 645 re. Sp. f.

Gerichte[75] überwiegend - folgten dieser Rechtsprechung des Bundesgerichtshofs teilweise bis jüngsthin, so z. B. das Bundesarbeitsgericht in einem Urteil vom 10.1.1989[76] und der Bundesfinanzhof in einem vom 24.1.1990[77]. Allerdings sei - erklärt der Bundesgerichtshof in einem Urteil vom 25./27.11.1969[78] einschränkend - bei der Prüfung, ob nur mündlich Besprochenes gleichwohl Gültigkeit haben solle, besondere Zurückhaltung geboten. Es müsse klar erkennbar sein, daß die formlose Abrede gelten solle, wenn nicht der Zweck der Schriftformvereinbarung völlig ausgehöhlt werden soll.

Solche Beurteilung und Behandlung der Schriftformklausel durch die Gerichte könnte nun zu dem Schluß verleiten, sie würde immer seltener angewendet, weil das Vertrauen der Vertragschließenden, sie im Rechtsverkehr zur Erhöhung der Rechtssicherheit anzuwenden, immer mehr abnehmen müsse. Die Praxis zeigt jedoch, daß davon keine Rede sein kann. Sie überhört bis heute alle Stimmen aus dem rechtswissenschaftlichen Schrifttum, die vorschlagen, ganz auf die Schriftformklausel zu verzichten,[79] sondern hält unvermindert an der Schriftformklausel fest. Darüber hinaus wird in der Vertragspraxis immer wieder versucht, die Wirkung der Klausel durch Zusätze zu verstärken, so z. B. den, auf die Einhaltung der Schriftform könne weder ausdrücklich noch stillschweigend verzichtet werden oder den, eine Befreiung von der Schriftform durch mündliche Vereinbarung sei unwirksam. Auf diese Weise wird probiert, ihre Anerkennung durch gerichtliche Entscheidungen zu erzwingen, also formlose Änderungen und Ergänzungen effektiv an der Schriftformklausel scheitern zu lassen.

In seinem Urteil vom 10.12.1974[80] hatte sich das Oberlandesgericht Frankfurt a. M. erstmals mit einer durch verstärkenden Zusatz (Ergänzungsklausel) qualifizierten Schriftformklausel zu befassen. Eine solche nehme den Parteien eines Mietvertrages den Einwand,

---

75 Vgl. z. B. OLG Frankfurt a. M. 10.12.1974 - 5 U 62/74 - MDR 1975, 488; OLG Karlsruhe 30 3.1983 - 3 RE-Miet 1/83 - NJW 1983, 1499.
A. A. LAG Berlin als Vorinstanz zu BAG 10.1.1989 - 3 AZR 460/87 - NJW 1989, 2149 re. Sp. in fine, 2150 li. Sp.

76 BAG 10.1.1989 - 3 AZR 460/87 - NJW 1989, 2149 f.

77 BFH 24.1.1990 - I R 157/86 - BStBl. II 1990, 645 re. Sp. f.

78 BGH 25./27.11.1969 - VIII ZR 259/67 - WM 1970, 93 f.

79 **Rutkowski** (1978), 121; **Henrich** (1940), 1268.

80 OLG Frankfurt a. M. 10.12.1974 - 5 U 62/74 - MDR 1975, 488.

Ansprüche, die sich aus dem schriftlichen Mietvertrag ergeben, seien aufgrund mündlicher Vertragsänderung nicht oder nicht in der vorgesehenen Weise zu erfüllen; es handle sich um eine *Vereinbarung, die bestimmte Normen ausschalte*. Das Gericht ging also davon aus, daß eine solche Schriftformklausel nicht formlos außer Kraft gesetzt werden könne, wenn die Schriftformklausel klar ausspreche, die Vertragsparteien hätten ausdrücklich auf die Geltendmachung jeglicher mündlicher Absprachen verzichtet. Die der Entscheidung zugrunde liegende Schriftformklausel ist inhaltlich bemerkenswert. Beide Parteien waren übereingekommen, nachdem sie bereits die im Mietvertragsformular enthaltene Schriftformklausel vereinbart hatten, zusätzlich in einer besonderen Urkunde, die mit dem Mietvertragsformular verbunden war, auf die Geltendmachung jeglicher mündlicher Absprachen und auf den Einwand, ihr Recht sei durch Duldung entstanden, zu verzichten. Auch in diesem Fall trat die Problematik der höchstrichterlichen Rechtsprechung für den Rechtsalltag in aller Klarheit zutage.[81] Die Parteien kannten die höchstrichterliche Rechtsprechung zur Frage der Schriftformklausel und waren sich als Folge dessen der zweifelhaften Wirkung einer solchen Klausel bewußt. Aus diesem Grund vereinbarten sie eine durch Ergänzungsklausel qualifizierte Schriftformklausel in der Hoffnung, wenigstens diese würde halten. Ob dem so war, geht aus den Urteilsbegründungen nicht mit letzter Klarheit hervor. Das Gericht führt nicht eindeutig aus, ob sich das Urteil auf die durch Ergänzungsklausel qualifizierte Schriftformklausel oder auf den Umstand stützt, die angebliche mündliche Abrede sei völlig unsubstantiiert geblieben. Der Urteilszusammenhang weist eher auf letztere Alternative hin, weshalb die Ausführungen zur qualifizierten Schriftformklausel in casu eher den Charakter eines obiter dictum haben. Ein anderes oberes Gericht, das Oberlandesgericht Düsseldorf, hat in einem Urteil vom 25.3.1977[82] der qualifizierten Schriftformklausel in einem Gesellschaftsvertrag Wirkung schlechthin zuerkannt, indem es ausführte, formlose Vertragsänderungen und -ergänzungen seien in einem solchen Falle nichtig. Solange eine

---

81 Vgl. die Formulierung einer Schriftformklausel durch **Tiefenbacher** (1968), 608: "Vertragsänderungen bedürfen der Schriftform. Die Schriftform ist - entgegen der Rechtsprechung des Bundesgerichtshofes - Voraussetzung für die Wirksamkeit einer jeglichen Vertragsänderung". **Körnig** (1972), 52 spricht von einem eindrucksvollen Zeugnis der Unsicherheit des Bundesgerichtshofs in der Bewältigung der Formprobleme.

82 OLG Düsseldorf 25.3.1977 - 16 U 169/76 - NJW 1977, 2216.

solche Klausel nicht schriftlich aufgehoben worden sei, sei ein Abweichen von ihr generell ausgeschlossen.
Zum gleichen Ergebnis gelangte auch der Bundesgerichtshof in dem Urteil vom 2.6.1976[83], das sich mit der Schriftformklausel in einem Mietvertrag zwischen Kaufleuten zu befassen hatte. Auch diese Klausel enthielt einen verstärkenden Zusatz des Inhalts, auf das Formerfordernis könne nur durch eine schriftliche Erklärung verzichtet werden. Das oberste Zivilgericht führte aus, diese Klausel habe ersichtlich den einzigen Zweck, die Aushöhlung der Schriftformvereinbarung durch Bindung der Vertragsparteien an mündliche Erklärungen oder gar an schlüssiges Verhalten unmöglich zu machen. Eine solche qualifizierte Klausel stehe damit der Wirksamkeit einer späteren Abänderung, Ergänzung oder Aufhebung entgegen. Rechtliche Bedenken gegen eine solche Regelung bestünden dann nicht, wenn sie, wie im vorliegenden Fall, unter Kaufleuten getroffen worden sei. Die Vertragsfreiheit erlaube Kaufleuten, ihre rechtsgeschäftlichen Beziehungen im Rahmen eines Vertrages, der ein Handelsgeschäft zum Gegenstand habe, *starr* an bestimmte Formen zu binden. Das Gericht betonte mit großem Nachdruck, bei den Parteien handle es sich um Kaufleute, so daß der Schluß naheliegt, es habe zum Ausdruck bringen wollen, bei Nichtkaufleuten stehe auch eine qualifizierte Schriftformklausel der Gültigkeit formloser Änderungen und Ergänzungen des Vertrages nicht entgegen. Vom Bundesgerichtshof ist letzterer Fall aber bis heute nicht entschieden worden, auch nicht mit hierfür nötiger Klarheit in dem Urteil vom 17.4.1991[84]. Dort verneint der Bundesgerichtshof zwar eine wirksame Verlängerung des Mietvertrages, weil die erforderliche Schriftform[85] nicht eingehalten worden sei, stellt aber anschließend fest, eine mündliche Änderungsvereinbarung liege überhaupt nicht vor. Diese widersprüchlichen Ausführungen vermitteln zusammen mit den weiteren Erwägungen dieser Entscheidung den Eindruck, der Bundesgerichtshof stelle sich auf den Standpunkt, eine durch Ergänzungsklausel qualifizierte Schriftformklausel könne nur

---

83 BGH 2.6.1976 - VIII ZR 97/74 - BGHZ 66, 378 ff = NJW 1976, 1395 f = JZ 1976, 645 f.

84 BGH 17.4.1991 - XII ZR 15/90 - NJW - RR 1991, 1289 f = WM 1991, 1398 f.

85 "Vertragsänderungen, auch bezüglich des Formerfordernisses, bedürfen der Schriftform"; **Palandt/Heinrichs** (1993), § 125 Rn. 14 sowie **Medicus** (1992), Rn. 642 in fine, zitieren diese Entscheidung des Bundesgerichtshofs in dem Sinne, die durch Ergänzungsklausel qualifizierte Schriftformklausel könne nicht stillschweigend beiseitegeschoben werden.

schriftlich aufgehoben werden.[86] Klarheit schuf aber der Beschluß des Bundesfinanzhofs vom 31.7.1991[87]. Dort hat der Bundesfinanzhof die Frage, ob eine qualifizierte Schriftformklausel das Änderungsrechtsgeschäft formbedürftig mache, bejaht. In casu war zu entscheiden, ob die mündlich vereinbarte Änderung eines schriftlichen Geschäftsführervertrages auch dann wirksam sei, wenn eine Klausel für Vertragsänderungen die Schriftform vorschreibt und eine Befreiung von der Schriftform durch mündliche Vereinbarung für unwirksam erklärt. Der Bundesfinanzhof begründet, diese Rechtsfrage habe die Vorinstanz [Finanzgericht München] "in Übereinstimmung mit einem maßgeblichen Teil des Schrifttums"[88] zutreffend verneint. Nach § 125 Satz 2 BGB sei ein Rechtsgeschäft, das der vertraglich bestimmten Form ermangele, im Zweifel nichtig. Mit der in dem Geschäftsführervertrag vereinbarten Formel, eine Befreiung von der Schriftform durch mündliche Vereinbarung sei unwirksam, hätten die Vertragschließenden die Rechtsfolge von § 125 Abs. 2 BGB für eine nur mündlich abgeschlossene Vertragsänderung ausdrücklich vereinbart. Da die in casu interessierende Gehaltserhöhung nur mündlich vereinbart worden sei, falle sie unter die Rechtsfolge von § 125 Satz 2 BGB; dies bedeute, sie sei unwirksam.

3. Rechtswissenschaftliches Schrifttum

a) Bindung an die Schriftformklausel

Kurz vor Inkrafttreten des Bürgerlichen Gesetzbuches, aber bereits auf der Grundlage der von diesem geschaffenen Rechtslage, äußerten sich *Fränkel*[89], *Fuld*[90] und *Borcherdt*[91] dahingehend, bei schriftlichen Mietverträgen müßten Vertragsänderungen gleichfalls schriftlich erfolgen - nach *Fränkel* zumindest bei wesentlichen Änderungen. Weil nach diesen Stimmen ein schriftlich abgeschlossener Vertrag die Schriftlichkeit des Änderungsrechtsgeschäftes nach sich

---

86 A. A. **Palandt/Heinrichs** (1993), § 125 Rn. 14; **Reinicke/Tiedtke** (1992), 32 Fn. 135; **Medicus** (1992), Rn. 642 in fine; vgl. Fn. 85.

87 BFH 31.7.1991 - I S 1/91 - BStBl. II 1991, 933 f, 934 re. Sp.

88 Der Bundesfinanzhof zitiert hierfür ***Münchener Kommentar*** - **Förschler**, § 125 Rn. 77 [zweite Aufl. (1984 ff), zu diesem Punkt identisch mit der dritten Aufl. (1993)]; vgl. § 2 A I 3 b.

89 **Fränkel** (1897), 11.

90 **Fuld** (1898), 51 in fine f.

91 **Borcherdt** (1899), 33 in fine f.

zieht, bleibt für die Schriftformklausel nach *Fuld* und *Borcherdt* daher nur hinsichtlich der Vertragsaufhebung, nach *Fränkel* zudem auch hinsichtlich unwesentlicher Änderungen ein Anwendungsbereich übrig. Kurz nach Inkrafttreten des Bürgerlichen Gesetzbuches wurden im rechtswissenschaftlichen Schrifttum allerdings auch erste Stimmen laut, der Schriftformklausel Bedeutung und Wirkung zukommen zu lassen.[92] Die meisten wollen allerdings die Bindung der Parteien an die vereinbarte Schriftformklausel dogmatisch dieser selber entnehmen.[93] Die erste längere Abhandlung zum Thema, in der sich der Autor dafür einsetzt, der Schriftformklausel zur Wirkung zu verhelfen, stammt von *Beitzen*[94].

Roquette[95] geht von § 15 des Deutschen Einheitsmietvertrages (DEMV)[96] aus und kommt zu dem Schluß, aus dieser Vertragsbestimmung folge ganz klar, daß nicht schriftlich abgefaßte nachträgliche Vertragsänderungen oder -ergänzungen ungültig seien; die Nichtigkeit späterer mündlicher Abreden sei dem Sinn und Zweck der Schriftformklausel inhärent. *Späth*[97] pflichtet dem bei und führt aus, es gehe nicht an, aus der Gutmütigkeit eines Vertragspartners gleich neue und zusätzliche Rechte des anderen Teils herzuleiten; es könne nicht Sinn der Rechtspraxis sein, der stärkeren Vertragspartei Tür und Tor zu öffnen. *Oswald*[98] leitet das Schriftlichkeitserfordernis des Änderungsrechtsgeschäftes bei vereinbarter Schriftformklausel aus dem Satz "pacta sunt servanda" ab. *Eisner* ist der Meinung, eine Schriftformklausel könne als "vertragliche Verfassungsnorm" in Analogie zu § 2-209 (2) UCC später nur durch das qualifizierte Medium einer schriftlichen Vereinbarung abgeändert werden.[99]

Mit aller Klarheit betonen z. B. *Medicus*[100] und *Tiefenbacher*[101], die Frage, ob eine Schriftformklausel die formlose Abänderung des Vertrages nichtig mache, sei nach § 125 Satz 2 BGB zu entscheiden. *Tiefenbacher* erläutert deren Anwendbarkeit und Folgen aus der Sicht eines rechtskundigen Beraters, welcher die Gesellschafter bei

92 **Beitzen** (1909), 28 f; **Peters** (1943), 47 in fine f.
93 Vgl. **Boergen** (1971), 203 li. Sp.; **Böhm** (1979), 428.
94 **Beitzen** (1909), 28 f.
95 **Roquette** (1940), 961 re. Sp.; ders. (1961), 128 f.
96 "Nachträgliche Änderungen und Ergänzungen dieses Vertrages müssen schriftlich erfolgen"; abgedruckt z. B. bei **Dölle** (1936), 78.
97 **Späth**, in: **Zeller** (1953), 8 ff.
98 **Oswald** (1960), 199 li. Sp.
99 **Eisner** (1969), 120 li. Sp. und 121 li. Sp.
100 **Medicus** (1993), Rn. 187a in fine.
101 **Tiefenbacher** (1968), 608.

der Abfassung des Gesellschaftsvertrages unterstützt. Entweder denke dieser einfach an § 125 Satz 2 BGB oder aber er berücksichtige, daß die Meinungen der Gesellschafter darüber, ob eine Vertragsänderung mündlich vereinbart worden sei, oft auseinandergehen. Ihm gehe es also vornehmlich um die Erhaltung des Gesellschaftsfriedens und damit auch um die Sicherung des Bestandes des im Unternehmen verkörperten Wertes; dies hoffe er im Vertrauen auf die Bestimmung des § 125 Satz 2 BGB dadurch zu bewirken, einen möglichen Streit über angebliche mündliche Vereinbarungen durch Aufnahme der Schriftformklausel überhaupt nicht aufkommen zu lassen.[102] *Boergen*[103] differenziert zwischen deklaratorischen und konstitutiven Schriftformklauseln und will bei letzteren die Formbedürftigkeit des Änderungsrechtsgeschäftes der Bestimmung des § 125 Satz 2 BGB entnehmen. Ähnlich *Böhm*[104], der es letztendlich als skurril empfindet, wenn im Rechtsverkehr einerseits das Bedürfnis bestehe, sich im Interesse der Rechtssicherheit der Schriftformklausel zu bedienen, die Rechtsprechung diese aber andererseits als wirkungslos ansehe.

b) Keine Bindung an die Schriftformklausel

Schon um die Jahrhundertwende wurde die Auffassung vertreten, eine formlose Änderung, Ergänzung oder Aufhebung eines Vertrages mit Schriftformklausel sei wirksam.[105] Wie bereits damals *Loewe*[106], *Gareis*[107] und *Tauber*[108] begründet in jüngster Zeit z. B. *Reinicke*[109] dies damit, bei Auslegung der Worte "im Zweifel" von § 125 Satz 2 BGB sei auf den Willen der Parteien zum Zeitpunkt des Änderungsrechtsgeschäfts abzustellen.
Die Grundthese, Schriftformklauseln könnten formlos aufgehoben bzw. beiseitegeschoben werden, überwiegt bis heute im rechts-

---

102 **Tiefenbacher** (1968), 608.
103 **Boergen** (1971), 203 li. Sp.
104 **Böhm** (1979), 428.
105 **Loewe** (1899), 82; **Gareis** (1900), § 125 Anm. 3 b; **Tauber** (1905), 233 ff; **Windscheid/Kipp** (1906), § 310 4 a und 5, 276; **Danz** (1906), 198; **Dehn** (1908), 45.
106 **Loewe** (1899), 82 Fn. 1.
107 **Gareis** (1900), § 125 Anm. 3 b.
108 **Tauber** (1905), 233 ff.
109 **Reinicke** (1976), 2289, der zur Begründung seiner Ansicht auf die Motive verweist: *Mugdan* (1899), I, 453.

wissenschaftlichen Schrifttum.[110] Später gab es dort weitere Stimmen, welche die Schriftformklausel für praktisch wertlos erachteten.[111] In neuerer Zeit wird hierzu als Begründung aufgeführt, die Parteien könnten den von ihnen vertraglich geschaffenen Formzwang jederzeit auch wieder aufheben oder beiseite schieben,[112] da sie privatautonom über die Form verfügen könnten.[113] Nach *Hart* gelte dies, obzwar auf die mit der Schriftformklausel verfolgten Zwecke abzustellen sowie Satz 1 und Satz 2 von § 125 BGB einheitlich zu interpretieren seien.[114] Nach *Kötz*[115] stelle die Schriftformklausel kein Gültigkeitserfordernis dar, weil mit ihr in der Regel ein Beweiszweck verfolgt werde; falls die formlose Abänderung, Ergänzung oder Aufhebung umstritten sei, so stelle die Schriftformklausel einen Beweisvertrag dar. Nach *Schmidt-Salzer*[116] und *Pawlowski*[117] habe der contrarius actus immer dieselbe Form wie der Eingehungsakt; weil dieser formfrei gewesen sei, müsse es auch jener sein. *Körnig*[118] will bei Fällen, in denen die mit einer konstitutiven Schriftformklausel zum Zeitpunkt ihrer Vereinbarung verfolgten Zwecke später anderweitig erreicht würden, der formlosen Abrede im Wege ergänzender Vertragsauslegung zur Wirksamkeit verhelfen. Nach Ansicht *Flumes*[119] soll in bezug auf die Schriftformklausel beim Änderungsrechtsgeschäft das gleiche gelten wie für den

---

110 Älteres Schrifttum:
Stein, E. (1912), 45; **Warneyer** (1923), § 125 II, 199; **Strauß** (1928), 20 f, 41 in fine f; **Johae** (1931), 6; **Herz** (1934), 93; **Dölle** (1936), 78 f; **Achilles/Greiff** (1937), § 125 Anm. 3; **Berner** (1940), 54 ff, 56; **Heldrich, K.** (1941), 126 ff; vgl. desweiteren die Hinweise in Fn. 105.
Neueres Schrifttum:
Alternativkommentar **- Hart**, § 125 Rn. 12; ***RGR-Kommentar*** **- Krüger-Nieland**, § 125 Anm. 30; ***Münchener Kommentar*** **- Förschler**, § 125 Rn. 77; ***Staudinger*** **- Dilcher**, § 125 Rn. 11 f; ***Soergel*** **- Hefermehl**, § 125 Rn. 32 f; **Kötz** (1967), 288 f; **Schmidt-Salzer** (1968), 1259 li Sp.; **Esser** (1970), § 6 III 3 a; **Wolf, M.** (1972), 156 f; **Körnig** (1972), 75, 113 ff; **Tiedtke** (1976), 367 f; **Rutkowski** (1978), 119 ff, 121; **Wolf, E.** (1982), 323; **Larenz** (1989), 416; **Erman/Brox** (1989), § 125 Rn. 8; **Weigel** (1989), 38; **Jauernig** (1991), § 125, Nr. 5; **Brox** (1992), Rn. 271 f; **Esser/Schmidt** (1992), § 10 II 4 d; **Flume** (1992), § 15 III 2; **Reinicke/Tiedtke** (1992), 32; **Palandt/Heinrichs** (1993), § 125 Rn. 14; **Geldsetzer** (1993), 124, 129 ff.

111 **Palandt/Heinrichs** (1993), § 125 Rn. 14; **Rutkowski** (1978), 68.

112 Vgl. die Hinweise zu dem neueren Schrifttum in Fn. 110.

113 ***Alternativkommentar*** **- Hart**, § 125 Rn. 12; **Weigel** (1989), 38.

114 ***Alternativkommentar*** **- Hart**, § 125 Rn. 12.

115 **Kötz** (1967), 288 ff.

116 **Schmidt-Salzer** (1968), 1259 li Sp.

117 **Pawlowski** (1993), Rn. 421.

118 **Körnig** (1972), 114.

119 **Flume** (1992), § 15 III 2.

Vertragsabschluß; d. h., § 125 Satz 2 BGB müsse gemäß und aus § 154 Abs. 2 BGB interpretiert werden. *Rutkowski* argumentiert ebenso lapidar wie resigniert, der gewillkürten Schriftform wohne praktisch keinerlei Rigorosität inne, weshalb man getrost auf sie verzichten könne. Jede faktische Negation des gewillkürten Formzwangs in Gestalt formloser Vereinbarungen zeige, die Parteien hätten auf den Schutz des Formzwangs verzichtet.[120] Darüber hinaus seien ihre Unzulänglichkeiten zu groß, als daß mögliche spezifische Vorteile diese überwiegen könnten.[121] Zugespitzt formuliert *Reinicke*, die (Vertrags)Freiheit enthalte nicht das Recht, auf die (Vertrags)Freiheit zu verzichten.[122] *Tiedtke* folgert, die Parteien könnten keine Vereinbarung treffen, die sie auch dann bindet, wenn sie nicht gebunden sein wollen.[123] Zweifel an der Richtigkeit dieser, auch seiner eigenen Ansicht, äußert *Förschler*[124]: Es bestehe wohl ein Bedürfnis, die seit langem festgefahrene Rechtsprechung, wonach einer Formvereinbarung kaum einmal rechtliche Bedeutung zukommen könne, abzumildern und der Bestimmung des § 125 Satz 2 BGB auch bei Formabsprachen für Verträge einen angemessenen Anwendungsbereich zu belassen.

II. Schweiz

Bezüglich der Ausgestaltung von Schriftformklauseln trifft man in Rechtsprechung[125] und rechtswissenschaftlichem Schrifttum der Schweiz ähnliche Formulierungen wie in Deutschland an.[126]
In der Praxis finden sich solche Schriftformklauseln beispielsweise in den Lizenz- und Hotel-Managementverträgen der *Mövenpick*-Unternehmungen. Ähnliches läßt sich auch für die *Nestlé*-Firmengruppe[127], *Royal Trust Bank (Schweiz)* und *Citibank Switzerland* bemerken.

---

120 **Rutkowski** (1978), 68.

121 **Rutkowski** (1978), 121.

122 **Reinicke** (1976), 2290 re. Sp.; **Reinicke/Tiedtke** (1992), 32.

123 **Tiedtke** (1976), 368 li. Sp.

124 ***Münchener Kommentar*** - **Förschler**, § 125 Rn. 77. Diesen Passus enthielt die erste Aufl. (1978) noch nicht.

125 Obergericht des Kantons Zürich 5.6.1969 - 1. ZK - ZR 69 (1970), 245 ff Nr. 96; Gewerbegericht der Stadt Bern 14.12.1934 - SJZ 32 (1935/36), 45 Nr. 28.

126 **Nordmann** (1974), 32; **Neumayer/Ming** (1993), Art. 29, 2.

127 Vgl. Management Agreement: "No oral agreement or undertaking and no alteration, waiver or variation of the terms, provisions, covenants and conditions hereof shall bind the parties to this agreement unless confirmed in writing."

1. Gesetzgebung

Das schweizerische Obligationenrecht erwähnt den Begriff *Schriftformklausel* expressis verbis nicht. In Art. 16 enthält es eine Bestimmung mit der Vermutung, daß in Fällen von den Parteien vorbehaltenen Formzwanges die Parteien vor Erfüllung der Form nicht verpflichtet sein wollen.[128] Diese Bestimmung findet - wie zu zeigen sein wird[129] - auf spätere Abreden zu einem eine Schriftformklausel enthaltenden Vertrag analoge Anwendung.

2. Rechtsprechung

Die Cour d'appel de Berne hatte in ihrer Entscheidung vom 27.4.1926[130] zu beurteilen, welcher Form die Abänderung eines Pachtvertrages bedürfe, für den die Parteien die Schriftform gewählt haben. In einem obiter dictum führte das Gericht aus, auch wenn die Parteien für etwaige Abänderungen die Schriftform vorbehalten hätten, könnten sie in der Folge auf dieses Formerfordernis verzichten, indem sie die so abgeänderten Bestimmungen in Vollzug setzten und diese dadurch akzeptierten.[131] Dabei ließ das Gericht in casu offen, ob ein Verzicht vorlag oder ob eine formlose Änderung für wirksam erachtet wurde.

In dem vom Gewerbegericht der Stadt Bern gefällten Urteil vom 14.12.1934[132] war darüber zu befinden, ob eine mündlich vereinbarte und auch vollzogene Lohnreduktion, später die völlige Einstellung von Barlohnzahlungen (übrig blieb freie Verpflegung), der schriftlichen Form bedurften, um wirksam zu sein; der teils handschriftlich ausgefüllte Arbeitsvertrag basierte auf dem Formular des Schweizerischen Wirteverbandes, das in seinem gedruckten Teil vorsah, abweichende Bestimmungen von diesem Vertrage müßten

---

128 Art. 16: Ist für einen Vertrag, der vom Gesetze an keine Form gebunden ist, die Anwendung einer solchen vorbehalten worden, so wird vermutet, dass die Parteien vor Erfüllung der Form nicht verpflichtet sein wollen.
Geht eine solche Abrede auf schriftliche Form ohne nähere Bezeichnung, so gelten für deren Erfüllung die Erfordernisse der gesetzlich vorgeschriebenen Schriftlichkeit.

129 Vgl. § 4 B.

130 Cour d'appel de Berne Ire Chambre civ. 27.4.1926 - SJZ 25 (1928/29), 25 f Nr. 26.

131 "D'ailleurs, même si les parties avaient convenu de donner une forme spéciale à ces modifications, on pourrait dire que les parties y ont renoncé plus tard par l'éxécution et l'acceptation des prescriptions modifiées."

132 Gewerbegericht der Stadt Bern 14.12.1934 - SJZ 32 (1935/36), 45 Nr. 28.

schriftlich vereinbart werden. Das Gericht führte aus, der Schriftformklausel dürfe nicht die Bedeutung beigemessen werden, jede nicht schriftlich niedergelegte Änderung sei unwirksam; das Gesetz schreibe nämlich für derartige Abmachungen eine Form nicht vor. Der Schriftformklausel komme lediglich der Charakter einer Ordnungsvorschrift zu, also einer Richtlinie oder einer Empfehlung auf möglichst klar beweisbare Abreden.
Das Obergericht des Kantons Zürich hatte in einem Rückweisungsbeschluß vom 12.6.1979[133] zu beurteilen, ob die - von der Vermieterin behauptete, vom Mieter bestrittene - mündlich vereinbarte Weiterführung eines Automatenaufstellungsvertrages nach Übernahme eines anderen Restaurants durch den Mieter der Schriftform bedurfte, um wirksam zu sein; der ursprüngliche Vertrag enthielt die Klausel, mündliche Abmachungen seien ungültig. In bezug auf diese Formklausel führte das Gericht aus, es ergebe sich aus ihr lediglich, mündliche Absprachen, die *neben* dem schriftlichen Vertragsabschluß einhergingen, sollten unwirksam sein. Der Mieter behaupte zwar die mit dieser Formklausel vereinbarte Formbedürftigkeit etwaiger Vertragsmodifikationen, begründe diese aber nicht. Selbst wenn dieses Vorbringen des Mieters zuträfe, bliebe noch offen, ob die Parteien nicht durch die von der Vermieterin behauptete mündliche Vertragsänderung die Formklausel stillschweigend aufgehoben hätten. Die Vermieterin mache nämlich geltend, die Parteien seien sich einig gewesen, daß ihre Abrede, die den ursprünglichen Vertrag modifiziere, auch ohne schriftliche Form rechtsverbindlich sei. Das Gericht stellt sich also in diesem obiter dictum auf den Standpunkt, eine vereinbarte Schriftformklausel könne von den Vertragsparteien stillschweigend aufgehoben werden. Zu diesem obiter dictum sah sich das Obergericht durch die Entscheidung der Vorinstanz, des Bezirksgerichts Zürich, veranlaßt. Dieses hatte sich in seinem Urteil vom 31.10.1978[134] auf den Standpunkt gestellt, die Klausel, daß mündliche Abmachungen ungültig seien, gelte gemäß Art. 16 Abs. 2 i. V. m. Art 12 OR für den Abschluß und auch für jede Abänderung, es sei denn, es handle sich um Nebenbestimmungen, also nicht um eigentliche Essentialia des Vertrages. Im Gegensatz dazu sei ein Aufhebungsvertrag auch dann formlos gültig, wenn zur Eingehung der Verbindlichkeit von den Vertragschließenden eine qualifizierte Form gewählt worden sei (Art. 115 OR). Die Aufhebung könne

133 Obergericht des Kantons Zürich 12.6.1979 2. ZK - Nr. 369 Z 78 - ZR 82 (1983), 49 f Nr. 23.

134 Bezirksgericht Zürich 31.10.1978 1. Abt. - Nr. 187/1978 (nicht publiziert).

dabei stillschweigend oder durch konkludentes Verhalten erfolgen. Die von der Vermieterin des Musikautomaten behauptete Vereinbarung über die Weiterführung des Aufstellungsvertrages nach Übernahme eines anderen Restaurants sei jedoch eine Vertragsänderung und deshalb mangels Beachtung der vereinbarten Form gescheitert. Ein Verpflichtungswille könne schon deshalb nicht angenommen werden, weil es der behaupteten Vereinbarung an der vertraglich vorgeschriebenen Schriftform gebreche. Das Bezirksgericht hatte deshalb keine Feststellungen dazu getroffen, ob die behauptete Vereinbarung zustande gekommen war.[135]

3. Rechtswissenschaftliches Schrifttum

a) Bindung an die Schriftformklausel

Ein Teil des Schrifttums steht auf dem Standpunkt, die formlose Abänderung, Ergänzung oder Aufhebung eines Vertrages entgegen einer Schriftformklausel sei unwirksam, ohne aber diese Rechtsfolge klar auszusprechen. *Schmidlin*[136] führt aus, der Wille der Parteien sei zu respektieren, falls sie eindeutig ausschließen wollten, daß ein späterer Verstoß ihrerseits gegen vorbehaltene Formvorschriften als deren konkludente Aufhebung verstanden werden soll. Es bestehe nämlich kein Grund, diese Selbstbindung nicht zuzulassen; dort indessen, wo der mit der Form angestrebte Sicherungszweck nicht gefährdet oder bereits auf anderem Wege verwirklicht sei, wäre es unbillig, die einverständliche Aufhebung nicht gelten zu lassen.[137] Nach *Wey*[138] handelt es sich bei dem die Schriftformklausel enthaltenden Vertrag um einen Rahmenvertrag, auf den die Vermutung von Art. 16 Abs. 1 OR analog anzuwenden sei. In Ansehung des Formzweckes dürfe nicht leichthin angenommen werden, die Parteien hätten die Formabrede implizit, durch formlose Teil- oder Totaleinigungen aufgehoben.[139]

---

135 Aufgrund seiner anderen Begründung weist das Obergericht deshalb zur Durchführung eines Beweisverfahrens und anschließender neuer Entscheidung an das Bezirksgericht zurück. In der weiteren Folge zog die Vermieterin ihre Klage zurück, weshalb das Bezirksgericht Zürich mit Beschluß vom 4.3.1980 (1. Abt., Nr. 1555/1979) den Prozeß als durch Rückzug der Klage erledigt abschrieb.

136 ***Berner Kommentar*** - **Schmidlin**, Art. 16 OR Rn. 47 f.

137 ***Berner Kommentar*** - **Schmidlin**, Art. 16 OR Rn. 48.

138 **Wey** (1984), Rn. 457.

139 **Wey** (1984), Rn. 464.

Schwenzer[140] bemerkt, im Regelfall sei eine formfreie Aufhebung nicht leichthin anzunehmen. *Engel*[141] begründet, Art. 12 OR sei ohne gegenteilige Übereinkunft nicht auf die gewillkürte Form anwendbar. *Merz*[142] und *Gauch*[143] führen aus, der Formvorbehalt erstrecke sich ohne besondere Abrede nicht auf spätere Vertragsänderungen oder auf die Vertragsaufhebung. Das schließe jedoch nicht aus, daß die Parteien auch (oder nur) für die vertragliche Änderung des Vertrages eine besondere Form vorbehalten; eine solche Formabrede unterliege den Vermutungen von Art. 16 OR.[144] Die Erfüllung der vereinbarten Schriftform setze im Zweifel die Erfordernisse der gesetzlich vorgeschriebenen Schriftlichkeit im Sinne von Art. 12 bis 15 OR voraus.[145] Nach *Funk*[146] greift bei dahingehender Abrede der Parteien die Bestimmung des Art. 12 OR Platz.

b) Keine Bindung an die Schriftformklausel

Desweiteren wird im Schrifttum die Meinung vertreten, eine formlose Abänderung, Ergänzung oder Aufhebung sei wirksam.[147] *Schneider*[148] sieht in der formlos erfolgten Abänderung stets einen Verzicht auf die Form. *Bucher*[149] bemerkt, wenn die Parteien ihren Vertragswillen in einer anderen als der früher vereinbarten Form vereinbaren, so könne in dieser Erklärung die stillschweigende Aufhebung der früheren Abrede gesehen werden, weshalb im Hinblick auf Art. 115 OR eine spätere formlose Abrede gültig sein kann. Nach *Stoffel*[150] gestatte die Vermutung in Art. 16 Abs. 1 OR den Parteien nicht, durch Vereinbarung einer Schriftformklausel die Schriftform für alle späteren Änderungen vorzuschreiben, weshalb die teilweise Irreversibilität einer privatautonom vereinbarten

---

140 ***Obligationenrecht*** - **Schwenzer**, Art. 16 OR Rn. 11 in fine.
141 **Engel** (1973), 180 Rn. 55.
142 **Merz** (1992), Rn. 417.
143 **Gauch/Schluep** (1991), Rn. 611.
144 **Gauch/Schluep** (1991), Rn. 611.
145 **Merz** (1974), 6 f; **Guhl/Merz/Koller** (1991), 114.
146 **Funk** (1928), Art. 16 OR Rn. 6.
147 **Von Tuhr/Siegwart** (1942), § 30 VIII, 232; **von Büren** (1964), 144; **von Tuhr/Peter** (1979), § 30 VIII, 2., 245; ***Zürcher Kommentar*** - **Jäggi**, Art. 16 OR Rn. 40; **Moser** (1948), 106 Fn. 30; **Furrer** (1992), 46, 85 f.
148 **Schneider, M.** (1912), 36.
149 **Bucher, E.** (1988), 174. Im Ansatz ebenso **Furrer** (1992), 46, jedoch ohne Begründung.
150 **Stoffel** (1990), 175 Fn. 42.

Klausel in Art. 29 Abs. 2 UN-Kaufrecht[151] logisch wenig überzeugend sei.
Schließlich führt *Becker* zum speziellen Fall des vorbehaltlosen Beginns des Vertragsvollzugs und der vorbehaltlosen Entgegennahme von Leistungen vor Erfüllung der Form aus, dies sei regelmäßig ein Beweis dafür, daß die Gültigkeit der Vertragsänderung nicht von der Erfüllung der Form abhängig sein solle, ob in diesem Verhalten nun ein Indiz für den ursprünglichen Vertragswillen oder ein Verzicht auf die Einhaltung der Form zu erblicken sei.[152]

III. Vereinigte Staaten von Amerika (USA)

In den USA stößt man im Geschäfts- und Rechtsverkehr häufig auf Schriftformklauseln.[153] So enthalten z. B. sowohl das Standard Credit Agreement[154] der *Citibank, N. A.*, New York, als auch das Standard Lease Agreement[155] der *Citicorp Leasing International, Inc.*, Delaware, eine Schriftformklausel. Gemäß diesbezüglichem bankinternen Kommentar der Citibank bezweckt diese Klausel, etwaige Ansprüche des Darlehensnehmers (oder Leasingnehmers), die Bank hätte auf bestimmte Bestimmungen mündlich oder stillschweigend verzichtet, abzuwehren.[156]

---

151 Vgl. § 2 B.

152 ***Berner Kommentar*** - **Becker**, Art. 16 OR Rn. 2.

153 Vgl. z. B. **Schaber/Rohwer** (1990), 182: "Written contracts frequently contain a clause which provides that all modifications must be contained in a signed writing"; **Weigel** (1989), 55; **White/Summers** (1988), 54.
Im rechtswissenschaftlichen Schrifttum werden für Schriftformklauseln z. B. folgende Begriffe verwendet: *Modification in Writing Only-Clause* (**Quinn** (1978), § 2-209 Rn. 6); *Modification-only-in-writing clause* (**Calamari/Perillo/ Hadjiyannakis Bender** (1989), 203); *No Oral Modification Clause* (**Hillman** (1988), 449 ff; **Geldsetzer** (1993), 142 Fn. 1).

154 Vgl. Sect. 6.01 des Credit Agreement, das für sämtliche Kreditgewährungen der Citibank, N. A. verbindlich ist: "No amendment or waiver of any provision of this Agreement or of the Note, nor consent to any departure by the Borrower therefrom, shall in any event be effective unless the same shall be in writing and signed by the Bank, and then such waiver or consent shall be effective only in the specific instance and for the specific purpose for which given".

155 Vgl. Sect. 24 des Lease Agreement der Citicorp Leasing International, Inc.: "No amendment or waiver of any provision of this Agreement, nor consent to any departure by Lessee therefrom, shall in any event be effective unless the same shall be in writing and signed by Lessor, and then such waiver or consent shall be effective only in the specific instance and for the specific purpose for which given".

156 "To discourage any claim by the Borrower (or Lessee) that the Bank waived certain provisions orally or through acquiescence."

1. Gesetzgebung

In den Einzelstaaten der USA existieren gesetzliche Bestimmungen, die sich mit Formklauseln befassen; diese beantworten die Frage, ob und gegebenenfalls welche Wirkung eine Abänderung, Ergänzung oder Aufhebung des Vertrages zeitigt, die entgegen der Schriftformklausel formlos erfolgte.[157]

Bei gewillkürten Formabsprachen finden für Rechtsgeschäfte, welche unter Art. 2 des Uniform Commercial Code fallen, die in § 2-209 UCC enthaltenen Bestimmungen Anwendung.[158] Diese und über § 1-103 UCC ergänzende allgemeine Rechtsgrundsätze umschreiben die Voraussetzungen für die Änderung (modification), Verzicht (waiver) und estoppel.[159]

Die im Rahmen vorliegender Abhandlung einschlägigen[160] Absätze von § 2-209 UCC lauten: (1) *Im Rahmen dieses Artikels bedarf die Absprache einer Vertragsänderung zu ihrer Wirksamkeit keines Gegenopfers [keiner "consideration"].*[161] (2) *Eine unterschriebene Vereinbarung, daß eine Änderung oder Aufhebung nur wirksam ist, sofern diese schriftlich und unterschrieben erfolgt, kann nicht auf andere Weise abgeändert oder aufgehoben werden. Anders bei Kaufleuten: Enthält ein von einem Kaufmann eingebrachtes Formu-*

---

157 Vgl. **Weigel** (1989), 69 ff.

158 **Stone** (1989), 9 ff: Der Uniform Commercial Code findet nur Anwendung auf Warentransaktionen (transactions in goods): § 2-102 i. V. m. § 2-105 (1) UCC. Eine analoge Anwendung über Warenkäufe hinaus auch auf andere Massenverträge wurde mehrfach von der Rechtslehre angeregt, aber von der Rechtsprechung bislang nicht vollzogen: **Otto, H.-H.** (1984), 69 in fine f m. w. N. in Fn. 317 f.

159 **White/Summers** (1988), 53 f. Die estoppel-Lehre dient dem Vertrauensschutz und umfaßt die unzulässige Rechtsausübung wegen früheren Verhaltens, vgl. **Rothoeft** (1968), 56 ff, 153 f; **Stern** (1990), Rn. 146.

160 Deutscher Text gemäß freier Übersetzung des *Verf.* Die Bestimmungen des dritten und des fünften Absatzes von § 2-209 UCC lauten:
(3): "The requirements of the statute of frauds section of this Article (Section 2-201) must be satisfied if the contract as modified is within its provisions;"
(5): "A party who has made a waiver affecting an executory portion of the contract may retract the waiver by reasonable notification received by the other party that strict performance will be required of any term waived, unless the retraction would be unjust in view of a material change of position in reliance on the waiver."

161 "An agreement modifying a contract within this Article needs no consideration to be binding."

lar ein solches Formerfordernis, so muß dieses, um wirksam zu sein, durch die andere Vertragspartei gesondert unterschrieben werden.[162]
(4) *Sofern eine versuchte Änderung oder Aufhebung den Voraussetzungen der Absätze (2) oder (3) nicht genügt, kann einer solchen gleichwohl die Wirkung eines Verzichts zukommen.*[163]

Für eine wirksame Vertragsänderung ist gemäß § 2-209 (1) UCC das Erfordernis eines Gegenopfers (consideration) entbehrlich.[164] *White/ Summers*[165] führen hierzu aus, die Bestimmung des § 2-209 (1) UCC wirke dahin, daß die consideration des ursprünglichen Vertrages auch als solche der Vertragsänderung dient.
Diese Rechtslage unterscheidet sich von der außerhalb des Rechts des Warenkaufs (Uniform Commercial Code) sonst geltenden: Nach der Consideration-Lehre (doctrine of consideration)[166] ist dort nämlich das Versprechen einer Vertragspartei nur dann rechtswirksam, wenn die andere Partei ein Gegenopfer bzw. Gegenversprechen auf sich nimmt.[167]

An die Stelle von consideration wurde im Recht des Warenkaufs die Bestimmung des § 2-209 (2) UCC gesetzt.[168] Nach dieser kann eine von den Vertragsparteien unterschriebene Vereinbarung mit Schrift-

---

162 "A signed agreement which excludes modification or rescission except by a signed writing cannot be otherwise modified or rescinded, but except as between merchants such a requirement on a form supplied by the merchant must be separately signed by the other party."

163 "Although an attempt at modification or rescission does not satisfy the requirements of subsection (2) [clauses requiring that modifications be in writing are enforceable] or (3) [statute of frauds] it can operate as a waiver." Zu den in eckige Klammern gesetzten Hinweisen vgl. **White/Summers** (1988), 58.

164 **White/Summers** (1988), 55; **Weigel** (1989), 72; **Geldsetzer** (1993), 46 ff.

165 **White/Summers** (1988), 55: "Section 2-209 (1) ... in effect permits the consideration given to support the original contract to serve also to support the modified contract."

166 **Hillman** (1988), 453 m. w. N. in Fn. 35; **Treitel** (1983), 51 ff m. w. N.; **Stoll, Hans** (1978), 741 m. w. N. in Fn. 5.

167 **Otto, H. H.** (1984), 82 f m. w. N. in Fn. 376; **Liebs, D.** (1987), 261; **Schlesinger** (1968), 1633 f; **Calamari/Perillo/Hadjiyannakis Bender** (1989), 200: "The most ironclad written contract can always be cut into by the acetylene torch of parol modification supported by adequate proof"; **Dölle/Reinhart** (1976), Art. 15 Rn. 70.

168 **Schaber/Rohwer** (1990), 111; **Calamari/Perillo/Hadjiyannakis Bender** (1989), 200: "With consideration no longer required for modification, it was natural to give the parties some means of providing a substitute for the cautionary and evidentiary function that the requirement of consideration provides; and the means chosen was to allow them to exclude oral modifications."

formklausel im Grundsatz[169] nur aufgrund schriftlicher und von den Vertragsparteien unterschriebener Absprache abgeändert oder aufgehoben werden. Sofern daher ein Kaufvertrag eine Schriftformklausel enthält, führt dies nach § 2-209 (2) UCC im Grundsatz zur Unwirksamkeit nur mündlich vereinbarter Vertragsänderungen.[170] Vertragsparteien können also in einem ursprünglichen Vertrag das spätere Änderungsrechtsgeschäft formbedürftig machen, und zwar gemäß § 2-209 (1) UCC ohne daß hierbei das Erfordernis eines Gegenopfers (consideration) beachtet werden müßte.[171]
Die Schriftformklausel muß indes klar formuliert sein, soll sie den Voraussetzungen des § 2-209 (2) UCC genügen[172]: Nach der Rechtsprechung sollten "Zauberworte" (*White/Summers*)[173], wie z. B. "Änderung" ("modification"), in der Klausel verwendet sein. Diese strengen Anforderungen an die Klauselformulierung beruhen nach *White/Summers*[174] darauf, daß eine Schriftformklausel über sonstige - als Maßstab dienende - gesetzliche Formvorschriften des Uniform Commercial Code (§§ 2-209 (3), 2-201 UCC) hinausgeht, nach *Weigel*[175] darauf, daß es sich bei Schriftformklauseln um eine Ausnahme von der Regel handelt, nach der sich Vertragspartner vertraglich nicht wirksam in ihrer Vertragsautonomie beschränken könnten.

Die Bestimmung des § 2-209 (4) UCC statuiert als Ausnahme die Möglichkeit eines Verzichts (waiver) auf die vereinbarte Schriftform. Nach überwiegender Auffassung ist in der formlosen Abspra-

---

169 Beschränkungen der Durchsetzbarkeit ergeben sich u. a. aus dem die Vertragsfreiheit beherrschenden Grundsatz von Treu und Glauben ("good faith"), der durch die Rechtsinstitute von "duress" und "pre-existing duty rule" abgerundet wird (**Geldsetzer** (1993), 51-56, 71). Der Official Uniform Comment bemerkt zu § 2-209 (1) UCC, "modifications made hereunder must meet the test of good faith imposed by this act" (Official Uniform Comment Nr. 2, abgedruckt in: Commercial Law 1993/94, Gold Book Bender Pamphlet Ed. New York 1993). Vgl. in diesem Kontext insbesondere die Bestimmungen §§ 2-209 (2) 2. Halbsatz, (3) - (5) UCC (Texte in Fn. 160, 162 und 163).

170 **Weigel** (1989), 72 m. w. N. in Fn. 104; **Geldsetzer** (1993), 21.

171 **Calamari/Perillo/Hadjiyannakis Bender** (1989), 200; **Hillman** (1988), 453; **Stone** (1989), 27; **Weigel** (1989), 70 ff; **Geldsetzer** (1993), 21.

172 **White/Summers** (1988), 56 Fn. 11 m. w. N.; **Weigel** (1989), 72 f.

173 **White/Summers** (1988), 56 Fn. 11: "Parties should be aware ... that courts may require "magic words" such as "modification" to be in the clause to be enforceable."

174 **White/Summers** (1988), 56.

175 **Weigel** (1989), 72 m. w. N. in Fn. 105.

che per se ein solcher Verzicht nicht zu sehen;[176] "waiver" beruht auf equity-Überlegungen.[177]
In diesem Zusammenhang ist zu beachten, daß nach § 2-209 (2) UCC die Wirksamkeit einer solchen Klausel bei Verträgen eines Kaufmanns mit einem Nichtkaufmann davon abhängig ist, daß der Nichtkaufmann diese gesondert unterschrieben hat.[178]

Der Uniform Commercial Code wurde ohne jede Änderung in den meisten Bundesstaaten, außer Louisiana[179], übernommen.[180]
Einige Einzelstaaten der USA haben weitergehende Vorschriften bezüglich der Wirkung von Schriftformklauseln erlassen und New York hat in seinem General Obligations Law Bestimmungen für Fälle erlassen, in denen der Uniform Commercial Code nicht eingreift.

---

176 Zu der Bestimmung des § 2-209 (4) UCC unter dem Aspekt einer unzulässigen Berufung auf einen Formmangel vgl. § 6 B I.

177 **Schlesinger** (1968), 1638; **Geldsetzer** (1993), 21, 51 ff.

178 **Stone** (1989), 27 in fine f; Der Begriff *Kaufmann* ist sehr weit gefaßt: unter Kaufmann im Sinne von § 2-209 (2) UCC ist eine geschäftserfahrene Partei zu verstehen (commercially sophisticated party): **Calamari/Perillo/Hadjiyannakis Bender** (1989), 198; **Hay** (1987), 81.

179 Louisiana hat die Bestimmungen des § 2-209 UCC ausdrücklich verworfen und hat keine Bestimmung, die über die Schriftformklausel legiferiert. Art. 1848 Louisiana Civil Code läßt den Beweis zu, daß der schriftliche Vertrag durch eine spätere und wirksame mündliche Übereinkunft geändert wurde (La. Civ. Code Ann. Art. 1848). Die Nähe zum französischen Recht wird deutlich (vgl. etwa Art. 1234 Quebec Code Civil). Zu der Frage, ob der Zeugenbeweis als Beweis einer mündlichen Änderung eines schriftlichen Vertrages zulässig ist, vgl. Wahlder v. Tiger Stop, Inc., 391 So. 2d 535 (La. App. 1980), cert. denied, 396 So. 2d 1351 (1981): Ein schriftlicher Vertrag kann durch eine nachfolgende mündliche Übereinkunft geändert werden, falls der ursprüngliche Vertrag nicht von Gesetzes wegen der Schriftform bedarf.

180 Alabama: 7-2-209; Alaska: 45.02.209; Arizona: 47-2209; Arkansas: 4-2-209; Colorado: 4-2-209; Connecticut: 42 a-2-209; Delaware: 2-209; District of Columbia: 28:2-209; Florida: 672.2-209; Georgia: 11-2-209, Contracts § 13-4-4: Effect of mutual departure from contract terms. Diese Bestimmung ist mit der Regelung von § 2-209 (4) über den Verzicht vergleichbar; Hawaii: 490:2-209; Idaho: 28-2-209; Illinois: 26 § 2-209; Indiana: 26-1-2-209; Iowa: 554.2209; Kansas: 84-2-209; Kentucky: 355.2-209; Maine: 11 § 2-209; Maryland: 2-209; Massachusetts: 106 § 2-209; Michigan: 440.2209; Minnesota: 336.2-209; Mississippi: 75-2-209; Missouri: 400.2-209; Nebraska: 2-209; Nevada: 104.2209; New Hampshire: 382-A: 2-209; New Jersey: 12 A: 2-209; North Carolina: 25-2-209; Ohio: 1302.12; Oregon: 72.2090; Pennsylvania: 13 § 2209; Rhode Island: 6 A-2-209; South Carolina: 36-2-209; Tennessee: 47-2-209; Texas: 2.209; Utah: 70 A-2-209; Vermont: T. 9 A § 2-209; Virginia: 8.2-209; West Virginia: 46-2-209; Washington: 62 A.2-209; Wisconsin: 402.209; Wyoming: 34-21-216.

So schreiben sowohl New York[181] (§ 15-301 (1) New York General Obligations Law) als auch Kalifornien[182] (§ 1698 (c) California Civil Code) zur Wirksamkeit späterer Vertragsänderungen Schriftlichkeit vor, sofern der ursprüngliche Vertrag eine dahingehende Schriftformklausel enthält.[183] Sie wurden erlassen, "to change the common law rule and to enhance the effectiveness of such a clause [Schriftformklausel] by statute"[184]. Die Vorschrift des § 15-301 New York General Obligations Law erfaßt Austausch- und Dauerrechtsverhältnisse.[185] Nach der Rechtsprechung New Yorks ist eine formlose Änderungs-, Ergänzungs- oder Aufhebungsabrede in Ausnahmefällen durchsetzbar, so etwa bei waiver[186] (Verzicht), in bestimmten

---

181 § 15-301 New York General Obligations Law:
(When written agreement or other instrument cannot be changed by oral executory agreement, or discharged or terminated by oral executory agreement or oral consent or by oral notice):
1. A written agreement or other written instrument which contains a provision to the effect that it cannot be changed orally, cannot be changed by any executory agreement unless such executory agreement is in writing and signed by the party against whom enforcement of the change is sought or by his agent.
2. A written agreement or other written instrument which contains a provision to the effect that it cannot be terminated orally, cannot be discharged by an executory agreement unless such executory agreement is in writing and signed by the party against whom enforcement of the discharge is sought, or by his agent, and cannot be terminated by mutual consent unless such termination is effected by an executed accord and satisfaction other than the substitution of one executory contract for another, or is evidenced by a writing signed by the party against whom it is sought to enforce the termination, or by his agent.

182 § 1698 California Civil Code:
(Written contract; oral agreement; rules of law):
(a) A contract in writing may be modified by a contract in writing.
(b) A contract in writing may be modified by an oral agreement to the extent that the oral agreement is executed by the parties.
(c) Unless the contract otherwise expressly provides, a contract in writing may be modified by an oral agreement supported by new consideration. The Statute of Frauds (Section 1624)) is required to be satisfied if the contract as modified is within its provisions.
(d) Nothing in the section precludes in an appropriate case the application of rules of law concerning estoppel, oral novation and substitution of a new agreement, rescission of a written contract by an oral agreement, waiver of a provision of a written contract or oral independent collateral contracts.

183 **Jackson/Bollinger** (1980), Sect. 12. 3., Notes and Questions (4), 789.

184 **Schlesinger** (1968), 1635.

185 Vgl. Citibank, N. A. v. Tele/Resources, Inc., 724 F. 2 d 266 (2d Cir. 1983); **Schlesinger** (1968), 1635 Fn. 48.

186 Diese Bestimmung enthält keinen ausdrücklichen Hinweis auf "waiver" wie z. B. der Uniform Commercial Code in § 2-209 (4) UCC. Die Bestimmung des § 15-301 (4) New York General Obligations Law, in der "waiver" erwähnt ist, bezieht sich lediglich auf von vornherein vorbehaltene Änderungen.

Fällen einer executed oral modification (vollzogener mündlicher Änderung), partial performance (Teilleistung) oder wenn estoppel Anwendung findet.[187] New York hat mithin eine Bestimmung, die Schriftformklauseln für grundsätzlich bindend erklärt; dennoch kennt diese gesetzliche Vorschrift auf equity-Überlegungen beruhende Ausnahmen. Die Vorschrift § 1698 (d) California Civil Code bestimmt, detaillierter als die Regelung New Yorks, daß ein Vertrag trotz Schriftformklausel durch eine Reihe von common law Rechtsregeln (rules of law) mündlich abgeändert werden kann. Desweiteren statuiert § 1698 (b) California Civil Code, daß eine mündliche Änderung schriftlicher Verträge durch eine vollzogene mündliche Übereinkunft (executed oral agreement) möglich ist. Obzwar § 1698 (b) California Civil Code nicht ausdrücklich auf Verträge mit Schriftformklauseln abhebt, kann nach der Rechtsprechung Kaliforniens auch ein solcher durch ein executed oral agreement abgeändert werden.[188]

Die vergleichbaren Bestimmungen Montanas[189], Oklahomas[190], Nord-[191] und Süd-Dakotas[192] sind den kalifornischen nachgebildet. Danach darf ein schriftlicher Vertrag nur durch einen schriftlichen Vertrag oder durch eine vollzogene mündliche Übereinkunft (executed oral agreement) abgeändert werden, und nicht auf andere Weise. Diese Bestimmungen sind insofern von Bedeutung, als sie die Änderung eines schriftlichen Vertrags nur schriftlich oder durch Vollzug zulassen.[193] Sie bestimmen aber nicht, ob eine in einem schriftlichen Vertrag enthaltene Schriftformklausel bindend ist oder nicht.

---

187 Marine Midland Bank, N. A. v. Quality Exterior Corp., 92 A. D. 2d 662, 663 (3rd Dep't. 1983); American Bag & Metal Co. v. Alcan Aluminium Corp., 115 A. D. 2d 958 (4th Dep't. 1985); Marine Midland Bank, N. A. v. Midstate Lumber Co., 79 A. D. 2d 783 (3rd Dep't. 1980); Schlesinger (1968), 1637 m. w. N.

188 Healy v. Brewster, 251 C. A. 2d 541, 552-53 (Cal. App. 2d 1967); 14 Cal. Jur. 3d Supp. § 218.

189 30-2-209: Mont. Code Ann. § 28-2-1602: How written contract may be altered by parties.

190 12 A § 2-209: 15 § 237: Written contract altered, how.

191 41-02-16: 9-09-06: Alteration of written contract.

192 57 A-2-209: 53-8-7: Alteration of written contract without new consideration.

193 Ein mündliches Versprechen kann einen schriftlichen Vertrag erst dann abändern, wenn er vollständig erfüllt worden ist: Winkel v. Family Health Care, P. C., 668 P 2d 208 (Mont. 1983); Stoltz, Wagner & Brown v. Cimarron Exploration Co., 564 F. Supp. 840, 847 (W. D. Okl. 1981); Share v. Coats, 137 N. W. 402 (S. D. 1912).

2. Rechtsprechung

Die Rechtsprechung bestätigt die im Grundsatz bestehende Bindung der Parteien an die vereinbarte Schriftformklausel.
In der Entscheidung C. I. T. Corp. v. Jonnet[194] aus dem Jahre 1965 argumentierte der Supreme Court des Bundesstaates Pennsylvania[195] im Hinblick auf die Anwendung von § 2-209 (2) UCC und die in casu zu beurteilende Schriftformklausel[196], diese besondere Vertragsbestimmung stelle sich den Vorbringen des Beklagten als Mauer in den Weg.[197] Andernfalls würden vertragliche Verbindlichkeiten zu Trugbildern, solenne zerliefen wie zusammengepreßtes Quecksilber.
Im Fall Citibank, N. A. v. Tele/Resources, Inc.[198] ging es um die Frage, wem in casu die in Rede stehenden Forderungen aus Steuer-

---

194 214 A. 2d 620 (Pa. 1965).
Ein Geräte- und Haushaltswarenhändler verkaufte auf Grundlage eines schriftlichen Vertrages mit Schriftformklausel einem Kunden Einrichtungselemente für eine Cocktail-Bar auf Abzahlung; die Forderungen aus dem Abzahlungskauf wurden zusätzlich durch unterzeichnetes Schuldanerkenntnis abgesichert. Später trat der Händler die Forderungen aus dem Vertrag an C. I. T. ab. Nachdem der Kunde seinen Zahlungsverpflichtungen etwa zur Hälfte nachgekommen war, stellte er weitere Zahlungen ein. Daraufhin nahm C. I. T. ihn aus Abzahlungskaufvertrag und Schuldanerkenntnis für die noch ausstehenden Beträge in Anspruch. Zwischenzeitlich hatte der Kunde die Cocktail-Bar an einen Dritten auf Grundlage eines sog. "unechten" Leasing-Vertrages vermietet (d. h., dem Dritten steht ein Kaufoptionsrecht zu und der Restkaufpreis nach Ablauf der Mietzeit ist nur nominaler Natur). In seiner Klageerwiderung trug er hierzu vor, ein von C. I. T. bevollmächtigter Vertreter sei von dem Leasing-Vertrag in Kenntnis gesetzt worden, habe ihm mündlich zugestimmt und dafür von weiteren Forderungen befreiende Abschlagszahlungen erhalten. C. I. T. berief sich demgegenüber auf die Schriftformklausel des Abzahlungskaufvertrages und Schuldanerkenntnisses.

195 Pennsylvania Supreme Court.

196 "Ein Verzicht oder eine Änderung dieses Vertrages oder eines damit in Zusammenhang stehenden Schuldscheines bindet den Zessionar nur bei schriftlicher, von einem seiner leitenden Mitarbeiter unterzeichneter Erklärung." ("No waiver or change in this contract or related note, shall bind such assignee unless in writing signed by one of its officers").

197 Kritisch: **Quinn** (1978), § 2-209 Rn. 6; vgl. § 2 A III 3.

198 724 F. 2d 266 (2d Cir. 1983).
Sowohl der Darlehensvertrag als auch die mit ihm verbundene Vereinbarung über eingeräumte Sicherheiten enthielten eine Schriftformklausel, nach der Änderungen oder Ergänzungen nur wirksam sind, sofern diese schriftlich und von der Darlehensgeberin (Citibank) unterschrieben erfolgen ("No amendment or modification will become effective unless contained in a writing signed by the Bank"). Die Vereinbarung über eingeräumte Sicherheiten bestimmte ferner, daß die Darlehensnehmerin (Tele/Resources) ohne Citibanks schriftlicher Zustimmung keinerlei vom Uniform Commercial Code erfaßte Absprachen über Sicherheiten treffen durfte ("That Tele/Resources could not "create, incur, assume or suffer to exist

rückerstattung zustanden: Citibank, die sich hierfür u. a. auf die vereinbarte Schriftformklausel sowie auf § 15-301 (1) New York General Obligations Law[199] berief oder Newmarket, die vorgehende Rechte bis zur Höhe des von ihr gewährten Darlehens geltend machte, und zwar wegen mündlich erfolgter Abtretung oder Rangrücktritts seitens der Citibank. Beide Vorinstanzen (United States Bankruptcy Court for the Southern District of New York sowie United States District Court for the Southern District of New York) entschieden zugunsten der Citibank. Sie argumentierten, Newmarkets Erstattungsbegehren scheitere daran, daß aufgrund der Schriftformklausel in Verbindung mit der Bestimmung des § 15-301 (1) New York General Obligations Law ein von der Citibank unterzeichnetes Schriftstück *conditio sine qua non* für eine wirksame Abtretung oder Rangrücktritt gewesen wäre. Vom Ansatz her gesehen ist in diesem Fall der United States Court of Appeals für den Zweiten Gerichtsbezirk selbst gleicher Auffassung, spricht sich aber in casu mit Blick auf die in Frage stehende mündliche Abtretung oder den Rangrücktritt für die Anwendung der "equitable doctrines of waiver and estoppel" aus und weist mit dieser Maßgabe zurück. Diese Entscheidung zeigt, daß trotz klarer Gesetzesvorschrift wie § 15-301 (1) New York General Obligations Law, spätere mündliche Änderungsabreden durch equity-Überlegungen, also durch Bestimmungen, die auf Treu und Glauben aufbauen, Bestand haben können.[200]

In dem Fall Elmsford Sheet Metal Workers, Inc. v. Shasta Industries, Inc.[201] entschied die Appellationskammer des Supreme Court

---

any security agreement subject to the Uniform Commercial Code" without the prior written approval of the Bank"). Später erhielt die Darlehensnehmerin von dritter Seite (Newmarket) ein weiteres (zweites) Darlehen und übergab Newmarket als Sicherheit eine promissory note, aus der hervorging, daß dieses zweite Darlehen durch die für das Jahr 1977 von der Darlehensnehmerin erwartete Steuerrückerstattung abgesichert sein soll und bezahlt werden würde. Das zweite Darlehen wurde gewährt mit Citibanks "Wissen, Förderung und Zustimmung" ("knowledge, encouragement and agreement"). Später wurde es verlängert, wobei die für das Jahr 1980 erwartete Steuerrückerstattung an die Stelle derjenigen für das Jahr 1977 trat; die promissory note wurde entsprechend abgeändert. Auch dieser Vorgang fand statt mit Citibanks "vorausgegangenem Wissen, Absprache und Zustimmung" ("prior knowledge, agreement and consent").

199 Vgl. den Gesetzeswortlaut in Fn. 181.

200 **White/Summers** (1988), 56 in fine f.

201 103 A. D. 2d 764 (2d Dep't. 1984).
Ein Wohnwagenlieferant konnte bestellte Reisewohnwagen, die während der Olympischen Winterspiele in Lake Placid hätten eingesetzt werden sollen, nicht zum vertraglich verbindlich vorgeschriebenen Zeitpunkt liefern. Der Lieferver-

des Bundesstaates New York[202], der Kläger erhalte seine Anzahlung in voller Höhe zurück, weil die Schriftformklausel nicht beachtet worden sei und weder eine vollzogene Vertragsänderung (executed modification) noch ein Verzicht (waiver) oder estoppel vorlägen.

3. Rechtswissenschaftliches Schrifttum

Im rechtswissenschaftlichen Schrifttum bestätigen die überwiegenden Lehrmeinungen die im Grundsatz bestehende Bindung der Parteien an eine vereinbarte Schriftformklausel, setzen sich aber jeweils intensiv mit Vollzug, waiver und estoppel auseinander und verhelfen unter deren Anwendung formlosen Absprachen zur Wirksamkeit.[203]
So führt *Stone* zu § 2-209 (4) UCC aus, diese Bestimmung verhindere trotz des § 2-209 (2) UCC, daß Vertragsbestimmungen, die für Abänderungen ein unterzeichnetes Schriftstück vorschreiben, in anderer Hinsicht die rechtliche Wirkung des späteren Verhaltens der Parteien begrenzen.[204] *Anderson* sieht in § 2-209 (4) UCC eine ausdrückliche Anerkennung der Anwendung des Rechtsinstituts Verzicht (waiver) auf Schriftformklauseln.[205] Während die sogenannte *modification* eine Änderung eines Vertraginhalts sei, welche die gegenseitigen Pflichten der Parteien berühre, gebe bei einem Verzicht die Partei, die das Recht dazu hätte, ihren Anspruch auf, einen Einwand oder Widerspruch anzubringen oder Schadenersatz zu fordern. Deswegen könnten die Parteien einen Vertrag, der unter die Vorschrift von § 2-209 (2) UCC falle, nicht mündlich ändern; sie könnten aber auf das mündliche Änderungsverbot (oral modification prohibition) verzichten und den Vertrag auf diese Weise mündlich abändern.[206] In seiner Urteilsbesprechung der Entscheidung C. I. T. Corp. v. Jonnet[207] begründet *Quinn*, die Bestimmung des § 2-209

---

trag enthielt sowohl eine Klausel, nach der die Einhaltung des Liefertermins zwingend war (sog. time-is-of-the-essence-clause) als auch eine Schriftformklausel. Im Prozeß brachte der Lieferant (Beklagter) vor, der als fix vereinbarte Liefertermin sei mündlich verschoben worden, weshalb der Kläger nicht berechtigt sei, die von ihm geleistete Anzahlung in voller Höhe zurückzuerhalten.

202 New York Supreme Court, Appellate Division.

203 **Calamari/Perillo/Hadjiyannakis Bender** (1989), 200; **Hillman** (1988), 453.

204 **Stone** (1989), 28; ebenso Official Uniform Comment Nr. 4 zu § 2-209 UCC, abgedruckt in: Commercial Law 1993/94, Gold Book Bender Pamphlet Ed. New York 1993.

205 **Anderson** (1982), § 2-209:37.

206 **Anderson** (1982), § 2-209:7.

207 214 A. 2d 620 (Pa. 1965).

UCC wirke gerade nicht in dem Sinne als Mauer, daß sie der Verbindlichkeit einer durch Zeugenbeweis nachgewiesenen späteren nicht-schriftlichen Vertragsänderung oder -aufhebung entgegenstehe. Eine formlose Abänderung oder Aufhebung könne nämlich gemäß § 2-209 (4) UCC als Verzicht auf das Schriftformerfordernis gewertet werden, weil diese Bestimmung die Rechtswirkungen, die sich aus dem tatsächlichen späteren Verhalten ergeben (actual later conduct), nicht einschränken wolle. Das Gesetz sage aber nichts dazu, wie diese Schutzklausel (saving clause) wirke.[208]
Hillman steht Schriftformklauseln kritisch gegenüber und möchte sie eigentlich am liebsten abgeschafft sehen.[209] Schuld an der unklaren Behandlung von Schriftformklauseln im Rechtsalltag der USA sei die mißverständliche Lösung durch den Uniform Commercial Code; die Behandlung späterer nicht-schriftlicher Änderungen sei nicht gelungen.[210] Mit Hilfe der Bestimmung des § 2-209 (2) UCC könnten sich die Vertragsparteien grundsätzlich durch Vereinbarung einer Schriftformklausel schützen.[211] Durch die unklare Formulierung von § 2-209 (4) und (5) UCC werde jedoch die praktische Bedeutung einer solchen vereinbarten Schriftformklausel stark eingeschränkt.[212] *Hillman* schlägt deshalb vor, sich auf den Begriff waiver (Verzicht) zu konzentrieren und eine mündliche Änderung nur dann als Verzicht wirken zu lassen, wenn sie *bestehende* Vertragsbestimmungen ändert oder aufhebt, nicht jedoch, wenn sie gänzlich neue einzuführen trachtet.[213]
Aufgrund der einschlägigen Bestimmungen in Kalifornien, Montana, Oklahoma, Nord- und Süd-Dakota stellt *Williston* fest, die Schriftformklausel binde die Parteien nicht, denn es ergebe sich keine Besonderheit daraus, daß im ursprünglichen schriftlichen Vertrag festgelegt wurde, er könne nur schriftlich abgeändert werden. Diese Vertragsbestimmung selber könne formlos (ohne Siegel) durch eine von einem Gegenopfer (consideration) begleitete mündliche Änderungsvereinbarung aufgehoben werden.[214] Deshalb sei eine Schrift-

208 **Quinn** (1978), § 2-209 Rn. 6.
209 **Hillman** (1988), 463, 466.
210 **Hillman** (1988), 449, 451, 456.
211 **Hillman** (1988), 453.
212 **Hillman** (1988), 453 ff.
213 **Hillman** (1988), 455.
214 **Williston** (1972), § 1828: "This stipulation itself may be rescinded by parol and any oral variation of the writing which may be agreed upon and which is supported by sufficient consideration is by necessary implication a rescission to that extent."

formklausel trotz dieser gesetzlichen Bestimmungen nicht absolut bindend.

Zusammenfassend kann für die USA festgehalten werden, daß im Anwendungsbereich des Uniform Commercial Code (Warenkauf) gemäß § 2-209 (2) UCC oder für Austausch- und Dauerrechtsverhältnisse z. B. § 15-301 (1) New York General Obligations Law, im Grundsatz eine mündliche Änderung eines Vertrages, der eine Schriftformklausel enthält, nicht wirksam ist. Lediglich bei Anwendung der auf equity-Überlegungen beruhenden waiver, estoppel und executed oral agreement, die mit Hilfe des Vertrauensgedankens den Bereich der Privatautonomie erweitern, kann ein solcher Vertrag auch nicht-schriftlich geändert werden.

B. UN-Kaufrecht

Das UN-Kaufrecht[215] vom 10.4.1980[216] enthält in Art. 29 Abs. 2 folgende Vorschrift: *Enthält ein schriftlicher Vertrag eine Bestimmung, wonach jede Änderung oder Aufhebung durch Vereinbarung schriftlich zu erfolgen hat, so darf er nicht auf andere Weise geändert oder aufgehoben werden. Eine Partei kann jedoch aufgrund ihres Verhaltens davon ausgeschlossen sein, sich auf eine solche Bestimmung zu berufen, soweit die andere Partei sich auf dieses Verhalten verlassen hat.* Das UN-Kaufrecht trat in den USA[217] am 1.1.1988, in der Bundesrepublik Deutsch-

---

215 Nach dem Abschlußort auch Wiener Kaufrecht genannt; daneben werden in Deutschland die Abkürzungen CISG, CIS, UNÜ, UN-WKG oder UNCITRAL-Kaufrecht, in der Schweiz WKR verwendet: **Palandt/Putzo** (1993), Einf. vor § 433 Rn. 22 f; **Piltz** (1991), Rn. 16; **Bucher, E.** (1991), 13 Fn. 1.

216 United Nations Convention on Contracts for the International Sale of Goods. Deutscher Text: BGBl. 1989 II, 588 ff; Botschaft des Schweizerischen Bundesrates betreffend das Wiener Übereinkommen über Verträge über den internationalen Warenkauf vom 11.1.1989, Schweizerisches BBl. 1989 I, 745 ff (bzw. Sonderdruck 98 ff); **von Caemmerer/Schlechtriem** (1991), 1 ff; **Herber** (1983), 94 ff.

217 Vgl. **Honnold** (1991), 694; **Piltz** (1991), Rn. 38. Vorbehalt gemäß Art. 95 UN-Kaufrecht.

land[218] am 1.1.1991 und in der Schweiz[219] am 1.3.1991 in Kraft, weshalb Anlaß besteht, es in vorliegender Abhandlung zu berücksichtigen.

Nach dem in Art. 29 Abs. 1[220] UN-Kaufrecht enthaltenen Grundsatz, daß ein Vertrag durch bloße Vereinbarung der Parteien abgeändert oder aufgehoben werden kann, sind - für die kontinentaleuropäischen Rechtskreise selbstverständlich - weder ein Besiegeln noch consideration notwendig,[221] wie dies einzelne Rechte sonst vorsehen; als Grundsatz genügt gemäß Art. 11 UN-Kaufrecht die mündliche Änderungs- oder Aufhebungsvereinbarung.[222] Die in Art. 11 UN-Kaufrecht enthaltenen Bestimmungen verbieten den Parteien nicht, einen Formzwang zu vereinbaren;[223] der Zweck dieser Bestimmung geht vielmehr dahin, formale Schranken, die in einzelnen Ländern von Gesetzes wegen bestehen, für den Anwendungsbereich des UN-

---

218 VertrG vom 5.7.1989, BGBl. 1989 II, 586; Bekanntmachung: BGBl. 1990 II, 1477.
Vgl. **Honnold** (1991), 693; **Palandt/Putzo** (1993), Einf. vor § 433 Rn. 23; **Reinhart** (1991), VertrG Art. 7 Rn. 2; **Piltz** (1991), Rn. 37 f.

219 Botschaft des Schweizerischen Bundesrates betreffend das Wiener Übereinkommen über Verträge über den internationalen Warenkauf vom 11.1.1989, Schweizerisches BBl. 1989 I, 745 (bzw. Sonderdruck 1 - 30).
Vgl. **Guhl/Merz/Koller** (1991), 348 in fine; **Honnold** (1991), 693; **Piltz** (1991), Rn. 38; **Stoffel** (1990), 169; **Neumayer/Ming** (1993), 607. Bemerkenswert ist, daß weder die aus dem Jahre 1992 stammende, thematisch einschlägige Monographie von *Furrer*, noch die aus dem Jahre 1989 stammende von *Weigel* das UN-Kaufrecht berücksichtigen.

220 Art. 29 Abs. 1 UN-Kaufrecht:
A contract may be modified or terminated by the mere agreement of the parties.
Ein Vertrag kann durch bloße Vereinbarung der Parteien geändert oder aufgehoben werden.

221 *Soergel* - **Lüderitz** (1991), Art. 29 UN-Kaufrecht Rn. 1; **Bianca/Bonell/Date-Bah** (1987), 241 f; **von Caemmerer/Schlechtriem** (1990), Art. 29 Rn. 2; **Herber/Czerwenka** (1991), Art. 29 Rn. 2; **Hillman** (1988), 457; **Honnold** (1991), Rn. 204.3; **Reinhart** (1991), Art. 29 Rn. 2; **Schlechtriem** (1990), 281; **Stoffel** (1990), 170; **Schmitthoff** (1990), 252 m. w. N. in Fn. 83; **Posch/Kandut** (1992), 74.
Zum consideration-Begriff: **Stoll, Hans** (1978), 741 m. w. N. in Fn. 5; **Liebs, D.** (1987), 261.

222 *Soergel* - **Lüderitz** (1991), Art. 29 UN-Kaufrecht Rn. 2; **von Caemmerer/Schlechtriem** (1990), Art. 29 Rn. 4; **Hillman** (1988), 457 Fn. 58; **Karollus** (1991), 78; **Stoffel** (1990), 175; Botschaft des Schweizerischen Bundesrates betreffend das Wiener Übereinkommen über Verträge über den internationalen Warenkauf vom 11.1.1989, 25; **Neumayer/Ming** (1993), Art. 29, 1.

223 **Honnold** (1991), Rn. 127; *Soergel* - **Lüderitz** (1991), Art. 29 UN-Kaufrecht Rn. 3, Art. 11 Rn. 2, Art. 6 Rn. 3.

Kaufrechts abzuschaffen.[224] Damit wurde - auf Betreiben der Common-Law-Länder - die Doktrin der Consideration-Lehre (doctrine of consideration) insoweit aufgegeben[225], daß für Vertragsänderungen und -aufhebung die bloße Vereinbarung der Parteien ausreicht.[226] Die Bestimmung des Art. 29 Abs. 1 UN-Kaufrecht weist Strukturähnlichkeiten mit der Bestimmung des § 2-209 (1) UCC auf, die für den Bereich des Warenkaufs die common-law Regel - nach der eine Vertragsänderung ohne consideration ungültig ist - beiseite schob.[227] Die im Uniform Commercial Code enthaltenen kaufrechtlichen Grundsätze wurden bei den Beratungen und im UN-Kaufrecht selber berücksichtigt.[228]

Im Sinne einer besonderen Ausgestaltung des in Art. 11 UN-Kaufrecht[229] enthaltenen und von Art. 29 Abs. 1 UN-Kaufrecht vorausgesetzten Grundsatzes der Formfreiheit[230] können die Parteien nach Art. 29 Abs. 2 Satz 1[231] UN-Kaufrecht für Änderungen oder die Aufhebung eines *schriftlichen* Vertrages Schriftform vereinbaren.[232] Machen die Parteien von diesem Bestimmungsrecht durch Vereinbarung einer Schriftformklausel Gebrauch, so darf der Vertrag nur schriftlich - und nicht auf andere Weise - geändert oder aufgehoben werden.[233] In Art. 29 Abs. 2 Satz 2 UN-Kauf-

---

224 **Hillman** (1988), 461.

225 **Bianca/Bonell/Date-Bah** (1987), 241 f; **Honnold** (1989), 397, 418; ders. (1991), Rn. 204.4; **Neuhaus/Kropholler** (1981), 75.

226 **Honnold** (1991), Rn. 204.3; **Otto, H.-H.** (1984), 141 in fine f; Botschaft des Schweizerischen Bundesrates betreffend das Wiener Übereinkommen über Verträge über den internationalen Warenkauf vom 11.1.1989, 41.

227 **Honnold** (1991), Rn. 201.

228 **Stoffel** (1990), 170; Botschaft des Schweizerischen Bundesrates betreffend das Wiener Übereinkommen über Verträge über den internationalen Warenkauf vom 11.1.1989, 6; **Reinicke/Tiedtke** (1992), 325 in fine.

229 **Reinhart** (1991), Art. 29 Rn. 4.

230 **Schlechtriem** (1981), 33.

231 Art. 29 Abs. 2 Satz 1 UN-Kaufrecht:
A contract in writing which contains a provision requiring any modification or termination by agreement to be in writing may not be otherwise modified or terminated by agreement.
Enthält ein schriftlicher Vertrag eine Bestimmung, wonach jede Änderung oder Aufhebung durch Vereinbarung schriftlich zu erfolgen habe, so darf er nicht auf andere Weise geändert oder aufgehoben werden.

232 ***Soergel* - Lüderitz** (1991), Art. 29 UN-Kaufrecht Rn. 3; **Herber/Czerwenka** (1991), Art. 29 Rn. 5; **Stoffel** (1990), 175; **Posch/Kandut** (1992), 74 in fine; **Karollus** (1991), 79; ***Obligationenrecht*** - **Schwenzer**, Art. 16 OR Rn. 13; **Neumayer/Ming** (1993), Art. 29, 2.

233 Art. 29 Abs. 2 Satz 1 UN-Kaufrecht geht Art. 11 UN-Kaufrecht vor: **Bianca/Bonell/Date-Bah** (1987), 242.

recht[234] ist indes der Vertrauensgrundsatz formuliert: Nach dieser Vorschrift kann eine Vertragspartei aufgrund ihres eigenen Verhaltens, auf das die andere vertraut hat, gehindert sein, sich auf die Schriftformklausel zu berufen.[235]

Nicht jeder schriftlich abgeschlossene Vertrag bedarf nach UN-Kaufrecht zu seiner Änderung oder Aufhebung der Schriftform,[236] sehr wohl aber der, in dem eine Schriftformklausel *schriftlich* vereinbart wurde.[237]
Ob ihr die Parteien konstitutive Wirkung beigemessen haben müssen, um die Bestimmung des Art. 29 Abs. 2 Satz 1 UN-Kaufrecht eingreifen zu lassen, ist umstritten. Nach *Wey* [238] erfaßt diese Gesetzesvorschrift nur Schriftformklauseln konstitutiver, nach *Geldsetzer* [239] auch solche mit bloß deklaratorischer Wirkung. *Wey* [240] führt aus, durch Auslegung sei primär zu ermitteln, ob die Parteien mit der Schriftformklausel "eine Selbstbindung in dem von Art. 29 Abs. 2 Satz 1 UN-Kaufrecht vorausgesetzten Sinn einer Wirksamkeitsform" vereinbart haben. Demgegenüber bemerkt *Geldsetzer* [241], die bloße Tatsache schriftlicher Niederlegung von Schriftformklauseln genüge, weshalb auch deklaratorische von Art. 29 Abs. 2 Satz 1 UN-Kaufrecht erfaßt seien. Sie argumentiert auf der Grundlage eines Vergleichs zwischen Art. 29 Abs. 2 Satz 1 UN-Kaufrecht und § 2-209 (2) UCC: Letztere Bestimmung sei für Formulierung und Bedeutung ersterer maßgeblich gewesen, und da § 2-209 (2) UCC eine konstitutive Wirkung der Formabsprache nicht voraussetze, gelte Gleiches auch für Art. 29 Abs. 2 Satz 1 UN-Kaufrecht.
Geldsetzer ist darin beizupflichten, daß die Gesetzesredaktoren von Art. 29 Abs. 2 Satz 1 UN-Kaufrecht bei den Beratungen hinsichtlich

---

234 Art. 29 Abs. 2 Satz 2 UN-Kaufrecht:
However, a party may be precluded by his conduct from asserting such a provision to the extent that the other party has relied on that conduct.
Eine Partei kann jedoch aufgrund ihres Verhaltens davon ausgeschlossen sein, sich auf eine solche Bestimmung zu berufen, soweit die andere Partei sich auf dieses Verhalten verlassen hat.

235 Vgl. § 6 B II.

236 A. A. **Herber** (1983), 22, jedoch ohne Begründung.

237 **Herber/Czerwenka** (1991), Art. 29 Rn. 6; **Honnold** (1991), Rn. 202; **Schlechtriem** (1990), 281 li. Sp; ***Soergel* - Lüderitz**, Art. 29 UN-Kaufrecht Rn. 2 f.

238 **Wey** (1984), Rn. 427.

239 **Geldsetzer** (1993), 152 f.

240 **Wey** (1984), Rn. 427.

241 **Geldsetzer** (1993), 152 f.

Formulierung und Bedeutung dieser Bestimmung auf die von § 2-209 (2) UCC rekurrierten.[242] Desweiteren, daß § 2-209 (2) UCC keine Vermutungs- (Art. 16 Abs. 1 OR) bzw. "im Zweifel"-Regel (§ 125 Satz 2 BGB) enthält, Tatbestandsmerkmale, die Rechtsprechung und rechtswissenschaftlichem Schrifttum in Deutschland und der Schweiz Anlaß gaben, sich bei Schriftformklauseln mit deren konstitutiver bzw. deklaratorischer Wirkung auseinanderzusetzen. Indes unterscheiden aber auch Rechtsprechung und rechtswissenschaftliches Schrifttum der USA zwischen konstitutiven ("constitutive") und deklaratorischen ("non-constitutive") Formabsprachen.[243] Von der Rechtsprechung wurden über die Jahre hinweg Kriterien aufgestellt, wann in der Regel eine konstitutive Wirkung von Formklauseln anzunehmen ist[244] und - unter Kritik in der Rechtslehre[245] - in obiter dicta einzelner Entscheidungen formuliert, im Zweifelsfall sei konstitutive Wirkung anzunehmen.[246] Besonders schriftlich niedergelegte Schriftformklauseln werden als Indiz für deren konstitutive Wirkung gewertet.[247] Folgerichtig gehen im Recht des Warenkaufs Rechtsprechung und rechtswissenschaftliches Schrifttum für den Anwendungsbereich von § 2-209 (2) UCC bzw. § 15-301 (1) New York General Obligations Law - Bestimmungen, die nur anwendbar sind, sofern die Formklausel *schriftlich* vereinbart wurde - davon aus, diese erfaßten nur Formklauseln mit konstitutiver Wirkung.[248] Gerade auch, weil im Recht des Warenkaufs die Bestimmung des § 2-209 (2) UCC an die Stelle von consideration tritt[249] und - in allgemeinerer Betrachtung - im Schrifttum[250] consideration als Form aufgefaßt wird, liegt es nahe, anzunehmen, daß dort nur eine solche konstitutiver Wirkung in Betracht kommen kann. Bestätigt wird letzteres Verständnis z. B.

---

242 Vgl. die Nachweise in Fn. 257.

243 **Schlesinger** (1968), 1624.

244 Mississippi & Dominion S.S. Co. v. Swift, 86 Me. 248 (zit. nach **Schlesinger** (1968), 1625 Fn. 10): "Whether the contract is of a type usually reduced to writing"; "Whether it is of such nature as to require a formal writing for its full expression"; vgl. **Schlesinger** (1968), 1627 m. w. N.

245 Vgl. die Nachweise bei **Schlesinger** (1968), 1625 Fn. 9.

246 **Schlesinger** (1968), 1625: "The mere fact that the parties contemplate the preparation of a writing or further writing, it has been said by way of occasional dicta, raises a presumption in favor of the constitutive nature of such writing".

247 **Schlesinger** (1968), 1626.

248 **Schlesinger** (1968), 1633 ff, 1634 in fine f.

249 Vgl. die Nachweise in Fn. 165 und 168; **Geldsetzer** (1993), 142 in fine.

250 *Holmes*: "Consideration is a form as much as a seal", zit. nach **Treitel** (1983), 134 Fn. 1 m. w. N.

A. A. **Geldsetzer** (1993), 142 in fine.

durch die Ansicht von *White/Summers*[251], wonach die consideration des ursprünglichen Vertrages auch als solche der Vertragsänderung dient; desweiteren die Entscheidung C. I. T. Corp. v. Jonnet[252], in der Schriftformklauseln als solenne Verbindlichkeiten ("solemn obligations") bezeichnet sind. So erklärt sich auch, weshalb die US-amerikanische Rechtsprechung an die präzise Formulierung von Schriftformklauseln, die von § 2-209 (2) UCC erfaßt sein sollen, so hohe Anforderungen stellt.[253]
Nach dem Gesagten ist *Wey*[254] beizupflichten und anzunehmen, daß die mit § 2-209 (2) UCC strukturähnliche Bestimmung des Art. 29 Abs. 2 Satz 1 UN-Kaufrecht gleichfalls nur Formklauseln mit konstitutiver Wirkung erfaßt. Der Wortlaut von Art. 29 Abs. 2 Satz 1 UN-Kaufrecht entspricht dieser Annahme. Zwar ist der deutsche (nicht-authentische) Gesetzestext ambivalent ("zu erfolgen habe"), nicht jedoch z. B. der englische (authentische): "requiring" ist sprachlich gleichbedeutend mit "to direct, order, command, compel"[255], Worte, mit denen sich eine deklaratorische Wirkung nur schwerlich vereinbaren ließe.

Wurden Schriftformklauseln hingegen nur mündlich oder mit deklaratorischer Wirkung vereinbart, so können sie jederzeit auch nichtschriftlich aufgehoben bzw. beiseitegeschoben werden, weil Art. 29 Abs. 2 Satz 1 UN-Kaufrecht für diese Fälle keine Bestimmung trifft. Hinsichtlich der Bindung ist der Wille der Parteien zum Zeitpunkt der Vereinbarung der Schriftformklausel maßgeblich, d. h. nur eine mit konstitutiver Wirkung vereinbarte Klausel macht spätere Änderungen oder die Aufhebung formbedürftig.[256] Wegen der strukturellen und inhaltlichen Ähnlichkeit mit § 2-209 (2) UCC ist man zu sagen geneigt, die Bestimmung des § 2-209 UCC habe der des Art. 29 UN-Kaufrecht Pate gestanden.[257]

---

251 **White/Summers** (1988), 55; vgl. Fn. 165.

252 214 A. 2d 620 (Pa. 1965); vgl. Fn. 194.

253 Vgl. § 2 A III 1.

254 **Wey** (1984), Rn. 427.

255 **Black** (1990), s. v. "require".

256 **Bianca/Bonell/Date-Bah** (1987), 242; **Herber/Czerwenka** (1991), Art. 29 Rn. 6; **von Caemmerer/Schlechtriem** (1990), Art. 29 Rn. 5; vgl. **Wey** (1984), Rn. 424.

257 Botschaft des Schweizerischen Bundesrates betreffend das Wiener Übereinkommen über Verträge über den internationalen Warenkauf vom 11.1.1989, 41; **Hillman** (1988), 459; **Honnold** (1991), Rn. 203. Ein Unterschied besteht darin, daß Art. 29 Abs. 2 Satz 1 UN-Kaufrecht den Zusatz von § 2-209 (2) 2. Halbsatz UCC "but except as between merchants such a requirement on a form supplied by

Diese Aussage wird durch die Entstehungsgeschichte von Art. 29 UN-Kaufrecht bestätigt. Weder das Einheitliche Gesetz über den internationalen Kauf beweglicher Sachen vom 17.7.1973 noch das Einheitliche Gesetz über den Abschluß von internationalen Kaufverträgen über bewegliche Sachen vom selben Tag - die sog. Haager Kaufgesetze von 1964, in der Bundesrepublik Deutschland gültig vom 16.4.1974 bis zum Inkrafttreten des UN-Kaufrechts am 1.1.1991 - enthielten nämlich eine Bestimmung über die Änderung, Ergänzung oder Aufhebung von Verträgen.[258] Erst die mit dem Vertragsabschluß beauftragte UNCITRAL-Arbeitsgruppe arbeitete anläßlich ihrer 8. Sitzung[259] den auf § 2-209 (2) UCC aufbauenden Art. 3 A[260] aus und schlug diese Bestimmung im New Yorker Entwurf von 1977[261] als Art. 18[262] vor. Dieser wurde später in den

---

the merchant must be separately signed by the other party" nicht enthält; **Stoffel** (1990), 6.

258 **Dölle/Reinhart** (1976), Art. 15 Rn. 64; **Geldsetzer** (1993), 23 ff; **Honnold** (1991), Rn. 200 Fn. 1, 637; **Huber, U.** (1979), 435; **von Caemmerer/Schlechtriem** (1990), Art. 29 Rn. 1 m. w. N. zur Rechtsprechung in Fn. 1.

259 Draft Convention on the formation of contracts for the international sale of goods, as approved or deferred for further consideration by the Working Group on the International Sale of Goods at its eighth session (3.2.1977), in: UNCITRAL-Yearbook VIII (1977), 89; abgedruckt in: **Honnold** (1989), 289 ff.

260 Art. 3 A: The contract may be modified or rescinded merely by agreement of the parties.
A written contract which contains a provision requiring any modification or rescission to be in writing may not be otherwise modified or rescinded. However, a party may be precluded by his action from asserting such a provision to the extent that the other party has relied to his detriment on that action.
Abgedruckt in: **Honnold** (1989), 290, 304.
Inwieweit diese Entwurfsbestimmung (Art. 3 A) die Vorschriften der Art. 1 Abs. 1 und 30 UNCITRAL Arbitration Rules von 1976 berücksichtigte, läßt sich dem Sekretariatskommentar nicht eindeutig entnehmen; vgl. **Geldsetzer** (1993), 25 ff; **Schmitthoff** (1990), 65, 673 f. Dafür, daß Art. 3 A auf § 2-209 (2) UCC aufbaut, vgl. z. B. **Hillman** (1988), 459 Fn. 72.

261 Formation Draft: Report of the Working Group on the International Sale of Goods on the work of its ninth session (19. - 30.9.1977), in: UNCITRAL-Yearbook XI (1977), 72; abgedruckt in: **Honnold** (1989), 304.

262 Art. 18: The contract may be modified or rescinded by the mere agreement of the parties.
A written contract which contains a provision requiring any modification or rescission to be in writing may not be otherwise modified or rescinded. However, a party may be precluded by his conduct from asserting such a provision to the extent that the other party has relied on that conduct.
Abgedruckt in: **Bianca/Bonell/Date-Bah** (1987), 240; **Honnold** (1989), 379.

New Yorker Entwurf von 1978[263] als Art. 27[264] aufgenommen;[265] daraus ist in der Folge die Bestimmung des Art. 29 UN-Kaufrecht fast unverändert hervorgegangen.[266]

Es stellt sich die Frage, ob die Vertragsparteien die Bestimmung des Art. 29 Abs. 2 Satz 1 UN-Kaufrecht formlos aufheben und gleichzeitig oder anschließend den Vertrag trotz schriftlich vereinbarter Schriftformklausel formlos ändern oder aufheben können.
Nach Art. 6 UN-Kaufrecht[267] können die Vertragsparteien von Bestimmungen des UN-Kaufrechts abweichen oder deren Wirkung ändern.[268] Daraus folgert z. B. *Honnold* [269], Vertragsparteien könnten den Anwendungsbereich von Art. 29 UN-Kaufrecht (gemeint ist dessen zweiter Absatz)[270] ausdehnen ("broaden the scope of Article 29")[271]. Sie können einzelne Bestimmungen auch abbedingen,[272] was indes bei Art. 29 Abs. 2 Satz 1 UN-Kaufrecht umstritten ist. *Geldsetzer* [273] verneint dies, denn eine spätere Vereinbarung beurteile

---

263 Draft Convention on Contracts for the International Sale of Goods as approved by the United Nations Commission on International Trade Law at its eleventh session (7.-8.6.1978), in: UNCITRAL-Yearbook IX (1978), 45; abgedruckt in: **Honnold** (1989), 382 ff; ders. (1991), 641 ff.

264 Art. 27: A contract may be modified or abrogated by the mere agreement of the parties.
A written contract which contains a provision requiring any modification or abrogation to be in in writing may not be otherwise modified or abrogated. However, a party may be precluded by his conduct from asserting such a provision to the extent that the other party has relied on that conduct.
Abgedruckt in: **Bianca/Bonell/Date-Bah** (1987), 241; **Honnold** (1989), 384, 673; **Honnold** (1991), 646.

265 Zur Entwicklung vgl. **Bianca/Bonell/Date-Bah** (1987), 240 f; **Huber, U.** (1979), 415 f; **Honnold** (1989), 259, 277 f, 304, 384, 397, 417 f, 526 f, 647, 673, 716, 729, 741; ders. (1991), Rn. 200 Fn. 1; **Geldsetzer** (1993), 26 ff.

266 **Herber/Czerwenka** (1991), Art. 29 Rn. 1; **von Caemmerer/Schlechtriem** (1990), Art. 29 Rn. 1.

267 Art. 6 UN-Kaufrecht:
The parties may exclude the application of this Convention or, subject to article 12, derogate from or vary the effect of any of its provisions.
Die Parteien können die Anwendung dieses Übereinkommens ausschließen oder, vorbehaltlich des Artikels 12, von seinen Bestimmungen abweichen.

268 **Schlechtriem** (1981), 21 in fine; **Guhl/Merz/Koller** (1991), 348 in fine f; **Herber/Czerwenka** (1991), Art. 6 Rn. 3; **Reinhart** (1991), Art. 6 Rn. 1; **Stoffel** (1990), 172; **Hillman** (1988), 461.

269 **Honnold** (1991), Rn. 202.

270 Vgl. **Hillman** (1988), 461 Fn. 87.

271 **Honnold** (1991), Rn. 202 in fine.

272 **Schlechtriem** (1981), 21 in fine.

273 **Geldsetzer** (1993), 151.

sich nicht nach Art. 6 UN-Kaufrecht, sondern allein nach Art. 29 Abs. 2 UN-Kaufrecht; Unbilligkeiten könnten durch den weitgehenden Vertrauensschutz in Art. 29 Abs. 2 Satz 2 UN-Kaufrecht ausgeglichen werden. *Schlechtriem*[274] und *Wey*[275] halten hingegen die formlose Aufhebung von Art. 29 Abs. 2 Satz 1 UN-Kaufrecht für "theoretisch" (*Schlechtriem*) möglich, diese "probatio diabolica" (*Wey*) sei aber die Ausnahme, weshalb "an ihre Ausdrücklichkeit und Ernsthaftigkeit strengste Anforderungen zu stellen sind" (*Schlechtriem*).

Die von *Honnold* geäußerte Möglichkeit der Ausdehnung des Anwendungsbereichs von Art. 29 Abs. 2 UN-Kaufrecht wird von der ratio von Art. 29 Abs. 2 Satz 1 UN-Kaufrecht umfaßt: Sinn und Zweck dieser Vorschrift ist - wie *Schlechtriem*[276] ausführt - den Parteien jenen Schutz zu erhalten, welchen sie zum Zeitpunkt der Vereinbarung mit der Schriftformklausel selbst gewählt und bezweckt haben. Deshalb ist die von *Schlechtriem* und *Wey* als *theoretisch* bzw. *probatio diabolica* apostrophierte Möglichkeit der Aufhebung von Art. 29 Abs. 2 Satz 1 UN-Kaufrecht durch Sinn und Zweck dieser Vorschrift begrenzt. Deren jederzeitige formlose Aufhebung wäre bei konstitutiven Schriftformklauseln - wie *Geldsetzer*[277] ausführt - unvereinbar mit der durch diese Vorschrift ausdrücklich festgeschriebenen [ergänze: und sanktionierten] Möglichkeit eines rechtsgeschäftlichen Formzwanges und deshalb mit ihrer ratio schwerlich in Einklang zu bringen, weil sie zu einer unzulässigen Aushöhlung dieser Schutzvorschrift führen würde.[278] Gerade auch die Notwendigkeit, daß die Schriftformklausel schriftlich vereinbart werden muß, damit die Bestimmung des Art. 29 Abs. 2 Satz 1 UN-Kaufrecht eingreifen kann, betont den Schutzzweck dieser Vorschrift. Zutreffend bemerkt *Geldsetzer*[279], die Vorschrift des Art. 29 Abs. 2 UN-Kaufrecht mit ihrem wohlerwogenen Interessenausgleich in den Sätzen eins und zwei würde völlig leerlaufen, wenn eine spätere mündliche Vereinbarung die Vorschrift insgesamt abbedingen könnte. Insbesondere die im Umgang mit Schriftform-

---

274 **Von Caemmerer/Schlechtriem** (1990), Art. 29 Rn. 5.

275 **Wey** (1984), Rn. 437.

276 **Von Caemmerer/Schlechtriem** (1990), Art. 29 Rn. 5.

277 **Geldsetzer** (1993), 151.

278 Dabei soll nicht bestritten werden, daß in einzelnen Fällen die Bestimmung des Art. 29 Abs. 2 Satz 2 UN-Kaufrecht dazu führen wird, daß die formlose Änderungs- oder Aufhebungsvereinbarung eine Wirkung nach sich zieht.

279 **Geldsetzer** (1993), 151.

klauseln nach nationalem deutschem Recht (§ 125 Satz 2 BGB) aufgetretenen Auslegungsprobleme geben Anlaß, im Anwendungsbereich von Art. 29 Abs. 2 Satz 1 UN-Kaufrecht bei schriftlich vereinbarten konstitutiven Schriftformklauseln das Änderungsrechtsgeschäft nur schriftlich wirksam sein zu lassen.[280] Nur so wird dem erhöhten Sicherheitsbedürfnis, das Vertragsparteien mit der Vereinbarung einer konstitutiven Schriftformklausel verfolgen, Rechnung getragen.

Haben Vertragsparteien schriftlich für Änderungen oder die Aufhebung Schriftform vereinbart, macht die Bestimmung des Art. 29 Abs. 2 Satz 1 UN-Kaufrecht alle derartigen Modifikationen formbedürftig,[281] "also entgegen der Rechtsprechung zum internen deutschen Recht auch Abreden über die Aufgabe der Schriftformvereinbarung" (*Schlechtriem*)[282]. Die von der deutschen Rechtsprechung teilweise verwendete Formulierung, die Schriftformklausel könne formlos aufgehoben bzw. beiseitegeschoben werden,[283] ist demnach im Anwendungsbereich des UN-Kaufrechts nicht zutreffend.[284] Bei konstitutiv und schriftlich vereinbarter Schriftformklausel stellt sich deshalb die Frage, welche Rechtsfolge ihre Nichtbeachtung bei einer Vertragsänderung oder -aufhebung zeitigt.
Nach dem Wortlaut von Art. 29 Abs. 2 Satz 1 UN-Kaufrecht darf ein Vertrag mit konstitutiver Schriftformklausel nicht formlos abgeändert oder aufgehoben werden: Eine eindeutige und klare Rechtsfolge ist dieser indifferenten Formulierung von Art. 29 Abs. 2 Satz 1 UN-Kaufrecht ("darf nicht") nicht zu entnehmen. Zwar schreibt das interne deutsche Recht mit gleichem Wortlaut Formen mit konstitutiver Wirkung vor, so z. B. in § 1027 Abs. 1 Satz 1 ZPO. Indessen dürfen aus einem nationalen Recht nicht ohne weiteres Schlüsse auf das UN-Kaufrecht gezogen werden: Art. 7 Abs. 2 UN-Kaufrecht.[285]

---

280 Vgl. z. B. **Geldsetzer** (1993), 126 ff, 151.

281 **Von Caemmerer/Schlechtriem** (1990), Art. 29 Rn. 5; **Karollus** (1991), 79.

282 **Von Caemmerer/Schlechtriem** (1990), Art. 29 Rn. 5.

283 Vgl. §§ 2 A I 2; 3 B, C; **Schlechtriem** (1981), 33 Fn. 146.
Gleiches gilt für Teile der schweizerischen Rechtsprechung: **Stoffel** (1990), 175 Fn. 42.

284 **Reinicke/Tiedtke** (1992), 326; **Herber/Czerwenka** (1991), Art. 29 Rn. 6; **Schlechtriem** (1981), 33; ders. (1990), 281.
Dies gilt auch für das schweizerische und österreichische Recht: **Stoffel** (1990), 175; **Karollus** (1991), 79.

285 *Soergel* - **Lüderitz**, Art. 6 UN-Kaufrecht Rn. 2.

Auch dient der deutsche Text lediglich als Auslegungshilfe.[286] Während der französische (authentische) Text gleichfalls ambivalent ist ("ne peut être"), enthält der englische (authentische) Text beispielsweise nicht etwa ein klares "cannot" - wie z. B. § 2-209 (2) UCC -, sondern das offenere "may not".
Im deutschen Schrifttum zum UN-Kaufrecht wird die Ansicht vertreten, formlose Änderungsvereinbarungen seien unwirksam.[287] Im österreichischen wird angenommen, formlose Abänderungs- und Beendigungsvereinbarungen seien grundsätzlich wirkungslos[288] bzw. ungültig[289], ebenso das formlose Abgehen vom Schriftformerfordernis. Im US-amerikanischen Schrifttum wird ausgeführt, die Bestimmung des Art. 29 Abs. 2 Satz 1 UN-Kaufrecht enthalte ein privates *statute of frauds*[290], es setze der Durchsetzung einer mündlichen Vertragsänderung eine Schranke.[291] Diese auf nationalen Rechtsordnungen beruhenden Stellungnahmen machen deutlich, daß hinsichtlich der Rechtsfolge von Art. 29 Abs. 2 Satz 1 UN-Kaufrecht die von Art. 7 Abs. 1 UN-Kaufrecht angestrebte einheitliche Anwendung noch nicht gewährleistet ist. Das ist derzeit auch nicht anders zu erwarten, nehmen doch die Rechte der Vertragsstaaten des UN-Kaufrechts zu Formfragen unterschiedliche Standpunkte ein.[292] Die Wahrscheinlichkeit von Entscheidungsdivergenzen zwischen den einzelnen Rechtsordnungen ist damit offengelegt und es bleibt abzuwarten, ob rechtsvergleichende Kommentierungen sowie eine länderübergreifende Entscheidungssammlung eine einheitliche Rechtsprechung mit sich bringen werden.[293]
Nach der im deutschen rechtswissenschaftlichen Schrifttum - freilich nicht nur dort allein - vertretenen Auffassung[294] führt die Anwen-

---

286 Für die Rechtsanwendung in Deutschland, Österreich und der Schweiz ist bei Auslegungszweifeln nur eine der authentischen Fassungen des UN-Kaufrechts maßgeblich. Authentisch sind die Texte in arabischer, chinesischer, englischer, französischer, russischer und spanischer Sprache.
Honsell (1990), 38; **Reinhart** (1991), VertrG Art. 2 Rn. 3; **von Caemmerer/Schlechtriem/Herber** (1990), Art. 101 Rn. 2 f.; *Soergel* - **Lüderitz**, Art. 6 UN-Kaufrecht Rn. 2.

287 **Geldsetzer** (1993), 182; **Herber/Czerwenka** (1991), Art. 29 Rn. 6; **Huber, U.** (1979), 435.

288 **Stern** (1990), 61 Rn. 145.

289 **Karollus** (1991), 79.

290 **Hillman** (1988), 450 und - mit Bezug auf § 2-209 (2) UCC - 453.

291 **Hillman** (1988), 451, 461: "... bar enforcement of an oral modification ...".

292 **Bucher, E.** (1988), 162 f.

293 **Von Caemmerer/Schlechtriem/Herber** (1990), Art. 7 Rn. 14.

294 Vgl. die Hinweise in Fn. 287.

dung des UN-Kaufrechts mithin dazu, daß formlose Änderungsabsprachen gemäß Art. 29 Abs. 2 Satz 1 UN-Kaufrecht nichtig sind.

Beim UN-Kaufrecht handelt es sich um einen rechtssetzenden völkerrechtlichen Vertrag,[295] der ein materielles Einheitskaufrecht an die Stelle nationaler Kollisionsnormen setzt.[296] Es findet nur auf den grenzüberschreitenden Warenverkehr Anwendung, d. h. auf Kaufverträge, deren Vertragsparteien Niederlassung in verschiedenen Staaten haben.[297] Bei diesen Staaten muß es sich überdies um Vertragsstaaten handeln (Art. 1 Abs. 1 lit. a UN-Kaufrecht); trifft dies nicht zu, so ist das UN-Kaufrecht nur anwendbar, sofern die Kollisionsregeln des Forumstaates zur Anwendung des Rechts eines Vertragsstaates führen (Art. 1 Abs. 1 lit. b UN-Kaufrecht).[298] Es ist für Kaufverträge über Waren[299] anwendbar, die nicht zum persönlichen Gebrauch bestimmt sind (Art. 2 lit. a UN-Kaufrecht).[300] Wie Kaufverträge sind (mit Einschränkungen) Werklieferungsverträge zu behandeln (Art. 3 UN-Kaufrecht).
Aufgrund der Bestimmung des Art. 96 UN-Kaufrecht ist es den Vertragsstaaten gestattet, das Prinzip der Formfreiheit durch Erklärung eines Vorbehalts auszuschließen.[301] Weder Deutschland, die Schweiz noch die USA haben von dem Vorbehalt nach Art. 96 UN-Kaufrecht Gebrauch gemacht;[302] Deutschland und die Schweiz deshalb nicht,

---

295 **Reinhart** (1991), VertrG Art. 2 Rn. 1; **Piltz** (1991), Rn. 17.

296 **Honsell** (1990), 38; **Stoll, Hans** (1988), 495.
Mit Inkrafttreten des Wiener Kaufrechts traten das Einheitliche Gesetz über den internationalen Kauf beweglicher Sachen vom 17.7.1973, BGBl. I, 856; abgedruckt in: **Schlechtriem/Magnus** (1987), 7 ff und das Einheitliche Gesetz über den Abschluß von internationalen Kaufverträgen über bewegliche Sachen vom 17.7.1973, BGBl. I, 868; abgedruckt in: **Schlechtriem/Magnus** (1987), 31 ff außer Kraft: Art. 5 Abs. 1 VertrG; vgl. **Palandt/Putzo** (1993), Einf. vor § 433 Rn. 22; **Reinhart** (1991), VertrG Art. 5 Rn. 1.

297 **Karollus** (1991), 28 ff; **Feltham** (1981), 347 f; **Guhl/Merz/Koller** (1991), 348 in fine f.

298 Die USA haben von dem Vorbehalt gemäß Art. 95 UN-Kaufrecht Gebrauch gemacht mit der Folge, daß in den USA Art. 1 Abs. 1 lit. b nicht gilt: **Piltz** (1991), Rn. 38.

299 Auch hier wird deutlich, daß der Uniform Commercial Code als Grundlage des UN-Kaufrechts diente; vgl. §§ 2-102 i. V. m. 2-105 (1) UCC.

300 **Guhl/Merz/Koller** (1991), 349; **Palandt/Putzo** (1993), Einf. vor § 433 Rn. 23; **Stoffel** (1990), 171.

301 **Karollus** (1991), 79.

302 **Von Caemmerer/Schlechtriem** (1990), Art. 12 Rn. 2; vgl. die Aufzählung bei **Stoffel** (1990), 172.

weil sie wegen fehlender Formvorschriften für internationale Warenkäufe dieses Vorbehalts nicht bedürfen.[303]

Macht ein Vertragsstaat von der Vorbehaltsmöglichkeit nach Art. 96 UN-Kaufrecht Gebrauch, so regelt die Bestimmung des Art. 12 UN-Kaufrecht die Rechtsfolgen eines solchen Vorbehalts. Gemäß Art. 12 UN-Kaufrecht sind die Bestimmungen der Art. 11 und 29 UN-Kaufrecht nicht anwendbar.[304] Die Frage ist dann, ob und gegebenenfalls welche Formvorschriften Platz greifen.

Aus dem Wortlaut von Art. 12 UN-Kaufrecht könnte gefolgert werden, daß die Schriftform immer dann gilt, wenn eine Vertragspartei ihre Niederlassung in einem Vorbehaltsstaat hat.[305] Das hieße, daß bei genutzter Vorbehaltsmöglichkeit das nationale Recht des Vorbehaltsstaates zur Anwendung käme.
Die Frage, ob das Recht eines Vorbehaltsstaates zu beachten ist, stellt sich z. B. für den deutschen Richter dann, wenn aufgrund von Art. 11 EGBGB deutsches Recht anzuwenden ist, eine Vertragspartei jedoch ihre Niederlassung in diesem Vorbehaltsstaat hat.[306] Wäre das Recht des Vorbehaltsstaates maßgeblich, so würde dieses nicht nur das Kollisionsrecht anderer Vertragsstaaten des UN-Kaufrechts verdrängen, sondern seine nationalen Formvorschriften de facto zu international geltendem Einheitsrecht machen.[307] Deshalb wird im rechtswissenschaftlichen Schrifttum ein solcher "allseitiger Geltungsbereich" des Formvorbehaltes überwiegend abgelehnt.[308] Das Kollisionsrecht bestimmt also das maßgebliche Formstatut.

---

303 Botschaft des Schweizerischen Bundesrates betreffend das Wiener Übereinkommen über Verträge über den internationalen Warenkauf vom 11.1.1989, 93.
Für die USA: **Schmitthoff** (1990), 252 Fn. 83; **Stoffel** (1990), 172.

304 **Von Caemmerer/Schlechtriem/Herber** (1990), Art. 6 Rn. 5; **Herber/Czerwenka** (1991), Art. 29 Rn. 4; **Reinhart** (1991), Art. 29 Rn. 6; **Feltham** (1981), 350 in fine.
Diese Bestimmung geht u. a. auf das Drängen der (damaligen) UdSSR zurück, für ihre Außenhandelsgeschäfte die Schriftform beibehalten zu dürfen; vgl. **von Caemmerer/Schlechtriem** (1990), Art. 12 Rn. 1, 5; **Hillman** (1988), 457 Fn. 58; **Schlechtriem** (1981), 30 Fn. 135.

305 **Karollus** (1991), 80.

306 **Von Caemmerer/Schlechtriem** (1990), Art. 12 Rn. 2.

307 **Von Caemmerer/Schlechtriem** (1990), Art. 12 Rn. 2.

308 **Karollus** (1991), 80; **von Caemmerer/Schlechtriem** (1990), Art. 12 Rn. 2; **Schlechtriem** (1990), 280; **Stoll, Hans** (1988), 506.
A. A. **Enderlein/Maskow/Stargardt** (1985), Art. 12 Anm. 2; vgl. auch die Hinweise bei **von Caemmerer/Schlechtriem** (1990), Art. 12 Fn. 5.

Bei dieser Annahme, daß in Fällen des Art. 12 UN-Kaufrecht das Kollisionsrecht des Gerichtsstaats das maßgebliche Formstatut bestimmt, ist desweiteren umstritten, ob bei Berufung des Rechts eines Nicht-Vorbehaltsstaates dessen nationale Formvorschriften oder UN-Kaufrecht (Art. 11) anzuwenden sind. Die überwiegende Ansicht im rechtswissenschaftlichen Schrifttum spricht sich für die Anwendung nationaler Formvorschriften aus.[309] Es sei nämlich ausgeschlossen, über die Bestimmung des Art. 1 Abs. 1 lit. b UN-Kaufrecht wieder zur Anwendung des UN-Kaufrechts zu gelangen.[310] Demgegenüber sollte nach *Schlechtriem*[311] und *Huber* [312] als Formstatut Art. 11 UN-Kaufrecht (wieder) anwendbar werden. Für letztere Ansicht spricht zum einen, daß andernfalls Formvorschriften Anwendung fänden, die ohne Vorbehalt (Art. 96 UN-Kaufrecht) überhaupt nicht anwendbar wären.[313] Desweiteren wird diese Ansicht durch die ratio der Bestimmung des Art. 7 UN-Kaufrecht gestützt: Art. 7 UN-Kaufrecht will die Entwicklung einheitlicher Kriterien bei der Anwendung des UN-Kaufrechts fördern (Vereinheitlichungszweck),[314] ein Rückgriff auf nationale Rechte würde dieser ratio eher entgegenwirken.

Dieser Ausblick auf die Bedeutung der Schriftformklausel im Geschäftsleben und in verschiedenen Rechtsgebieten mit ihren jeweiligen nationalen und multinationalen Gesetzesvorschriften macht deutlich, daß zumindest in Deutschland, der Schweiz und den USA in der Praxis ein Bedürfnis nach der Schriftformklausel besteht, weshalb sich eine tiefere Auseinandersetzung mit dieser Rechtsmaterie - im Rahmen der vorliegenden Abhandlung vor allem für das deutsche Recht - aufdrängt.

---

309 **Wey** (1984), Rn. 475; **Honnold** (1991), Rn. 129; **Rehbinder, E.** (1987), 154 f.

310 **Wey** (1984), Rn. 475.

311 **Schlechtriem** (1981), 32; ders. (1988), 1039; **von Caemmerer/Schlechtriem** (1990), Art. 12 Rn. 3.

312 **Huber, U.** (1979), 434 f.

313 **Von Caemmerer/Schlechtriem** (1990), Art. 12 Rn. 3.

314 **Feltham** (1981), 349; **Stoll, Hans** (1988), 498; **Hillman** (1988), 457 in fine; **von Caemmerer/Schlechtriem/Herber** (1990), Art. 7 Rn. 6.

B. LÖSUNGSVORSCHLAG

§ 3. BINDUNGSWIRKUNG AUFGRUND VERTRAGSFREIHEIT

A. Das Prinzip der Vertragsfreiheit

Zunächst soll geklärt werden, ob allgemeine Rechtsprinzipien der Schriftformklausel entgegenstehen.

I. Die Vertragsfreiheit im allgemeinen

Es ist die Vertragsfreiheit (Privatautonomie), die es den Parteien gestattet, Formabsprachen zu treffen.[315] Sie wird zwar nicht expressis verbis im Gesetz erwähnt, eine Reihe von Bestimmungen macht jedoch deutlich, daß die Rechtsordnung von diesem Grundsatz ausgeht.[316] Darunter wird die Befugnis der einzelnen verstanden, *im Rahmen der Rechtsordnung* (d. h. im Rahmen der geltenden rechtsgewährenden oder -verleihenden Rechtssätze)[317] eigenverantwortlich und frei rechtsverbindliche Regelungen treffen zu können. Kraft Anerkennung durch die Rechtsordnung kann der einzelne private

---

315 **Schnyder** (1960), 32 ff, 62 ff m. w. N.; **Höfling** (1991), 3 f Fn. 18; **Furrer** (1992), 41 f.

316 Für Deutschland vgl. §§ 241, 305, 397 BGB: **Palandt/Heinrichs** (1993), Einf. vor § 145 Rn. 7. Nach *Höfling* geht die heute überwiegende Ansicht von der Konzeption der Vertragsfreiheit als eines Substrats unterschiedlichster grundrechtlicher Gewährleistungen aus: **Höfling** (1991), 11 m. w. N. in Fn. 62.
Für die Schweiz vgl. Art. 11, 19 f, 115 OR: **Oftinger** (1948), 316; **Merz** (1973), 33; ders. (1992), Rn. 81 ff; **Furrer** (1992), 42; ***Obligationenrecht*** **- Bucher, E.**, Einl. vor Art. 1 ff OR Rn. 5 ff; **Pedrazzini/Oberholzer** (1993), 118 ff.
Für das UN-Kaufrecht vgl. Art. 11 UN-Kaufrecht.

317 **Von Tuhr** (1923), § 5 I 2, 5; **Höfling** (1991), 29 m. w. N. in Fn. 184.

Abmachungen rechtsverbindlich treffen.[318] Die rechtsgeschäftlichen Wirkungen treten ein, weil die Rechtsordnung dem geäußerten Parteiwillen die Fähigkeit beimißt, die gewollte Rechtswirkung herbeizuführen.[319] Daraus folgt, solchen privaten Vereinbarungen zwischen den Parteien wohne die gleiche bindende Kraft inne, wie sie das Gesetz zeitigt.[320] Die Vertragsfreiheit ist also weder ein Wert, der seine Begründung aus sich selbst erfährt, ohne dazu erst einer Legitimation zu bedürfen, noch Folge eines "überrechtlichen" Rechtssatzes, der etwa auf einem vorrangigen, naturrechtlichen Prinzip beruht,[321] sondern eine von der Rechtsordnung verliehene *Befugnis*:[322] Sie besteht insoweit, aber auch nur insoweit, als die geltenden Rechtsnormen sie gewähren.[323]

Bei der Formfreiheit handelt es sich um einen Teilaspekt der Vertragsfreiheit. Formfreiheit bedeutet nicht Formlosigkeit: Jeder Wille, der geäußert werden soll, bedarf des Kleides der Form.[324] Mit Vereinbarung einer Schriftformklausel beschränken die Parteien ihre Formfreiheit[325], und damit ihre Befugnis, unter allen Formen des Sich-Erklärens frei zu wählen, insbesondere rechtsgeschäftliche Vereinbarungen formfrei abändern, ergänzen oder aufheben zu können.[326]

Es stellt sich die Frage, ob die Rechtsordnung eine solche Beschränkung hinnimmt oder positiv formuliert, ob eine Schriftformklausel

---

318 **Höfling** (1991), 29 m. w. N. in Fn. 185; 44.

319 **Höfling** (1991), 29.

320 **Liver** (1955), 14. Anschaulich bestimmt Art. 1134 Abs. 1 des franz. Code civil: "Les conventions légalement formées tiennent lieu de loi à ceux qui les ont faites." Diese Bestimmung fand teilweise wörtlich, teilweise sinngemäß in andere Rechte Eingang: vgl. z. B. Art. 1134 Abs. 1 des Badischen Landrechts: "Rechtmäßig geschlossene Verträge gelten gleich Gesetzen unter denjenigen, die sie geschlossen haben" sowie Art. 1372 Abs. 1 Satz 1 des italienischen Codice civile: "Il contratto ha la forza di legge tra le parti."

321 **Fischer, M.** (1952), 23; vgl. **Höfling** (1991), 20 ff.

322 **Fischer, M.** (1952), 23 m. w. N. in Fn. 16; **Höfling** (1991), 29; **Adomeit** (1969), 10 ff.
Für das schweizerische Recht: **Pedrazzini/Oberholzer** (1993), 118 f.

323 **Wolf, M.** (1970), 19 f; **Bauer** (1977), 20 Fn. 8 m. w. N; **Gauch** (1982), 366; **Flume** (1992), § 2, 1.

324 **Widmer** (1971), 18 Fn. 32; **Furrer** (1992), 12.

325 **Ludwig** (1980), 374, gliedert die Formfreiheit in drei grundlegende Komponenten: Freiheit in der Wahl der Form, Freiheit in den Bestimmungen der Anforderungen an die gewählte Form und Freiheit in der Bestimmung über die Rechtsfolge des Formverstoßes.

326 **Burckhardt** (1939), 42; **Widmer** (1971), 18.

als Ausgestaltung des Prinzips der Vertragsfreiheit dazu führt, daß die Rechtsordnung ihr grundsätzlich die gleiche Wirkung zuerkennt wie der gesetzlich vorgeschriebenen Schriftform, nämlich die Bindung der Parteien an die Schriftform. Aus diesem Grunde muß die Schriftformklausel hinsichtlich der Schranken, die der Vertragsfreiheit immanent sind,[327] untersucht werden.

Eine erste Schranke ergibt sich aus der das Privatrecht beherrschenden Wertregel, ein Rechtsgeschäft, das gegen die guten Sitten verstoße, sei nichtig: § 138 Abs. 1 BGB.[328] Die Rechtsordnung verweigert nämlich dem Unsittlichen ihren Erfüllungszwang.[329] Verstoßen Parteivereinbarungen gegen diese in der Bestimmung des § 138 BGB enthaltene Regel des ordre public (*Esser*)[330], so werden sie nicht als Rechtsverhältnisse anerkannt. Weder in der Rechtsprechung noch im rechtswissenschaftlichen Schrifttum finden sich Hinweise, die für ein an sich formfreies Geschäft vereinbarte Schriftformklausel verstoße gegen die guten Sitten. Die Tatsache ihrer häufigen Verwendung im Rechts- und Geschäftsleben begründet die Verträglichkeit der Schriftformklausel mit der allgemeinen Rechtsüberzeugung.[331] Weitere Schranken der Vertragsfreiheit ergeben sich aus kasuistisch über den Rechtsstoff verstreuten Vorschriften über einzelne unzulässige Rechtslagen. So sind Absprachen nichtig, mit denen der sich Verpflichtende für die Zukunft auf seine Handlungsfreiheit im Übermaß verzichten würde.[332]

---

327 **Bauer** (1977), 21 m. w. N.; **Huber, H.** (1966), 19; **Oftinger** (1948), 323; **Merz** (1992), Rn. 86 ff. Die verfassungsrechtliche Grundlage dieser Schranken findet sich im deutschen Recht in den Grundrechten, letztlich in Art. 2 Abs. 1 GG (vgl. **Höfling** (1991), 18 ff), im schweizerischen Recht in den vom schweizerischen Bundesgericht entwickelten Grundsätzen zur persönlichen Freiheit.

328 Z. B. **Höfling** (1991), 42.
Für das schweizerische Recht: Art. 19 f OR; vgl. **Fischer, M.** (1952), 59 in fine f; **Gauch** (1982), 366; **Merz** (1992), Rn. 87 ff; **Gauch/Schluep** (1991), Rn. 667 ff.

329 **Medicus** (1992), Rn. 680 in fine.

330 **Esser** (1968), 283 re. Sp. in fine.

331 **Liebs, D.** (1987), 263.

332 **Von Hippel** (1936), 114.
Vgl. § 624 BGB: keine Verdingung dem Arbeitgeber gegenüber auf Dauer ohne Kündigungsmöglichkeit möglich; §§ 724, 749 BGB: keine Angehörigkeit zu einer Gesellschaft oder Gemeinschaft ohne Lösungsmöglichkeit möglich; § 310 BGB: keine Verpflichtung möglich, zukünftiges Vermögen oder Bruchteile davon zu übertragen; § 1136 BGB: keine Verpflichtung möglich, ein Grundstück nicht zu veräußern oder nicht zu belasten; § 2302 BGB: keine Möglichkeit, sich bezüglich seiner Testierfreiheit unangemessenen Beschränkungen zu unterwerfen; § 1297 Abs. 2 BGB: Verbot der Herabsetzung der eigenen sozialen Verantwortlichkeit

II. Die Vertragsfreiheit begrenzende Bestimmungen

Im folgenden soll untersucht werden, ob aus solchen Vorschriften - insbesondere aus den in den §§ 137 Satz 1 sowie 399, 2. Alt. BGB enthaltenen Bestimmungen - gefolgert werden kann, es sei den Vertragsparteien verwehrt, in einem Rechtsgeschäft wirksam zu bestimmen, eine spätere Abänderung, Ergänzung oder Aufhebung desselben solle nur in Schriftform wirksam sein.

1. Die Bestimmung des § 137 Satz 1 BGB

Die Bestimmung des § 137 Satz 1 BGB spricht von der *Befugnis zur Verfügung*, die nicht durch Rechtsgeschäft ausgeschlossen oder beschränkt werden kann. Die Untersuchung, was unter dieser Befugnis zur Verfügung zu verstehen sei, macht erst Sinn, wenn zuvor festgestellt werden konnte, daß es sich bei den Begriffen Abänderung, Ergänzung oder Aufhebung um Verfügungsrechtsgeschäfte *über ein veräußerliches Recht* im Sinne von § 137 Satz 1 BGB handelt.
Bei der Verfügung handelt es sich um ein Rechtsgeschäft, durch das die Rechtslage eines Rechtsgegenstandes unmittelbar geändert wird; insbesondere wird ein dingliches oder obligatorisches Recht aufgehoben, übertragen, abgetreten, erlassen, aufgerechnet, belastet oder seinem Inhalt nach geändert.[333] Somit faßt der Begriff Verfügung in § 137 Satz 1 BGB sämtliche rechtsgeschäftlichen Einwirkungen auf subjektive Rechte zusammen.[334]

Bei einem Vertrag mit einer Schriftformklausel handelt es sich um einen obligatorischen Vertrag, der das zwischen den Parteien bestehende Schuldverhältnis gemäß § 241 BGB begründet. Bei den in

---

gegenüber den Rechtsgenossen; § 137 BGB: keine Möglichkeit, die Pflichten der Rechtsgemeinschaft gegenüber der eigenen Person nach Belieben zu steuern, so z. B. zu vereinbaren, daß die eigenen Interessen oder bestimmte Interessen von allen Rechtsgenossen geachtet werden.

Vgl. auch die auf den ersten Blick entgegenstehende Bestimmung des § 399, 2. Alt. BGB, wonach eine Forderung nicht abgetreten werden kann, wenn die Abtretung durch Vereinbarung mit dem Schuldner ausgeschlossen ist.

Für das schweizerische Recht: Art. 27 ZGB; vgl. **Pedrazzini/Oberholzer** (1993), 119 ff, 126 f; **Schnyder** (1960), 80.

333 **Medicus** (1993), Rn. 25; **Seifert** (1966), 50 Fn. 30 m. w. N; **Flume** (1992), § 17, 7.

334 **Liebs, R.** (1975), 9.

Frage stehenden späteren Abänderungs- und Aufhebungsverträgen handelt es sich hingegen um Verfügungsrechtsgeschäfte, weil diese auf ein bestehendes Rechtsverhältnis unmittelbar einwirken.[335] Dabei ist zu überlegen, ob es sich bei ihnen auch um Verfügungsrechtsgeschäfte über ein veräußerliches Recht handelt. Von einem solchen kann nur im Falle des Erlasses einzelner oder sämtlicher Rechte aus dem Vertrag mit der Schriftformklausel gesprochen werden, weil nur dort die Rechtslage eines veräußerlichen Rechtes unmittelbar geändert wird. Deshalb kann bei der Abänderung, Ergänzung oder Aufhebung eines Schuldvertrages nicht von einer solchen Verfügung gesprochen werden, weil es um den Vertrag selbst, nicht um eine Verfügung über ein Recht aus diesem geht. Selbst im Fall des Erlasses sämtlicher Rechte aus dem Vertrag handelt es sich nicht um eine Vertragsaufhebung, weil diese lediglich das faktische Ergebnis des Erlasses ist. Dabei ist allerdings stets zu prüfen, ob die Parteien mit dem als Erlaß bezeichneten Rechtsgeschäft nicht vielmehr die Aufhebung des gesamten Vertrages meinen.

Für den Erlaß von Rechten greift indes die Schriftformklausel nicht ein, weil diese nicht den Erlaß einzelner oder sämtlicher Rechte erfaßt. Für ihn gilt also die Gebundenheit an die vereinbarte Schriftform nicht; vielmehr herrscht insoweit Formfreiheit.[336] Die Bestimmung des § 137 Satz 1 BGB erfaßt jedoch nicht spätere Änderungen oder die Aufhebung eines Schuldvertrages und steht deshalb der Bindungswirkung der hier zu untersuchenden Schriftformklausel nicht entgegen.

Die Frage stellt sich, ob immerhin der in der Bestimmung des § 137 Satz 1 BGB zum Ausdruck gebrachte Rechtsgedanke einer Bindung der Parteien an die Schriftformklausel entgegensteht, ob mithin die hier zu untersuchende Klausel die Verfügungsbefugnis der Parteien nach § 137 Satz 1 BGB analog ausschließt oder beschränkt. Dazu muß aus der ratio legis von § 137 Satz 1 BGB untersucht werden, weshalb das Gesetz Rechtsgeschäfte verbietet, durch die sich der Rechtsinhaber selbst seiner Rechtsmacht begibt, Verfügungen zu treffen.
Als wichtigster Grund kann angeführt werden, daß in Abhängigkeit gerät, wer sich seiner Verfügungsmacht begibt.[337] Es soll deshalb

335 *Münchener Kommentar* - **Söllner**, § 305 Rn. 28.
336 § 397 BGB.
337 **Weitnauer** (1975), 433.

dem einzelnen ein Mindestmaß an wirtschaftlicher Selbstbestimmung gesichert werden.[338] Niemand soll auf seine Befugnis, über ein ihm zustehendes Recht zu verfügen, durch Rechtsgeschäft verzichten können.[339] Wer sich auf der anderen Seite lediglich verpflichtet, etwas nicht zu tun, behält die Freiheit, dieser Verpflichtung zuwider zu handeln.[340] Durch die Trennung von Rechtszuständigkeit und Verfügungsbefugnis werden klare Verhältnisse geschaffen und die Rechtssicherheit erhöht.[341]

Der Zweck von § 137 Satz 1 BGB geht also dahin, die Disposition über die Verfügungsbefugnis auszuschließen, damit sich der Berechtigte dieser nicht rechtsgeschäftlich begeben kann.[342] Der Berechtigte kann aber über das subjektive Recht selbst, über das ihm die Verfügungsbefugnis zusteht, jederzeit disponieren; er disponiert dann nur über das Recht selbst, jedoch nicht zugleich über die Verfügungsbefugnis, weil letztere weder Teil, Inhalt noch Bestandteil des Rechtes ist.[343] Deswegen sind die Vertragsparteien nicht gehindert, im Zusammenhang mit einem schuldrechtlichen Vertrag Verfügungsrechtsgeschäfte zu schließen, weil dies nicht vom Zweck von § 137 Satz 1 BGB umfaßt ist und diese Bestimmung deshalb auch nicht analog angewendet werden kann. Daraus folgt, daß die ratio legis dieser Bestimmung den Schutz der Rechtsordnung und nicht den der Parteien verfolgt, was auch durch die Bestimmung selber bestätigt wird: Die Rechtsordnung versagt nämlich der Parteivereinbarung nicht jede Wirkung, sondern stellt vielmehr klar, eine solche Vereinbarung sei obligatorisch uneingeschränkt wirksam.

Aus diesen Gründen wird die Verfügungsbefugnis der Parteien durch eine Schriftformklausel weder ausgeschlossen noch beschränkt. Ausgeschlossen deshalb nicht, weil die Verfügung bei Einhaltung der Schriftform in vollem Umfang möglich ist. Sie wird durch die Schriftformklausel auch nicht beschränkt, denn die Bestimmung des § 137 Satz 1 BGB will lediglich verhindern, daß Gegenstände durch Rechtsgeschäft dem Rechtsverkehr entzogen werden.[344] Eine

---

338 **Seifert** (1966), 91; **Däubler** (1968), 1118 re. Sp.

339 **Weitnauer** (1975), 431.

340 **Weitnauer** (1975), 433.

341 **Seifert** (1966), 94 ff; **Däubler** (1968), 1118 li. Sp.; **Liebs, R.** (1975), 11; **Schlosser, H.** (1970), 682.

342 **Seifert** (1966), 77.

343 **Seifert** (1966), 77.

344 **Erman/Brox** (1989), § 137 Rn. 1; Die Bestimmung des § 137 Satz 1 BGB zielt deswegen auf den Gläubigerschutz und auf die Wahrung der Funktionsfähigkeit der Zwangsvollstreckung: ***Münchener Kommentar*** - **Mayer-Maly**, § 137 Rn. 6; **Liebs, R.** (1975), 12, 36.

Schriftformklausel mag eine Einschränkung der Beweglichkeit der Parteien zur Folge haben, eine gegenständliche Begrenzung im Sinne von § 137 Satz 1 BGB bewirkt sie indessen nicht: Die Parteien behalten ihre Rechtsmacht, weil ihre Handlungsfähigkeit voll erhalten bleibt. Auch wirkt die Schriftformklausel der Trennung von Rechtszuständigkeit und Verfügungsbefugnis nicht entgegen. Nur wenn die Schriftformklausel dahingehend lauten würde, der Vertrag dürfe nicht abgeändert oder aufgehoben werden, würde diese gegen die Bestimmung des § 137 Satz 1 BGB verstoßen, weil dadurch die Verfügungsbefugnis selbst tangiert würde.[345] Die entsprechende Anwendung von § 137 Satz 1 BGB auf die nachträgliche Abänderung, Ergänzung oder Aufhebung eines Vertrages ist kein Argument dagegen, daß die Parteien durch die Schriftformklausel gebunden werden.[346]

2. Die Bestimmung des § 399, 2. Alt. BGB

Grundsätzlich ist jede Forderung abtretbar. In § 399, 2. Alt. BGB ist indes bestimmt, daß eine Forderung dann nicht abgetreten werden kann, wenn dies durch Vereinbarung mit dem Schuldner ausgeschlossen worden ist.[347] Im Gegensatz zu § 137 Satz 1 BGB hat ein solches pactum de non cedendo unmittelbar verfügende Wirkung,[348] und begründet nicht nur ein relatives Veräußerungsverbot

---

345 **Von Tuhr** (1914), § 51, 178 und § 50 Fn. 179; **Geldsetzer** (1993), 33.
Vgl. auch BGH 22.4.1982 - III ZR 122/80 - WM 1982, 902 f., der entgegen der Vorinstanz (OLG Koblenz 19.6.1980 - 5 U 15/79, nicht publiziert) ausführt, eine bloße Vertragszielsetzung zugunsten eines Dritten schränke die Vertragsfreiheit der Parteien noch nicht ein und stehe auch einer einverständlichen Vertragsänderung durch sie nicht entgegen.
A. A. **Tiedtke** (1976), 367 f, der die Schriftformklausel mit einer Klausel gleichsetzt, die jede Vertragsänderung innerhalb einer bestimmten Frist ausschließt; ebenso ohne Begründung **Teske** (1990), 4, nach dem es ein gemeinsames Kennzeichen aller Schriftformklauseln sei, Änderungen oder Ergänzungen zu erschweren oder aber gänzlich zu verhindern.

346 Für das schweizerische Recht: Art. 27 ZGB. Diese Bestimmung ist zwar in der Aussage allgemeiner gehalten, enthält aber dennoch die im deutschen Recht in § 137 Satz 1 BGB enthaltenen Bestimmungen. Gleichwohl läßt in der Schweiz die Anwendung des Art. 27 ZGB auf die nachträgliche Abänderung, Ergänzung oder Aufhebung eines schuldrechtlichen Vertrages es zu, daß die Schriftformklausel die Parteien bindet. Vgl. **Schnyder** (1960), 80; **Pedrazzini/Oberholzer** (1993), 119 ff.

347 Von den Gesetzesmaterialien wird diese Vorschrift nicht als eine Ausnahme von § 137 BGB gedeutet, sondern in der Nichtabtretbarkeit eine inhaltliche Bestimmung der Forderung gesehen: **Flume** (1992), § 17, 7.

348 **Erman/Westermann, H. P.** (1989), § 399 Rn. 3.

im Sinne von § 135 BGB.[349] Da die Forderung von vornherein als unveräußerliches Recht entsteht, ist eine verabredungswidrige Zession in dem Sinne absolut, als sie allen gegenüber unwirksam ist.[350] Damit ist der Ausschluß der Abtretung ein Regelungsbereich, in dem sich die Autonomie noch verhältnismäßig ungebrochen erhalten hat.[351] Die Bestimmung des § 399, 2. Alt. BGB stützt also die Auffassung, die Schriftformklausel könne eine Bindungswirkung entfalten, steht ihr aber nicht entgegen.

Aus den Bestimmungen über einzelne unzulässige Rechtslagen, wie beispielsweise denen der §§ 137 Satz 1 und 399, 2. Alt. BGB, lassen sich keine Anhaltspunkte gegen den Standpunkt herleiten, nach dem das Prinzip der Vertragsfreiheit dazu führt, daß die Rechtsordnung der Schriftformklausel grundsätzlich die gleiche Wirkung zuerkennt wie der gesetzlichen Schriftform. Im Gegenteil ist ihnen zu entnehmen, daß er mit dem Strukturprinzip der Vertragsfreiheit im Gesetz völlig übereinstimmt, weshalb allgemeine Rechtsprinzipien der Schriftformklausel nicht entgegenstehen.

B. Abschluß eines formlosen Aufhebungsvertrages

In Rechtsprechung[352] und Lehre[353] wird überwiegend die Ansicht vertreten, die Parteien hätten sich mit der Vereinbarung der

---

349 **Palandt/Heinrichs** (1993), § 399 Rn. 11; ***Münchener Kommentar*** - **Roth**, § 399 Rn. 28.

350 ***Münchener Kommentar*** - **Roth**, § 399 Rn. 28: vor allem liegt auch kein veräußerliches Recht im Sinne von § 137 Satz 1 BGB mehr vor.

351 **Scheyhing** (1983), § 3 VII 1, 42.

352 BGH 2.6.1976 - VIII ZR 97/74 - BGHZ 66, 378 ff; BGH 25./27.11.1969 - VIII ZR 259/67 - WM 1970, 93 ff; RG 23.11.1942 - V 63/42 - DR 1943, 487 f; RG 5.7.1912 - III 63/12 - WarnR 1912, 402, Nr. 367; BayObLG 19.6.1903 - Recht 1903, 359, Nr. 1942; OLG Dresden 30.11.1906 - 2. Ziv. Sen. ROLG 14 (1907) 26 lit. r; KG 5.8.1939 - 17 U 2980/39 - DR 1940, 395, Nr. 4; OLG Königsberg 24.11.1939 - 2 U 205/39 - HRR 16 (1940), Nr. 349.

353 **Loewe** (1899), 82; **Gareis** (1900), § 125, Anm. 3 b; **Tauber** (1905), 233 ff; **Windscheid/Kipp** (1906), § 310, 4 a und 5, 276; **Dehn** (1908), 45; **Stein, E.** (1912), 45; **Siegel** (1914), 49; **Warneyer** (1923), § 125, II, 199; **Dölle** (1936), 78 f; **Achilles/Greiff** (1937), § 125, Anm. 30; **Heldrich, K.** (1941), 126 ff; ***Staudinger*** - **Dilcher**, § 125 Rn. 11 f; ***RGR-Kommentar*** - **Krüger-Nieland**, § 125, Anm. 30; **Schmidt-Salzer** (1968), 1259; **Fischer, R.** (1968), 1.; **Wolf, E.** (1982), 323; **Reinicke** (1976), 2289 ff; ***Münchener Kommentar*** - **Förschler**, § 125 Rn. 77; **Böhm** (1979), 432, 451; **Larenz** (1989), 416; **Palandt/Heinrichs**

Schriftformklausel rechtsgeschäftlich gebunden. Die Parteien könnten in der Folge eine Befreiung von dieser sich selbst auferlegten Bindung erreichen, wenn sie eine weitere Vereinbarung treffen, durch die sie ihren Willen zum Ausdruck brächten, diese solle ungeachtet der Schriftformklausel gelten; diese weitere Vereinbarung könne formlos - ausdrücklich, stillschweigend oder durch konkludentes Verhalten - zustande kommen. Würde indessen schon das übereinstimmende Wollen der formfreien Vertragsänderung die Aufhebung der Formabsprache bedeuten, so würde der mit ihr verfolgte Zweck in der Regel verfehlt und der vereinbarte Formzwang schließlich wertlos.[354] Einschränkend wird freilich teilweise argumentiert, es müsse im Einzelfall erwiesen sein oder angenommen werden können, daß der Wille der Parteien diese weitere - formlose - Vereinbarung als nicht unter die Formabsprache fallend angesehen haben wollte.[355]
Derjenige Teil von Lehre und Rechtsprechung, der diese Ansicht vertritt, geht überwiegend davon aus, es sei möglich, eine Schriftformklausel konkludent außer Wirkung zu setzen. Dabei ist aber umstritten, welche Kriterien anzuwenden seien.

I. Ausdrückliche Aufhebung notwendig

Wegen der Unsicherheit über die maßgeblichen Kriterien fordert das Oberlandesgericht Königsberg in einem Urteil vom 24.11.1939[356] und eine Minderheit in der Rechtslehre[357] die ausdrückliche Aufhebung der Schriftformklausel; andernfalls sei die Übereinkunft über den Schriftzwang wertlos. Diese Auffassung schließt also nicht generell die Möglichkeit einer mündlichen Außerkraftsetzung der Schriftformklausel aus, sondern verlangt lediglich

---

(1993), § 125 Rn. 14; **Esser/Schmidt** (1992), § 10 II 4 d; **Gernhuber** (1989), 631; **Jauernig** (1991), § 125 Nr. 5; **Weigel** (1989), 39.

354 ***Münchener Kommentar*** - **Förschler**, § 125 Rn. 77.

355 **Dehn** (1908), 45.

356 OLG Königsberg 24.11.1939 - 2 U 205/39 - HRR 16 (1940), Nr. 349.
Ein schriftlicher Mietvertrag über Geschäftsräume schloß jedes Aufrechnungs- und Zurückbehaltungsrecht des Mieters aus und bestimmte weiter, jede nachträgliche Abmachung zum Mietvertrag bedürfe zu ihrer Gültigkeit der schriftlichen Abfassung und der Unterschrift beider Parteien. Einer Klage des Vermieters auf rückständigen Mietzins hatte der Mieter Gegenforderungen entgegengehalten mit der Behauptung, er habe mit dem Vermieter nachträglich die Verrechnung der Gegenforderungen mündlich abgemacht.

357 **Wolf, E.** (1982), 323.

eine ausdrückliche Abmachung.[358] Falls nämlich eine solche fehle, könne die Schriftformklausel durch irgendeine Vereinbarung, bei der sie nicht beachtet worden sei, eo ipso beiseite geschoben werden. Diese Auffassung ist allerdings insofern problematisch, als eine exakte Grenzziehung zwischen ausdrücklicher und konkludenter Willenserklärung des öfteren nicht möglich sein wird. Desweiteren würde dieses Erfordernis ausdrücklicher Aufhebung gerade aus der Sicht derer, die eine formlose Aufhebung der Schriftformklausel für wirksam erachten, zu unerwünschten Ergebnissen führen: Man müßte aus ihm nämlich folgern, der Wille zur Aufhebung des Formzwangs dürfe nicht einmal daraus entnommen werden, daß eine Partei die in Kenntnis des Formzwangs formlos versprochene Leistung erbringt.[359] Darüber hinaus liegt in der Beschränkung auf die Ausdrücklichkeit ein Eingriff in die Dogmatik der Willenserklärung, weil es keinen Unterschied in den Willenserklärungen der Parteien gibt, ob diese ausdrücklich oder konkludent abgegeben wurden.[360] Deswegen ist diese Ansicht als nicht systemkonform abzulehnen.

II. Stillschweigende Aufhebungsabsprache genügt

Auf der anderen Seite wird vertreten, eine stillschweigende Aufhebungsabsprache genüge, um die Schriftformklausel außer Kraft zu setzen.

1. Absicht dauernder und wirksamer Vertragsänderung

Für diesen Teil des rechtswissenschaftlichen Schrifttums[361] und der Rechtsprechung[362] muß sich die Absicht dauernd wirksamer Vertragsänderung klar und zweifelsfrei aus den Umständen ergeben. Spätere mündliche Abreden seien in der Regel lediglich ein vorübergehendes Entgegenkommen, ohne Bindung für die Zukunft, weshalb strenge Beweisanforderungen an ihre Existenz zu stellen seien, wie

---

358 **Rutkowski** (1978), 56; **Körnig** (1972), 68 f.
A. A. **Böhm** (1979), 427 Fn. 16; ***Staudinger*** **- Dilcher**, § 125 Rn. 10.

359 **Erman** (1963), 983.

360 **Körnig** (1972), 69; **Erman** (1963), 983; **Weigel** (1989), 42.

361 ***RGR-Kommentar*** **- Krüger-Nieland**, § 125, Anm. 30; **Reinicke** (1976), 2289 re. Sp.; **Tiedtke** (1976), 367 f.

362 RG 23.11.1942 - V 63/42 - 1943, 487 f; RG 5.7.1912 - III 63/12 - WarnR 1912, 402, Nr. 367; BGH 2.6.1976 - VIII ZR 97/74 - BGHZ 66, 378 ff, 381; BGH 25./27.11.1969 - VIII ZR 259/67 - WM 1970, 93 ff, 94.

das Reichsgericht in der Entscheidung vom 23.11.1942[363] hervorhob.
Man könnte das Reichsgericht und diesbezügliche Auffassungen im rechtswissenschaftlichen Schrifttum[364] dahin verstehen, daß sich die Parteien im Zweifel durch die spätere mündliche Absprache eben nicht binden oder jedenfalls durch letztere die Schriftformklausel nicht außer Wirkung setzen wollen. Auf der Grundlage des Standpunktes, nach dem die Schriftformklausel die Parteien nicht bindet, machte diese Auffassung Sinn: Es träte keine Nichtigkeit ein, wenn die Parteien nachweislich einen Bindungswillen haben, weil dann die Schriftformklausel von den Parteien selber ausgeschaltet wird. Aufschlußreich ist jedoch, daß das Reichsgericht mit großem Nachdruck betont, der Änderungsvertrag müsse klar und zweifelsfrei gewollt sein und daß hieran hohe Beweiserfordernisse zu stellen seien. Ob hieraus geschlossen werden darf - wie dies *Roquette*[365] macht -, das Reichsgericht wolle formlosen Vertragsänderungen die Rechtswirksamkeit absprechen, erscheint fragwürdig. Allerdings stellt das Reichsgericht das Änderungsrechtsgeschäft und dessen Kriterien so dezidiert in den Vordergrund seiner Erwägungen, daß man anzunehmen veranlaßt ist, es nehme den Standpunkt ein, die Schriftformklausel binde die Parteien. Diese Erwägungen führen konstruktiv allerdings nicht weiter, denn das Abstellen auf strenge Beweisanforderungen reflektiert lediglich - unausgesprochene - Bedenken, eine formlose spätere Absprache wirksam sein zu lassen, für die man aber keine rechtliche Begründung findet.

---

363 RG 23.11.1942 - V 63/42 - DR 1943, 487 f.
Eine Mieterin hatte sich in einem Ende 1927 schriftlich abgeschlossenen Mietvertrag mit Schriftformklausel verpflichtet, die Kosten ihres gewerblichen Wasserverbrauchs zu tragen. Im Jahre 1932 war durch schriftliche Zusatzabrede die Miete herabgesetzt und desweiteren bestimmt worden, Wasser und Entwässerung würden in der bisherigen Weise gesondert bezahlt. Jahrelang - möglicherweise sogar während der gesamten seitherigen Mietdauer - bezog die Mieterin kostenlos Wasser, ohne daß der Vermieter auf Bezahlung bestanden hätte; auch steht fest, daß in den Jahren 1936 oder 1937 auch einmal Wasserentnahme ohne Bezahlung mündlich ausdrücklich bewilligt worden war

364 ***RGR-Kommentar* - Krüger-Nieland**, § 125 Anm. 30; **Reinicke** (1976), 2289 re. Sp.; **Tiedtke** (1976), 367 f; **Dehn** (1908), 45; **Medicus** (1993), Rn. 187a in fine.

365 **Roquette** (1943), 488.

2. Duldung der Vertragsänderung über längere Zeit

Der Gedankengang des Kammergerichts in seiner Entscheidung vom 5.8.1939[366], aus einer bloßen Duldung der formlosen Vertragsänderung über längere Zeit könne auf eine Aufhebung der Schriftformklausel geschlossen werden, sofern aus ihr vorher auf einen abändernden Willen geschlossen werden konnte, ist kaum nachzuvollziehen.[367] Zum einen kann die Tolerierung eines bloßen Zustandes, ohne daß ein vom Willen getragenes Element hinzukommt, nicht zur Qualität einer Willenserklärung erstarken. Desweiteren kann schwerlich fixiert werden, wann dem so sein könnte. Darüber hinaus verträgt sich der mit Hilfe der Schriftformklausel erklärte Parteiwille, sämtliche von ihr erfaßten Willenserklärungen der Schriftform zu unterwerfen, nicht mit der Fiktion eines Willens durch bloße Duldung, einzelne Abreden nachträglich vom Formzwang auszunehmen.[368] Deshalb ist hier *Roquette* zuzustimmen, die stillschweigende Duldung des an sich vertragswidrigen Zustandes sei kein schlüssiges Verhalten, aus dem auf den rechtsgeschäftlichen Willen der Vertragsparteien geschlossen werden könne, die Schriftformklausel zu beseitigen.[369]

3. Kenntnis der Schriftformklausel

Auch die Ansicht eines Teils des rechtswissenschaftlichen Schrifttums, es genüge, wenn die Parteien an die Schriftformklausel dächten[370] oder sich bewußt über sie hinwegsetz-

---

366 KG 5.8.1939 - 17 U 2980/39 - DR 1940, 395, Nr. 4.
In einem Mietvertrag mit Schriftformklausel wurden Mieträume zu rein geschäftlichen Zwecken vermietet. Später wurden diese Räume zugleich zu Wohnzwecken genutzt, ohne daß diese Vertragsänderung schriftlich vereinbart worden wäre.

367 Der Hauptgrund für diese Billigkeitsentscheidung mag darin liegen, daß das Kammergericht in casu die Mieterschutzbestimmungen des RMietG sowie der Berliner MietsenkungsVO Platz greifen lassen wollte.

368 **Körnig** (1972), 73.

369 **Roquette** (1940), 961 re. Sp.

370 **Wassertrüdinger** (1928), 83; **Erman** (1963), 984; **Fischer, R.** (1968), 1.
A. A. BGH 26.11.1964 - VII ZR 111/63 - NJW 1965, 293; BGH 26.10.1966 - VIII ZR 173/65 - WM 1966, 1335; BGH 20.3.1967 - VIII ZR 199/64 (nicht publiziert); BGH 29.11.1973 - VII ZR 205/71 - WM 1974, 105 f; BGH 2.7.1975 - VIII ZR 223/73 - NJW 1975, 1653 ff; BGH 22.4.1982 - III ZR 122/80 - WM 1982, 902 f; OLG Frankfurt a. M. 10.12.1974 - 5 U 62/74 - MDR 1975, 488; OLG Karlsruhe 30.3.1983 - 3 RE-Miet 1/83 - NJW 1983, 1499.

ten[371], überzeugt nicht.[372] Woran haben die Parteien zu einem bestimmten Zeitpunkt gedacht, was haben sie gekannt? Solche subjektive Kriterien einzuführen, hieße Streitigkeiten zu provozieren und im Streitfall kann eine solche "innere Einstellung" nur schwer bewiesen werden.[373] Deshalb fordert *Böhm* selbst bei Wissen um die Schriftformklausel über den formlosen Abschluß hinaus konkrete Anhaltspunkte zur Qualifikation als schlüssiges Verhalten.[374] Aus dem Abschluß einer nicht-schriftlichen Abänderungs-, Ergänzungs- oder Aufhebungsabrede im Bewußtsein um das Vorhandensein einer Schriftformklausel darf nicht zwangsläufig geschlossen werden, damit sei zugleich der Wille zu ihrer Außerkraftsetzung zumindest für diesen Fall verbunden.[375]
Die Aufstellung von subjektiven Erfordernissen bedeutet nichts anderes, als einen Verzicht auf die Wirksamkeit der Schriftformklausel in einem einzelnen Fall: Dieser Verzicht stellt sich entweder als eine Aufhebung der Schriftformklausel oder gegebenenfalls als ein (formlos möglicher) Erlaßvertrag im Sinne von § 397 BGB dar.[376] Dies zeigt aber, daß diese Ansichten letztlich keine geeigneten Beurteilungskriterien enthalten.

4. In Vollzug-Setzen des Änderungsrechtsgeschäftes

Schließlich wird in Rechtsprechung[377] und im rechtswissenschaftlichen Schrifttum[378] teilweise ausgeführt, sei die nicht-schriftliche Änderungsabrede von den Parteien vorbehaltlos in Vollzug

---

371 ***Münchener Kommentar* - Förschler**, § 125 Rn. 77; **Larenz** (1989), 416 insb. Fn. 25: Die Gerichte seien in der Annahme eines schlüssigen Verhaltens im allgemeinen recht großzügig verfahren und hätten dadurch die Regel des § 125 Satz 2 BGB praktisch in ihr Gegenteil verkehrt.

372 **Kötz** (1967), 288; **Weigel** (1989), 42 in fine f.

373 Zu der Ansicht, daß insbesonders im grenzüberschreitenden Handel subjektive Kriterien nichts taugen: **Dölle/Reinhart** (1976), Art. 15 Rn. 73.

374 **Böhm** (1979), 425 ff.

375 **Dehn** (1908), 45; **Körnig** (1972), 72 f, wobei *Körnigs* Begründung, die von einem Verzicht auf die Erzwingbarkeit der formlosen Vereinbarung, also von einer mangelnden Manifestation des Rechtsfolgewillens ausgeht, nicht gefolgt werden kann; ohne Rechtsfolgewillen existiert ein Rechtsgeschäft nämlich nicht.

376 Zur Frage, ob ein Erlaßvertrag (§§ 397, 140 BGB) vorliegt, vgl. § 5 B II.

377 BayObLG 19.6.1903 - Recht 1903, 359, Nr. 1942; RG 23.11.1910 - III 203/10 - JW 1911, 94, Nr. 15; BGH 20.3.1967 - VIII ZR 199/64 (nicht publiziert); BGH 26.10.1966 - VIII ZR 173/65 - WM 1966, 1335; BGH 25./27.11.1969 - VIII ZR 259/67 - WM 1970, 93 ff, 94.

378 **Strauß** (1928), 20; ***RGR-Kommentar* - Krüger-Nieland**, § 125 Anm. 30; **Dölle/Reinhart** (1976), Art. 15 Rn. 73 in fine; **Rüthers** (1991), Rn. 306.

gesetzt oder werde damit begonnen, die mit ihr vereinbarte Leistung zu erbringen und werde diese vorbehaltlos entgegengenommen, so sei die Schriftformklausel außer Kraft gesetzt. Als Begründung wird vorgebracht, die Erfüllung der nicht-schriftlichen Änderungsabrede sei entweder ein Indiz für den Willen der Parteien, der Schriftformklausel lediglich deklaratorische Wirkung beigemessen zu haben oder - teilweise aufbauend auf der Prämisse, das formlose Änderungsrechtsgeschäft sei zunächst bloße unverbindliche Vorbesprechung - ein Indiz für die Aufhebung des Formzwanges verbunden mit einer Bestätigung gemäß § 141 BGB:[379] Bei vorbehaltlosem Vollzug oder dessen Beginn werde ersichtlich, daß die Parteien die Schriftformklausel stillschweigend, nämlich durch schlüssige Handlung, aufgehoben haben.[380]
Erfüllen (vollziehen) die Parteien das formlos Vereinbarte oder beginnen sie damit, ohne die vereinbarte Schriftformklausel einzuhalten, so macht es nach diesen Äußerungen keinen Unterschied, ob die Schriftformklausel mit konstitutiver oder bloß deklaratorischer Wirkung vereinbart wurde, weil von der Annahme ausgegangen wird, jede Formvereinbarung müsse vor dem vorbehaltlos vollzogenen Geschäft zurückweichen. Das Reichsgericht geht in dem Urteil vom 23.11.1910[381] nicht so weit zu sagen, ein Formzwang könne nicht als verbindlich vereinbart werden; indem es erneut ein Willensmoment ins Spiel bringt, führt es aus, mit der Vertragserfüllung erkläre jede Vertragspartei *im Zweifel* ihren Willen, das Formerfordernis nicht mehr wirksam sein zu lassen.
Voraussetzung für die Annahme einer Bestätigung im Sinne von § 141 BGB ist, daß das Verhalten der Parteien eindeutig als Bestätigung des nicht die Form wahrenden Änderungsrechtsgeschäftes zu verstehen ist.[382] Geht man von dem Standpunkt aus, die Schriftformklausel mache das Änderungsrechtsgeschäft nicht formbedürftig,[383] kann deshalb nur dann ihre Aufhebung angenommen

379 **Körnig** (1972), 99; **Serozan** (1968), 147.

380 **Serozan** (1968), 136 ff m. w. N.

381 RG 23.11.1910 - III 203/10 - JW 1911, 94, Nr. 15.
Zwischen Parteien eines Mietvertrages mit Schriftformklausel war die Wirksamkeit einer mündlichen Ergänzungsabrede umstritten, wobei der Streit weder über den Inhalt der Ergänzungsabrede noch über die Tatsache bestand, daß der Mietvertrag in der ergänzten Form in der zurückliegenden Zeit von den Parteien tatsächlich vollzogen worden war.

382 **Palandt/Heinrichs** (1993), § 141 Rn. 7 m. w. N.

383 Geht man von dem Standpunkt aus, die konstitutive Schriftformklausel mache das Änderungsrechtsgeschäft formbedürftig, so setzt der Vollzug die Schriftformklausel nicht außer Wirkung, sondern deren Nichtbeachtung führt zur Nichtigkeit

werden, wenn der vorbehaltlose Vollzug vom Willen der Parteien getragen ist, diese Klausel beiseite zu schieben,[384] wenn also die Parteien in Kenntnis der Schriftformklausel unzweifelhaft zu der nicht-schriftlichen Änderung stehen wollten. Wird hingegen in Unkenntnis der Schriftformklausel oder mit Vorbehalt geleistet oder die Leistung in Unkenntnis der Schriftformklausel oder mit Vorbehalt entgegengenommen, so kann eine Aufhebung der Schriftformklausel nicht angenommen werden.[385] Der Vollzug kann demnach die Schriftformklausel nicht stets außer Wirkung setzen.[386] Die Nichtigkeit der formlosen Änderungsabrede ist deshalb auch bei vorbehaltlosem Vollzug nicht ausgeschlossen.[387]

C. Wegfall der Schriftformklausel bei formloser Vertragsänderung

Ein anderer Teil der Rechtsprechung[388] und Rechtslehre[389] ist der Ansicht, daß eine Schriftformklausel dahinfalle, falls feststehe, die Vertragsparteien hätten die Wirksamkeit des lediglich formlos Verabredeten gewollt.
Die Schriftformklausel falle eo ipso weg, wenn und sofern die Parteien die Maßgeblichkeit der formlosen Abänderungs-, Ergänzungs- oder Aufhebungsvereinbarung übereinstimmend wollten. Sie müßten also bei der formlosen Abrede nicht einmal an die Schriftformklausel denken oder diese gekannt haben, um sie außer Kraft zu setzen. In der formlosen Änderung liege zugleich eine Aufhebung der

---

der formlosen Änderung mit der Folge, daß sich dann die Frage einer Konversion, Konvaleszenz und der Wirkung des Grundsatzes von Treu und Glauben stellt, vgl. §§ 5 B, C; 6 A.

384 **Hübner** (1985), Rn. 486.

385 **Serozan** (1968), 147.

386 Für das schweizerische Recht: **Wey** (1984), Rn. 464 in fine.

387 Vgl. § 5 C, wo diese Ansicht unter dem Aspekt der Konvaleszenz untersucht wird.

388 BGH 20.6.1962 - V ZR 157/60 - NJW 1962, 1908 f; BGH 29.6.1966 - VIII ZR 163/64 - NJW 1966, 1705 ff; BGH 26.10.1966 - VIII ZR 173/65 - WM 1966, 1335; BFH 24.1.1990 - I R 157/86 - BStBl. II 1990, 645 re. Sp. f.

389 **Wolf, M.** (1972), 157; **Flume** (1992), § 15 III 2; **Rutkowski** (1978), 67 in fine, 68; **Erman/Brox** (1989), § 125 Rn. 9; **Reinicke/Tiedtke** (1992), 32; ***Alternativkommentar* - Hart**, § 125 Rn. 12 in fine; **Weigel** (1989), 43 in fine f. Ähnlich, wenngleich weniger klar: **Danz** (1906), 198; **Strauß** (1928), 21; **Tiedtke** (1976), 367 f; ***Soergel* - Hefermehl**, § 125 Rn. 33; **Brox** (1992), Rn. 272.

ursprünglich vereinbarten Formerfordernisse.[390] Die Parteien müßten nämlich gegenüber ihrer eigenen Bestimmung einer Form frei sein, wenn sie einvernehmlich handeln.[391] Würde von der Annahme ausgegangen, die rechtsgeschäftliche Bestimmung einer Form müsse erst aufgehoben werden, damit die Parteien ein formloses Geschäft in Geltung setzen könnten, so verkenne man die Tatsache, daß die Parteien die rechtsgeschäftlichen Gestaltungsmöglichkeiten nicht beschränken könnten.[392] Jede faktische Negation des gewillkürten Formzwangs in Gestalt formloser Vereinbarungen mache hinreichend deutlich, die Parteien hätten auf den Schutz des Formzwanges verzichtet; deshalb spiele es auch keine Rolle, ob sie an die Formabrede gedacht hätten oder nicht.[393]
Schon die Prämisse dieser Auffassungen, nicht mehr vom Vertragscharakter der Aufhebung der Schriftformklausel auszugehen, kann nicht richtig sein, denn wie zur Begründung, so verlangt § 305 BGB auch zur Abänderung eines Schuldverhältnisses einen Vertrag.[394] Daran würde sich selbst dann nichts ändern, sollte der nicht-schriftlichen Abrede die Wirkung eines neuen Schuldverhältnisses bei gleichzeitiger Aufhebung des alten zukommen, wenn also Novation vorläge. Auch dann müßte sich der geäußerte Wille der Vertragsparteien auf die Aufhebung erstrecken.
Im Ansatz richtig ist dagegen, darauf abzustellen, daß die Parteien die Geltung des formlos Vereinbarten wollten. Da sich die Parteien aber nicht selber binden könnten, führt *Gernhuber*[395] aus, sei dies nicht allein entscheidend, weil sie sich früher anders entschieden hätten und damit zwei einander widersprechende Äußerungen vorlägen, von denen nicht schlicht die spätere der früheren vozuziehen sei; die Formbindung sei um bestimmter Zwecke willen vorgesehen worden, weshalb die spätere Erklärung nur dann als Absage an diese Zwecke verstanden werden könne, wenn sich die Parteien ihrer bewußt waren.
Die Rechtsprechung des Bundesgerichtshofs - Urteil vom 26. 10.1966[396] - und des Bundesfinanzhofs - Urteil vom 24.1.1990[397] -, die davon ausgeht, die Parteien könnten den schriftlichen Vertrag

390 **Wolf, M.** (1972), 157; ***Alternativkommentar*** **- Hart**, § 125 Rn. 12 in fine.
391 **Erman/Brox** (1989), § 125 Rn. 9.
392 **Flume** (1992), § 15 III 2.
393 **Rutkowski** (1978), 67 in fine, 68.
394 **Heck** (1929), 121; **Stoll, Heinrich** (1936), 86; **Peters** (1943), 46.
395 **Gernhuber** (1989), 631 in fine, 632.
396 BGH 26.10.1966 - VIII ZR 173/65 - WM 1966, 1335.
397 BFH 24.1.1990 - I R 157/86 - BStBl. II 1990, 645 re. Sp. f.

trotz Schriftformklausel selbst dann mündlich ändern, wenn sie bei ihrer mündlichen Vereinbarung nicht an sie gedacht hätten, beraubt die Vereinbarung einer verbindlich wirkenden Schriftformklausel jeden Wertes und jeder Wirkung. Damit stimmt sie nicht mit dem Grundgedanken des Gesetzes überein, welches das konstitutiv wirkende Formerfordernis als Ausfluß der Privatautonomie zuläßt, und ist deshalb abzulehnen. Das Gesetz läßt es nämlich zu (§§ 305, 241 BGB), in einem ersten Rechtsgeschäft (dem ursprünglichen oder Hauptvertrag) mit Wirkung für ein mit letzterem eine Geschäftseinheit bildendes zweites Rechtsgeschäft (dem Änderungsvertrag) Bestimmung zu treffen.[398] Wie noch im einzelnen zu begründen ist,[399] wird dieser allgemeine Grundsatz für den gewillkürten Formzwang in der Vorschrift des § 125 Satz 2 BGB konkretisiert. Die bloße formwidrige Abrede per se kann lediglich den Tatbestand der Schriftformklausel ausfüllen, ihn jedoch nicht gleichzeitig entfallen lassen.[400] Die von der vorerwähnten Judikatur und den Stimmen in der Rechtslehre vertretene Gleichsetzung der Voraussetzung für das Eingreifen der Schriftformklausel mit der für ihre Außerkraftsetzung bedeutet nichts anderes, als den Versuch, § 125 Satz 2 BGB mit einer Hilfskonstruktion aus den Angeln zu heben.[401] Deshalb ist auch die Annahme abzulehnen, die Parteien würden möglicherweise[402] oder meist[403] die bisherige Formvereinbarung aufgehoben haben, wenn sie sich später formlos einigten.[404]

Werden die Begründungen der einschlägigen Entscheidungen des Bundesgerichtshofs[405] einer näheren Betrachtung unterzogen, so stellt sich heraus, daß das oberste Zivilgericht in jedem dieser Fälle Sachverhalte zu würdigen hatte, bei denen es darum ging, was bei Vertragsabschluß vereinbart worden war bzw. bei denen die späteren formlosen Abreden bereits vom Ansatz her im ursprünglichen Vertrag mit Schriftformklausel enthalten waren. Bei der formlosen Abrede handelte es sich jeweils um eine Vertrags- bzw. Leistungskonkretisierung.

---

398 **Stoll, Heinrich** (1936), 87.

399 Vgl. § 4.

400 **Körnig** (1972), 71.

401 **Körnig** (1972), 71 Fn. 2 ff.

402 **Windscheid/Kipp** (1906), § 130, 4 a und 5, 276.

403 **Esser** (1970), § 6 III 3 a.

404 *Soergel* - **Hefermehl**, § 125 Rn. 32 f; *Münchener Kommentar* - **Förschler**, § 125 Rn. 77.

405 BGH 20.6.1962 - V ZR 157/60 - NJW 1962, 1908 f; BGH 29.6.1966 - VIII ZR 163/64 - NJW 1966, 1705 ff; BGH 26.10.1966 - VIII ZR 173/65 - WM 1966, 1335.

So ging es in der Entscheidung des Bundesgerichtshofs vom 29.6.1966[406] u. a. darum, ob die in einem Mietvertrag vereinbarte Schriftformklausel einer bei dessen Abschluß mündlich vereinbarten Nachfolgerklausel (sollte eine solche überhaupt vereinbart worden sein) entgegenstand. Entscheidungserheblich war dabei, was bei Vertragsabschluß vereinbart worden war. Deshalb traf die in dem Mietvertrag enthaltene Schriftformklausel, die nur spätere Änderungen und Ergänzungen dem Formzwang unterwarf, hinsichtlich der behaupteten Nachfolgerklausel keine Bestimmung, stand einer solchen also nicht entgegen.
In dem Urteil des Bundesgerichtshofs vom 20.6.1962[407] ging es u. a. um die Frage, ob der Mietvertrag die späteren Aufwendungen des Mieters (Einbau der Heizung, Ausbau des Erdgeschosses und einer Wohnung im Obergeschoß, etc.) bereits dem Grunde nach enthielt. Der Bundesgerichtshof argumentierte, eine formlose Vertragsänderung sei wirksam, wenn sich die Parteien darüber einig waren, "daß für ihre vertraglichen Beziehungen *neben* dem Urkundeninhalt auch

---

406 BGH 29.6.1966 - VIII ZR 163/64 - NJW 1966, 1705 ff.
Ein schriftlich auf fünf Jahre fest abgeschlossener Mietvertrag enthielt eine Nachfolgerklausel. Unter Inanspruchnahme dieser Klausel trat später anstelle des seitherigen ein neuer Mieter in den Mietvertrag ein. Der zwischen Vermieter und neuem (zweitem) Mieter ebenfalls schriftlich abgeschlossene (zweite) Mietvertrag enthielt selbst keine Nachfolgerklausel, jedoch eine Schriftformklausel. Als der zweite Mieter seinerseits später wiederum Nachmieter benannte, lehnte der Vermieter diese unter Hinweis auf die Schriftformklausel ab und brachte vor, eine Nachfolgerklausel sei für diesen (zweiten) Mietvertrag nicht vereinbart. Der zweite Mieter brachte hiergegen vor, eine Nachfolgerklausel sei mündlich vereinbart worden.

407 BGH 20.6.1962 - V ZR 157/60 - NJW 1962, 1908 f.
Ein Mietvertrag enthielt die Klausel, "daß alle mündlichen Änderungen oder Nebenberedungen für beide Teile nur rechtsverbindlich werden, soweit sie in schriftliche Form gebracht worden sind." In ihm war hinsichtlich des Ersatzes von Aufwendungen, die sich aus dem damals ins Auge gefaßten und später realisierten Einbaus einer Heizungsanlage ergaben (den vorzunehmen sich der Mieter im Mietvertrag verpflichtet hatte) Bestimmung getroffen worden. Nach Einbau der Heizung nahm der Mieter mit Einwilligung des Vermieters im Laufe der Jahre noch weitere Aufwendungen vor, ohne daß dafür eine schriftliche Abmachung getroffen worden wäre. Später verkaufte der Vermieter dem Mieter das Hausgrundstück und rechnete auf den Kaufpreis die gesamten vom Mieter erbrachten Aufwendungen an. Ein vorkaufsberechtigter Dritter machte indes von seinem Vorkaufsrecht Gebrauch, wollte aber keinen Ersatz für die Aufwendungen leisten, die nicht im schriftlichen Mietvertrag vereinbart waren, und zwar u. a. mit der Begründung, wegen der Schriftformklausel brauche für bloß mündlich vereinbarte Aufwendungen kein Ersatz geleistet zu werden.

eine bestimmte mündliche Abrede maßgebend sein soll."[408] Schon diese Formulierung des Bundesgerichtshofes deutet eher auf Nebenabreden bei Vertragsabschluß als auf spätere Absprachen hin. Die Urteilsgründe bestätigen diese Auffassung. Ihnen ist zu entnehmen, daß die Einigung über die vom Mieter zu erbringenden Leistungen im Ansatz bereits bei Abschluß des Mietvertrages vorlag und durch die späteren Ein- und Umbauten lediglich konkretisiert wurde.[409] Ein ähnlicher Sachverhalt lag der Entscheidung des Bundesgerichtshofes vom 26.10.1966[410] zugrunde. Dort ging es u. a. um die Frage, ob der Mietvertrag die in casu relevanten "erheblichen zusätzlichen finanziellen Leistungen" schon dem Grunde nach enthielt. Gemäß den Feststellungen des Berufungsgerichts, des Oberlandesgerichts München, traf dies zu, denn die Parteien waren bei Abschluß des Mietvertrages übereingekommen, daß der Mieter noch erhebliche zusätzliche finanzielle Leistungen erbringen müsse. Wenn der Bundesgerichtshof argumentiert, die formlose Ergänzungsvereinbarung und die tatsächliche Leistungsbewirkung hätten die Schriftformklausel "insoweit hinfällig" gemacht, so ist dies eher mißverständlich: "insoweit nicht zur Anwendung kommen lassen" wäre klarer formuliert. In diesem Sinne ist dem Bundesgerichtshof in der Entscheidung vom 26.10.1966[411] durchaus beizupflichten, auch wenn seine Äußerungen nicht unmißverständlich sind.

---

408 BGH NJW 1962, 1908 in fine. Dort rekurriert der Bundesgerichtshof auf die für spätere Absprachen nicht einschlägige Entscheidung RG 21.3.1919 - III 388/18 - RGZ 95, 175 f; vgl. § 1.

409 Die Ausführungen des Bundesgerichtshofs zur Schriftformklausel waren in casu nur Hilfserwägungen: Hauptsächlich war der Sachverhalt unter dem Aspekt des Aufwendungsersatzes zu prüfen, der - unabhängig von dem die Schriftformklausel enthaltenden Mietvertrag - kraft Gesetzes verlangt werden kann: § 547 BGB, gegebenenfalls aus Geschäftsführung ohne Auftrag, §§ 683, 670 BGB.

410 BGH 26.10.1966 - VIII ZR 173/65 - WM 1966, 1335.
Ein auf dreißig Jahre abgeschlossener Mietvertrag über Wohn- und Geschäftsräume für eine Arztpraxis mit Kurbad samt Nebenräumen enthielt eine Schriftformklausel. Einen Monat nach Vertragsabschluß verpflichtete sich der Mieter mündlich, die durch den Bau des Bades und der Praxis entstandenen Mehrkosten zu verzinsen und außerdem einen Baukostenzuschuß zu zahlen. Nach den Feststellungen des Berufungsgerichts, des OLG München, wurde diese zusätzliche Abrede getroffen, weil sich die Parteien bei der Unterzeichnung des Mietvertrages darüber einig waren, daß der Mietvertrag zwar schriftlich, aber gleichwohl nur vorläufig abgeschlossen worden sei, um der kreditgebenden Bank vorgelegt werden zu können, und daß der Mieter noch erhebliche zusätzliche finanzielle Leistungen erbringen müsse.

411 BGH 26.10.1966 - VIII ZR 173/65 - WM 1966, 1335.

In der Entscheidung vom 24.1.1990[412] kam der Bundesfinanzhof zu dem Schluß, daß die den Geschäftsführern (und alleinigen Gesellschaftern) der GmbH fortwährend erhöht ausbezahlten Gehälter dem Erfordernis des Körperschaftsteuergesetzes nach klarer und von vornherein vereinbarter Absprache standhielten. Er argumentierte, die monatlich wiederkehrenden Zahlungen und Verbuchungen der erhöhten Gehälter sowie die auf diese erfolgte Abführung von Lohnsteuer und Sozialabgaben sprächen für eine solche klare Absprache. Aus den Urteilsgründen geht hervor, daß die Schriftformklausel durch die tatsächlich bewirkten erhöhten Gehaltszahlungen konkludent aufgehoben wurde. Die weiteren Ausführungen des Bundesfinanzhofs zur Wirksamkeit formloser Absprachen entgegen vereinbarter Schriftformklausel, "selbst dann, wenn die Vertragsparteien an das Schriftformerfordernis nicht gedacht haben," enthalten deshalb als obiter dicta eine bloße Wiedergabe dessen, was der Bundesfinanzhof als herrschende Rechtsprechung bzw. geltende Rechtslage ansieht.

In einzelnen Fälle mag es zwar verständlich erscheinen und naheliegen, die nicht-schriftliche Abrede gerade dann wirksam sein zu lassen, wenn sich die Parteien dieser Klausel nicht mehr bewußt sind, also sie vergessen haben.[413] Dieser Umstand allein kann indessen nicht die konkludente Aufhebung begründen; dabei soll nicht bestritten und bereits hier vermerkt werden, daß in einzelnen Fällen die Bestimmung des § 242 BGB zu einer anderen Rechtslage führen mag.[414]

---

412 BFH 24.1.1990 - I R 157/86 - BStBl. II 1990, 645 re. Sp. f.
Beide Gesellschafter einer GmbH waren zugleich deren alleinige Geschäftsführer. Die Anstellungsverträge fixierten die Gehälter und enthielten eine Klausel, nach der Änderungen und Ergänzungen zu ihrer Rechtswirksamkeit der Schriftform bedurften. Tatsächlich wurden die Gehälter der Geschäftsführer in der Folgezeit ohne schriftliche Vereinbarung erhöht und dementsprechend ausbezahlt. Das Finanzamt sah in den erhöhten Gehaltszahlungen versteckte Gewinnausschüttungen nach dem Körperschaftsteuergesetz. Demgegenüber kamen Finanzgericht (Münster) und Bundesfinanzhof zu dem Schluß, solche lägen nicht vor. Es fehle nämlich an einer durch das Gesellschaftsverhältnis veranlaßten Vermögensminderung, weil versteckte Gewinnausschüttungen infolge der klaren und von vornherein vereinbarten Gehaltserhöhung nicht vorlagen.

413 **Körnig** (1972), 72.

414 Vgl. § 6 A.

D. Umkehrung der Darlegungs- und Beweislast bei Personenhandelsgesellschaften

In seinem Urteil vom 17.1.1966[415] schloß der Bundesgerichtshof für eine offene Handelsgesellschaft, deren Gesellschaftsvertrag eine Schriftformklausel enthielt, von der langjährigen Anwendung eines vom Gesellschaftsvertrag abweichenden Gewinnverteilungsschlüssels auf eine Umkehr der Darlegungs- und Beweislast. Werde nämlich in einer offenen Handelsgesellschaft vorbehalts- und widerspruchslos über zwanzig Jahre hinweg der Gewinn nach einem bestimmten vom Gesellschaftsvertrag abweichenden Schlüssel verteilt, bestehe eine tatsächliche Vermutung, die Gesellschafter hätten den Gesellschaftsvertrag auch unter Verzicht auf die Beachtung der Schriftformklausel abgeändert. Deshalb müsse ein Gesellschafter, der sich auf den im ursprünglichen Gesellschaftsvertrag bestimmten Gewinnverteilungsschlüssel berufe, Tatsachen dartun und beweisen, aus denen sich ergebe, die Gesellschafter hätten trotz der langjährigen anderweitigen Handhabung den Vertrag nicht abändern wollen. In seinen Ausführungen hierzu meint *Hueck*[416], die Gesellschafter könnten für den Einzelfall eine Befreiung von der Schriftformklausel als Ausnahme bewilligen. Dulde ein Gesellschafter ein solches tatsächliches Abweichen vom Gesellschaftsvertrag widerspruchslos, beteilige er sich sogar an demselben, so könne darin unter Berücksichtigung der gerade im Recht der offenen Handelsgesellschaft besonders ausgeprägten Treuepflicht eine stillschweigende Zustimmung zur Änderung des Gesellschaftsvertrages ohne Beachtung der Schriftform liegen. Den Parteien stehe es frei, formlos für eine

415 BGH 17.1.1966 - II ZR 8/64 - NJW 1966, 826 ff.
In einer OHG wurden über zwanzig Jahre hinweg die Gewinne nach einem bestimmten, von dem eine Schriftformklausel enthaltenden Gesellschaftsvertrag abweichenden Schlüssel verteilt. Nicht einer der Gesellschafter hatte jemals dieser Gewinnverteilung widersprochen, noch ein Mitgesellschafter bis zum Ausbruch des Streits der Parteien jemals seiner Zustimmung zur jährlichen Gewinnverteilung den Vorbehalt hinzugefügt, dieser Verteilungsschlüssel solle nur vorübergehend oder begrenzt gültig sein. Auch gingen die Wirtschaftsprüfer der Gesellschaft von diesem abgeänderten Verteilungsschlüssel aus. In einem Brief, der im siebten Jahr der praktizierten Abweichung geschrieben wurde, erklärte ein Gesellschafter gegenüber einem anderen, die übrigen Gesellschafter hätten ihm mitgeteilt, die Gewinne würden abweichend vom Gesellschaftsvertrag verteilt; die letztgenannten übrigen Gesellschafter haben nichts geäußert, was auf die Unverbindlichkeit dieser Regelung für die Zukunft hingedeutet hätte.

416 **Hueck** (1968), 1209.

bestimmte Abrede auf den Formzwang zu verzichten.[417] Unter besonderen Umständen könne sogar eine tatsächliche Vermutung dafür sprechen, die Gesellschafter könnten durch eine langfristige Übung den Gesellschaftsvertrag unter Verzicht auf die Schriftformklausel abgeändert haben. Desweiteren könne das Recht der Berufung auf einen Formmangel verwirkt werden (Einwand der unzulässigen Rechtsausübung)[418], beispielsweise durch langes Schweigen gegenüber einem vertragswidrigen Verfahren.[419] Letzterer Begründung steht diejenige *Fischers*[420] nahe, der ausführt, im Einzelfall setzten sich regelmäßig Billigkeitserwägungen und der Gesichtspunkt der besonderen gesellschaftlichen Treuepflicht durch (§ 242 BGB). Es sei daher kaum möglich, mit Hilfe einer im Gesellschaftsvertrag einer Personengesellschaft enthaltenen Schriftformklausel die Wirksamkeit späterer nicht-schriftlicher Abänderungen oder Ergänzungen zu verhindern.

Der Bundesgerichtshof will im Urteil vom 17.1.1966[421] diese Darlegungs- und Beweislastumkehr aus dem langen Unterlassen eines Widerspruchs herleiten. Dies ist schon deshalb fragwürdig, weil der Umstand mittlerweile verflossener Zeit nicht eine Willenserklärung ersetzen bzw. fingieren kann. Indessen läßt bereits die nicht eindeutige Fixierung der Zeitspanne erkennen, daß diese Entscheidung des Bundesgerichtshofs eher geeignet erscheint, Vertragsgewohnheitsrecht anzuerkennen als eine ändernde Willenserklärung zu subintellegieren. Ein Abänderungsvertrag ist jedenfalls auf der Basis dieses Urteils selbst dann nicht diskutabel, wenn die Parteien irrig stets der Überzeugung waren, mit ihrem Verhalten der vertraglichen Bindung zu entsprechen.[422] Für die Zeit, in der ein Widerspruch gegen den angewandten Gewinnverteilungsschlüssel nicht erfolgte, mag es angehen, daraus den Willen zum Abweichen von der einzuhaltenden

---

417 **Hueck** (1968), 1210, 3.

418 **Hueck** (1968), 1210, 4.

419 **Hueck** (1968), 1210, 5.

420 **Fischer, R.** (1968), 3. in fine.
A. A. **Tiefenbacher** (1968), 608, der ausführt, Schriftformklauseln müßten in Zukunft so gefaßt werden, daß der Bundesgerichtshof auch unter Berücksichtigung seines Urteils vom 5.2.1968 [Anm.: Gemeint ist die Entscheidung BGH 5.2.1968 - II ZR 85/67 - BGHZ 49, 364 ff. Zum Sachverhalt vgl. Fn. 704] zur Anwendung der Bestimmung des § 125 Satz 2 BGB gelangen könne.

421 BGH 17.1.1966 - II ZR 8/64 - NJW 1966, 826 ff.

422 **Gernhuber** (1989), 629.

Schriftform herzuleiten.[423] Dies kann aber für eine künftige Gewinnverteilung keine Geltung haben; ein Abweichen ex ante erfordert nämlich eine dahingehende Willensübereinstimmung der Parteien. Deshalb ist insoweit dem Berufungsgericht - dem Oberlandesgericht Düsseldorf - beizupflichten, das Bedenken zeigte, aus der Duldung des vertragswidrigen Zustandes auf ein wirksames Abweichen für die Zukunft schließen zu wollen. Schließlich hat es der Bundesgerichtshof unterlassen, den Zweck der verwendeten Schriftformklausel zu prüfen: Weil eine Aufklärung im nachhinein nicht mehr möglich war, wäre - wegen der vorhandenen Zweifel - die Bestimmung des § 125 Satz 2 BGB anzuwenden gewesen. Diese Entscheidung ist nicht unproblematisch, weil für Personengesellschaften eine dem § 125 Satz 2 BGB diametral entgegengesetzte Regel aufgestellt wird, wodurch diese Bestimmung in ihr genaues Gegenteil verkehrt wird.[424]

E. Die Möglichkeit für die Parteien, sich selber zu binden

I. Bindung der Parteien durch die Schriftformklausel

Für einen Teil der Rechtsprechung[425] sowie einige Stimmen aus dem rechtswissenschaftlichen Schrifttum[426] ist eine vereinbarte Schriftformklausel mit konstitutiver Wirkung nur schriftlich aufhebbar. Eine nicht-schriftliche Außerkraftsetzung sei unmöglich. Wollten die Parteien also eine mündliche Änderung des Vertrages wirksam treffen, so müßten sie die Schriftformklausel zuvor schriftlich aufheben.[427]

---

423 Vgl. die Begründung des Reichsgerichts in RG 23.11.1942 - V 63/42 - DR 1943, 487 f: vorübergehendes Entgegenkommen ohne Bindung für die Zukunft.
Zur Frage, ob in casu ein Erlaßvertrag (§§ 397, 140 BGB) vorliegt, vgl. § 5 B II 3 a.

424 *Soergel* - **Hefermehl**, § 125 Rn. 34.

425 OLG Braunschweig 27.10.1911, I. Ziv. Sen. - ROLG 24, 355; OLG Koblenz als Berufungsgericht in der Entscheidung BGH 29.11.1973 - VII ZR 205/71 - WM 1974, 105 f; OLG Koblenz als Berufungsgericht in der Entscheidung BGH 22.4.1982 - III ZR 122/80 - WM 1982, 902 f.

426 **Beitzen** (1909), 28; **Roquette** (1940), 961 re. Sp.; ders. (1961), 128 f; **Späth**, in: **Zeller** (1953), 8 ff; **Oswald** (1960), 199 li. Sp.
Nur vom Ansatz her: **Peters** (1943), 46 ff, 47 in fine f; **Eisner** (1969), 119 ff; **Erman** (1963), 984 in fine.

427 OLG Braunschweig 27.10.1911, I. Ziv. Sen. - ROLG 24, 355; vgl. § 2 A I 2.

Oswald begründet dieses Ergebnis mit dem Satz "pacta sunt servanda".[428] Für *Roquette* ergibt sich aus § 15 des Deutschen Einheitsmietvertrages (DEMV), nicht-schriftlich abgefaßte nachträgliche Änderungen oder Ergänzungen des Vertrages seien *mit Denknotwendigkeit* ungültig. Es sei nämlich im Sinn und Zweck der Schriftformklausel notwendigerweise begründet, daß mündliche Nachtragsvereinbarungen nichtig seien. Vor allem aber gebe es keinen vernünftigen Grund für die Parteien, die Aufhebung der Schriftformklausel zu vereinbaren. Würde eine Vertragspartei die andere darum ersuchen, die Schriftformklausel aufzuheben, so würde sich diese entweder weigern, dem Ersuchen nachzukommen oder zumindest nach dessen Grund fragen.[429] Daran anknüpfend führt *Späth* aus, daß es zur Umdeutung der bloßen Duldung einer Vertragswidrigkeit in eine stillschweigende Vertragsänderung nur noch ein kleiner Schritt sei, folgte man der Gegenansicht.[430]

Bei diesen Ansichten wird also vorausgesetzt, die Parteien könnten die Schriftformklausel jederzeit, aber nur schriftlich aufheben; letzteres Erfordernis ergebe sich aus der Klausel selber. Dem kann nicht beigepflichtet werden. Als Folge der Privatautonomie hängt die Schriftformklausel in ihrer Wirksamkeit völlig vom Vertragswillen der Parteien ab. Nur das Gesetz kann die Parteien an die Schriftformklausel binden: Die Problematik liegt daher in der Tragweite des Grundsatzes der Privatautonomie.[431] Deshalb ist auch *Oswalds* Argument aus pacta sunt servanda nicht hilfreich.[432] Aus rechtshistorischer Betrachtung könnte dieser Satz sogar eher die Gegenansicht stützen, weil er gerade die Verbindlichkeit (Klagbarkeit) jedes ernsthaften (formlosen) Versprechens begründen sollte.[433] Demgegenüber versteht *Oswald* pacta sunt servanda aber so, die Schriftformklausel sei verbindlich und müsse eingehalten werden. Aus eben diesem Grund ist ihm entgegenzuhalten, daß sich diese Verbindlichkeit nur aus dem Gesetz ergeben kann, nicht aus lateinischen Rechtsregeln bzw. -sprichworten, mögen diese für die rechtsgeschichtliche Entwicklung auch noch so bedeutend sein.[434]

---

428 **Oswald** (1960), 199 li. Sp.

429 **Roquette** (1940), 961.

430 **Späth**, in: **Zeller** (1953), 8 ff.

431 **Körnig** (1972), 69; vgl. § 4.

432 **Oswald** (1960), 199 li. Sp.

433 **Liebs, D.** (1987), 259 in fine f; ders. (1991), 150 s. v. "pacta sunt servanda".

434 *Oswalds* Begründung bestätigt die Ansicht von *Detlef Liebs* [**Liebs, D.** (1987), 260 in fine], dem Satz pacta sunt servanda werde seit *Grotius* eine beinah transzendentale Weihe zugemessen. Vgl. **Spiro** (1948), 149.

II. Wirkung der Schriftformklausel als vertragliche Verfassungsnorm

Nach *Eisner* kann die Schriftformklausel als "vertragliche Verfassungsnorm" in Analogie zu §§ 2-209 (2) UCC später nur durch das Medium der schriftlichen Vereinbarung aufgehoben werden.[435] Die Bindungswirkung der Schriftformklausel begründet er damit, der wirkliche Wille der Parteien (§ 133 BGB) sei im Zeitpunkt ihrer Vereinbarung darauf gerichtet, sie für das Vertragsverhältnis zu einer überrangigen Rahmennorm im Sinne einer vertraglichen Verfassungsnorm zu erheben, woraus folge, sie könne nur schriftlich aufgehoben werden.

Die Bestimmung des § 133 BGB taugt, entgegen der Meinung *Eisners*, jedoch nicht für einen Lösungsversuch aus dem Gesetz. Sie ist nur eine Auslegungsvorschrift, den wirklichen Willen der Parteien zu ermitteln; geht der Wille beispielsweise auf eine Änderung, dann steht § 133 BGB nicht dagegen, sondern stützt sie.

Weiter spricht gegen die Ansicht *Eisners*, daß es zwischen Willenserklärungen, die von Parteien abgegeben werden, keinen Qualitätsunterschied danach gibt, ob diese ausdrücklich oder konkludent abgegeben wurden. Einen solchen Qualitätsunterschied kann nur das Gesetz machen, nicht die Parteien selber. Auch der Ausdruck Vertragsverfassungsnorm führt in diesem Zusammenhang nur zu Mißverständnissen. Vor allem zu dem, die Schriftformklausel stünde nicht mehr in der Disposition der Vertragsparteien.[436] Sinn und Zweck der Vertragsfreiheit ist nicht, eine dem späteren Parteiwillen entzogene, unanfechtbare Selbstbindung zu schaffen, die sich verselbständigt hat: Zum einen steht dem Prinzip der Privatautonomie bereits das Gebot eines vernünftigen Verkehrsschutzes gegenüber.[437] Desweiteren gewährt das Gesetz zwar die Vertragsfreiheit, nicht aber die Freiheit, diese auszuschließen, wie sich aus der Gesamtschau der in den §§ 137 Satz 1 sowie 399, 2. Alt. BGB enthaltenen Bestimmungen ergibt.

Am problematischsten aber ist *Eisners* Versuch, für das deutsche Recht dieselbe Wirkung erreichen zu wollen, wie sie nach seiner Ansicht § 2-209 (2) UCC für das US-amerikanische Recht erzielt. Sein Ansatz ist schon deshalb verfehlt, weil sich eine Übernahme dieser Vorschrift bzw. des in ihr zum Ausdruck gebrachten Rechts-

---

435 **Eisner** (1969), 120 li. Sp. und 121 li. Sp.

436 **Boergen** (1971), 204 Fn. 38.

437 **Rothoeft** (1968), 6; ähnlich: **Körnig** (1972), 70.

gedankens in das deutsche Recht wegen systembedingter Unterschiede und begrifflicher Inkongruenzen zwischen den beiden Rechtsordnungen verbietet. Vor allem aber mißt *Eisner* dieser Bestimmung zu großes Gewicht bei. Erstens erfaßt sie nicht Dauerrechtsverhältnisse generell: Schon aus diesem Grunde hätte er besser z. B. die umfassendere Bestimmung des § 15-301 (1) New York General Obligations Law herangezogen. Zweitens geht *Eisner* bei seinen Überlegungen davon aus, daß § 2-209 (2) UCC nicht bloß grundsätzlich, sondern stets gilt. Wie die US-amerikanische Rechtsprechung zeigt, ist dies aber nicht der Fall.[438] Schließlich wird auch im US-amerikanischen rechtswissenschaftlichen Schrifttum darauf hingewiesen, man solle sich von der generalklauselartigen Bestimmung des § 2-209 (2) UCC nicht allzu viel versprechen.[439]

Eisners Lösungsversuch datiert vom Jahre 1969, einer Zeit, als das deutsche Recht eine der Bestimmung des § 2-209 UCC entsprechende gesetzliche Formvorschrift nicht kannte.[440] Inzwischen trat die Bestimmung des Art. 29 Abs. 2 Satz 1 UN-Kaufrecht in Kraft und auf den Überlegungen *Eisners* aufbauend könnte man sich fragen, ob diese Gesetzesvorschrift - über internationale Warenkäufe hinaus - in entsprechender Anwendung die Parteien an die vereinbarte Schriftform bindet.
Im rechtswissenschaftlichen Schrifttum spricht sich *Wey*[441] gegen eine solche Analogie aus: Er möchte das strenge Prinzip von Art. 29 Abs. 2 Satz 1 UN-Kaufrecht nicht verallgemeinern und den allgemeinen Auslegungsregeln den Vorrang geben. Gegen eine analoge Anwendung spricht, daß das UN-Kaufrecht bestimmte Transaktionen nicht umfaßt,[442] also selbst bei Warenkäufen nicht immer Platz greift.[443] Zwar steht es den Vertragsparteien nach Art. 6 UN-Kaufrecht frei, den Anwendungsbereich von Art. 29 Abs. 2 Satz 1 UN-Kaufrecht innerhalb des Rahmens des UN-Kaufrechts zu erweitern,[444] nicht jedoch dieses auf von ihm nicht umfaßte Sachverhalte auszudehnen, weshalb sich eine analoge Anwendung auf andere

---

438 Vgl. § 2 A III 2.
439 **Quinn** (1978), § 2-209 Rn. 6.
440 Vgl. aber die heute nicht mehr geltenden Vorschriften der §§ 916 f Zürcher PGB und § 887 ABGB.
441 **Wey** (1984), Rn. 441.
442 Vgl. z. B. Art. 4 lit. a und b, 5 UN-Kaufrecht; **Schmitthoff** (1990), 251 Fn. 78.
443 **Schmitthoff** (1990), 251; **Hillman** (1988), 457; **White/Summers** (1988), 6 f; **Stoll, Hans** (1988), 495.
444 **Honnold** (1991), Rn. 202; **Hillman** (1988), 462 Fn. 91.

Rechtsgeschäfte verbietet. Gerade die Praxis zu der von *Eisner* herangezogenen Bestimmung des § 2-209 (2) UCC, die für Art. 29 Abs. 2 Satz 1 UN-Kaufrecht maßgeblich war[445], gibt hierfür die Begründung: Trotz Stimmen im US-amerikanischen Schrifttum, die deren analoge Anwendung über Warenkäufe hinaus auch auf andere Massenverträge angeregt haben, hat sich die US-amerikanische Rechtsprechung einer solchen analogen Anwendung bisher versagt.[446] *Eisners* Lösungsversuch aus § 2-209 (2) UCC analog ist auch deshalb abzulehnen.

III. Wirkung der Schriftformklausel als Beweisvertrag

Im rechtswissenschaftlichen Schrifttum wird desweiteren vorgebracht, die Schriftformklausel wirke als Beweisvertrag,[447] nach welchem spätere Änderungen oder die Aufhebung des ursprünglichen Vertrages nur durch Urkunden bewiesen werden kann. Hinter dieser Auffassung steht Unzufriedenheit mit dem Ergebnis, Schriftformklauseln könnten formlos beiseite geschoben werden.
Die Frage, ob Beweisverträge überhaupt zulässig sind, ist aber umstritten. In der Entscheidung vom 23.5.1919[448] - in der es indes um einen Schiedsgutachtervertrag ging - lehnt das Reichsgericht solche Beweisverträge als unzulässig ab, die darauf gerichtet sind, daß eine bestimmte Tatsache kraft Parteiwillkür als bewiesen gelten soll. Dadurch werde nämlich entgegen dem Grundsatz der freien richterlichen Beweiswürdigung, von dem die Zivilprozeßordnung beherrscht sei, die Beweiswürdigung durch den Richter ausgeschal-

---

445 Vgl. **Hillman** (1988), 459; **Honnold** (1991), Rn. 203.

446 **Otto, H.-H.** (1984), 69 in fine f m. w. N. in Fn. 317. Dies schließt indes nicht aus, daß unter Anwendung der Rechtsinstitute von "waiver" und "estoppel" Ergebnisse erreicht werden können, die mit denen einer analogen Anwendung von § 2-209 (2) UCC vergleichbar sind. Vgl. **Geldsetzer** (1993), 88 ff.

447 **Boergen** (1971), 203 re. Sp.; **Kötz** (1967), 289 li, Sp.

448 RG 23.5.1919 - II 22/19 - RGZ 96, 57 ff.
Zwischen Geschäftspartnern bestand Streit über Grund und Höhe wechselseitiger Forderungen aus laufender Geschäftsverbindung. In der Berufungsinstanz vereinbarten sie vor dem beauftragten Richter, ein unparteiischer Sachverständiger solle anhand der Geschäftsunterlagen des einen (des Beklagten) die gesamte Geschäftsverbindung prüfen und verbindlich feststellen, wem Guthaben und in welcher Höhe zustehen; vor Erstattung des Gutachtens solle dem anderen (dem Kläger) "Gelegenheit gegeben werden, sich auf alles zu erklären". Mit der Revision wird die Rechtsbeständigkeit jener Vereinbarung gerügt, u. a. damit, sie enthalte eine unzulässige Beschränkung der Beweisführung. Das Reichsgericht qualifiziert diese Vereinbarung als Schiedsgutachtervertrag und begründet, weshalb in casu weder ein Beweis- noch ein Schiedsvertrag vorlag.

tet. In casu handele es sich aber nicht um solch einen Beweisvertrag: Die Prüfung des Bücherrevisors soll lediglich eine Tatsache (wem Guthaben und in welcher Höhe zustehen) klarstellen und beweisen; die so festgestellte Tatsache für die Parteien maßgeblich sein - die freie Beweiswürdigung des Richters werde hierdurch nicht ausgeschaltet.
Ob demgegenüber ein Beweisvertrag, welcher die Beschränkung auf bestimmte Beweismittel zum Inhalt hat, zulässig sei, läßt das Reichsgericht dahinstehen: Eine solche Beschränkung auf bestimmte Beweismittel (die Geschäftsbücher des Beklagten) liege nämlich in casu deshalb nicht vor, weil dem Kläger Gelegenheit gegeben war, sich auf alles zu erklären "womit ihm ohne weiteres auch die Vorlage seiner Beweismittel und Unterlagen nachgelassen war".[449] Das Reichsgericht bemerkt aber hierzu, die Benennung und Produktion von Beweismitteln unterliege im Zivilprozeß, anders als im Strafprozeß, der Verfügung der Parteien, weshalb nicht einzusehen sei, warum sie darüber dann nicht verpflichtende Vereinbarungen treffen könnten.

Im rechtswissenschaftlichen Schrifttum ist die Frage nach der Zulässigkeit von Beweisverträgen umstritten.[450] In letzter Zeit sind aber Stimmen laut geworden, die gerade mit Blick auf Schriftformklauseln die Zulässigkeit bejahen oder doch wenigstens für möglich halten. *Boergen*[451] sieht in deklaratorischen Schriftformklauseln einen materiellrechtlichen Vertrag über ein Prozeßrechtsverhältnis. Die Schriftformklausel stelle sich in ihren prozessualen Auswirkungen als vertragliche Ausschließung des Zeugenbeweises, also als Beweisvertrag dar. Gemäß *Kötz*[452] hat die Schriftformklausel im Bestreitensfall die Bedeutung, daß im Prozeß nur der Urkundenbeweis zuzulassen, der Zeugenbeweis mithin ausgeschlossen ist. Nach *Schlosser*[453] ist im konkreten Einzelfall zwischen dem Nutzeffekt einer Beweismittelbeschränkung (z. B. der Verringerung des

---

449 RG 23.5.1919 - II 22/19 - RGZ 96, 57 ff, 59.

450 Zulässigkeit: **Sachse** (1929), 414; **Schiedermair** (1935), 65 ff; **Dickhoff** (1940), 60; **Rosenberg/Schwab** (1986), § 114 I 3; **Blomeyer** (1985), § 30 VIII; § 71 II 2.
Unzulässigkeit: **Bülow** (1881), 62 ff; ders. (1899), 186 ff; **Wach** (1881), 201 ff; **Hellwig** (1900), 159; ders. (1912), 450; **Kohler** (1887), 276 ff, 301, 481 ff; **Wieczorek** (1957), § 282 C III a 3; **Niese** (1950), 150 f; **Skonietzki/Gelpcke** (1911), vor § 355, Anm. 2.

451 **Boergen** (1971), 202 ff.

452 **Kötz** (1967), 289, li. Sp.

453 **Schlosser, P.** (1968), 83, 86.

Prozeßrisikos) und dem öffentlichen Interesse an der Verfahrensbeschleunigung (speziell die Beweisaufnahme zur Frage, ob ein Beweisvertrag abgeschlossen wurde) abzuwägen. Dabei müsse man in Fällen, in denen das vereinbarte Beweismittel das einzige sei, durch das ein Beweis erbracht werden könne, die bindende Wirkung der Vereinbarung anerkennen. Ob die vereinbarte Schriftform regelmäßig als Prozeßvereinbarung über den Ausschluß des Zeugenbeweises anzusehen sei, läßt *Schlosser* offen; für ihn ist entscheidend, daß sie so gedeutet werden könne und keine zwingenden Grundsätze des Prozeßrechts dem entgegenstünden.[454]

Bei der Auseinandersetzung mit Rechtsprechung und rechtswissenschaftlichem Schrifttum stellt sich zunächst die Frage, ob es gesetzliche Vorschriften gibt, die eine Aussage zu Beweisverträgen machen. Dies ist nicht der Fall. Weder die Zivilprozeßordnung[455] noch das Bürgerliche Gesetzbuch enthalten Vorschriften über Beweisverträge.[456] Insbesondere unterblieb in der Zivilprozeßordnung eine gesetzliche Regelung der Folgen, die sich aus einer Beweisvereinbarung ergeben.[457] Auch enthalten weder das Einführungsgesetz zum Bürgerlichen Gesetzbuch noch das zur Zivilprozeßordnung eine diesbezügliche Vorschrift.[458]
Die Rechtsprechung ist nicht mit letzter Klarheit eindeutig. In der vorerwähnten Entscheidung vom 23.5.1919[459] bemerkt das Reichsgericht nichts zur Frage der Bindung des Gerichts an die von den Parteien benannten und beigebrachten Beweismittel. Deshalb wird in der Lehre von einer gewissen terminologischen Unsicherheit des Reichsgerichts gesprochen.[460] Zwar erachtet die Rechtsprechung solche Verträge für zulässig, die Parteien unter Verwendung von in anderen Prozessen bereits gewonnener Beweisergebnisse abschlie-

---

454 **Schlosser, P.** (1968), 87.

455 Eine Vorschrift, die zum Ausschluß von Beweismitteln etwas aussagt, enthält § 14 Abs. 2 Ziff. 2 EGZPO; sie dient aber lediglich der gleichmäßigen Anwendung der ZPO für das ganze deutsche Staatsgebiet ohne Rücksicht auf landesgesetzliche Besonderheiten.

456 Vgl. dagegen §§ 371 Abs. 1, 372 des Hannoverschen Entwurfes einer ZPO von 1866 sowie §§ 563 f des Norddeutschen Entwurfes einer ZPO von 1871; **Dickhoff** (1940), 6; **Knecht** (1937), 41 f.

457 **Dickhoff** (1940), 7.

458 Vgl. § 14 Abs. 2 Ziff. 2 EGZPO.

459 RG 23.3.1919 - II 22/19 - RGZ 96, 57 ff, 59. Zum Sachverhalt vgl. Fn. 448.

460 **Bachmann** (1949), 60.

ßen.[461] Diese Fälle sind indessen von vorliegendem in dem Punkt verschieden, daß bereits eine richterliche Würdigung stattgefunden hat, weshalb dort von einer Beschränkung der freien Beweiswürdigung schwerlich die Rede sein kann.
Ein antizipierter Verzicht geht im materiellen Recht sehr wohl an, ein für den Prozeßfall antizipierter, der wesentliche Rechtsinstitute des Prozeßrechts betrifft, ist jedoch nicht statthaft.[462] Der einzelne hat ein Recht darauf, die vom Gesetz vorgesehenen Beweismittel auszuschöpfen. Allenfalls mag es angehen, daß im Prozeß von den Parteien ad hoc entschieden wird, ein bestimmter Zeuge solle nicht gehört werden. Alles aber was ex ante für den Prozeßfall verabredet wurde, beschränkt die Rechte der Vertragsparteien in unerträglicher Weise. Die Wahrheitspflicht vor Gericht und die Gewährung rechtlichen Gehörs stünden einer Zulässigkeit von Beweisverträgen zwar nicht im Wege.[463] Im Prozeß gibt es nämlich keine Wahrheitspflicht in dem Sinne, daß die Wahrheit vor Gericht bewiesen werden müsse. Ebensowenig liegt ein Verstoß gegen das rechtliche Gehör vor, denn die Parteien werden ja gehört, und zwar mit dem, was sie vorbringen. Aber bereits aus den Motiven zur Zivilprozeßordnung geht im Rahmen der Erörterung der in den Statuten von Versicherungsgesellschaften enthaltenen Vorschriften über den Beweis des Schadens durch bestimmte Beweismittel hervor, diese seien für den Richter nicht maßgebend: "Denn die Vorschriften [des Entwurfs] über die freie Würdigung der Tatfrage sind Vorschriften des öffentlichen Rechts, deren Anwendung durch Verträge in einer den Richter bindenden Weise nicht ausgeschlossen werden kann."[464] Gewichtige Argumente sprechen mithin dafür, Beweisverträge seien unzulässig.[465]

Das schweizerische Recht stützt diese Auffassung. Dort wird indes nicht vertreten, Schriftformklauseln wirkten als Beweisverträge.

---

461 RG 23.3.1908 - VI 243/07 - JW 1908, 304 li. Sp.; RG 29.1.1913 - V 355/12 - JW 1913, 385 f, 386 li. Sp.; RG 12.2.1924 - III 879/22 - Recht 1924, Nr. 545; BayObLG 14.1.1908, II Ziv. Sen. - OLGE 17, 160; KG 10.2.1908, XIV. Ziv. Sen. - OLGE 17, 159 f.

462 A. A. **Schiedermair** (1935), 65 ff, der Beweisverträge als vertraglichen Verzicht auf das künftige Recht des Bestreitens für zulässig erachtet.

463 A. A. **Wieczorek** (1957), § 282 C III a 3.

464 Zit. bei **Knecht** (1937), 42.

465 Anders die Rechtslage nach französischem und italienischem Recht: vgl. Art. 1341 ff franz. Code civil bzw. Art. 2721 ff ital. Codice civile.

Lediglich das Urteil des Bezirksgerichts Zürich vom 31.10.1978[466] könnte Anlaß geben, dieser Frage nachzugehen. In casu lehnt das Gericht die Einvernahme von Zeugen ab und stützt sich dabei auf die Klausel "Mündliche Abmachungen sind ungültig". Der Urteilsbegründung kann jedoch nicht entnommen werden, daß es dieser Klausel die Bedeutung eines Beweisvertrages beimißt, sondern nur, daß sie konstitutive Wirkung habe.[467] Rechtsprechung zu dieser Materie liegt - soweit ersichtlich - sonst nur in dem Urteil der kantonsgerichtlichen Rekurskommission des Kantons St. Gallen vom 29.4.1936[468] vor. Ihm lag der Fall zugrunde, daß Prozeßparteien, um Kosten zu vermeiden, vor der ersten Instanz erklärt hatten, es solle von einem weiteren Beweisverfahren abgesehen und auf Grundlage der Akten entschieden werden. Es handelt sich ergo um den Fall, daß Prozeßparteien während des Prozesses ad hoc, nicht jedoch vor Prozeßbeginn ex ante, auf den Prozeß einzuwirken versuchen - was auch nach deutschem Recht nicht generell unzulässig erscheint. Hierin kann allerdings kein Beweisvertrag gesehen werden[469] - weder einer mit Geständnisinhalt noch einer, der die Beweisführung auf bestimmte Beweismittel beschränkte. Nach diesem Verständnis folgerichtig führt die Rekurskommission in casu aus, durch eine solche Vereinbarung sei ein Gericht nicht vollständig frei, unbewiesene Tatsachen als bewiesen oder gar bewiesene Tatsachen als unbewiesene zu betrachten. Sinn einer solchen Vereinbarung könne nur sein, daß von den strengen Anforderungen des gewöhnlichen Prozeßverfahrens abgesehen werden solle, und daß eine Glaubhaftmachung genüge, also eine gewisse Wahrscheinlichkeit. In der schweizerischen Rechtslehre werden Beweisverträge ganz überwiegend als unzulässig abgelehnt;[470] die diesbezüglichen

---

466 Bezirksgericht Zürich 31.10.1978 1. Abt. - Nr. 187/1978 (nicht publiziert); vgl. § 2 A II 2

467 Bei einer durch Zusatzklausel qualifizierten Schriftformklausel lehnte z. B. das OLG Frankfurt a. M. eine Zeugeneinvernahme ab: OLG Frankfurt a. M. 10.12.1974 - 5 U 62/74 - MDR 1975, 488; vgl. § 3 E IV.

468 Kantonsgerichtliche Rekurskommission 29.4.1936, RKE 1936, 29 f, Nr. 36. Dieses Urteil wird auch zu der geltenden ZPO des Kantons St. Gallen von 1939 zitiert, da diese insoweit keine Änderungen enthält: vgl. z. B. Handelsgericht St. Gallen 16.4.1947, HGE 1947, 60 f, Nr. 42.

469 A. A. **Lutz** (1957), Art. 178 ZPO St. Gallen, Ziff. 3 in fine.

470 ***Zürcher Kommentar*** - **Oser**, Art. 16 OR Anm. 1; **Guldener** (1955), 70 in fine f; ders. (1946), 239 ff; **Müller** (1938), 61; ***Berner Kommentar*** - **Kummer**, Art. 8 ZGB, Rn. 371; **Heusler** (1923), 94 f; **Leuch** (1956), Art. 212, Ziff. 1 in fine.
A. A. **Gautschi** (1913), 36 f, 78 f: Beweisverträge seien wirksam, außer die wirtschaftlich schwächere Partei werde dadurch in ihrer Rechtsstellung gefährdet.

Begründungen[471] gleichen denen, die von der deutschen vorgebracht werden. Schriftformklauseln werden dabei von keiner Stimme im schweizerischen Schrifttum mit Beweisverträgen in Zusammenhang gebracht. Desweiteren enthalten weder kantonales noch Bundesprozeßrecht Vorschriften über Beweisverträge. Aus der Bestimmung des Art. 37 Satz 2 des schweizerischen Bundesgesetzes über den Bundeszivilprozeß[472] ließe sich aber durchaus deren Unzulässigkeit begründen, insbesondere dann, wenn man die Motive[473] zu diesem heranzieht; gemäß dieser Bestimmung kann der Richter auch von den Parteien nicht angebotene Beweismittel beiziehen. Demgegenüber enthielten die bis vor ca. zwanzig Jahren geltenden Prozeßrechte von Ob- und Nidwalden gesetzliche Beweisregeln des Inhalts, daß gegen Urkunden der Zeugenbeweis ausgeschlossen ist, so z. B. Art. 116, 119 der obwaldner Zivilprozeßordnung vom 2.4.1901[474].

---

471 **Heusler** (1923), 94 in fine f bemerkt, der Prozeß sei nicht nur ein Rechtsverhältnis zwischen Richter und Parteien; der Verhandlungsmaxime trete das richterliche Prozeßleitungsamt zur Seite, und dieses sei ein Erzeugnis und ein Gebot des öffentlichen Rechts, hier müsse die Disposition der Parteien weichen. Dazu gehöre, daß die Parteien bezüglich der materiellen Beurteilung ihrer Vorbringen keinen Einfluß auf die Tätigkeit des Richters ausüben können: es stehe ihnen nicht zu, selbst durch übereinstimmende Anträge nicht, den Richter zu Zeugenanhörungen, die er als unnötig, weil unerheblich, erachtet, oder zu Expertenbefragungen, wenn er selbst die entsprechende Kenntnis besitze, zu nötigen, oder ihm solche zu untersagen, wenn er ihrer zur Aufklärung der Sache zu bedürfen glaube.

472 Art. 37 des schweizerischen Bundesgesetzes über den Bundeszivilprozeß vom 4.12.1947:
Der Richter ist an die von den Parteien gebotenen Beweismittel nicht gebunden; er berücksichtigt nur die notwendigen. Er kann auch von den Parteien nicht angebotene Beweismittel herbeiziehen.

473 In den Motiven (Protokoll der Expertenkommission) ist hierzu ausgeführt [zit. bei **Bucher, J.** (1951), 52 Fn. 2 f]: "Man sagt, die Partei habe über den Prozess zu herrschen. Richtig ist, dass die Partei darüber herrscht, was sie geschützt wissen will. Über die Beweismittel herrscht die Partei nicht und darf sie nicht herrschen. Es ist Sache des Richters zu untersuchen, ob der Tatbestand die verlangte Rechtsfolge gibt. Wenn der Staat nicht einen verkehrten Anspruch schützen will, so muss der Richter das Recht haben, die Beweismittel beizuziehen. Wenn es einer Partei nicht passt, so hat doch die andere Partei Anspruch darauf, dass wirklich nur der Wahrheit gemäss entschieden wird."

474 Art. 116 obwaldner aZPO:
Gegen den Inhalt einer über ein Rechtsgeschäft errichteten, mit voller Beweiskraft versehenen Urkunde ist ein Zeugenbeweis nicht zulässig, ausser wenn nachgewiesen werden kann, dass eine später veränderte Urkunde bestanden hat, aber verloren gegangen ist, oder wenn über den Gegenstand widersprechende Urkunden von erheblicher Rechtskraft vorhanden sind, oder wenn endlich über eine dunkle oder sich widersprechende Urkunde deren Aussteller Erläuterung betreffend die wahre Meinung geben soll.

Zu diesen Bestimmungen bemerkt *Küchler*[475], das Gesetz gehe zu weit, indem es Privaturkunden die gleiche Wirkung wie öffentlichen zukommen lasse. Inzwischen gab sich jedoch jeder der beiden Halbkantone eine neue Zivilprozeßordnung, Nidwalden im Jahre 1970 und Obwalden im Jahre 1973, worin jeweils auf Bestimmungen, die den erwähnten früheren entsprochen hätten, verzichtet wurde.

Bei lebensmäßiger Betrachtung wird diese Wertung, Beweisverträge seien unzulässig, durch das Argument der Praxis gestützt, Beweisverträge würden sehr nach akademischen Spielereien anmuten. Dies hat auch die Befragung erfahrener Rechtsanwälte und Richter ergeben, die der *Verf.* durchgeführt hat: Keiner der Befragten ist in der Praxis je mit diesem Rechtsinstitut konfrontiert worden. Durch den in Rede stehenden Lösungsversuch werden die im Rechtsalltag bedeutsamen Schriftformklauseln auf einem Nebengeleise abgestellt, was nicht vertretbar ist.
Für den Fall von Schriftformklauseln bedarf es indes keiner abschließenden Beurteilung, ob Beweisverträge zulässig sind oder nicht. Folgt man nämlich der Argumentation derjenigen Stimmen, welche die Schriftformklausel an sich gegenüber späteren formlosen Absprachen durchgreifen lassen wollen, dafür aber auf Grund der Privatautonomie im materiellen Recht keine Möglichkeit sehen und deshalb ins Prozeßrecht ausweichen, so fragt sich, welche Wirkung dort der Beweisvertrag zeitigt: Ob er die Parteien wie schriftlich vereinbart auch dann bindet, wenn sie ihn später formlos ändern oder außer Kraft setzen wollen. Das Ausweichen ins Prozeßrecht hätte nur dann einen Sinn, wenn dadurch erreicht werden könnte, daß eine spätere Änderung oder die Aufhebung des Beweisvertrages formbedürftig wäre, d. h. *kraft Gesetzes* schriftlich erfolgen müßte. Dies ist jedoch nicht der Fall, denn diesbezügliche gesetzliche Formvorschriften existieren nicht. Die Zivilprozeßordnung schreibt zwar für den Schiedsvertrag (§ 1027 ZPO) und für den Vollstreckungsvertrag (§ 794 Abs. 1 Nr. 5 ZPO) Schriftform vor; sonst bestehen jedoch keine gesetzlichen Formvorschriften. Nichts anderes

---

Art. 119 obwaldner aZPO:
Privaturkunden, die der Beweisgegner selbst, dessen Rechtsvorfahr oder eine Person, für deren Handlung er haftet, in glaubhafter Form ausgestellt hat, haben volle Beweiskraft.
Die entsprechenden Bestimmungen der nidwaldner aZPO (§§ 68, 70) sind, bis auf unwesentliche sprachliche Abweichungen, mit denen der obwaldner aZPO textgleich.

475 **Küchler** (1972), 186 ff, 193 m. w. N.

ergibt sich bei Beweisverträgen mit Geständnisinhalt, also bei solchen, die Geständnisverträgen nahestehen.[476] Wie bei Geständnisverträgen die belastete Partei nicht bestreiten darf, so darf sie bei Beweisverträgen den Beweis nur durch Urkunden antreten. Bestreiten und Beweisantreten sind im Lichte der zivilprozessualen Verfahrensgrundsätze, speziell der Verhandlungs- oder Dispositionsmaxime, sich entsprechende Parteitätigkeiten; deshalb erscheint es vertretbar, Beweisverträge mit Geständnisinhalt wie Geständnisverträge anzusehen. Die Zivilprozeßordnung enthält aber keine Vorschriften über die materielle Beweiskraft außergerichtlicher Geständnisse, auch nicht für diejenigen, die schriftlich fixiert und vertragsweise abgegeben wurden. Die Aufnahme einschlägiger Vorschriften für das Geständnis in das Gesetz ist nicht erfolgt, woraus sich ein weiteres Argument für die Formfreiheit bei mit Geständnisverträgen vergleichbaren Beweisverträgen ergibt.
Daher macht es keinen Unterschied und kann deshalb dahinstehen, ob Beweisverträge als materiell-[477] oder prozeßrechtliche[478] Verträge zu qualifizieren sind: Aus der Tatsache, daß Beweisverträge Verträge sind, Verträge aber nur im Bürgerlichen Gesetzbuch gestaltet sind, kann ohne weiteres auf die allgemeinen Regeln und Vorschriften über Verträge im Bürgerlichen Gesetzbuch Bezug genommen werden. Die zivilrechtlichen Vorschriften passen für alle Verträge und finden deshalb auch auf prozeßrechtliche Anwendung.[479] Also auch dann, wenn man Beweisverträge als prozeßrechtliche Verträge qualifiziert, findet wie im Zivilrecht der Grundsatz der Formfreiheit Anwendung.[480]

Für eine spätere Änderung oder die Aufhebung von Beweisverträgen ergibt sich, daß gesetzlich eine Form nicht vorgeschrieben ist.[481] Die Qualifikation der Schriftformklausel als Prozeßrechtsgeschäft stellt sich mithin in ihrer Wirkung nicht anders dar als ihre Qualifikation als materielles Rechtsgeschäft. Ein Ausweichen in das Prozeßrecht ist deshalb nicht hilfreich, sondern wirkt eher verwirrend.

---

476 In der zitierten Entscheidung RG 23.5.1919 - II 22/19 - RGZ 96, 57 ff, 59 lehnt das Reichsgericht Beweisverträge mit Geständnisinhalt ab.

477 **Boergen** (1971), 202 ff.

478 **Sachse** (1929), 417; **Knecht** (1937), 101; **Schiedermair** (1935), 81, 122 Anm. 71.

479 **Knecht** (1937), 102.

480 **Knecht** (1937), 102; **Schiedermair** (1935), 139; **Trutter** (1890), 161; **Kohler** (1887), 507; **Hellwig** (1912), 452; **Seuffert/Walsmann** (1932), § 38, 1.

481 **Knecht** (1937), 102.

IV. Qualifikation durch Zusatzklausel (Ergänzungsklausel)

Teile der Rechtsprechung[482] und des rechtswissenschaftlichen Schrifttums[483] gehen davon aus, Vertragsparteien könnten nur durch Vereinbarung einer Schriftformklausel mit verstärkendem Zusatz (Ergänzungsklausel) das Änderungsrechtsgeschäft formbedürftig machen, z. B. dem Zusatz, eine Befreiung von der Schriftform durch mündliche Vereinbarung sei unwirksam oder dem, auf die Einhaltung der Schriftform könne weder ausdrücklich noch stillschweigend verzichtet werden.[484]
Nach dem Oberlandesgericht Frankfurt[485] wirkt eine solche qualifizierte Schriftformklausel als Ausschluß der Einrede mündlich erfolgter Vertragsänderung, als *Vereinbarung, die bestimmte Normen ausschalte*. Nach dem Bundesfinanzhof [486] als Absprache, ein formloses Änderungsrechtsgeschäft unterliege der Rechtsfolge von § 125 Satz 2 BGB. Nach dem Bundesgerichtshof [487] erlaubt die Vertragsfreiheit Kaufleuten, ihre rechtsgeschäftlichen Beziehungen *starr* an bestimmte Formen zu binden. Und nach dem Oberlandesgericht Düsseldorf [488] schließt die Ergänzungsklausel ein Abweichen von der Schriftform gänzlich aus, solange sie nicht schriftlich aufgehoben ist.

Diese Entscheidungen differenzieren zwischen einfacher und qualifizierter Schriftformklausel.[489] Eine solche Unterscheidung ist jedoch unhaltbar. Beide Klauseln besagen nämlich dasselbe. Jeweils vereinbaren die Parteien bei Vertragsabschluß, eine spätere formlose Änderung, Ergänzung oder Aufhebung solle unwirksam sein. Es besteht kein Grund, den Willen der Parteien bei Vereinbarung der einfachen Schriftformklausel für unerheblich, bei Vereinbarung der qualifizierten hingegen für beachtungswürdig zu halten.[490] Es ließe sich nämlich argumentieren, die Parteien hätten bei Verabredung der

---

482 BFH 31.7.1991 - I S 1/91 - BStBl. II 1991, 933 f, 934 re. Sp.; BGH 2.6.1976 - VIII ZR 97/74 - BGHZ 66, 378 ff; OLG Frankfurt a. M. 10.12.1974 - 5 U 62/74 - MDR 1975, 488; OLG Düsseldorf 25.3.1977 - 16 U 169/76 - NJW 1977, 2216; vgl. § 2 A I 2.
Nicht völlig klar: BGH 17.4.1991 - XII ZR 15/90 - NJW-RR 1991, 1289 f.

483 **Larenz** (1989), 416; **Medicus** (1992), Rn. 643; unklar: **Hübner** (1985), Rn. 486.

484 Vgl. § 2 A I 2.

485 OLG Frankfurt a. M. 10.12.1974 - 5 U 62/74 - MDR 1975, 488.

486 BFH 31.7.1991 - I S 1/91 - BStBl. II 1991, 933 f, 934 re. Sp.

487 BGH 2.6.1976 - VIII ZR 97/74 - BGHZ 66, 378 ff.

488 OLG Düsseldorf 25.3.1977 - 16 U 169/76 - NJW 1977, 2216.

489 Vgl. die Hinweise in Fn. 482.

490 **Reinicke** (1976), 2290; **Reinicke/Tiedtke** (1992), 32.

einfachen Schriftformklausel eine echte Bindung beabsichtigt, so daß sie behaupten könnten, stillschweigend auch die Ergänzungsklausel vereinbart zu haben.[491] Völlig klar wird dieses Argument, wenn die Parteien eine Rechtsfolge vereinbart haben, z. B. die, spätere mündliche Vertragsänderungen seien nichtig. Die Ergänzungsklausel enthält keinen eigenständigen Aussagewert, sondern ist in der einfachen Schriftformklausel enthalten. Es geht deshalb nicht an, die unterschiedlichen Formulierungen für rechtserheblich zu halten. Deswegen ist all jenen Stimmen im rechtswissenschaftlichen Schrifttum zuzustimmen, welche die einfache wie die qualifizierte Schriftformklausel gleich behandelt wissen wollen.[492]

Die Begründung des Oberlandesgerichts Frankfurt in dem Urteil vom 10.12.1974[493] ist nicht völlig klar und deshalb wenig hilfreich. Offen bleibt nämlich, welche Bedeutung die zu beurteilende Ergänzungsklausel hat. Den Urteilsgründen könnte z. B. entnommen werden, sie enthalte das wechselseitige Versprechen (§§ 305, 241 BGB), später Erlaßverträge (§ 397 BGB) nicht abzuschließen - mit der Bestimmung des § 397 BGB als *ausgeschalteter Norm*. Dies würde zwar u. a. bedeuten, das Oberlandesgericht Frankfurt anerkenne auch bei gewillkürtem Formzwang die Möglichkeit, später formfreie Erlaßverträge abzuschließen.[494] Allerdings drängten sich bei diesem Verständnis sogleich Bedenken aus kasuistisch über den Rechtsstoff verstreuten Vorschriften über einzelne unzulässige Rechtslagen auf, welche die Vertragsfreiheit begrenzen (z. B. §§ 137 Satz 1, 399, 2. Alt. BGB).[495] Den Urteilsgründen könnte aber auch entnommen werden, die Ergänzungsklausel wirke als Beweisvertrag mit der Folge, andere Beweismittel als der Urkun-

491 **Rutkowski** (1978), 53; **Gernhuber** (1989), 632.

492 **Reinicke** (1976), 2290; **Rutkowski** (1978), 53; **Heldrich, K.** (1941), 126 ff; **Tiedtke** (1976), 367 f; ***Soergel* - Hefermehl**, § 125 Rn. 33; **Erman/Brox** (1989), § 125 Rn. 8; **Reinicke/Tiedtke** (1992), 32.

493 OLG Frankfurt a. M. 10.12.1974 - 5 U 62/74 - MDR 1975, 488.
In einem Formularmietvertrag war eine Schriftformklausel vereinbart worden. In einem gesondert ausgehandelten Zusatz vereinbarten die Vertragsparteien einen ausdrücklichen Verzicht auf die Geltendmachung jeglicher mündlicher Absprachen und auf den Einwand, ihr Recht sei durch Duldung entstanden. Gegen das Klagebegehren der Vermieterin - die aufgrund Eigentumswechsels in den Mietvertrag eingetreten war - die Mieter schuldeten noch restlichen Mietzins für zwei Monate, brachten die Mieter vor, der Voreigentümer habe ihnen entgegen der schriftlichen Abrede mündlich gestattet, die Miete erst zwei Monate nach Fälligkeit zu zahlen, was auch in der Vergangenheit geschehen sei.

494 Vgl. § 5 B II.

495 **Von Hippel** (1936), 114. Vgl. § 3 A II.

denbeweis seien ausgeschlossen - mit den Vorschriften zu diesen anderen Beweismitteln als *ausgeschalteten Normen*. Die Rechtsfigur des Beweisvertrages erscheint jedoch mit Blick auf Schriftformklauseln gekünstelt und wurde auch deshalb bereits abgelehnt.[496]
In der Entscheidung des Oberlandesgerichts Düsseldorf vom 25.3.1977[497] waren die Ausführungen zur Schriftformklausel bloßes obiter dictum. Es argumentierte, der Gesellschaftsvertrag sei anläßlich der Gesellschafterversammlung vom Oktober 1974 deshalb nicht wirksam verlängert worden, weil es an der dafür erforderlichen Einstimmigkeit sämtlicher Gesellschafter gefehlt habe. Obzwar nach den Bestimmungen des Gesellschaftsvertrages Änderungen desselben mit Dreiviertelmehrheit vorgenommen werden konnten, argumentierte das Oberlandesgericht Düsseldorf, diese Bestimmungen erfaßten wegen der sonst bestehenden Gefahr der Majorisierung von Minderheiten jedoch nicht die Verlängerung des Gesellschaftsverhältnisses. Auf die Schriftformklausel kam es deshalb in casu nicht an.[498]
Einschlägig ist hingegen das Urteil des Bundesgerichtshofs vom 2.6.1976.[499] Er kam dort zum Schluß, eine durch Ergänzungsklausel

---

496 Vgl. § 3 E III.

497 OLG Düsseldorf 25.3.1977 - 16 U 169/76 - NJW 1977, 2216.
Ein zur Gründung einer GmbH & Co. KG abgeschlossener Gesellschaftsvertrag enthielt u. a. folgende Klausel: "Änderungen und Ergänzungen dieses Vertrages bedürfen zu ihrer Gültigkeit mindestens der schriftlichen Form. Auf das Formerfordernis kann ohne schriftliche Änderung des Gesellschaftsvertrages weder ausdrücklich noch stillschweigend verzichtet werden." Desweiteren enthielt er Bestimmungen, wonach die Gesellschaft zunächst bis zum Jahresende 1976 bestehen, eine Kündigung auf diesen Zeitpunkt unter Einhaltung einer einjährigen Frist möglich sein sollte. Maßnahmen, welche die Grundlage der Gesellschaft betreffen, konnten mit Dreiviertelmehrheit beschlossen werden, wofür als Beispiel die Änderung des Gesellschaftsvertrages genannt war. Laut notarieller Niederschrift über eine Mitte Oktober 1974 abgehaltene Gesellschafterversammlung wurde mit Dreiviertelmehrheit beschlossen, das Gesellschaftsverhältnis bis zum Jahresende 1978 fortzusetzen. Ein Gesellschafter kündigte im Oktober 1975 das Gesellschaftsverhältnis zum Jahresende 1976; er begehrt Feststellung, daß er mit Ablauf des Jahres 1976 aus der Gesellschaft ausgeschieden sei.

498 A. A. **van Venrooy** (1978), 766 li. Sp.

499 BGH 2.6.1976 - VIII ZR 97/74 - BGHZ 66, 378 ff.
Ein zwischen Kaufleuten schriftlich abgeschlossener Mietvertrag enthielt eine Schriftformklausel mit folgendem Zusatz: "Auf das Formerfordernis kann nur durch eine schriftliche Erklärung verzichtet werden." Nach einer Besprechung von Vertretern der Vertragsparteien schrieb die Mieterin der Vermieterin, sie nehme das Angebot der Bevollmächtigten der Vermieterin auf Vertragsaufhebung an. Die Vermieterin antwortete mit Fernschreiben und Brief, sie habe (bzw. ihre Geschäftsführer hätten) bei jener Besprechung weder ein dahingehendes Angebot

qualifizierte Schriftformklausel stehe der Wirksamkeit einer späteren Abänderung, Ergänzung oder Aufhebung des ursprünglichen Vertrages entgegen, weil die Vertragsfreiheit es Kaufleuten erlaube, ihre rechtsgeschäftlichen Beziehungen starr[500] an bestimmte Formen zu binden. Die Vertragschließenden hätten erkennbar auf Sicherheit in ihren Rechtsbeziehungen zueinander Wert gelegt; eine solche werde z. B. durch die gewählte Formstrenge gewährleistet. Darüber hinaus würden Kaufleute bei der Abgabe bestimmter Willenserklärungen ein stärkeres Maß an Formfreiheit genießen als andere Teilnehmer am privaten Rechtsverkehr. Sie würden sich dadurch einer freiwilligen Bindung unterwerfen, weil der damit verbundene Vorteil, immer im Klaren über den Inhalt der Verträge zu sein, den Nachteil einer geringeren Beweglichkeit im geschäftlichen Alltag aufwiege. Dies verdiene gerade im Hinblick auf die Vertragsfreiheit strikte Beachtung.[501]

Das zentrale Problem dieser Entscheidung liegt schon in ihrem verfehlten Ansatz: Die Parteien sind nicht in der Lage, sich an eine Form zu binden; nur das Gesetz kann sie hieran binden.[502] Desweiteren geht es nicht an, die Wirkung der Schriftformklausel bei Handelsgeschäften unter Kaufleuten anders zu behandeln als bei Rechtsgeschäften von Nichtkaufleuten.[503] Eine solche Unterscheidung findet im Gesetz keine Stütze, nachdem sowohl für Kaufleute als auch für Nichtkaufleute das Prinzip der Privatautonomie gilt. Sie hinsichtlich der Formfreiheit aus der unterschiedlichen Behandlung von Kaufleuten und Nichtkaufleuten im Handelsgesetzbuch herzuleiten, ist fragwürdig: Das Gesetz macht in der Tat einen Unterschied, indem es Kaufleute bei Handelsgeschäften nicht gleichermaßen durch Formerfordernisse schützt und einengt wie Nichtkaufleute. Die Bestimmung des § 350 HGB geht davon aus, Kaufleute seien wegen ihrer vom Gesetz vorausgesetzten Geschäftserfahrung nicht gleichermaßen schutzbedürftig. Die Argumentation des Bundesgerichtshofs stellt die Dinge auf den Kopf, weil sie zu dem Ergebnis führt, Kaufleute könnten durch eine Schriftformklausel äußerste Klarheit der Rechtslage erwirken, Nichtkaufleute aber nicht. Diese

---

gemacht noch nehme sie ein solches an; im übrigen gelte die vertraglich vereinbarte Schriftformklausel.

500 Im Originaltext des Urteils durch Unterstreichung hervorgehoben.

501 Zustimmend: ***Münchener Kommentar*** **- Förschler**, § 125 Rn. 77 in fine; **Larenz** (1989), 416.

502 Vgl. § 4.

503 **Medicus** (1992), Rn. 641; ders. (1993), Rn. 187a.

Begründung überzeugt nicht, denn der Bestimmung des § 350 HGB ist zu entnehmen, daß Nichtkaufleute bei der Abwicklung ihrer Rechtsgeschäfte der Rechtsklarheit mehr bedürfen als Kaufleute. Sie stellt nämlich den Kaufmann bloß von bestimmten Formgeboten frei und verfolgt damit eher die einer Formvereinbarung entgegengesetzte Tendenz.[504] Deshalb ist eine so begründete unterschiedliche Behandlung der Schriftformklausel, je nachdem, ob zwischen Kaufleuten oder Nichtkaufleuten vereinbart, dogmatisch wie praktisch nicht haltbar.

Bei Verwendung der Schriftformklausel erstreben die Parteien einen über das Gesetz hinausgehenden Schutz, und haben eine Einengung ihrer Beweglichkeit im geschäftlichen Alltag bewußt hingenommen. Wenn der Bundesgerichtshof in der Entscheidung vom 2.6.1976 diesen erstrebten weitergehenden Schutz bei Kaufleuten akzeptiert, so müßte er ihn erst recht bei Nichtkaufleuten akzeptieren. Ein dahingehendes Bemühen des Bundesgerichtshofs ist in dem Urteil vom 17.4.1991[505] unverkennbar, indem er dort argumentiert, der Mietvertrag sei jedenfalls deshalb nicht verlängert worden, weil Vertragsänderungen, auch bezüglich des Formerfordernisses, der Schriftform bedurften. Weil es aber nach dem Bundesgerichtshof in letzterem Fall auf die Formabsprache nicht ankam, da ein mündliches Änderungsrechtsgeschäft nicht vorlag, war er nicht veranlaßt, diese Wirkung der qualifizierten Schriftformklausel festzustellen und klar auszusprechen. In casu hatte das Berufungsgericht, das Oberlandesgericht Düsseldorf, festgestellt, die Vertreterin der Mieterin habe mit Einzelvollmacht gehandelt; auf der Grundlage der überwie-

---

504 **Medicus** (1992), Rn. 641.

505 BGH 17.4.1991 - XII ZR 15/90 - NJW-RR 1991, 1289 f.
Der Mietvertrag über eine Bürobaracke enthielt die Klausel: "Vertragsänderungen, auch bezüglich der Formerfordernis, bedürfen der Schriftform." Das Mietverhältnis sollte mit Ablauf des Jahres 1987 enden. Im November 1987 führten die Parteien - die eine vertreten durch eine Prokuristin - eine Unterredung, deren Inhalt umstritten ist. Die von der Prokuristin vertretene Partei meint, es sei nur über die Möglichkeit einer Verlängerung des Mietvertrages gesprochen worden; die andere, es sei eine Vertragsverlängerung bis Ende 1988 vereinbart worden. Der Bundesgerichtshof läßt es dahinstehen, ob die Prokuristin, die sonst Gesamtprokura (§ 48 Abs. 2 HGB) hatte, nach lediglich ihrer eigenen Aussage hinsichtlich dieser Unterredung kraft Auftrags ihrer Geschäftsleitung alleinvertretungsberechtigt war. Er begründet, daß selbst wenn dem so gewesen sein sollte, die weiterreichende Ermächtigung nicht vorgelegen hätte, die vertragliche Schriftformklausel abzuändern, anderenfalls hätte die Prokuristin ihre Befugnisse überschritten.

genden Rechtsprechung[506] wären mithin Gründe nicht ersichtlich, weshalb die Vertreterin der Mieterin die Schriftformklausel nicht hätte einvernehmlich mit dem Vertreter der Vermieterin mündlich beiseiteschieben können. Der Bundesgerichtshof stellt demgegenüber fest, die Bevollmächtigung der Vertreterin der Mieterin sei auf die Prüfung beschränkt gewesen, ob eine Vertragsverlängerung in Frage komme; sie habe nicht die weiterreichende Ermächtigung enthalten, die Schriftformklausel abzuändern. Durch eine Vereinbarung, der Vertrag werde entgegen der Schriftformklausel bereits durch mündliche Absprache verlängert, hätte die Vertreterin daher ihre Befugnisse überschritten. Es liegt nahe, anzunehmen, der Bundesgerichtshof habe über den Umweg einer - aufgrund des vermittelten Sachverhaltes wenig lebensnahen - Begrenzung der Vertretungsmacht der qualifizierten Schriftformklausel zur Wirkung verhelfen wollen. Seinen Ausführungen in dieser Entscheidung vom 17.4.1991 zu der durch Ergänzungsklausel qualifizierten Schriftformklausel kommt damit der Wert eines obiter dictums zu.

Die vom Bundesgerichtshof in der Entscheidung vom 17.4.1991[507] - dort allerdings eher nebenbei - zum Ausdruck gebrachte Verbindlichkeit der Schriftformklausel mit Ergänzungsklausel, Jahre zuvor von ihm bereits in der vom 2.6.1976[508] für Kaufleute formuliert, hat der Bundesfinanzhof mit Beschluß vom 31.7.1991[509] hinsichtlich sonstiger Verträge bestätigt. Dieser Beschluß ist aus mehreren Gründen bemerkenswert und wird möglicherweise die künftige Rechtsprechung beeinflussen. Mit Klarheit bestätigt dort der Bundesfinanzhof die Vorschrift des § 125 Satz 2 BGB als sedes materiae und wertet die Ergänzungsklausel - eine Befreiung von der Schriftform durch mündliche Vereinbarung ist unwirksam - als Vereinbarung, eine formlose spätere Absprache unterliege der Rechtsfolge von § 125 Satz 2 BGB. D. h., dieser Zusatz läßt Zweifel nicht entstehen, weshalb die Vermutungsregel nicht zum Zuge kommt. Nichtigkeit tritt deshalb ein, weil die Parteien zum Zeitpunkt der Formabsprache diese Rechtsfolge vereinbart haben und das Gesetz (§ 125 Satz 2 BGB) diese Vereinbarung sanktioniert. Zum einen begründet der Bundesfinanzhof, bei von § 125 Satz 2 BGB gewähr-

---

506 RG 23.11.1910 - III 203/10 - JW 1911, 94, Nr. 15; BGH 26.11.1964 - VII ZR 111/63 - NJW 1965, 293; BGH 26.10.1966 - VIII ZR 173/65 - WM 1966, 1335; vgl. § 2 A I 2.

507 BGH 17.4.1991 - XII ZR 15/90 - NJW-RR 1991, 1289 f.

508 BGH 2.6.1976 - VIII ZR 97/74 - BGHZ 66, 378 ff.

509 BFH 31.7.1991 - I S 1/91 - BStBl. II 1991, 933 f, 934 re. Sp.

leisteten Formabsprachen komme es hinsichtlich der Wirkung formloser Änderungsabreden auf den Zeitpunkt der Formvereinbarung an. Desweiteren präzisiert er, daß wegen des Eingreifens von § 125 Satz 2 BGB spätere formlose Änderungsabsprachen der Parteien unwirksam seien.

Gemessen an früheren Entscheidungen, z. B. des Reichsgerichts vom 23.11.1910[510], des Bundesgerichtshofs vom 26.11.1964[511] und vom 26.10.1966[512] sowie des Bundesfinanzhofs selber vom 24.1.1990[513], enthält die Begründung des Bundesfinanzhofs in dem Beschluß vom 31.7.1991[514] einen neuen Ansatz. Ließen Reichsgericht, Bundesgerichtshof und Bundesfinanzhof (Urteil vom 24.1.1990) früher die Verbindlichkeit der Schriftformklausel an der Vertragsfreiheit scheitern, so begründet der Bundesfinanzhof nunmehr in dem Beschluß vom 31.7.1991 deren Verbindlichkeit aus der Bestimmung des § 125 Satz 2 BGB: Nach ihm verwirklicht der von den Parteien vereinbarte und vom Gesetz (§ 125 Satz 2 BGB) sanktionierte Formzwang Vertragsfreiheit und Privatautonomie. Bemerkenswert ist auch, was das vom Bundesfinanzhof herangezogene rechtswissenschaftliche Schrifttum betrifft. Der Bundesfinanzhof bezieht sich auf die von ihm als *maßgeblich* [nicht etwa als herrschend oder überwiegend] qualifizierte Auslegung des Münchener Kommentars.[515] Er ignoriert damit all die Stimmen im Schrifttum, die Gegenteiliges vertreten.[516] Berücksichtigt man, daß *Förschler* selber sein Postulat nach vermehrter Bedeutung von § 125 Satz 2 BGB - das er vor allem auf *Böhm* stützt - erst ab der zweiten Auflage in den Münchener Kommentar einfließen ließ (die erste Auflage äußerte sich diesbezüglich nicht), so liegt es nahe, anzunehmen, der Bundesfinanzhof wolle einen Richtungswechsel der Rechtsprechung herbeiführen. Nur auf diesem Hintergrund ist die Begründung nämlich sinnvoll, die in Rede stehenden Ausführungen im Münchener Kommentar seien maßgeblich.
Aus der Sicht der Rechtsprechung und denjenigen Stimmen im Schrifttum, die der Schriftformklausel zu Bedeutung und Wirkung verhelfen wollen, also von ihrer Verbindlichkeit ausgehen, begrün-

510 RG 23.11.1910 - III 203/10 - JW 1911, 94, Nr. 15; vgl. § 2 A I 2.
511 BGH 26.11.1964 - VII ZR 111/63 - NJW 1965, 293; vgl. § 2 A I 2.
512 BGH 26.10.1966 - VIII ZR 173/65 - WM 1966, 1335; vgl. § 2 A I 2.
513 BFH 24.1.1990 - I R 157/86 - BStBl. II 1990, 645 re. Sp. f.
514 BFH 31.7.1991 - I S 1/91 - BStBl. II 1991, 933 f, 934 re. Sp.
515 ***Münchener Kommentar* - Förschler**, § 125 Rn. 77; vgl. § 2 A I 3 b.
516 Vgl. § 2 A I 3 a.

det der Bundesfinanzhof auf dem Gesetz (§ 125 Satz 2 BGB) aufbauend konsequent und in sich geschlossen. Sie ist aber nur dann vertretbar, wenn sich ihre Prämisse als zutreffend erweist: daß nämlich die Rechtsfolge von § 125 Satz 2 BGB, d. h. Nichtigkeit, zum Zeitpunkt der Klauselvereinbarung für ein späteres formloses Änderungsrechtsgeschäft verbindlich gemacht werden kann, daß vor allem die Vertragsfreiheit dem nicht entgegensteht. Träfe diese Prämisse zu, so hätte dieser Beschluß des Bundesfinanzhofs nach dem vorne zur Unterscheidung zwischen einfacher und qualifizierter Schriftformklausel Gesagten nach hier vertretener Ansicht[517] auch für die einfache Schriftformklausel, die das formlose Änderungsrechtsgeschäft ausdrücklich oder nach Auslegung (§§ 157, 133 BGB) für nichtig erklärt, die Bedeutung, daß das Änderungsrechtsgeschäft - unabhängig von einer zwischenzeitlich erfolgten Meinungsänderung der Vertragsparteien - formbedürftig gemacht werden kann.

Als Folge dieses Beschlusses des Bundesfinanzhofs drängt sich die Frage auf, ob der Bundesgerichtshof (oder ein anderes oberstes Gericht) bei nächster sich bietender Gelegenheit - will er dessen ungeachtet an seiner früheren Rechtsprechung festhalten (vgl. seine Entscheidungen vom 26.11.1964[518] und vom 26.10.1966[519]) - nicht das Verfahren nach dem Gesetz zur Wahrung der Einheitlichkeit der Rechtsprechung der obersten Gerichtshöfe des Bundes vom 19.6.1968 (RsprEinhG) einleiten muß. Aus hier vertretener Sicht, wonach ein Unterschied zwischen einfacher und qualifizierter Schriftformklausel nicht existiert, ist die Frage zu bejahen. Auf der Basis der Rechtsprechung ist sie zu verneinen, denn nach ihr handelt es sich um bloße Modi der Entscheidungsbegründung, weshalb ein Anlaß für vorgenanntes Verfahren zur Zeit nicht aktuell ist.

---

517 Dieser Konsequenz verschließt sich der Bundesfinanzhof in dem Beschluß vom 31.7.1991 (I S 1/91 - BStBl. II 1991, 933 f, 934 re. Sp. in fine) ausdrücklich, indem er dort für den Fall einer einfachen Schriftformklausel an seinem früheren Urteil vom 24.1.1990 (I R 157/86 - BStBl. II 1990, 645 re. Sp. f) festhält.

518 BGH 26.11.1964 - VII ZR 111/63 - NJW 1965, 293; vgl. § 2 A I 2. Zum Sachverhalt vgl. Fn. 687.

519 BGH 26.10.1966 - VIII ZR 173/65 - WM 1966, 1335; vgl. § 2 A I 2. Zum Sachverhalt vgl. Fn. 410.

§ 4. Bindung kraft Wirkung des Gesetzes

A. Deutsches Recht

In Rechtsprechung[520] und rechtswissenschaftlichem Schrifttum[521] wird bisweilen die Auffassung vertreten, die Schriftformklausel könne die Änderung, Ergänzung und Aufhebung nicht formbedürftig machen, weil sich Parteien nicht selber binden könnten.
Diese Ansicht basiert auf der These, das Prinzip der Privatautonomie lasse eine Bindung der Parteien an die von ihnen vereinbarte Schriftform nicht zu. Indessen wird zur Begründung nur in wenigen Urteilen und noch weniger im Schrifttum ausdrücklich auf die Vertragsfreiheit direkt Bezug genommen. Es wird argumentiert, nur die Parteien hätten ein Recht auf Beachtung der Schriftformklausel und hierüber zu bestimmen; das Formerfordernis beruhe ausschließlich auf dem autonomen Willen der Parteien, denn das Gesetz schreibe in diesem Zusammenhang eine Form nicht vor.
Der Ansatz, jedes gewillkürte Formerfordernis beruhe auf dem autonomen Willen der Parteien, ist zutreffend, weil dessen Geltung vom Fortbestand des diesbezüglichen Vertragswillens der Parteien abhängt. Sobald die Parteien ihren Vertragswillen ändern, indem sie vereinbaren, das Formerfordernis solle nicht länger wirksam sein, verliert dieses seine Grundlage und damit auch seine Wirksamkeit. Das vereinbarte Formgebot ist letztlich bloß ein Geschöpf der Parteien, die auch die Bestimmung der Rechtsfolgen in der Hand haben.[522]

---

520 Vgl. BayObIG 19.6.1903 - Recht 1903, 359, Nr. 1942.
BGH 26.11.1964 - VII ZR 111/63 - NJW 1965, 293; inzidenter: BGH 22.4.1982 - III ZR 122/80 - WM 1982, 902 f.

521 **Flume** (1992), § 15 III 2; **Reinicke** (1976), 2289 ff; **Tiedtke** (1976), 367 f; **Körnig** (1972), 74; ***Soergel*** **- Hefermehl**, § 125 Rn. 33; **Rutkowski** (1978), 55 ff, 58, 63, 67 in fine, 68, 119 ff, 121; **Erman/Brox** (1989), § 125 Rn. 8; **Gernhuber** (1989), 631; **Reinicke/Tiedtke** (1992), 32.
Ähnlich, wenngleich in der Formulierung weniger klar: **Tauber** (1905); **Herz** (1934), 34; **Heldrich, K.** (1941), 126 ff; **Schmidt-Salzer** (1968), 1957 re. Sp.; **Hueck** (1968), 1209 re. Sp.

522 **Medicus** (1992), Rn. 639.

Grund hierfür ist die Vertragsfreiheit.[523] Die Parteien können als Ausfluß der Vertragsfreiheit die Schriftformklausel sowohl schaffen als auch nachträglich wieder abschaffen. Vertragsparteien können sich nicht selbst für später vertraglich binden, ohne daß es ihnen möglich wäre, zu jedem beliebigen Zeitpunkt von der so geschaffenen Selbstbindung wieder Abstand zu nehmen. Hieran können sich die Parteien nicht selber hindern; nur das Gesetz, falls es eine bestimmte Form erforderte.[524] Der Wille der Parteien kann eben nicht eine Bindung auf Dauer in dem Sinne bewirken, daß ein späterer Wille ungeachtet zu bleiben hätte: dies ist nur durch eine gesetzliche Regelung möglich. Die vertragliche Bindung bedeutet eine Einschränkung der Selbstbestimmung, welche diese bzw. die aus ihr fließende Vertragsfreiheit nicht aus sich heraus bewirken kann.[525]

Im Gegensatz zu den USA, wo es Rechtsvorschriften gibt, welche die Vertragsparteien an die von ihnen vereinbarte Schriftformklausel im Grundsatz binden (z.B. §§ 2 - 209 (2) UCC, 15 - 301 (1) New York General Obligations Law),[526] findet sich im geltenden deutschen Recht - außer im Anwendungsbereich des UN-Kaufrechts (Art. 29 Abs. 2 Satz 1 UN-Kaufrecht)[527] - keine gesetzliche Bestimmung, die vorschriebe, Abänderungen, Ergänzungen sowie die Aufhebung von vertraglichen Absprachen, die zu ihrer eigenen Wirksamkeit selber keiner Form bedürfen, seien einer bestimmten Form bedürftig. Eine auf Parteiwillkür beruhende Schriftformvereinbarung kann die Parteien selber nur dieser Form unterwerfen, wenn diese Formbedürftigkeit einerseits auf der Parteivereinbarung (Schriftformklausel) beruht, andererseits - in Anerkennung des Prinzips der Privatautonomie - zugleich auf dem objektiven Recht, sofern letzteres der Schriftformklausel zur Wirkung verhilft und die spätere Änderung formbedürftig macht. Deshalb muß im weiteren Verlauf dieser Abhandlung untersucht werden, ob die von den Parteien mit der Schriftformklausel getroffene Absprache vom Gesetz gewährleistet wird, und zwar unabhängig von einer zwischenzeitlich erfolgten Willensänderung auf Seiten der Parteien.

---

523 Vgl. § 3 A.

524 **Zitelmann** (1889), 152.

525 **Wolf, M.** (1970), 25 m. w. N. in Fn. 74.

526 Vgl. § 2 A III.

527 Vgl. § 2 B.

AA. Auslegung von § 125 Satz 2 BGB im allgemeinen

I. Wortlaut

Dafür kommt die Bestimmung des § 125 Satz 2 BGB in Betracht. Bis auf die Worte "im Zweifel" sind Wortlaut und Rechtsfolge dieser Gesetzesvorschrift klar und eindeutig. Diese lassen indessen offen, wodurch die Zweifel beseitigt werden, um gegebenenfalls die Rechtsfolge der Nichtigkeit auszulösen. Da der Wortlaut der Bestimmung nicht weiterhilft, ist ihre Auslegung notwendig.

II. Entstehungsgeschichte

1. Einleitende Bemerkung

Obzwar gewiß nicht die einzige Auslegungshilfe, erscheint die historische Betrachtungsweise im Kontext vorliegender Untersuchung besonders geeignet. Schriftformklauseln kommen nur in einer auf Vertrags- und Formfreiheit gründenden Rechtsordnung vor. Deshalb ist von entscheidender Bedeutung, welchen Rechtsstandpunkt der historische Gesetzgeber des Bürgerlichen Gesetzbuches angetroffen und welchen er selber eingenommen hat. Legt man die von *Mugdan* zusammengestellten Materialien des Bürgerlichen Gesetzbuches zugrunde, so zeigt sich, daß im grundsätzlichen Ansatz nicht auf die Zeit vor Erreichen der Vertrags- und Formfreiheit zurückgegriffen wird.[528] Es wurde bedacht, daß ab der Rezeption des römischen (und kanonischen) Rechts auf deutschem Rechtsboden durch praktische Anwendung *(usu receptum)* eine Entwicklung zur Formfreiheit eingeleitet wurde, die schließlich auch Formvereinbarungen ermöglichen sollte.[529] Dies wurde durch die gewohnheitsrechtliche Übernahme des *pactum nudum geminatum parit actionem*[530] ermöglicht, was bedeutet, allein auf den Willen

---

528 Deswegen sind die Ausführungen von **Körnig** (1972), 82 ff für die Zeit davor nicht hilfreich.

529 **Herz** (1934), 2; **Bähr** (1855), 155, 157 f.

530 **Seuffert** (1881), 67 ff, 76 f; **Keller, F./Lewis** (1866), § 221 c, 485; **von Savigny** (1853), § 76, 233 ff, § 77, 240 in fine; **Wolff, C. W.** (1843), § 144, 321 f; § 146, 324 ff.
Vgl. z. B. die Bestimmungen II 6, 8 des Freiburger Stadtrechts von 1520 ("Wer

abzustellen. Der Wille erzeugt das Recht, die Einheit von Willenserklärung und Form ist aufgehoben. Erst unter dieser Prämisse ist es möglich, durch Parteiwillen auf die Vertragsform Einfluß zu nehmen.[531] Vorliegender Rückblick berücksichtigt deswegen nur jene Gesetzesbestimmungen und -entwürfe, die der historische Gesetzgeber gemäß den von *Mugdan* zusammengestellten Materialien selber berücksichtigte.

2. Berücksichtigte Gesetze und Gesetzesentwürfe

a) Auslegungen im Gemeinen Recht im allgemeinen

Intensiv wurde dort die Frage der Formbedürftigkeit eines abzuschließenden Vertrages erörtert.[532] Dabei ging es einmal um die Stellen l. 17, C. 4, 21 de fide instrumentorum[533] und pr. Instit. de emptione et venditione 3, 23[534]. Zu diesen Bestimmungen[535] war das Schrifttum überwiegend der Auffassung, die Absprache einer Beurkundung enthalte eine Vertragsbedingung, weshalb es belanglos sei, ob die Kontrahenten die Absicht hatten, sich schon durch die mündliche Absprache zu binden.[536] *Bluntschli* und *Dahn* folgerten aus dieser, auch ihrer eigenen Ansicht, wenn einmal die schriftliche Vertragsform vereinbart worden sei, so rechtfertige sich der Schluß, die Parteien hätten sich, soweit sie sich wirklich hätten binden

---

bedechtlich zusagt, der sol es halten") sowie II 5, 8 des Landrechts des Fürstentums Württemberg von 1554/55 ("Wölcher bedächtiglich zusagt, der soll es halten").

531 **Reinhart** (1969), 70 Fn. 26 m. w. N.; **Coing** (1985), § 80, 407 ff; ders. (1989), § 87, 443.

532 Vgl. z. B. die ausführliche Darstellung bei **Strippelmann** (1860), 23 ff; **Coing** (1985), § 80, 407 ff; ders. (1989), § 87, 443; **Thöl** (1876), 761 ff, 767 ff; **Bekker**, zit. in: Zusammenstellung der gutachtlichen Aeußerungen zu dem Entwurf eines Bürgerlichen Gesetzbuchs, gefertigt im Reichs-Justizamt, Bd. 6. Nachträge zum Allgemeinen Theil, Berlin 1891, § 91, 93.

533 Von der Beweiskraft der Urkunden; deutsche Übersetzung: **Otto, C. E./Schilling/Sintenis** (1832), 576 f.

534 Vom Kauf; deutsche Übersetzung: **Otto, C. E./Schilling/Sintenis** (1830), 138.

535 Durch diese Bestimmungen wurde verordnet: Werde ein Kauf-, Tausch- oder anderer obligatorischer Vertrag mit der Abrede oder in der Meinung abgeschlossen, darüber solle eine schriftliche Urkunde gefertigt werden, so sei dieser Vertrag für keinen Teil bindend, bis die Urkunde vollständig gefertigt und durch die Unterschrift beider Teile vollzogen sei: **Keller, F./Lewis** (1866), § 221 c, 485.

536 **Baron** (1890), § 213, 354 f; **Dernburg/Biermann** (1903), § 10 1, 25 Fn. 2; **Bekker** (1889), 83; **von Gerber/Cosack** (1895), § 189 in fine; **Regelsberger** (1893), 501; **Strippelmann** (1860), 29 m. w. N. in Fn. 11; **Wächter** (1842), § 107 II, 771 Fn. 11.

wollen, der schriftlichen Beurkundung bedient, weshalb mündliche Nebenabreden in der Regel keine Geltung hätten.[537] Desweiteren ging es um die Frage, ob l. 80 D. de solutionibus 46, 3[538] Anwendung finde und welche Bedeutung dieser Stelle zukomme, die besagt, ein Verpflichtungsverhältnis müsse in gleicher Weise gelöst werden, wie es begründet worden sei.[539]
Bluntschli und *Dahn* meinten zu diesen Stellen, spätere Abänderungen schriftlicher Verträge bedürften aus demselben Grunde wie mündliche Nebenabreden regelmäßig wieder der schriftlichen Form;[540] in der Rechtsprechung ging z. B. das Appellationsgericht Posen als Vorinstanz zu dem Urteil des Reichsoberhandelsgerichts vom 25.11.1871[541] von dieser Rechtslage aus. *Bluntschli* und *Dahn* beriefen sich dabei ausdrücklich auf die weiter hinten wiedergegebene[542] und erläuterte[543] Bestimmung des § 917 Zürcher PGB;[544] dadurch wollten sie verdeutlichen, diese partikularrechtliche Bestimmung spiegele die nach Gemeinem Recht zutreffende Auslegung und gelte nicht bloß als Vorschrift im Kanton Zürich.[545]

Für das Gemeine Recht finden sich also Rechtsprechung und Stimmen im rechtswissenschaftlichen Schrifttum, wonach dort gewohnheitsrechtlich galt, spätere Änderungsabreden zu einem aufgrund des Parteiwillens zu seiner eigenen Wirksamkeit schriftlich verfaßten Vertrages bedürften der Schriftform, um wirksam zu sein. Von diesem Verständnis ging das Schrifttum vereinzelt sogar hinsichtlich der vom Bürgerlichen Gesetzbuch geschaffenen Rechtslage aus.[546]

---

537 **Bluntschli/Dahn** (1864), § 112 4, 328; **Dehn** (1908), 2 m. w. N.

538 Prout quid contractum est, ita et solvi debet; deutsche Übersetzung: **Scharr** (1960), 947.

539 **Baron** (1890), § 268, 461 f; **Sohm** (1899), § 89, 415 f; **Spiro** (1948), 147.

540 **Bluntschli/Dahn** (1864), § 112 4, 328; inzidenter: **Förster** (1865), § 79, 442, 444.

541 Appellationsgericht Posen als Vorinstanz zu ROHG 25.11.1871 - 2.Sen., Rep.593/71 - ROHG 4, 159 ff, 161 in fine.

542 Vgl. Fn. 558.

543 Vgl. § 4 AA II 2 c.

544 **Bluntschli/Dahn** (1864), § 112, 328 Fn. 5.

545 Vgl. **Guggenbühl** (1924), 94. Die Gebiete des Gemeinen Rechts sind in Anlage I der Denkschrift zum Entwurf eines Bürgerlichen Gesetzbuchs dargelegt; die Einwohnerzahl der gemeinrechtlichen Gebiete betrug in Deutschland ca. 16'500'000 (Denkschrift zum Entwurf eines Bürgerlichen Gesetzbuchs, 2. Aufl. Berlin 1896, 450 ff).

546 **Fränkel** (1897), 11; **Fuld** (1898), 51 in fine f; **Borcherdt** (1899), 33 in fine f.

b) Einzelne Privatrechte

Die folgenden Privatrechte, die der historische Gesetzgeber des Bürgerlichen Gesetzbuches berücksichtigte, enthalten zwar keine ausdrückliche Gesetzesbestimmung hinsichtlich der Abänderung, Ergänzung oder Aufhebung von Verträgen. Dennoch geht das rechtswissenschaftliche Schrifttum bei ihnen von einer Formbedürftigkeit aus.

aa) Das Preußische Allgemeine Landrecht

Das Preußische Allgemeine Landrecht (ALR) von 1791/1794 basiert nicht auf Formfreiheit, und erklärt in der Regel eine schriftliche Vertragserrichtung für notwendig.[547] So ist z. B. bei Willenserklärungen, deren Gegenstand mehr als 50 Taler beträgt, auf mündliche Nebenabreden zu schriftlichen Verträgen keine Rücksicht zu nehmen.[548] Damit weicht es in seiner Grundstruktur vom Gemeinen Recht ab, ohne allerdings eine Bestimmung darüber zu enthalten, ob die Abänderung, Ergänzung oder Aufhebung eines schriftlichen Vertrages der Schriftform bedarf.

Das rechtswissenschaftliche Schrifttum ist der Ansicht, Abänderungen, Ergänzungen sowie die Aufhebung eines schriftlichen Vertrages sollen gleichfalls schriftlich abzufassen sein, unabhängig davon, ob der ursprüngliche Vertrag kraft Gesetzes oder kraft Privatwillkür schriftlich abgeschlossen worden war. So muß für *Dernburg* ein schriftlicher Vertrag schriftlich aufgehoben werden - ein mündlicher hingegen mündlich, was dem System des Landrechts entspreche, wie sich aus I, 5 § 127 ALR[549] ergebe.[550]

Ein weiteres Argument für die Formbedürftigkeit der späteren Vertragsänderung und -aufhebung ergibt sich aus der Formbedürftigkeit späterer "Entsagungen und Verzichtsleistungen" nach I, 5 § 134 ALR[551]. Danach sind sowohl der einseitige Verzicht als auch

547 I, 5 §§ 110, 116 ff, 127 ff, 131 ff ALR; **Coing** (1985), § 80, 409; ders. (1989), § 87, 443.

548 I, 5 §§ 128, 133 ALR. Spätere Änderungsabreden sind keine Nebenabreden: **Förster** (1865), § 79, 444.

549 § 127: Ist ein Vertrag schriftlich geschlossen worden, so muß alles, was auf die Verabredung der Parteyen ankommt, bloß nach dem schriftlichen Contracte beurtheilt werden.

550 **Dernburg** (1894), § 101, 211 m. w. N. in Fn. 3.

551 § 134: Zu Entsagungen und Verzichtsleistungen, nicht aber zum Beweise der erfolgten Zahlung, oder sonstigen Erfüllung einer Verbindlichkeit, sind schriftliche Urkunden erforderlich.

der vertragliche (z. B. Erlaß, pactum remissorium) auf Rechte aus dem Vertrag an die Form gebunden.[552] Diese Rechtslage spricht dafür, daß die Formbedürftigkeit umso mehr für die Abänderung, Ergänzung oder Aufhebung des Vertrages - die Wurzel der Verbindlichkeit - zu gelten habe.
Im Gegensatz zum Gemeinen Recht verlangt das Preußische Allgemeine Landrecht also für den Formzwang bei abändernden Verträgen nicht, der ursprüngliche Vertrag müsse notwendig schriftlich geschlossen sein, um selber wirksam zu sein: Die bloße Tatsache des schriftlichen Abschlusses ist hinreichend.[553]

bb) Das Allgemeine Bürgerliche Gesetzbuch für die gesamten deutschen Erbländer der Österreichischen Monarchie

Die Frage, ob die im Jahre 1917 aufgehobene Vorschrift des § 887[554] ABGB (Allgemeines Bürgerliches Gesetzbuch für die gesamten deutschen Erbländer der Österreichischen Monarchie von 1811) eine Bestimmung zur Form späterer Änderungs- und Ergänzungsabreden zu einem ursprünglich schriftlich errichteten Vertrag enthielt, wurde in den Motiven[555] und im rechtswissenschaftlichen Schrifttum verneint.[556] Dagegen ging die Kommission zur Beratung von Art. 77 des Dresdener Vorentwurfs (1865) davon aus, § 887 ABGB enthalte zugleich eine Bestimmung zur Form späterer Abreden.[557] Deshalb erscheint es zulässig, diese Bestimmung auf letzteren Fall zu beziehen.

---

552 **Koch, C. F.** (1878), ALR I, 5 § 134 Fn. 45; **Förster** (1865), § 79, 441 m. w. N. in Fn. 62.

553 Vgl. auch das Zürcher PGB, § 4 AA II 2 c. Die Gebiete des ALR sind in Anlage I der Denkschrift zum Entwurf eines Bürgerlichen Gesetzbuchs dargelegt; die Einwohnerzahl der Gebiete des ALR betrug ca. 21'200'000 (Denkschrift zum Entwurf eines Bürgerlichen Gesetzbuchs, 2. Aufl. Berlin 1896, 452 f)

554 § 887: Wenn ueber einen Vertrag eine Urkunde errichtet worden; so ist auf vorgeschuetzte muendliche Verabredungen, welche zugleich geschehen seyn sollen, aber mit der Urkunde nicht uebereinstimmen, oder neue Zusaetze enthalten, kein Bedacht zu nehmen.
Diese Vorschrift wurde von der 3. Teilnovelle gestrichen, die im Jahre 1917 in Kraft trat; vgl. **Swoboda** (1944), 23.

555 **Ofner** (1889), 557 f.

556 **Von Zeiller** (1812), § 887, 62 ff; **Winiwarter** (1844), § 30; **von Stubenrauch/Schuster von Bonnott/Schreiber** (1903), § 887, 4; **Swoboda** (1944), 24.

557 Vgl. § 4 AA II 2 e.

c) Das Privatrechtliche Gesetzbuch für den Kanton Zürich

Das Privatrechtliche Gesetzbuch für den Kanton Zürich von 1854/1856 (PGB) ist das einzige Partikularrecht in den Gebieten des Gemeinen Rechts, das zur Frage der Form einer späteren Vertragsänderung, -ergänzung oder -aufhebung in § 917 PGB[558] eine ausdrückliche Gesetzesbestimmung enthält, wonach die vertragsmäßige Abänderung oder Auflösung eines schriftlich abgefaßten Vertrages zu ihrer vollen Wirksamkeit in der Regel - mit Ausnahme des Gesellschaftsvertrages (§ 1253 PGB)[559] - wiederum der Schriftform bedarf.[560] Die in § 917 Satz 2 PGB enthaltene Einschränkung gibt die Möglichkeit, Billigkeitserwägungen zu berücksichtigen, wenn diese auf den tatsächlichen Verhältnissen beruhen.[561]
In seinen Erläuterungen bemerkt dessen Redaktor *Bluntschli*, Sicherheit sowie Klarheit der Forderungen und Schulden hänge grösstenteils von der Form ab. Wenn die Parteien - egal aus welchen Gründen - zur Feststellung des Vertragsinhaltes die Schriftform gewählt haben, so habe jede von ihnen das Recht, Änderungen erst dann als wirksam anzusehen, wenn diese auch schriftlich vereinbart sind. Deshalb dürfe eine spätere mündliche Abrede nicht die gleiche Bedeutung wie die schriftliche haben, denn nur die Schrift, nicht das Wort entkräfte die Schrift.[562]
Daraus ist zu folgern, daß § 917 PGB an die bloße Tatsache der Schriftlichkeit des ursprünglichen Vertrages anknüpft. Dabei wird nicht etwa gefordert, auch dieser müsse, um selber wirksam zu sein, gemäß § 913 PGB[563] schriftlich abgeschlossen sein. Die Bestimmung des § 917 PGB schreibt also kraft Gesetzes vor, die Abänderung eines schriftlichen Vertrages bedürfe in der Regel der Schriftform, gleichviel, ob dessen Formzwang auf Gesetz oder gewillkürter Vereinbarung beruhe. Aus diesem Grund bleibt für eine Bestimmung, die vorschreibt, die Abänderung, Ergänzung oder Aufhebung eines

---

558 § 917: Die vertragsmäßige Abänderung oder die vertragsmäßige Auflösung eines schriftlich verfaßten Vertrages bedarf hinwieder zu ihrer vollen Wirksamkeit in der Regel (§ 1253) der schriftlichen Form, oder im letztern Falle der Entkräftung der Vertragsurkunde. Vorbehalten bleibt diejenige Uebereinkunft, die sich in thatsächlichen Verhältnissen offenbart.

559 **Bluntschli** (1855), § 917 PGB, Anm. 2.

560 Zur Entstehungsgeschichte vgl. **Guggenbühl** (1924); **Elsener** (1969), 143.

561 **Bluntschli** (1855), § 917 PGB, Anm. 4.

562 **Bluntschli** (1855), § 917 PGB, Anm. 1.

563 § 913: Wenn bei der Unterhandlung über einen Vertrag die schriftliche Abfassung desselben vereinbart worden ist, so wird im Zweifel der Vertrag erst durch den schriftlichen Vollzug gültig.

mit einer Schriftformklausel versehenen Vertrages bedürfe der Schriftform, kein Anwendungsbereich.

d) Das schweizerische Bundesgesetz über das Obligationenrecht

Das schweizerische Bundesgesetz über das Obligationenrecht von 1881 (aOR) enthielt in Art. 14[564] eine Bestimmung, die hinsichtlich der Form eines abzuschließenden Vertrages das Gemeine Recht[565] übernimmt. Zu fragen ist, ob gemäß Art. 14 aOR spätere Änderungsabreden zu einem Vertrag, der zu seiner eigenen Wirksamkeit schriftlich abgeschlossen wurde, deshalb formbedürftig sind, weil diese Bestimmung auch diesbezüglich das Gemeine Recht übernimmt oder ob sie direkt bzw. analog auf eine spätere Abänderungs-, Ergänzungs- oder Aufhebungsabrede selber Anwendung findet. In der Rechtsprechung wurde dies nicht geklärt, und auch der Wortlaut von Art. 14 aOR trug wenig dazu bei, weshalb die Entstehungsgeschichte dieser Bestimmung nachzuzeichnen ist.

aa) Die Vorentwürfe zu Art. 14 aOR

Bis kurz vor dem definitiven Entwurf des Obligationenrechts von 1881 enthielten die meisten Vorentwürfe eine ausdrückliche Bestimmung, die spätere Abreden zu schriftlich vereinbarten Verträgen dem Grundsatz nach der Schriftform unterwarfen; ursprünglicher Vertrag und spätere Änderungsabsprache wurden mithin als Einheit verstanden.[566]

Art. 66 des ersten Entwurfs von 1871[567] beruht direkt auf § 917

---

564 Art. 14: Ist für einen Vertrag, welcher vom Gesetze an keine Form gebunden ist, die Anwendung einer solchen vorbehalten worden, so wird vermuthet, dass die Parteien vor Erfüllung der Form nicht verpflichtet sein wollen. Geht eine solche Abrede auf schriftliche Form ohne nähere Bezeichnung, so sind für deren Erfüllung die Artikel 12 und 13 massgebend.

565 Vgl. § 4 AA II 2 a.

566 Art. 66 Abs. 2 des 1. Entwurfes von 1871 (*Munzinger*); Art. 61ter des 3. Entwurfes von 1877; Art. 15 des 4. Entwurfes vom Juli 1879.

567 Art. 66: Ist die Schriftlichkeit des Vertrages durch das Gesetz vorgeschrieben oder durch die Kontrahenten vereinbart, so haben mündliche Vereinbarungen, welche vor oder bei der Abfassung der Vertragsurkunde stattgefunden haben und diese verändern oder ergänzen, keine Geltung. Haben solche mündliche Vereinbarungen später stattgefunden, so haben sie nur dann Geltung, wenn sie sich auch durch thatsächliche Verhältnisse als der übereinstimmende Wille der Kontrahenten erweisen. Abgedruckt in: Vollständiger Entwurf für OR vom 12. Januar 1871, Schweizerisches Bundesarchiv, Bern.

PGB, sodaß auf die Ausführungen zu jener Bestimmung verwiesen werden kann.[568] Redaktor des Teils über die Form des Vertrages war *Bluntschli*, weshalb dieser Teil dem entsprechenden des Zürcher Privatrechtlichen Gesetzbuches sehr stark angenähert wurde.[569]
Die Aufnahme einer Bestimmung wie Art. 61ter des dritten Entwurfs von 1877[570] war umstritten. Während *von Wyss*[571] diese Bestimmung auf den gesetzlichen Formzwang beschränkt sehen wollte, plädierte *Vogt*[572] gegen ihre Einführung, weil sie, außer im Zürcher Privatrechtlichen Gesetzbuch, in keiner damals geltenden großen Gesetzgebung enthalten sei. Dem hielt *König*[573] entgegen, diese Bestimmung sei in die meisten damals geltenden Gesetzgebungen aufgenommen worden.
Auf der anderen Seite gab es auch Stimmen, die sich für die Beibehaltung des Art. 61ter aussprachen.[574] Zu der Formulierung *Ficks*[575] machte *Ruchonnet*[576] einen Gegenvorschlag, der vor allem von *Bluntschli*, der diesen auch ins Deutsche übersetzte, unterstützt

---

568 Vgl. § 4 AA II 2 c.

569 **Vogt** (1877), 139: *"Dieses Kindlein Bluntschli's"*; zur Entstehung dieses Teils vgl. **Eugster** (1926), 79 ff.

570 Art. 61ter: Haben die mündlichen Vereinbarungen, durch welche der schriftliche Vertrag verändert oder ergänzt wird, erst nach der Abfassung der Vertragsurkunde stattgefunden, so haben sie nur dann Geltung, wenn sie sich auch durch thatsächliche Verhältnisse als den übereinstimmenden Willen der Kontrahenten erweisen.
Abgedruckt in: Schweizerisches Obligationenrecht. Allgemeiner Theil. Entwurf bearbeitet nach den Beschlüssen der Kommission im September 1877 und September/Oktober 1878, Bern 1878.

571 **Von Wyss** (1877a), 51; ders. (1877b), 6 f.

572 **Vogt** (1877), 138 ff, 140.

573 **König** (1876/77), 374.

574 **Carrard**, in: Beratungen der Kommission für ein schweizerisches Obligationenrecht, Protokoll der 12. Sitzung (25.9.1877), und der 13. Sitzung (26.9.1877) - Manuskript, Schweizerisches Bundesarchiv, Bern.

575 **Fick**, in: Beratungen der Kommission für ein schweizerisches Obligationenrecht, Protokoll der 13. Sitzung (26.9.1877), 13 - Manuskript, Schweizerisches Bundesarchiv, Bern: "Ist der Vertrag, ohne dass das Gesetz es vorschreibt, von den Kontrahenten schriftlich abgefasst worden, so entscheidet das richterliche, auf den guten Glauben und die Bedürfnisse des Verkehrs gegründete Ermessen, ob und wie weit mündliche Verabredungen zu berücksichtigen seien, welche den schriftlichen Vertrag abändern oder ergänzen."

576 **Ruchonnet**, in: Beratungen der Kommission für ein schweizerisches Obligationenrecht, Protokoll der 13. Sitzung (26.9.1877), 2 - Manuskript, Schweizerisches Bundesarchiv, Bern.

wurde.[577] Die Kommission nahm den Textvorschlag von *Ruchonnet* und *Bluntschli* an.

bb) Art. 15 (vierter Entwurf) im besonderen

Die Bestimmung des Art. 15 des vierten Entwurfs vom Juli 1879 brachte zum Vorschlag von *Ruchonnet* und *Bluntschli* keine wesentliche Änderung mit sich; sie lautete[578]: *Ist der Vertrag, ohne dass es das Gesetz vorschreibt, schriftlich abgefasst worden, so sind mündliche Verabredungen, welche den schriftlichen Vertrag abändern oder ergänzen, nur zu berücksichtigen, wenn es der gute Glaube und bestehende Übungen erfordern.*[579] Im November 1880 sprach sich die nationalrätliche Kommission gegen ihre Beibehaltung aus, weil die Tragweite der Bedingung "wenn es der gute Glaube und bestehende Übungen erfordern" nicht einleuchte: "Wenn die schriftliche Form von den Parteien freiwillig gewählt worden ist, so soll auch lediglich ihr Wille darüber entscheiden, inwieweit und wie lange dieselbe für ihre Vereinbarungen gelten soll."[580] Im Gegensatz zum Gemeinen Recht wertete die nationalrätliche Kommission somit den ursprünglichen Vertrag und die spätere Änderungsabrede als je eigenständige Verträge, die einer separaten Beurteilung offenstünden. Damit wurde zum ersten Mal den Parteien die privatautonome Bestimmungskompetenz für spätere Änderungsabsprachen eingeräumt.

---

577 "Ist der Vertrag, ohne dass es das Gesetz vorschreibt, von den Contrahenten schriftlich abgefasst worden, so darf der Richter mündliche Verabredungen, welche den schriftlichen Vertrag abändern oder ergänzen, nur berücksichtigen, wenn der gute Glaube und die Bedürfnisse des Verkehrs solches erfordern."
Bluntschli, in: Beratungen der Kommission für ein schweizerisches Obligationenrecht, Protokoll der 13. Sitzung (26.9.1877), 2 - Manuskript, Schweizerisches Bundesarchiv, Bern.

578 Abgedruckt in: Entwurf des eidgenössischen Justiz- und Polizei-Departements bearbeitet auf der Grundlage der Beratungen und Beschlüsse einer Kommission, Juli 1879, Bern 1879.

579 Der im weiteren Verlauf von *Häberlin* gemachte Vorschlag, die mit späteren Änderungen befaßten Entwurfsbestimmungen von Art. 11 (gesetzliche Form) und Art. 15 (gewillkürte Form) in einer Vorschrift zusammenzufassen, wurde von der nationalrätlichen Kommission abgelehnt; dieser Vorschlag lautete: "Ist die schriftliche Form vorgeschrieben, oder sonst von den Parteien gewählt, so bedürfen auch alle Abänderungen, Ergänzungen etc. zu ihrer Gültigkeit und zu ihrem Beweise der Schriftlichkeit" (**Häberlin**, in: Persönliche Handlungsfähigkeit. Schweiz. Obligationen- und Handelsrecht. Anträge von Mitgliedern des Nationalrates. 1880 - Manuskript, Schweizerisches Bundesarchiv, Bern).

580 Schweizerisches Bundesblatt, 33. Jahrgang, Bd. 1 Nr. 4 (29.1.1881), 156.

Die weiteren Gründe, die zur Streichung des Art. 15 führten, sind zahlreich und vielschichtig. Zum einen vermochte der Gesetzgeber am Ende der Beratungen, die sich über einen Zeitraum von mehr als zehn Jahren erstreckten, mit dem schließlich übriggebliebenen richterlichen Gestaltungsrecht "wenn es der gute Glaube und bestehende Übungen erfordern" nichts rechtes mehr anzufangen, weil damit nur noch eine generalklauselartige Formulierung der zuvor konkreteren Vorschrift übrigblieb, die auf "thatsächliche Verhältnisse"[581] abstellte.[582] Desweiteren war die Sprache des Art. 15 nicht mehr so anschaulich wie noch im Jahre 1878 in den Redaktionsvorschlägen *Bluntschlis*, was nicht zuletzt mit dessen Wirkungsferne durch Berufung auf deutsche Lehrstühle in München und Heidelberg im Zusammenhang stehen könnte. Dies dürfte auch der Grund dafür sein, daß der in Art. 15 zum Ausdruck gebrachte Rechtsgedanke nicht ausdrücklich ins Gesetz aufgenommen wurde. Der erstaunlichste Grund aber war, daß im Laufe der Beratungen immer stärker in den Vordergrund gerückt wurde, Art. 15 stamme aus der welschen und französischen Rechtstradition.[583] Dieser wollte man nicht folgen, sah die Bestimmung deshalb nur noch unter beweisrechtlichen Aspekten und erachtete sie von daher als nicht notwendig, weshalb der Nationalrat in seiner Sitzung vom 2. Dezember 1880 beschloß, besagten Artikel zu streichen.[584]

Hinsichtlich der Bestimmung des Art. 14 aOR bedeutet dies keineswegs, der historische Gesetzgeber des Obligationenrechts von 1881 wollte sich einer Regelung der Formbedürftigkeit späterer Änderungsabsprachen enthalten. Vielmehr sollte nur die bis dato im überwiegenden Teil der deutschsprachigen Schweiz bestehende Rechtslage dahingehend modifiziert werden, daß nunmehr ursprünglicher Vertrag und spätere Änderungsabsprache als voneinander

---

581 Was *thatsächliche Verhältnisse* (vgl. § 917 Satz 2 PGB; Art. 66 Abs. 2 des 1. Entwurfes; Art. 61ter des 3. Entwurfes) sind, umschreibt das Obergericht des Kantons Zürich in einem im Jahre 1856 entschiedenen Fall mit Blick auf § 917 Satz 2 PGB wie folgt: "Z. B. Äusserungen der Kontrahenten, welche zur Erläuterung oder näheren Bestimmung einer zweifelhaften, undeutlichen oder lückenhaften Fassung des Vertrages dienen könnten" (Obergericht des Kantons Zürich, 12.1.1856, zit. bei **Ullmer** (1870), § 916 Nr. 1402).

582 Vgl. schon für das Zürcher PGB **Bluntschli** (1855), § 917 PGB, Anm. 4.

583 Botschaft des Schweizerischen Bundesrates vom 27.11.1879 II § 4; Projet de loi fédérale sur les obligations et le droit commercial. Rapport présenté au conseil d'étât de la République et Canton de Genève par la Commission chargée d'examiner le projet (1880), 12 ff.

584 Journal de Genève, 3.12.1880, 3; Der Bund, 5.12.1880, 1 f.

getrennte Verträge betrachtet wurden, mit der Folge, daß Vertragsparteien aufgrund bestehender Vertragsfreiheit die spätere Änderung formbedürftig machen konnten.

cc) Art. 14 aOR

Aus den Darlegungen ergibt sich, daß die Bestimmung des Art. 14 Abs. 1 aOR auch auf das spätere Änderungsrechtsgeschäft Anwendung findet, wobei weder Rechtsprechung noch rechtswissenschaftliches Schrifttum dazu Stellung nehmen, ob direkt oder in analoger Anwendung. Allerdings sprechen Wortlaut und Entstehungsgeschichte von Art. 14 OR eher für eine analoge Anwendung. Von seinem Wortlaut her hat der Gesetzestext nämlich eher den Vertragsabschluß im Auge ("vorbehalten", "nicht verpflichtet sein wollen"). Desweiteren wurde gemäß den Gesetzesmaterialien die Formbedürftigkeit einer späteren Änderungsabsprache aus der Sicht eines schriftlich vorliegenden ursprünglichen Vertrages diskutiert. Die Gesetzesredaktoren haben aber im Laufe der Beratungen die gemeinrechtliche Einheit von ursprünglichem Vertrag und späterer Änderungsabsprache aufgebrochen. Um dieser dann vom Gesetz (Art. 14 Abs. 1 aOR) vollzogenen Trennung von ursprünglichem Vertrag und späterer Änderungsabsprache zu demselben Rechnung zu tragen, erscheint es naheliegender, die Bestimmung des Art. 14 Abs. 1 aOR auf spätere Abreden analog anzuwenden, und zwar wegen bestehender Formfreiheit auch dann, wenn der ursprüngliche Vertrag nicht-schriftlich verfaßt worden war.
Die Bestimmung des Art. 14 Abs. 1 aOR (analog) stellt somit die Vermutung auf, die Parteien wollten bei dahingehender Abrede (z. B. durch Vereinbarung einer Schriftformklausel) Abänderungen, Ergänzungen sowie die Aufhebung eines Vertrages dem gewillkürten Formzwang unterstellen und vor Erfüllung der Form das Änderungsrechtsgeschäft nicht wirksam sein lassen. Die Beachtung der konstitutiven Schriftformklausel wird von Art. 14 Abs. 1 aOR (analog) sanktioniert und gewährleistet.

Das schweizerische Bundesgesetz über das Obligationenrecht von 1881 fällt in jene Zeit, in der auch das Bürgerliche Gesetzbuch zu entstehen beginnt. Eben deshalb ist es für das Bürgerliche Gesetzbuch besonders bedeutsam, weil sich diese Gesetzesentwürfe im deutschsprachigen Raum wechselseitig befruchteten und beeinflußten.[585]

e) Der Dresdener Entwurf

Der Entwurf eines für die deutschen Bundesstaaten gemeinsamen Gesetzes über Schuldverhältnisse, der sogenannte Dresdener Entwurf von 1866, macht weder in der Bestimmung des Art. 78 noch in der des Art. 80 Satz 2[586] eine eindeutige Aussage zur Frage der Form einer späteren Abänderungs-, Ergänzungs- oder Aufhebungsabrede. Ob eine dahingehende Auslegung, diese Entwurfsbestimmungen fänden auf spätere Abreden Anwendung, zutreffend ist, geht aus den Gesetzesmaterialien nicht mit letzter Klarheit hervor; auch dem übrigen rechtswissenschaftlichen Schrifttum kann hierzu nichts entnommen werden.
Die Materialien geben aber Aufschluß darüber, daß die einschlägige Problematik gesehen und diskutiert wurde. So wird im vorbereitenden Ausschuß zu Art. 92[587] vorgebracht, es sei widersprüchlich,

---

585 **Hedemann** (1935), 18 ff; ***Obligationenrecht*** - **Bucher, E.**, Einl. vor Art. 1 ff OR Rn. 26 ff.
Desweiteren sind aufschlußreich die zahlreichen, im Schweizerischen Bundesarchiv in Bern aufbewahrten handschriftlichen Kommentare zum werdenden Obligationenrecht durch Rechtslehrer, die an deutschen Hochschulen unterrichteten; so z. B. Brief *Regelsberger* (Würzburg) an das Eidgenössische Justiz- und Polizeidepartement vom 9.3.1877.

586 Art. 78: Ist für den Vertrag eine besondere Form vom Gesetze vorgeschrieben, oder haben die Vertragschließenden dessen Giltigkeit von einer besonderen Form abhängig gemacht, so ist der Vertrag erst mit Vollendung der Form geschlossen
Art. 80 Satz 2: Ist die Giltigkeit des Vertrages durch Vereinbarung der Vertragschließenden von einer schriftlichen Form abhängig gemacht, so gelten mündliche Verabredungen, welche einen erweiterten oder beschränkenden Zusatz enthalten, nur dann, wenn die Vertragschließenden vereinbart haben, daß dieselben neben der Urkunde gelten sollen.
Abgedruckt in: Entwurf eines für die deutschen Bundesstaaten gemeinsamen Gesetzes über Schuldverhältnisse (1866), 14 f.

587 Art. 92: Schreibt das Gesetz den schriftlichen Abschluß des Vertrages vor, oder ist ein solcher von den Parteien vereinbart worden, so sind nur die Bestimmungen wirksam, welche in der Urkunde ausgedrückt sind. Mündliche Verabredungen, gleichviel ob sie vor oder bei Errichtung der Urkunde geschehen, können nur zur Auslegung solcher zweideutigen Bestimmungen dienen, welche nicht aus dem übrigen Inhalte der Urkunde ihre Erklärung finden.
Abgedruckt in: Protocolle der Commission zur Ausarbeitung eines Allgemeinen Deutschen Obligationenrechtes, 1. - 60. Sitzung (1863), 19. Sitzung, 181 ff, 188.

wenn man, obwohl die Vertragsparteien die Schriftlichkeit des Abschlusses zur Bedingung der Gültigkeit ihres Vertrages gemacht hätten, gleichwohl zulassen wolle, daß neben den in der Urkunde enthaltenen Verabredungen mündliche Bestimmungen mit gleicher Gültigkeit getroffen werden könnten. Wolle man in dieser Hinsicht konsequent bleiben, dürfe man nicht einmal den nach Vollzug der Vertragsurkunde unter Umgehung der Schriftlichkeit getroffenen Vereinbarungen irgend welche Wirkung einräumen, weil sich die hier vorliegende Übereinkunft der Vertragsparteien auch auf diese erstrecke; die Parteien könnten vernünftigerweise nur im Sinn haben, im konkreten Rechtsverhältnis solle nur das Geltung haben, was in der verabredeten Vertragsform zu Tage trete. Deshalb müsse im zweiten Satz von Art. 92 hinter die Worte "gleichviel ob sie vor oder bei" noch "oder nach" eingeschoben werden, so daß auch Abänderungen der Vertragsbestimmungen nur dann eine Wirkung entfalten könnten, wenn solche in schriftlicher Form getroffen worden seien. Dieses Vorbringen wird auf § 927 PGB[588] gestützt. Die Mehrheit der Kommission verwarf diesen Vorschlag, eine Begründung hierfür ist den Protokollen allerdings nicht zu entnehmen.
In den weiteren Beratungen wurde zu Art. 77[589] der Antrag gestellt, folgenden zweiten Satz in diese Vorschrift einzufügen: "Ingleichen bedürfen Abänderungen und Zusätze zu den bereits in der Urkunde niedergelegten Vertragsbestimmungen zu ihrer Giltigkeit der schriftlichen Form, sofern der Vertrag nicht schon seinem Hauptinhalte nach vollzogen worden ist". Warum dagegen gestimmt wurde, ist den Protokollen nicht eindeutig zu entnehmen.[590] Zu dem Antrag wurde vorgetragen, es wäre ein mangelhaftes Verständnis des Wertes, den die neueren Gesetzgebungen wie z. B. § 917 PGB auf

588 Ein Fehlzitat, gemeint ist § 917 PGB.

589 Art. 77: Bedarf es nach gesetzlicher Vorschrift oder nach der Vereinbarung der Betheiligten zur Giltigkeit des Vertrages einer schriftlichen Form, so sind nur die in der Vertragsurkunde ausgedrückten Bestimmungen giltig; mündliche Verabredungen, welche vor oder bei Abfassung der Urkunde stattgefunden haben und mit der letzteren nicht übereinstimmen, oder einen erweiternden oder beschränkenden Zusatz enthalten, sind nicht zu berücksichtigen. Soweit die Urkunde über Nebenpunkte nichts enthält, sind solche nach der Natur des vorliegenden Vertrages richterlich festzustellen.

Abgedruckt in: Entwurf eines für die deutschen Bundesstaaten gemeinsamen Gesetzes über Schuldverhältnisse. Nach den in der 1. Lesung festgestellten Beschlüssen (1865). 13.

590 Abgedruckt in: Protocolle der Commission zur Ausarbeitung eines Allgemeinen Deutschen Obligationenrechtes, 260. - 324. Sitzung (1866), 272. Sitzung, 3946 ff, 3950.

die Form der Verträge legen, wollte man Zusätze und Abänderungen des Vereinbarten und in der Urkunde bereits Niedergelegten, also mündliche, nach Abfassung der Urkunde entstandene Vereinbarungen, schlechthin gegenüber der Urkunde gelten lassen. Es würde der Zweck der gegebenen Vorschrift in gleicher Weise illusorisch gemacht werden, wenn man gestatte, daß nur einige Vertragspunkte schriftlich niedergelegt, andere aber der mündlichen Verabredung anheimgestellt würden; dies sei so, als wolle man zulassen, daß schriftlich bereits festgelegte Vertragspunkte einer späteren gültigen Abänderung durch mündliche Verabredung schlechthin unterliegen könnten. In diesem Sinne seien auch die betreffenden Bestimmungen anderer Gesetzgebungen wie §§ 916, 917 PGB und § 887 ABGB aufzufassen, was sich zum Teil schon aus dem Wortlaut "oder neuere Zusätze enthalte" von § 887 ABGB ergebe. Diese Gesetzgebungen knüpften die bezeichneten Bestimmungen sogar ganz allgemein an die bloße Tatsache, daß der Vertrag schriftlich abgefaßt worden sei. Wollte man die Gültigkeit späterer mündlicher Abreden, die nach Abfassung der Vertragsurkunde zustande gekommen sind, ausnahmslos anerkennen, so wäre dies eine Aufgabe des Prinzips; deshalb sei es in diesem Fall vorzuziehen, die Vorschrift des Art. 77 gar nicht in das Gesetz aufzunehmen.

3. Die Materialien zum Bürgerlichen Gesetzbuch

a) Die Vorentwürfe

Die Vorentwürfe zum Bürgerlichen Gesetzbuch zeigen, daß die Redaktoren *Gebhard* und *von Kübel* den Vertragsabschluß und nicht zugleich die Abänderung desselben ihren Überlegungen zugrunde legten. Sie gingen mit der gemeinrechtlichen Sonde an die Materie: Für sie war die Form späterer Änderungsabsprachen von der des ursprünglichen Vertrages bestimmt.

aa) Der Entwurf *von Kübel*

In der Begründung zu § 1[591] seines Entwurfs zum Recht der Schuldverhältnisse bemerkt *von Kübel* zum Vertragsabschluß, daß

591 § 1: Verträge erfordern eine besondere Form zu ihrer Giltigkeit nur dann, wenn eine solche in diesem Gesetzbuch für sie vorgeschrieben ist, oder die Vertragschließenden die Giltigkeit des Vertrages von solcher abhängig gemacht haben.
Abgedruckt in: **Schubert** (1980), 291.

Verträge, für die das Gesetz die Form ihrer Errichtung frei lasse, durch Verabredung der Vertragschließenden an eine Form gebunden werden könnten; sollte dies im Interesse der Vertragschließenden liegen, so könne die Gültigkeit des Vertrages von der Einhaltung der Form abhängig gemacht werden.[592] Es bestünde hierin Übereinstimmung des Gemeinen Rechts mit neueren Gesetzgebungen und Gesetzgebungsarbeiten - beispielsweise mit Art. 15 des vierten Entwurfs eines schweizerischen Obligationenrechts vom Juli 1879 -, weshalb er keinen Grund sehe, davon abzuweichen.[593] Es liegt nahe, anzunehmen, *von Kübel* habe mit diesem Zitat die durch Art. 15 des vierten Entwurfs eines schweizerischen Obligationenrechts vollzogene Trennung von Vertragsabschluß und späteren Abreden zu demselben aufgreifen und für das zu schaffende deutsche Gesetzbuch übernehmen wollen. Diese Annahme wird dadurch bestärkt, daß sich *von Kübel* in der Begründung zu § 5 seines Entwurfs[594] ausdrücklich auf § 916 Zürcher PGB bezieht, eine Bestimmung, deren Rechtsgedanke von der des § 917 Zürcher PGB weiter fortgebildet wird, wobei nach der - *von Kübel* zweifelsohne bekannten[595] - Rechtsprechung[596] und Rechts-

---

592 § 2: Ist von den Vertragschließenden eine besondere Form für den Vertrag vereinbart worden, so ist im Zweifel anzunehmen, daß die Giltigkeit des Vertrages von der Form abhängig sein solle.

§ 3: Ist von dem Gesetze eine besondere Form für den Vertrag vorgeschrieben, oder haben die Vertragschließenden dessen Giltigkeit von einer besonderen Form abhängig gemacht, so ist der Vertrag vor Vollendung der Form nicht geschlossen (nichtig).

Eine dieser Form ermangelnde Aufzeichnung, auch wenn sie alle nach dem Gesetze zum Wesen des Vertrages gehörigen und nach der Absicht der Parteien zu vereinbarenden Punkte umfaßt, ist nur als eine vorbereitende Verhandlung zu einem Vertrage zu betrachten.

Die Vollendung der Form kann nicht gefordert werden.

§ 5: Ist die schriftliche Form eines Vertrages von dem Gesetze vorgeschrieben, so sind die nicht in diese Form gebrachten Vereinbarungen der Vertragschließenden nichtig.

Dasselbe gilt im Zweifel auch dann, wenn nach der Vereinbarung der Vertragschließenden die schriftliche Form zur Schließung des Vertrages erforderlich ist.

Abgedruckt in: **Schubert** (1980), 291.

593 Abgedruckt in: **Schubert** (1980), 309.

594 Abgedruckt in: **Schubert** (1980), 319.

595 Vgl. die Hinweise in Fn. 585.

596 In der Anwendung von § 917 PGB waren die Zürcher Gerichte nicht konsequent. Gelegentlich wandten sie anstelle dieser Bestimmung diejenige des § 916 PGB auf Sachverhalte an, die nach hier vertretener Ansicht ausschließlich aus § 917 PGB hätten beurteilt werden müssen: vgl. z. B. Obergericht des Kantons Zürich 19.4.1856, zit. bei **Ullmer** (1870), § 916 Nr. 1403.

lehre[597] die Vorschrift des § 916 Zürcher PGB die in § 917 Zürcher PGB enthaltene Aussage bereits umfaßt.

bb) Der Entwurf *Gebhard*

Der Entwurf *Gebhards* zum Allgemeinen Teil des Bürgerlichen Gesetzbuches enthält in § 92[598] eine § 125 Satz 1 BGB vergleichbare Bestimmung.[599] Aufschlußreich ist, daß die §§ 92, 93[600] und 94[601] von *Rechtsgeschäft* sprechen und im Gegensatz zu § 2 Entwurf *von Kübel* nicht mehr bloß von obligatorischen Verträgen.[602]
Hinsichtlich des Vertragsabschlusses führt *Gebhard* zu § 94 aus, die Beteiligten könnten festsetzen, das Zustandekommen eines beabsichtigten Rechtsgeschäftes solle von der Beobachtung einer gewillkürten Form abhängig sein, falls der Parteiwille in Ansehung der Form der Rechtsgeschäfte nicht durch zwingende gesetzliche Vorschriften gehemmt sei.[603] Hinsichtlich einer späteren Vertragsänderung bemerkt *Gebhard* zwar nichts. Mit dem Abstellen auf Rechtsgeschäfte statt auf obligatorische Verträge bahnt er aber den Weg für die Trennung von ursprünglichem Vertrag und späteren Abreden zu diesem. Dabei ist freilich nicht zu verkennen, daß *Gebhard* noch völlig

---

597 **Bluntschli** (1855), § 917 PGB Anm. 1.

598 § 92: Rechtsgeschäfte, für welche das Gesetz eine besondere Form vorschreibt, sind, sofern nicht etwas Anderes bestimmt ist, beim Mangel der Form nichtig.
Abgedruckt in: **Schubert** (1981), Allgemeiner Teil 1, 17; 2, 5.

599 Der Unterschied besteht vor allem in den Worten: "sofern nicht etwas Anderes bestimmt ist".

600 § 93: Schreibt das Gesetz die Form einfacher Schriftlichkeit vor, so muß die Urkunde von dem Erklärenden mit dem Familiennamen, geeignetenfalls mit dem Geschäftsnamen, unterschrieben oder mittels gerichtlich oder notariell beglaubigten Handzeichens unterzeichnet sein.
Bei einseitigen Rechtsgeschäften genügt telegraphische Übermittlung der Willenserklärung an den Erklärungsempfänger, sofern die Aufgabeschrift nach Maßgabe des vorstehenden Absatzes unterschrieben oder unterzeichnet ist.
Durch Verlautbarung der Willenserklärung vor Gericht oder Notar wird die einfache Schriftlichkeit ersetzt.

601 § 94: Bedarf es nach der Vereinbarung der Urheber eines Rechtsgeschäfts zur Gültigkeit desselben der Form einfacher Schriftlichkeit, so finden neben Abs. 3 des § 93 im Zweifel auch die Bestimmungen der Absätze 1 und 2 des § 93 Anwendung.

602 Zur Begründung dieser Differenzierung vgl. z. B. Art. 18 des Entwurfes eines bürgerlichen Gesetzbuches für das Königreich Bayern von 1861 sowie die Motive hierzu: Einleitung IV in fine und 8.

603 **Schubert** (1981), Allgemeiner Teil 2, 102 f.

unter dem Einfluß des Gemeinen Rechts steht, wonach der ursprüngliche Vertrag mit etwaigen Abänderungen auch bezüglich der Formvorschriften eine Einheit bildete.

b) Stellungnahmen und Beschlüsse der Kommission

In ihrer 22. und 23. Sitzung hat die Erste Kommission zur Ausarbeitung des Entwurfs eines bürgerlichen Gesetzbuches zu Formfragen beraten.[604] Dabei hat sie die §§ 1 und 2 Entwurf *von Kübel* neu formuliert sowie in den § 92 des Allgemeinen Teils Entwurf *Gebhard* hineingearbeitet; vor allem wurde dabei zunächst § 2 Entwurf *von Kübel*, dann § 92 Entwurf *Gebhard* durch eine entsprechende, sich auf alle Rechtsgeschäfte beziehende Vorschrift erweitert, sodaß § 3 Abs. 1 Entwurf *von Kübel* gestrichen werden konnte.[605] Aufschlußreich für die Trennung von ursprünglichem Vertrag und späterer Änderungsabsprache - also dafür, den Änderungsvertrag als selbständigen Vertrag zu sehen - ist dabei besonders der Wortlaut des von der Kommission in ihrer 23. Sitzung modifizierten § 2 Entwurf *von Kübel*[606], der lautete: *Ist rechtsgeschäftlich eine bestimmte Form für ein anderes Rechtsgeschäft bestimmt, so ist im Zweifel anzunehmen, daß die Gültigkeit des letzteren von der Form abhängig sein solle.* Mit der Entwurfsbestimmung § 92, in welcher der vorerwähnte modifizierte § 2 Entwurf *von Kübel* aufging, wurde der Entwicklung zur Formfreiheit Rechnung getragen: Die Form des späteren Änderungsrechtsgeschäftes war nicht mehr von der des ursprünglichen Vertrages bestimmt, sondern dadurch, was die Parteien speziell hierfür vereinbart hatten.[607] Die Form der Abände-

---

604 Protokolle der Kommission zur Ausarbeitung des Entwurfs eines bürgerlichen Gesetzbuchs (Manuskript). Niedersächsische Staats- und Universitätsbibliothek Göttingen.
22. Sitzung vom 18.11.1881: 145 ff.
23. Sitzung vom 21.11.1881: 153 ff.

605 § 92: Ein Rechtsgeschäft erfordert eine besondere Form zu seiner Giltigkeit nur dann, wenn eine solche im Gesetze oder durch Rechtsgeschäft für dasselbe vorgeschrieben ist. Ist vom Gesetze eine besondere Form vorgeschrieben, so ist das Rechtsgeschäft bei dem Mangel der Form nichtig, sofern nicht etwas Anderes bestimmt ist. dasselbe gilt im Zweifel auch bei dem Mangel der rechtsgeschäftlich bestimmten Form.
Protokolle der Kommission zur Ausarbeitung des Entwurfs eines bürgerlichen Gesetzbuchs, 155.

606 Protokolle der Kommission zur Ausarbeitung des Entwurfs eines bürgerlichen Gesetzbuchs, 154.

607 Protokolle der Kommission zur Ausarbeitung des Entwurfs eines bürgerlichen Gesetzbuchs, 153 in fine f.

rung, Ergänzung sowie Aufhebung wurde ausschließlich vom Parteiwillen bestimmt. Die Rechtslage der älteren Gesetze und des Gemeinen Rechts[608] war verlassen.[609]

c) Die weitere Entwicklung bis zum Inkrafttreten des Bürgerlichen Gesetzbuches

Der Wortlaut der Entwurfsbestimmungen, die als § 125 in das Bürgerliche Gesetzbuch Eingang fanden, wurde im Laufe der Gesetzesberatungen mehrmals umformuliert.[610]

aa) Formvorschriften für spätere Rechtsgeschäfte

Wollten die Parteien die spätere Abänderung, Ergänzung oder Aufhebung nur schriftlich wirksam sein lassen, so wurde es notwendig, hierfür eine Vereinbarung zu treffen, nachdem das spätere Änderungsrechtsgeschäft nicht mehr ipso iure der gleichen Form wie der betreffende ursprüngliche Vertrag bedurfte.

---

608 Vgl. l. 17, C. 4, 21 de fide instrumentorum; pr. Instit. de emptione et venditione 3, 23; l. 80 D. de solutionibus 46, 3; I, 5 §§ 127 f ALR; § 887 ABGB; §§ 916 f Zürcher PGB.

609 A. A. **Fränkel** (1897), 11; **Fuld** (1898), 51 in fine f; **Borcherdt** (1899), 33 in fine f. Gleichfalls unter Bezugnahme auf das Bürgerliche Gesetzbuch und die von diesem geschaffene Rechtslage ging *Beitzen* noch im Jahre 1909 von der früheren Rechtslage aus, wobei seine Ausführungen eine dogmatische Unsicherheit zeigen, da er einerseits von der Einheit von ursprünglichem Vertrag und späterer Abänderung ausging, andererseits aber davon, die Parteien könnten im ursprünglichen Vertrag eine spätere Absprache formbedürftig machen: **Beitzen** (1909), 28 in fine.

610 I § 91: Für ein Rechtsgeschäft ist eine besondere Form nur dann erforderlich, wenn eine solche durch Gesetz oder Rechtsgeschäft bestimmt ist.
Ist durch Gesetz eine besondere Form vorgeschrieben, so ist das Rechtsgeschäft im Falle des Mangels der Form nichtig, sofern nicht ein Anderes vorgeschrieben ist. dasselbe gilt im Zweifel im Falle des Mangels der durch Rechtsgeschäft bestimmten Form.

II § 104: Für ein Rechtsgeschäft ist eine besondere Form nur erforderlich, wenn eine solche durch Gesetz oder Rechtsgeschäft bestimmt ist.
Ein Rechtsgeschäft, welches der durch Gesetz vorgeschriebenen Form ermangelt, ist nichtig. Der Mangel der durch Rechtsgeschäft bestimmten Form hat im Zweifel gleichfalls Nichtigkeit zur Folge.

B. § 121 (R. § 121; BGB § 125): Ein Rechtsgeschäft, welches der durch Gesetz vorgeschriebenen Form ermangelt, ist nichtig. Der Mangel der durch Rechtsgeschäft bestimmten Form hat im Zweifel gleichfalls Nichtigkeit zur Folge.

Mugdan (1899), Bd. 1, VI.

Diese Überlegungen fanden auch in die Materialien zum Bürgerlichen Gesetzbuch Eingang.[611] Gemäß den Protokollen betonte die Kommission im Verlauf der Beratungen, die Entwurfsbestimmung I § 91 Abs. 2 Satz 2 umfasse den Fall, daß in einem Rechtsgeschäft für spätere, damit im Zusammenhang stehende Rechtsgeschäfte, eine gewisse Form vorgeschrieben werde. Ihr Ausgangspunkt war, man könne spätere Änderungsabsprachen formbedürftig machen.[612] Weder Denkschrift noch Kommissionsbericht enthalten eine gegensätzliche Auffassung.[613]

bb) Die Worte "im Zweifel"

Im Verlauf der Beratungen wurde der Antrag gestellt, die Entwurfsbestimmung I § 91 Abs. 2 Satz 2 zu streichen, weil in solchen Fällen die Willensauslegung sowie die freie Beweiswürdigung genügten.[614] Die Kommission lehnte diesen Antrag ab: Für sie entsprach die Aufnahme einer Auslegungsregel für Abreden, die vor, gleichzeitig *und später* getroffen würden und welche die vereinbarte Form nicht wahrten, einem praktischen Bedürfnis. Darüber hinaus sei eine solche in mehreren geltenden Rechten vorgesehen. Weiter führte sie aus, diese greife nur im Zweifel Platz, weshalb im Falle später getroffener, nicht die vereinbarte Form wahrender Abreden die Prüfung offenbleibe, ob beim zweiten Rechtsgeschäft die Aufhebung des ersten, das die Form vorschreibt, beabsichtigt worden sei.[615]

Weil sich die Entwurfsbestimmung I § 91 Abs. 2 Satz 2 unmittelbar auf die von I § 91 Abs. 2 Satz 1 bezieht, drängt es sich auf, zu argumentieren, die Kommission habe auf den Zeitpunkt des späteren Änderungsrechtsgeschäftes abgestellt und mit den beiden Tatbestandsmerkmalen "sofern nicht ein Anderes vorgeschrieben ist" und "im Zweifel" Verschiedenes umschreiben wollen. Beide Tatbestandsmerkmale besagen aber dasselbe, da sie die Rechtsfolge festlegen, falls die vorgeschriebene Form außer Acht gelassen wird. Die unterschiedlichen Formulierungen tragen lediglich dem Umstand Rechnung, daß nach dem Willen des historischen Gesetzgebers des Bürgerlichen Gesetzbuches für den gewillkürten Formzwang eine

611 **Mugdan** (1899), Bd. 1, 696 (Protokolle I, 184, 837).
612 **Eck** (1896), 56.
613 **Mugdan** (1899), Bd. 1, 835: Denkschrift; 965: Kommissionsbericht.
614 **Mugdan** (1899), Bd. 1, 696 (Protokolle I, 184, 837).
615 **Mugdan** (1899), Bd. 1, 696 (Protokolle I, 186).

Vermutung Platz greifen soll, was sich aus der Entstehungsgeschichte dieser Bestimmung ergibt: Die Entwurfsbestimmung I § 91 Abs. 2 Satz 1 beruht auf § 92 Entwurf *Gebhard*, wo klar formuliert wird, es sei dem Gesetz zu entnehmen, ob "etwas Anderes bestimmt" sei oder nicht. Die Entwurfsbestimmung I § 91 Abs. 2 Satz 2 beruht indes auf § 2 Entwurf *von Kübel*, wonach die für einen Vertrag vereinbarte Form "im Zweifel" Gültigkeitserfordernis ist; die Sanktion ihrer Nichtbeachtung ist nach § 3 Entwurf *von Kübel* Nichtigkeit. Hieraus wird ersichtlich, daß beide Tatbestandsmerkmale dasselbe besagen, ihre unterschiedliche Formulierung sowohl auf die unterschiedliche Ausgangslage[616] als auch auf die verschiedenen Gesetzesredaktoren zurückzuführen ist. Als dann die beiden Bestimmungen zur Entwurfsbestimmung § 91 verschmolzen wurden, knüpfte man beide Tatbestandsmerkmale textlich unbereinigt und völlig inkongruent aneinander.[617]

Desweiteren erhellt aus diesen Bestimmungen, auf welchen Zeitpunkt abzustellen ist, wenn es darum geht, festzustellen, auf welche Zweifel es beim vertraglich vereinbarten Formzwang ankommt. Das Tatbestandsmerkmal "sofern nicht ein Anderes vorgeschrieben ist" stellt eindeutig auf den Zeitpunkt des Vertragsabschlusses ab: Spätere Gesetzesanordnungen haben zufolge des Rückwirkungsverbots keine Wirkung. Gleiches gilt, da den Worten "im Zweifel" nicht eine andere, insbesondere keine eigenständige Bedeutung zukommt, für den gewillkürten Formzwang. Darüber hinaus beruht die Entwurfsbestimmung I § 91 Abs. 2 Satz 2 auf § 2 Entwurf *von Kübel*, einer Bestimmung, die noch völlig den Vertragsabschluß im Auge hatte. Letztere wurde in der Kommission wesentlich modifiziert, indem spätere Abreden als vom ursprünglichen Vertrag eigenständige Rechtsgeschäfte gewertet wurden.[618] Dennoch blieb der zweite Halbsatz jener Bestimmung textlich unverändert, was nur so zu verstehen ist, daß der historische Gesetzgeber überzeugt war, es sei nach wie vor auf den Zeitpunkt der Vereinbarung der Formab-

---

616 Das Gesetz ist stets eindeutig und klar. Erklärungen der Parteien fehlen häufig, weshalb gelegentlich das Bedürfnis besteht, eine Vermutung Platz greifen zu lassen.

617 **Zródlowski**, zit. in: Zusammenstellung der gutachtlichen Aeußerungen zu dem Entwurf eines Bürgerlichen Gesetzbuchs, gefertigt im Reichs-Justizamt, Bd. 1: Aeußerungen zum Allgemeinen Theil, Berlin 1890 (Stand: 1.11.1889) § 91, 158, führt aus, Satz 2 von I § 91 Abs. 2 sei unrichtig an Satz 1 von I § 91 Abs. 2 angeschlossen; solle nämlich Nichtigkeit gelten, sofern nicht ein Anderes vorgeschrieben sei, so seien die Worte "im Zweifel" fehl am Platze.

618 Vgl. Fn. 607.

sprache abzustellen. Es kommt mithin auf die Zweifel zum Zeitpunkt des Vertragsabschlusses an.
Bereits die Entwurfsbestimmungen II § 104 Abs. 2 Satz 2 sowie später B. § 121 Satz 2 und R. § 121 Satz 2 wie schließlich auch § 125 Satz 2 BGB enthalten nur noch das Tatbestandsmerkmal "im Zweifel"; diese Bestimmungen können nicht mehr auf die Möglichkeit verweisen, daß im Vertrag von den Parteien "ein Anderes vorgeschrieben ist". Nur dann, wenn letztere Worte Tatbestandsmerkmal geblieben wären, hätten die Worte "im Zweifel" eigenständige Bedeutung behalten, mit der Folge, daß auf den von den Parteien zu einem späteren Zeitpunkt geäußerten Willen hätte abgestellt werden können. Indem das Tatbestandsmerkmal "sofern nicht ein Anderes vorgeschrieben ist" wegfiel, wurde die Möglichkeit, auf einen etwaigen später geäußerten Willen der Parteien abstellen zu können, bereits durch den zweiten Entwurf ausgeschlossen. Dieses Ergebnis bestätigt die Ansicht von *Nipperdey*, daß die Protokolle der Zweiten Kommission keinesfalls vollständige Sicherheit verschaffen.[619]

Gemäß den Gesetzesmaterialien ist für die Bedeutung und Wirkung der Formabsprache der von den Parteien mit ihr verfolgte Zweck maßgeblich. Bereits *von Kübel* bemerkte zu § 5 seines Entwurfs, falls die besondere Vertragsform auf einer Vereinbarung der Vertragschließenden beruhe, so hänge es von deren Willen ab, ob und welche Wirkung sie etwaigen Nebenabreden einräumen wollten, die nicht in der vereinbarten Form abgefaßt seien; dabei müsse das gleiche wie für die gesetzlich vorgeschriebene Form gelten.[620] Ist also auf den mit der Form verfolgten Zweck abzustellen, so wird zugleich der Zeitpunkt maßgeblich, zu dem der Formzweck festgelegt wurde.
Die Ausführungen *von Kübels* zu § 5, die auf den Vertragsabschluß abzielten und von der Zweiten Kommission zunächst umformuliert, dann aber weggelassen wurden,[621] finden sich in den Motiven wieder: Falls spätere Abreden bei gewillkürtem Formzwang die vereinbarte Form nicht wahren, kommt es auf den Willen der Beteiligten an, ob und welche Wirkung solche Abreden haben sollen; im Zweifel sollen nicht in die Form gebrachte Vereinbarungen nichtig

---

619 **Enneccerus/Nipperdey** (1959), § 55 II 3.
620 **Schubert** (1980), 291 ff.
621 Protokolle der Kommission zur Ausarbeitung des Entwurfs eines bürgerlichen Gesetzbuchs, 158 ff.

sein.[622] Die Motive stellen dabei auf die Zweckbestimmung ab, welche die Parteien der Schriftformklausel beimessen. Nur im Zeitpunkt ihrer Vereinbarung haben die Parteien eine exakte Vorstellung darüber, welchen Zweck sie mit der Schriftformklausel verfolgen. Ist dieser festgelegt, so läßt sich auch die erstrebte Rechtsfolge herleiten. Deswegen ergibt sich die im Einzelfall geltende Rechtsfolge, die in den Entwurfsbestimmungen und in der von § 125 Satz 2 BGB mit einer Vermutung umschrieben ist, aus dem Zweck, der mit der Schriftformklausel verfolgt wird. Dieser Zweck wird nur zum Zeitpunkt ihrer Vereinbarung festgelegt, weshalb auch bei den Worten "im Zweifel" darauf abzustellen ist.

Weiter verweist die Kommission bei der Begründung, weshalb sie den Antrag auf Streichung der Entwurfsbestimmung I § 91 Abs. 2 Satz 2 ablehnt, darauf, eine solche Auslegungsregel sei in mehreren geltenden Rechten enthalten.[623] Vor allem wird in den Motiven zum Bürgerlichen Gesetzbuch auf geltende Bestimmungen in anderen Rechten verwiesen. Die Entwurfsbestimmung I § 91 Abs. 2 Satz 2 wird mit strengeren Normen gleichgesetzt, die in Ermangelung von Worten wie "im Zweifel" oder ähnlichen Tatbestandsmerkmalen die Auslegung nicht zulassen, es sei auf den Parteiwillen zum Zeitpunkt der späteren, nicht die Form wahrende Abrede abzustellen. Dabei werden die Bestimmungen I 5 §§ 127 f ALR, § 887 ABGB und § 916 Zürcher PGB aufgeführt. Demnach muß Art. 14 aOR bewußt nicht in die Aufzählung aufgenommen worden sein, obwohl diese Vorschrift in letzterem Sinne hätte interpretiert werden können.
Die Ausführungen der Kommission, es könne auch auf einen späteren Zeitpunkt abgestellt werden, stehen nicht im Einklang mit den Entwurfsbestimmungen und der Entstehungsgeschichte von § 125 Satz 2 BGB. Die Protokolle der Zweiten Kommission sind also für die Erörterung der vorliegenden Frage eher geeignet, Fehlinterpretationen Vorschub zu leisten.

cc) Annahme der Nichtigkeit bei Vorliegen von Zweifeln

Die bisherige Untersuchung hat gezeigt, daß aufgrund des Gesetzes, also der Entwurfsbestimmungen und des aus diesen hervorgegangenen § 125 Satz 2 BGB, eine spätere nicht-schriftliche Abrede nichtig ist, wenn zum Zeitpunkt der Vereinbarung der

622 **Mugdan** (1899), Bd. 1, 453 f (Motive I, 183 in fine).
623 **Mugdan** (1899), Bd. 1, 454.

Schriftformklausel die mit ihr verfolgten Zwecke nicht festgestellt werden können, und aus diesem Grunde Zweifel bestehen. Weil sich diese Sätze notwendigerweise aus diesen Bestimmungen ergäben, müßten sie nicht im Gesetz hervorgehoben werden, wird in den Motiven ausgeführt.[624]
Auch die Kommission war der Auffassung, es soll eine Auslegungsregel in das Gesetz aufgenommen werden, welche die Folgen des gesetzlichen und des gewillkürten Formzwanges gleich behandelt, im letzteren Fall allerdings nur mit einer dahingehenden Vermutung. Diese Tendenz des historischen Gesetzgebers, gesetzlichen und gewillkürten Formzwang gleich zu behandeln, wird bereits in den Formulierungen der Entwurfsbestimmungen I § 91 Abs. 1 und II § 104 Abs. 1 ("bestimmt")[625] und mit Blick auf die heutige Bestimmung des § 127 BGB in der Denkschrift bestätigt: Vereinbarten die Parteien durch ein Rechtsgeschäft die schriftliche Form, so verfolgten sie damit mutmaßlich die gleichen Zwecke wie der Gesetzgeber bei der Aufstellung dieses Erfordernisses; deshalb sei eine Auslegungsregel gerechtfertigt, welche die an die gesetzlich vorgeschriebene Schriftform gestellten Anforderungen auch für die rechtsgeschäftlich bestimmte gelten läßt.[626] Diese Gleichbehandlung bewirkt, daß das Gesetz die Strenge und Autorität, die es dem gesetzlichen Formzwang beimißt, auch auf den gewillkürten überträgt; nicht zuletzt wird diese Wertung durch das Verbindungswort "gleichfalls" in § 125 Satz 2 BGB gestützt.[627]

Zusammenfassend ist festzuhalten, daß es nur auf den Willen der Parteien zum Zeitpunkt des Abschlusses des ursprünglichen Vertrages, der die Schriftformklausel enthält, ankommt. Eine spätere Meinungsänderung ihrerseits hinsichtlich einer Zweckänderung bleibt unberücksichtigt und ist demnach unbeachtlich. Ihr Wille, der mit Hilfe der vereinbarten Schriftformklausel geäußert wird, wird so vom Gesetz gewährleistet. Bleiben Zweifel, dann ist Nichtigkeit des formlosen Änderungsrechtsgeschäftes die Folge.

---

624 **Mugdan** (1899), Bd. 1, 454 (Motive I, 184).

625 Zur Kritik dieser Formulierungen vgl. **Bekker** (1888), 17.

626 **Mugdan** (1899), Bd. 2, 835 (Denkschrift, 25).

627 Vgl. auch die Stellungnahme von *von Wyss* zu Art. 60 Abs,. 1 des 3. Entwurfes aOR von 1876/77, wo gesetzlicher und gewillkürter Formzwang in einer Bestimmung geregelt werden; damit sollte ein bestimmter Rest an autoritativem Auftreten des Gesetzes auch bei gewillkürtem Formzwang bestehen bleiben: **von Wyss** (1877a), 46.

4. Besonderheiten der Entstehungszeit

Die vorhergehenden Ausführungen stehen auch mit den Strömungen bei Entstehung des Bürgerlichen Gesetzbuches im Einklang, einer Zeit, in welcher eine Gewichtsverlagerung zugunsten der Form festzustellen ist.[628] Dies mag auch damit zusammenhängen, daß seither weite Bevölkerungskreise Lesen und Schreiben lernten.[629] Sowohl der Zehnte[630] als auch der Zweiundzwanzigste[631] Deutsche Juristentag befaßten sich mit Fragen der Form. Im Jahre 1872 wurde der Grundsatz der Formfreiheit betont: Die Gültigkeit von Verträgen sollte, abgesehen von Handelssachen, in der Regel unabhängig von der Beachtung der schriftlichen Form sein.[632] Im Jahre 1893 hielt man dagegen Einschränkungen dieser Auffassung für notwendig:[633] Es wurde die Empfehlung gegeben, das Erfordernis einer gesetzlichen Schriftform auszudehnen.[634] Einer solchen gesetzlichen Beschränkung der Privatautonomie bedurfte es nach dem Gesagten bei Änderung von Verträgen, denen Schriftformklauseln zugrundegelegt waren, nicht: Vertragsparteien konnten durch Formabsprache kraft Privatwillkür das erreichen, was vordem von Rechts wegen galt.

---

628 Vgl. **Körnig** (1972), 86 ff; **Seuffert** (1881), 169 f; **Bernhöft**, zit. in: Zusammenstellung der gutachtlichen Aeußerungen zu dem Entwurf eines Bürgerlichen Gesetzbuchs, gefertigt im Reichs-Justizamt, Bd. 1: Aeußerungen zum Allgemeinen Theil, Berlin 1890 (Stand: 1.11.1889), 5; **Stobbe** (1855), 7; **von Völderndorff** (1857), 102; **Klöppel**, zit. in: Zusammenstellung der gutachtlichen Aeußerungen zu dem Entwurf eines Bürgerlichen Gesetzbuchs, gefertigt im Reichs-Justizamt, Bd. 1: Aeußerungen zum Allgemeinen Theil, Berlin 1890 (Stand: 1.11.1889), 157.

629 Bestimmungen wie z. B. I, 5 §§ 127 ff ALR mit den Ausführungserlassen von 1816 und 1837 waren daher nicht mehr notwendig, vgl. **Rehbein/Reincke** (1880), Anh. nach ALR I, 5 § 178.

630 Verhandlungen des 10. Deutschen Juristentages, 1. Bd. Berlin 1872, 59 ff (Gutachten *Harum*) und 112 ff (Gutachten *von Feistmantel*).

631 Verhandlungen des 22. Deutschen Juristentages, 1. Bd. Berlin 1892, 326 ff (Gutachten *Dove*). 4. Bd. Berlin 1893, Stenographische Berichte, 56 ff (2. Sitzung 8.9.1893).

632 Rechtsvergleichend und entstehungsgeschichtlich bemerkenswert ist, daß *von Feistmantel* auch auf das Zürcher PGB Bezug nimmt: Verhandlungen des 10. Deutschen Juristentages, 2. Bd. Berlin 1872, Stenographische Berichte, 36 ff (1. Sitzung 28.8.1872).

633 **Reinhart** (1969), 76 Fn. 65.

634 Verhandlungen des 22. Deutschen Juristentages, 4. Bd. Berlin 1893, 56 ff, 80 ff (*Brunner*); gleicher Meinung *von Gierke* (72 ff); a. A. *Enneccerus* (66 ff).

Der historische Gesetzgeber des Bürgerlichen Gesetzbuches wollte, daß die Schriftformklausel im Zweifel, also wenn die Parteien bei der Vereinbarung einer solchen nichts anderes gewollt haben, zur Nichtigkeit der späteren formlosen Abänderung, Ergänzung oder Aufhebung führen sollte. Darin spiegelt sich die Strenge und Autorität wider, die das Gesetz auf den gewillkürten Formzwang im Zweifel überträgt. Dieses Verständnis der Bestimmung des § 125 Satz 2 BGB deckt sich mit deren Wortlaut, und bestätigt die bis heute vertretene einheitliche Interpretation von Satz 1 und Satz 2 der Bestimmung des § 125 BGB.[635] Für die Kernfrage vorliegender Abhandlung ergibt der rechtshistorische Überblick, daß der historische Gesetzgeber des Bürgerlichen Gesetzbuches eine Rechtsüberzeugung angetroffen hat, die auf der Einheit von ursprünglichem Vertrag und späterem Änderungsrechtsgeschäft fußte, welche die Form des letzteren von der des ersteren abhängig machte, und daß er selber den Standpunkt einnahm, die Parteien könnten die spätere Abänderung, Ergänzung oder Aufhebung formbedürftig machen.

III. Systematische Stellung im Bürgerlichen Gesetzbuch und Zweckbestimmung

War zwar der Wortlaut der Bestimmung des § 125 Satz 2 BGB nicht eindeutig, so hat doch deren Entstehungsgeschichte ergeben, daß Vertragsparteien das Änderungsrechtsgeschäft formbedürftig machen können. Nunmehr stellt sich die Frage, was sich aus ihrer systematischen Stellung im Gesetz ergibt. Insbesondere ist ihr Verhältnis zu § 154 Abs. 2 BGB zu untersuchen, eine Bestimmung, in der gleichfalls die Worte "im Zweifel" enthalten sind.

Ob die Auslegung der Worte "im Zweifel" in beiden Vorschriften aufgrund derselben überhaupt vorgenommen werden kann, beurteilt sich danach, ob diese Bestimmungen vergleichbare Sachverhalte regeln. Gemäß § 125 Satz 2 BGB hat der Mangel der durch Rechtsgeschäft bestimmten Form im Zweifel Nichtigkeit zur Folge; nach § 154 Abs. 2 BGB ist ein Vertrag im Zweifel solange noch nicht geschlossen, als er nicht in der von den Parteien bestimmten Form vollzogen ist.

Teile der Rechtsprechung[636] wie auch des rechtswissenschaftlichen

---

635 ***Alternativkommentar*** **- Hart**, § 125 Rn. 12.

636 RG 5.7.1912 - III 63/12 - WarnR 1912, 402, Nr. 367.

Schrifttums[637] verstehen die Worte "im Zweifel" von § 125 Satz 2 BGB genauso wie die Formulierung in § 154 Abs. 2 BGB. Was für die Vereinbarung einer Form für den Abschluß eines Vertrages gelte, müsse gleichermaßen für die Abänderung, Ergänzung oder Aufhebung eines mit einer Schriftformklausel versehenen Vertrages gelten. Daraus folge, § 125 Satz 2 BGB müsse gemäß und aus § 154 Abs. 2 BGB interpretiert werden.

Ein Teil des rechtswissenschaftlichen Schrifttums behandelt die beiden Vorschriften als Bestimmungen gleichen Inhalts.[638] Obwohl sie in einem engen Zusammenhang stünden, seien in ihnen eigentümlicherweise verschiedene Rechtsfolgen vorgesehen; diese Divergenz könne aber wegen der minimalen praktischen Bedeutung der Unterscheidung zwischen nichtigen Rechtsgeschäften und Nichtrechtsgeschäften auf sich beruhen bleiben.[639] Andere Stimmen werten § 154 Abs. 2 BGB als Auslegungsregel, die in Parallele zu § 125 Satz 2 BGB stehe.[640] Wieder andere sehen in § 154 Abs. 2 BGB eine Ergänzung[641] oder eine Konsequenz[642] von § 125 Satz 2 BGB.

Ein anderer Teil der Lehre sieht in § 154 Abs. 2 BGB einen Spezialfall des § 125 Satz 2 BGB.[643] § 154 Abs. 2 BGB habe den gleichen Inhalt wie § 125 Satz 2 BGB, nur speziell auf Verträge bezogen.[644] Deshalb sei davon auszugehen, beide Bestimmungen sagten dasselbe: § 125 Satz 2 BGB habe eine weitere Fassung, weil er von der durch Rechtsgeschäft bestimmten Form spreche und für alle Rechtsgeschäfte und Formen gelte; § 154 Abs. 2 BGB spreche dagegen von der verabredeten Form und gelte nur für die Beurkundung von Verträgen.[645]

Beide Bestimmungen stehen im dritten Abschnitt des Allgemeinen Teils des Bürgerlichen Gesetzbuches - unter der Überschrift Rechtsgeschäfte. § 125 Satz 2 BGB steht im zweiten Titel unter der Über-

---

637 **Flume** (1992), § 15 III 2; **Rutkowski** (1978), 68 Fn. 1. Ähnlich: **Herz** (1934), 93.

638 **Achilles/Greiff** (1937), § 125, 5; **Stein, E.** (1912), 37 ff.

639 ***Münchener Kommentar*** **- Kramer**, § 154 Rn. 16 m. w. N.; **Medicus** (1992), Rn. 640.

640 ***Staudinger*** **- Dilcher**, § 154 Rn. 7 m. w. N; **Palandt/Heinrichs** (1993), § 154 Rn. 4.

641 **Henle** (1926), 273.

642 **Planck** (1903), § 125, 2 in fine.

643 **Enneccerus/Nipperdey** (1960), § 163 IV in fine; **Larenz** (1989), 415 ff; **Jauernig** (1991), § 125 Nr. 5.

644 **Siegel** (1914), 49.

645 **Heldrich, K.** (1941), 125 f.

schrift Willenserklärung, der sich mit der Nichtigkeit von Willenserklärungen befaßt; § 154 Abs. 2 BGB steht im dritten Titel unter der Überschrift Vertrag, der das Zustandekommen von Verträgen regelt. Während also § 154 Abs. 2 BGB maßgeblich der Beantwortung der Frage dient, ob die Parteien lediglich Vertragsverhandlungen geführt haben oder ob es zu einem Vertragsabschluß gekommen ist, beantwortet § 125 Satz 2 BGB, ob die Nichteinhaltung der vereinbarten gewillkürten Schriftform eines Rechtsgeschäftes dieses nichtig macht. Die Worte "im Zweifel" besagen sowohl in § 125 Satz 2 BGB als auch in § 154 Abs. 2 BGB daß es, was die Folgen der Nichteinhaltung der gewillkürten Schriftform betrifft, auf den Willen der Vertragsparteien ankommt, und daß, sofern dieser nicht feststeht, die im Gesetz ausgesprochene Rechtsfolge Platz greift. Sie knüpfen indes an unterschiedliche Sachverhalte an. § 125 Satz 2 BGB bezieht sich auf die Rechtsfolge und soll klären, ob ein Rechtsgeschäft oder ein Vertrag eine bestimmte Wirkung haben; § 154 Abs. 2 BGB hingegen bezieht sich auf den Bindungswillen und soll abklären, ob ein Vertrag zustandegekommen ist. § 154 Abs. 2 BGB handelt davon, ob eine Beurkundung als Wirksamkeitserfordernis verabredet ist, während § 125 Satz 2 BGB nur von solchen Formen spricht, die Wirksamkeitserfordernis sind, und die Folgen des Formverstoßes regelt.[646]

Schon diese Differenzierung des Gesetzes und seine Systematik widerspricht denen, die beiden Bestimmungen den gleichen Inhalt zusprechen wollen. Desweiteren gibt sie Anlaß zu untersuchen, ob das Gesetz mit den Bestimmungen der §§ 125 Satz 2 und 154 Abs. 2 BGB übereinstimmende oder unterschiedliche Ziele verfolgt.

Wurde von den Parteien für einen abzuschließenden Vertrag eine Form vorbehalten und will eine Partei für dessen Wirksamkeit an der Form festhalten, so muß sie lediglich auf Einhaltung der Form bestehen; dazu braucht sie nicht die Hilfe des Gesetzes. Das Gesetz bindet die Parteien in § 154 Abs. 2 BGB nicht an die zunächst vereinbarte Schriftform: Es wäre nicht systemkonform und auch nicht zweckdienlich, die Parteien für den Vertragsabschluß an eine zunächst verabredete Form zu binden.

Eine andere Situation ergibt sich bei einem bereits bestehenden Vertrag. Aus diesem Grund hat das Gesetz für diesen Fall in § 125 Satz 2 BGB eine Rechtsfolge vorgesehen. Deshalb muß die Partei, welche die spätere mündliche Absprache als wirksam behauptet, den

---

646 **Von Tuhr** (1914), § 63, 530 Fn. 236; **Fikentscher** (1992), Rn. 94 in fine; **Medicus** (1992), Rn. 640.

Beweis erbringen, die Schriftformklausel sei mit bloß deklaratorischer Wirkung vereinbart. Gerade hierin liegt ein grundlegender Unterschied zwischen den beiden Bestimmungen: Bei § 125 Satz 2 BGB kommt es hinsichtlich der Wirkung auf die vereinbarte Bedeutung der Schriftformklausel an, ist sie doch Bestandteil des Rechtsgeschäftes. Mit den Bestimmungen der §§ 125 Satz 2 und 154 Abs. 2 BGB werden mithin unterschiedliche Ziele verfolgt.

Es ist festzuhalten, daß die Worte "im Zweifel" der einen Bestimmung nichts zum Verständnis der anderen beitragen; es ist deshalb ungerechtfertigt, lediglich aufgrund der gleichen Wortwahl der beiden Bestimmungen, die eine aus der anderen zu interpretieren.

BB. Auslegung der Worte "im Zweifel" im besonderen

Unter Berücksichtigung der Entstehungsgeschichte, der systematischen Stellung im Gesetz sowie des Sinnes und Zweckes von § 125 Satz 2 BGB besagen die Worte "im Zweifel", der Verstoß gegen eine gewillkürte Formvorschrift zeitige die gleiche Rechtswirkung wie der gegen eine gesetzliche, d. h., er macht das Rechtsgeschäft nichtig. Ausnahme: Der Verstoß gegen die gewillkürte Formvorschrift soll eine andere Rechtsfolge zeitigen; dann ist der rechtsgeschäftliche Wille derer maßgeblich, welche die Form bestimmt haben.

I. Konkretisierung der Zweifel durch die mit der Schriftformklausel verfolgten Zwecke

Wird in der Formvereinbarung selbst die Folge des Verstoßes gegen die Formbindung vereinbart[647] oder läßt sich eine Rechtsfolge im Wege der Auslegung (§§ 133, 157 BGB) ermitteln[648], so muß auf die Worte "im Zweifel" der Bestimmung des § 125 Satz 2 BGB nicht zurückgegriffen werden; falls Zweifel bestehen, so greift die Vorschrift des § 125 Satz 2 BGB Platz. Die "Zweifel" werden nach all-

647 Z. B. mit Hilfe folgender Schriftformklausel: Erfolgen Änderungen, Ergänzungen oder die Aufhebung formlos, so sind sie nichtig.

648 Dadurch können die Fälle deklaratorischer von solchen konstitutiver Form geschieden werden.

gemeiner Ansicht durch die Zwecke konkretisiert, welche die Parteien mit der Schriftformklausel verfolgen.[649]

1. Umschreibung der im Zweifel verfolgten Zwecke

In der Regel sagt die Schriftformklausel selbst nichts über ihren Zweck aus. Im folgenden sollen die dargelegten Zweckumschreibungen[650] anhand der zu Schriftformklauseln ergangenen Rechtsprechung und den Äußerungen im rechtswissenschaftliches Schrifttum zusammengefaßt werden.

a) Inhaltsklarheit

Wollen die Parteien immer Klarheit darüber haben, was zwischen ihnen vereinbart ist - einschließlich sämtlicher Abänderungs-, Ergänzungs- oder Aufhebungsabreden-, so verfolgen sie mit der Schriftformklausel den Zweck der Inhaltsklarheit. Dieser führt dazu, daß die Schriftformklausel regelmäßig konstitutiver Natur ist.[651] Bestehen Zweifel über den Inhalt der vertraglichen Beziehungen, so hat die Nichteinhaltung der Schriftformklausel Nichtigkeit der formlosen späteren Abreden zur Folge.[652]
Die Inhaltsklarheit ist ein bevorzugter Zweck der Schriftformklausel,[653] weshalb in der Regel davon ausgegangen werden darf, daß mit ihrer Vereinbarung Inhaltsklarheit bezweckt wird.[654]

---

649 **Kötz** (1967), 228 f; **Böhm** (1979), 425 ff, 436 f; **Jauernig** (1991), § 125 Nr. 5; ***Alternativkommentar*** **- Hart**, § 125 Rn. 12.

650 Vgl. § 1 C I 2.

651 OLG Königsberg 24.11.1939 - 2 U 205/39 - HRR 16 (1940), Nr. 349; BGH 2.6.1976 - VIII ZR 97/74 - BGHZ 66, 378 ff für den Fall einer durch Ergänzungsklausel qualifizierten Schriftformklausel.
Roquette (1940), 961 re. Sp.; **Eisner** (1969), 120; **Tiefenbacher** (1968), 608 li. Sp.
A. A. für Schriftformklauseln in Gesellschaftsverträgen von Personenhandelsgesellschaften: BGH 5.2.1968 - II ZR 85/67 - BGHZ 49, 364 ff = NJW 1968, 1378 (gegenteilig die Vorinstanzen LG Schweinfurt sowie OLG Bamberg); OLG Düsseldorf 25.3.1977 - 16 U 169/76 - NJW 1977, 2216.

652 **Heldrich, K.** (1941), 125.

653 BGH 26.11.1964 - VII ZR 111/63 - NJW 1965, 293; BGH 25./27.11.1969 - VIII ZR 259/67 - WM 1970, 93 ff, 94; BGH 2.6.1976 - VIII ZR 97/74 - BGHZ 66, 378 ff, 381.
Kötz (1967), 290 li. Sp.; **Erman/Brox** (1989), § 125 Rn. 7; **Hueck** (1968), 1209 li. Sp.; **Böhm** (1979), 432 Fn. 59.

654 **Körnig** (1972), 18.

Auch bei Personenhandelsgesellschaften entscheidet im Einzelfall der Wille der Vertragsparteien - der Zweck, den sie mit der im Gesellschaftsvertrag enthaltenen Schriftformklausel verfolgen, ob diese konstitutiver oder deklaratorischer Natur ist.[655] Der Zweck der Schriftformklausel kann sehr wohl dahin gehen, einer formlosen Abänderung, Ergänzung oder Aufhebung des Gesellschaftsvertrages die Wirksamkeit zu versagen. Es ist durchaus möglich, daß die Parteien diese Rechtsfolge in ihrer Schriftformklausel ausdrücklich niedelegen. Gerade im Recht der Personenhandelsgesellschaften wird der Fall häufig sein, daß die Gesellschafter mit der Schriftformklausel bezwecken, die Wirksamkeit formloser Geschäfte auszuschließen, bei deren Wirksamkeit die Gefahr bestehen könnte, die Gesellschafter könnten die völlige Übersicht und Kontrolle verlieren.[656] In diesem Fall geht es um Klarstellung des Bestandes der im Unternehmen verkörperten Werte und zugleich um deren Beweissicherung, weshalb die Schriftformklausel dann mit konstitutiver Wirkung vereinbart wurde.
Auch bei Mietverträgen wird der Zweck der Inhaltsklarheit[657] häufig verfolgt, wesalb in ihnen schon seit langem die Schriftformklausel üblich ist, nachträgliche Änderungen und Ergänzungen müßten schriftlich erfolgen.[658] Wie bei Anstellungsverträgen[659] hat nach der Vorstellung der Vertragsparteien die Schriftformklausel in Mietverträgen regelmäßig Klarstellungsfunktion und somit konstitutive Wirkung:[660] Es soll zwischen den Parteien jederzeit klar sein, welches die gegenseitigen Rechte und Pflichten sind.

b) Beweissicherung

Mit der Beweissicherung bezwecken die Parteien, stets sicheren Beweis über ihre vertraglichen Beziehungen zu haben, also ein-

---

655 A. A. BGH 5.2.1968 - II ZR 85/67 - BGHZ 49, 364 ff.
Dort führt der Bundesgerichtshof aus (BGHZ 49, 367), bei Personenhandelsgesellschaften habe die Schriftform Klarstellungsfunktion und sei deshalb deklaratorischer Natur.

656 **Tiefenbacher** (1968), 608.

657 Vgl. KG 5.8.1939 - 17 U 2980/39 - DR 1940, 395, Nr. 4; BGH 25./27.11.1969 - VIII ZR 259/67 - WM 1970, 93 ff, 94; BGH 2.7.1975 - VIII ZR 223/73 - NJW 1975, 1653 ff.

658 Vgl. § 15 DEMV; **Wurm/Wagner/Zartmann** (1989), 360.

659 Für einen Werkvertrag vgl. BGH 29.11.1973 - VII ZR 205/71 - WM 1974, 105 f.
Für einen Auftrag vgl. RG 5.7.1912 - III 63/12 - WarnR 1912, 402 Nr. 367.

660 A. A. für § 15 DEMV: **Dölle** (1936), 79.

schließlich einer etwaigen Abänderung, Ergänzung oder Aufhebung. Solange entweder ein Streit über den Inhalt der vertraglichen Beziehungen nicht besteht oder im Streitfall der Beweis anderweitig geführt werden kann, steht eine auf Beweissicherung ausgerichtete Schriftformklausel der Wirksamkeit einer formlosen Abänderung, Ergänzung oder Aufhebung nicht entgegen.[661] Kann der Beweis anderweitig geführt werden, so kommt es auf die Schriftformklausel nicht an.[662] Wenn mithin deutlich als Wille der Parteien erhellt, daß sie die Form bloß als ein Beweismittel gewollt haben, so ist die Schriftformklausel regelmäßig deklaratorischer Natur.[663]
In der Absicht der Parteien, stets sicheren Beweis über ihre vertraglichen Beziehungen zu haben, ist in der Regel aber zugleich das Bestreben enthalten, es gar nicht zu Rechtsstreitigkeiten kommen zu lassen und deshalb den Beweis durch eine Vertragsurkunde zu sichern;[664] der Form wird dann konstitutiver Charakter beigemessen.[665] Machen die Parteien die Wirksamkeit der Abänderung, Ergänzung oder Aufhebung von der Anwendung der Schriftform abhängig, so kann das zugleich zu Beweiszwecken geschehen: Man will nur das gelten lassen, was geschrieben ist, um es später mit einem Vertragsdokument beweisen zu können.[666] Dies ist bei Anstellungsverträgen üblicherweise, bei Mietverträgen überwiegend der Fall.[667]

---

661 **Kötz** (1967), 290 li. Sp.

662 Vgl. **Heldrich, K.** (1941), 125, nach dem die Nachholung der Form verlangt werden kann.

663 BGH 26.10.1966 - VIII ZR 173/65 - WM 1966, 1335.
Für die Schweiz: Gewerbegericht der Stadt Bern 14.12.1934 - SJZ 32 (1935/36), 45 Nr. 28; Cour d'appel de Berne Ire Chambre civ. 27.4.1926 - SJZ 25 (1928/29), 25 f Nr. 26.

664 OLG Königsberg 24.11.1939 - 2 U 205/39 - HRR 16 (1940), Nr. 349; OLG Düsseldorf 25.3.1977 - 16 U 169/76 - NJW 1977, 2216. **Tauber** (1905), 233 ff; **Roquette** (1940), 961 re. Sp.; ders. (1961), 128 f; **Larenz** (1989), 410; **Böhm** (1979), 432 Fn. 59.

665 BGH 17.1.1966 - II ZR 8/64 - NJW 1966, 826 f für Schriftformklauseln außerhalb von Personenhandelsgesellschaften.
Medicus (1993), Rn. 187a; **Körnig** (1972), 15.
A. A. **Kötz** (1967), 289 li. Sp., nach dem die Schriftformklausel einen vertraglichen Ausschluß des Zeugenbeweises enthält.

666 **Rutkowski** (1978), 33 f; **Siegel** (1914), 47.

667 Für einen Werkvertrag vgl. BGH 29.11.1973 - VII ZR 205/71 - WM 1974, 105 f.
Für einen Auftrag vgl. RG 5.7.1912 - III 63/12 - WarnR 1912, 402 Nr. 367.
Für einen Arbeitsvertrag vgl. BAG 10.1.1989 - 3 AZR 460/87 - NJW 1989, 2149 in fine f: Vorgenommene Änderungen sollen beweiskräftig festgestellt werden.

c) Übereilungsschutz

Wollen sich die Parteien vor einer vorschnellen Abänderung, Ergänzung oder Aufhebung schützen, so verfolgen sie mit der Schriftformklausel den Schutz vor Übereilung. Die Schriftlichkeit soll vor vorschneller, unüberlegter Gestaltung der Rechtsbeziehungen bewahren, was dazu führt, daß die Schriftformklausel regelmäßig konstitutiver Natur ist,[668] weshalb ihre Nichtwahrung Nichtigkeit zur Folge haben muß.[669] Im Unterschied zur Abschlußklausel dürfte bei der Schriftformklausel der Zweck des Schutzes vor Übereilung häufig vorkommen. Wesentlich dabei ist, daß zwischen dem ursprünglichen Vertrag und einer späteren, von der Schriftformklausel umfaßten Abrede eine gewisse zeitliche Distanz liegt.[670] So wird häufig mit einer Schriftformklausel in einem sichernden Versprechen wie der Bürgschaftsverpflichtung Schutz vor Übereilung bezweckt. Gleiches gilt für Anstellungsverträge, weil dort die Parteien vor übereilten Änderungsvereinbarungen bewahrt, schleichende Vertragsänderungen vermieden werden sollen.[671] Dagegen ist nicht ohne weiteres anzunehmen, daß in Mietverträgen eine Schriftformklausel auch dem Schutz vor Übereilung dienen soll, wodurch diese üblicherweise konstitutive Wirkung hätte. Letzteres wäre aber z. B. bei mehrjährigen Mietverträgen (§ 566 BGB) mit Blick auf einen Mieterwechsel der Fall, wenn die Schriftformklausel die - gesetzlich nicht an eine Form gebundene - einseitige Erklärung (Erlaubnis) des Vermieters mitumfaßt.[672] Dann ist die Schriftform-

---

668 **Körnig** (1972), 12; **Kötz** (1967), 290 li. Sp.; LAG Berlin als Vorinstanz zu BAG 10.1.1989 - 3 AZR 460/87 - NJW 1989, 2149 f, 2149 re. Sp. in fine, 2150 li. Sp.
A. A. **Schmidt-Salzer** (1968), 1257 re. Sp., welcher der Form bei bezwecktem Übereilungsschutz deklaratorischen Charakter zumißt. Ebenso: KG 3.5.1905, XIV. Ziv. Sen. - ROLG 12, 141 f.

669 **Heldrich, K.** (1941), 125.

670 **Reinhart** (1969), 98; ***Berner Kommentar*** - **Kramer**, Allgemeine Einleitung in das schweizerische Obligationenrecht, Rn. 160.

671 BAG 10.1.1989 - 3 AZR 460/87 - NJW 1989, 2149 in fine f.

672 Nach dem Kammergericht in einem Urteil vom 3.5.1905 (KG 3.5.1905, XIV. Ziv. Sen. - ROLG 12, 141 f) genügt hierfür die Klausel "Spätere Vereinbarungen zu diesem Vertrage sind nur dann gültig, wenn sie schriftlich getroffen sind" nicht, obgleich in casu Untermiete wie Abtretung der schriftlichen Genehmigung des Vermieters bedurften. Diese Genehmigung sei nämlich keine "spätere Vereinbarung zu dem Vertrage", sondern eine einseitige Erklärung (Erlaubnis) des Vermieters. Für sie sei die Erteilung in schriftlicher Form nur vorgesehen, um den Beweis dieser Genehmigung sicher zu stellen und im Interesse beider Teile Streitigkeiten darüber, ob sie erteilt sei oder nicht, abzuschneiden. Sofern

klausel regelmäßig vereinbart, um Mieter wie Vermieter vor einer vorschnellen Weitervermietung bzw. Erlaubnis zur Weitervermietung zu bewahren.

d) Erkennbarkeit für Dritte

Soll der Bestand des Vertrages jederzeit und zweifelsfrei auch für Dritte erkennbar sein, so bezwecken die Parteien mit der Schriftformklausel, es Dritten zu ermöglichen, von einer eventuellen künftigen Abänderung, Ergänzung oder Aufhebung Kenntnis zu nehmen. Dabei geht der Wille der Parteien dahin, Kenntnis der wirksamen, nicht allein der unschwer beweisbaren Vereinbarungen zu erlangen[673]. Diesem Zweck kann nur eine Schriftformklausel mit konstitutiver Wirkung genügen.[674]

Der Zweck der Erkennbarkeit für Dritte wird in der Regel nicht alleiniger Zweck sein, sondern oft in Verbindung mit anderen Zwecken, wie der Inhaltsklarheit und der Beweissicherung, vorkommen.

In einzelnen Fällen kommt bei Mietverträgen der Schutzzweck der Erkennbarkeit für Dritte in Betracht. Wird die Schriftformklausel in langfristigen Mietverträgen (§ 566 BGB) vereinbart,[675] ist dieser Schutzzweck üblicherweise mit konstitutiver Wirkung vereinbart, weil sich hier der Zweck des gewillkürten Formzwangs an dem des gesetzlichen orientiert.[676] Die Bestimmung des § 566 BGB will es dem späteren Grundstückserwerber im Hinblick auf § 571 BGB ermöglichen, sich vollständig über die auf ihn übergehenden Rechte und Pflichten des Mietvertrages zu unterrichten.[677] Die Rechtsprechung bestätigt, daß bei Schriftformklauseln, die in Mietverträ-

---

Vermieter und Mieter darüber einig seien, daß die Erlaubnis tatsächlich erteilt worden war, würde daher der Mangel der Schriftform nicht dahin führen können, die Wirksamkeit der Erlaubnis in Frage zu ziehen.
Diese Argumentation findet sich z. B. auch in dem Urteil des OLG Breslau vom 7.4.1930 wieder (OLG Breslau 7.4.1930 - 17 U 335/29 - JW 1930, 3244 re. Sp.).

673 **Körnig** (1972), 13 f.

674 **Boergen** (1971), 203; **Roquette** (1940), 962; **Larenz** (1989), 408.

675 Vgl. BGH 29.6.1966 - VIII ZR 163/64 - NJW 1966, 1705 ff.

676 RG 15.11.1907 - III 142/07 - WarnR 1908, 33, Nr. 38; Hanseatisches OLG Hamburg als Vorinstanz zu BGH 29.6.1966 - VIII ZR 163/64 - NJW 1966, 1705 ff; BGH 26.10.1966 - VIII ZR 173/65 - WM 1966, 1335.
Körnig (1972), 14 m. w. N. in Fn. 2 ff.

677 **Palandt/Putzo** (1993), § 566 Rn. 1; **Roquette** (1940), 962; **Erman/Brox** (1989), § 125 Rn. 1.

gen enthalten sind, anzunehmen ist, eine formlose Abänderung, Ergänzung oder Aufhebung sei gemäß § 125 Satz 2 BGB nichtig, sofern Erkennbarkeit für Dritte[678] bezweckt ist. Bei einem Werkvertrag kann zu anderen Zwecken noch die Erkennbarkeit für Dritte hinzukommen.[679]
Bei Darlehensverträgen gilt gleiches wie für Mietverträge, wobei hier der Schutzzweck der Erkennbarkeit für Dritte häufig in der Art und Weise, wie der Vertrag förmlich behandelt wird, zu Tage tritt, so z. B. durch Mehrfachkopien, die an unterschiedliche Adressaten zu deren Akten gehen.

Die Gesamtschau aller Zwecke und ihrer etwaigen Verbindung spiegelt die in der Bestimmung des § 125 Satz 2 BGB enthaltene Vermutung wider und entspricht ihr. Die Ermittlung des Willens der Parteien führt in der Regel zur Annahme, die Formabrede sei mit konstitutiver Wirkung vereinbart.[680]

2. Konkretisierung der Zwecke durch die Rechtsprechung

Im folgenden sollen vorerwähnte Zweckumschreibungen anhand der Kasuistik auf die wichtigsten Vertragstypen angewandt werden. Dabei erfolgt die Auseinandersetzung aufgrund von Entscheidungen, bei denen die Zwecke entweder aus der Schriftformklausel selbst oder aus dem Sachverhalt abgeleitet werden können.

a) Gebrauchsüberlassungsverträge

Im Urteil vom 26.10.1966[681] hatte der Bundesgerichtshof zu prüfen, welches die gegenseitigen Rechte und Pflichten der Parteien eines Mietvertrages seien. Die Frage war, ob der schriftliche Mietvertrag die vom Mieter zu übernehmenden weitergehenden Kosten

---

678 Vgl. KG 5.8.1939 - 17 U 2980/39 - DR 1940, 395, Nr. 4; BGH 29.6.1966 - VIII ZR 163/64 - NJW 1966, 1705 ff; BGH 2.7.1975 - VIII ZR 223/73 - NJW 1975, 1653 ff.
Vgl. für einen Pachtvertrag, bei dem die Erkennbarkeit für Dritte stärker in den Vordergrund tritt: BGH 20.3.1967 - VIII ZR 199/64 (nicht publiziert).

679 Vgl. BGH 29.11.1973 - VII ZR 205/71 - WM 1974, 105 f.

680 **Körnig** (1972), 18; **Teske** (1990), 76, 210.

681 BGH 26.10.1966 - VIII ZR 173/65 - WM 1966, 1335; vgl. § 2 A I 2. Zum Sachverhalt vgl. Fn. 410.

schon dem Grunde nach regelte.[682] Dann stellte sich die spätere mündliche Vereinbarung als Leistungskonkretisierung und nicht als Verstoß gegen die im Mietvertrag vereinbarte Schriftformklausel dar. In seinen Begründungen führt das oberste Zivilgericht nicht ganz unmißverständlich aus, durch die formlose Ergänzungsvereinbarung und die tatsächliche Leistungsbewirkung sei die Schriftformklausel *insoweit hinfällig* geworden. Fraglich ist, ob es auf die Schriftformklausel überhaupt ankam und gegebenenfalls, welche Zwecke mit ihr verfolgt waren. Der Bundesgerichtshof hat Feststellungen hierzu nicht getroffen. Kam es auf die Schriftformklausel an, so ist dieser wahrscheinlich konstitutive Wirkung beigemessen worden, da Schriftformklauseln in Mietverträgen regelmäßig den Zweck der Inhaltsklarheit verfolgen. Dann wäre Nichtigkeit der späteren Ergänzungsvereinbarung infolge Verstoßes gegen die Bestimmung des § 125 Satz 2 BGB anzunehmen gewesen.
In seinem Urteil vom 10.12.1974[683] hatte das Oberlandesgericht Frankfurt a. M. darüber zu befinden, ob den Mietern vom früheren Vermieter mündlich und für die Zukunft wirksam gestattet worden war, die Miete jeweils erst zwei Monate nach Fälligkeit zu zahlen. Das Gericht hatte zu prüfen, ob die Schriftformklausel stillschweigend aufgehoben werden konnte; dies hängt zunächst davon ab, ob eine mündliche Abrede überhaupt getroffen wurde und, sollte dem so gewesen sein, von den mit der Schriftformklausel verfolgten Zwecken. Es liegt nahe, anzunehmen, daß in casu mit der Schriftformklausel Inhaltsklarheit, Beweissicherung und Erkennbarkeit für Dritte bezweckt wurde. Dies rechtfertigt ferner anzunehmen, die mündliche Abrede - sollte sie tatsächlich getroffen worden sein - sei nichtig, weshalb auch nicht mehr auf die durch Ergänzungsklausel qualifizierte Schriftformklausel hätte abgehoben werden müssen.
In der Entscheidung vom 2.6.1976[684] hatte sich der Bundesgerichtshof mit einer qualifizierten Schriftformklausel in einem Mietvertrag zwischen Kaufleuten zu befassen, wobei die Frage zu beantworten war, ob die Geschäftsführer der Vermieterin ein wirksames Angebot zur Aufhebung des Mietvertrages gemacht hatten oder nicht. Dabei

---

682 In casu hatte das Berufungsgericht OLG München 8.6.1965 (nicht publiziert) festgestellt, die Parteien seien beim Abschluß des Mietvertrages übereingekommen, daß der Mieter noch erhebliche zusätzliche finanzielle Leistungen erbringen müßte.

683 OLG Frankfurt a. M. 10.12.1974 - 5 U 62/74 - MDR 1975, 488; vgl. § 2 A I 2. Zum Sachverhalt vgl. Fn. 493.

684 BGH 2.6.1976 - VIII ZR 97/74 - BGHZ 66, 378 ff; vgl. § 2 A I 2. Zum Sachverhalt vgl. Fn. 499.

stellte das Gericht fest, eine Schriftformklausel diene dem Zweck, immer Klarheit über den Vertragsinhalt zu haben, was bei Schriftformklauseln in Mietverträgen regelmäßig zutrifft. Es versäumte aber zu prüfen, ob das von der Mieterin behauptete mündliche Angebot auf Mietvertragsaufhebung wegen des mit der Schriftformklausel verfolgten Zwecks nichtig sei. Zwar stellt sich der Bundesgerichtshof im dogmatischen Ansatzpunkt auf den Boden von § 125 Satz 2 BGB; fragwürdig ist aber, warum sich das Gericht nicht auf diese Bestimmung, sondern auf Rechtsprechung und Schrifttum beruft, wenn es ausführt, mündliche Absprachen seien auch bei Vereinbarung einer konstitutiven Schriftformklausel wirksam. Dies ist umso eigenartiger, als dort der Ansatzpunkt der Bestimmung des § 125 Satz 2 BGB überwiegend nicht gesehen, sondern von der Annahme ausgegangen wurde, die Parteien könnten kraft Vertragsfreiheit die Schriftformklausel in den Vertrag aufnehmen, weshalb sie diese auch jederzeit wieder formlos aufheben könnten.
Im Falle eines Darlehensvertrages hatte der Bundesgerichtshof in seinem Urteil vom 22.4.1982[685] die Frage zu beantworten, ob die Tilgungsleistungen, statt auf das Konto des Darlehensgebers selbst - wie im Darlehensvertrag, der eine Schriftformklausel enthielt, vereinbart - auf das einer Personenhandelsgesellschaft, an welcher der Darlehensgeber beteiligt war, wirksam erbracht werden konnten. Dies hängt davon ab, ob die dahingehende mündliche Vereinbarung zwischen Darlehensgeber und -nehmer wirksam war. Das Berufungsgericht - das Oberlandesgericht Koblenz[686] - stellte fest, das Sicherungsinteresse der Bank und ihr Interesse an der Erkennbarkeit stünden im Vordergrund, weil sie auf den Darlehensurkunden, wonach Vertragsänderungen ihrer Zustimmung bedurften, ihre

685 BGH 22.4.1982 - III ZR 122/80 - WM 1982, 902 f.
Vertragsparteien hatten in einem Darlehensvertrag vereinbart, daß Zins- und Tilgungsleistungen auf ein bestimmtes Konto des Darlehensgebers bei der R.-Bank zu erfolgen hatten; bei Zahlungen in anderer Form sollte keine befreiende Wirkung eintreten. Der Darlehensvertrag enthielt eine Schriftformklausel, daß Änderungen des Vertrages nur schriftlich und mit ausdrücklicher Zustimmung der R.-Bank möglich sein sollten; die R.-Bank vermerkte auf der Vertragsurkunde, daß sie Kenntnis genommen habe. Zins- sowie Tilgungsraten wurden zwar der R.-Bank geleistet, jedoch zugunsten des Kontos einer Personenhandelsgesellschaft, an welcher der Darlehensgeber beteiligt war. Der Darlehensnehmer beruft sich darauf, er habe später mit dem Darlehensgeber mündlich vereinbart, Forderungen des Darlehensgebers mit eigenen gegen die Personenhandelsgesellschaft verrechnen zu können. Er klagt auf Feststellung, dem Darlehensgeber stünden keine Forderungen gegen ihn zu.

686 OLG Koblenz 19.6.1980 - 5 U 15/79 (nicht publiziert).

Kenntnisnahme schriftlich vermerkt hatte. Das Berufungsgericht erklärte die vorgenommene Tilgung deshalb für unwirksam. Der Bundesgerichtshof entschied gegenteilig. Er berücksichtigte in seinen Ausführungen die Bestimmung des § 125 Satz 2 BGB nicht, obgleich das Oberlandesgericht Koblenz durch seine Begründungen hierzu durchaus Anlaß gab. Hätte der Bundesgerichtshof die Erkennbarkeit für Dritte als Zweck der Schriftformklausel festgestellt - und nicht nur auf eine nach ihm unbeachtliche Vertragszielsetzung zugunsten eines Dritten abgehoben -, so wäre er schwerlich umhin gekommen, die Art der Tilgung für unwirksam zu erklären.

b) Verträge über geschuldete Tätigkeiten

Im Urteil vom 26.11.1964[687] stellte der Bundesgerichtshof bei einem Vertretervertrag fest, die Schriftformklausel habe den Zweck der Inhaltsklarheit. Dessenungeachtet nahm das oberste Zivilgericht den Standpunkt ein, die Bindung der Parteien an die von ihnen vereinbarte Schriftformklausel könne nur so lange bestehen bleiben, solange und soweit sie einen anderen Willen nicht zum Ausdruck brächten. Dabei stimmt der Bundesgerichtshof der Revision zu, daß folglich der Zweck der Schriftformklausel, immer Klarheit über den Inhalt des Vertrages zu haben, häufig nicht erreicht werde. Diesen Umstand hätten sich die Parteien selbst zuzuschreiben, wenn sie übereinstimmend von der Beachtung der Schriftformklausel absehen. Nach der in vorliegender Abhandlung vertretenen Ansicht verlangt der Zweck der Inhaltsklarheit bei Anstellungs- und Dienstverträgen in der Regel die konstitutive Form. Gründe für die Annahme, in casu komme der Schriftformklausel lediglich deklaratorische Wirkung zu, sind nicht ersichtlich. Es wäre folglich zu prüfen gewesen, ob die Aufhebung der Spesenregelung aufgrund des mit der Schriftformklausel verfolgten Zwecks der Inhaltsklarheit nichtig ist. daß der Bundesgerichtshof dies unterließ, ist vor allem deshalb erstaunlich, weil er im Leitsatz der Entscheidung auf diese Bestimmung hinweist und es in einem Klammerzusatz heißt, dieses Urteil stelle

---

687 BGH 26.11.1964 - VII ZR 111/63 - NJW 1965, 293.
In einem schriftlichen Vertretervertrag, der eine Schriftformklausel enthielt, wurde vereinbart, der Vertreter solle seine Reisespesen ersetzt erhalten. Diese Spesenregelung wurde nach den Feststellungen des Berufungsgerichts (OLG Frankfurt a. M.) später mündlich aufgehoben. Nach Beendigung des Vertragsverhältnisses verlangte der Vertreter Ersatz nicht bezahlter Spesen und berief sich u. a. auf die Schriftformklausel.

eine Ergänzung der Entscheidung vom 20.6.1962[688] dar, in der sich das oberste Zivilgericht erstmals mit der einschlägigen Rechtsfrage befaßte und versuchte - wenn auch nur nebenbei - diese gemäß § 125 Satz 2 BGB zu beurteilen.[689]
Im Urteil des Bundesarbeitsgerichts vom 10.1.1989[690] ging es um die Frage, ob die Parteien eines Arbeitsvertrages ein nachvertragliches Wettbewerbsverbot, das im schriftlich abgeschlossenen Vertrag, der eine Schriftformklausel enthielt, vereinbart war, durch mündliche Vereinbarung aufheben konnten. Das Gericht führte aus, die Parteien könnten bei einer Vertragsänderung zugleich den Schriftformzwang aufheben. Mit Hinweis auf die Ausführungen der Vorinstanz, des Landesarbeitsgerichts Berlin, führte es weiter aus, es sei seit jeher umstritten, ob die abändernde Vereinbarung mit dem ausdrücklichen Willen, die mündlich getroffene Abrede solle ungeachtet der Schriftformklausel gelten, verabredet werden müsse. Obgleich die Auffassung des Landesarbeitsgerichts manche Gründe der Rechtssicherheit für sich habe, könne aus Gründen der Privatautonomie und Praktikabilität nicht von der mittlerweile anerkannten Rechtsprechung des Bundesarbeitsgerichts und Bundesgerichtshofs abgewichen werden, wonach es ausreichend sei, daß die Parteien die Maßgeblichkeit der mündlichen Vereinbarung übereinstimmend gewollt hätten. Diese Begründung ist umso bedauerlicher, als das Landesarbeitsgericht von den mit der Schriftformklausel verfolgten Zwecken ausgegangen ist; nach seinen Feststellungen ging es den Parteien nämlich primär darum, schleichende Vertragsänderungen zu vermeiden und vorgenommene Änderungen beweiskräftig festzustellen sowie sich vor übereilten Änderungsverträgen zu bewahren. Legt man diese vom Landesarbeitsgericht präzisierten Zwecke zugrunde, so kommt man zu einer konstitutiven Wirkung der Schriftformklausel und sodann kaum umhin, Nichtigkeit der mündlichen Absprache anzunehmen.
Im Beschluß des Bundesfinanzhofs vom 31.7.1991[691] ging es um die Frage, ob eine mündlich vereinbarte Gehaltserhöhung trotz der im zugrundeliegenden Geschäftsführervertrag enthaltenen qualifizierten Schriftformklausel wirksam war. Der Bundesfinanzhof geht von

---

688 BGH 20.6.1962 - V ZR 157/60 - NJW 1962, 1908 f; vgl. § 2 A I 2. Zum Sachverhalt vgl. Fn. 407.

689 Zur Frage, ob in casu ein Erlaßvertrag (§§ 397, 140 BGB) vorliegt, vgl. § 5 B II 3 a.

690 BAG 10.1.1989 - 3 AZR 460/87 - NJW 1989, 2149 f; vgl. § 2 A I 2.

691 BFH 31.7.1991 - I S 1/91 - BStBl. II 1991, 933 f, 934 re. Sp.; vgl. §§ 2 A I 2; 3 E IV.

einem völlig anderen Ansatz als z. B. Bundesgerichtshof und Bundesarbeitsgericht in den vorgenannten Entscheidungen[692] an die Materie heran. Die vereinbarte Ergänzungsklausel - eine Befreiung von der Schriftform durch mündliche Vereinbarung sei unwirksam - macht nach dem Bundesfinanzhof die mündliche Gehaltserhöhung gemäß § 125 Satz 2 BGB nichtig, weil maßgeblicher Zeitpunkt für die Festlegung der Rechtsfolge der sei, zu dem der die Schriftformklausel enthaltende Geschäftsführervertrag abgeschlossen wurde. Der Bundesfinanzhof geht also davon aus, die Schriftformklausel habe konstitutive Wirkung, was - wie zu dem Urteil des BGH vom 26.11.1964[693] vorne ausgeführt - bei Anstellungs- und Dienstverträgen regelmäßig der Fall ist. Ebenso wie das Bundesarbeitsgericht in vorerwähnter Entscheidung vom 10.1.1989[694] stützt sich der Bundesfinanzhof auf die Privatautonomie; im Unterschied zu jener wertet er jedoch die Verbindlichkeit der Schriftformklausel nicht etwa als eine Einschränkung, sondern als die volle Anerkennung der Privatautonomie.[695] Die Begründung des Bundesfinanzhofs steht der zahlreicher anderer Entscheidungen von Reichsgericht und Bundesgerichtshof diametral entgegen.[696] Wenn ihm beizupflichten ist, dann allerdings unter der Maßgabe, daß nach hier vertretener Ansicht die einfache Schriftformklausel, sofern sie selber die Rechtsfolge der Nichtigkeit bei ihrer Nichtbeachtung ausdrücklich oder gemäß Auslegung (§§ 157, 133 BGB) vorschreibt, zum gleichen Ergebnis führt.

c) Sichernde Versprechen (Bürgschaft)

Der Bundesgerichtshof hatte im Urteil vom 19.9.1966[697] zu klären, ob eine spätere mündliche Absprache zu einem zwischen

---

692 BGH 26.11.1964 - VII ZR 111/63 - NJW 1965, 293; BAG 10.1.1989 - 3 AZR 460/87 - NJW 1989, 2149 f.

693 BGH 26.11.1964 - VII ZR 111/63 - NJW 1965, 293. Zum Sachverhalt vgl. Fn. 687.

694 BAG 10.1.1989 - 3 AZR 460/87 - NJW 1989, 2149 f.

695 Vgl. **Medicus** (1992), Rn. 643 in fine.

696 RG 23.11.1910 - III 203/10 - JW 1911, 94, Nr. 15; BGH 26.11.1964 - VII ZR 111/63 - NJW 1965, 293; BGH 26.10.1966 - VIII ZR 173/65 - WM 1966, 1335; vgl. § 2 A I 2.

697 BGH 19.9.1966 - VIII ZR 106/64 - JZ 1967, 287 f.
Ein selbstschuldnerischer Bürgschaftsvertrag (die Bürgschaftserklärung wurde von einem Vollkaufmann im Rahmen eines Handelsgeschäfts abgegeben) war entgegen der vereinbarten Schriftformklausel mündlich dahingehend abgeändert worden, daß die Verpflichtung aus dem Bürgschaftsvertrag auf die Wirkung einer bloßen Ausfallbürgschaft eingeschränkt wurde. Dabei wies die mündliche Abänderung die Besonderheit auf, daß der Antrag auf Änderung der Bürgschaft

Kaufleuten (§§ 350, 343 Abs. 2 HGB)[698] geschlossenen Bürgschaftsvertrag, der eine Schriftformklausel enthielt, nichtig war. Im Gegensatz zum Bundesgerichtshof erachtete das erstinstanzliche Landgericht diese nachträgliche Abrede als nichtig, weil mit der Schriftformklausel zumindest auch der Schutz vor Übereilung bezweckt war. Dieser Zweck konnte in casu durchaus angenommen werden, denn der Umstand, daß die Parteien für die Einschränkung der Bürgschaftsverpflichtung, die an sich formfrei wirksam ist,[699] Schriftform vorschreiben, läßt vermuten, sie wollten nicht vorschnell durch mündliche Abreden, welche die Bürgschaft abändern (einschränken), ihre Rechtsbeziehungen gestalten. Wenn das oberste Zivilgericht ausführt, es entspreche ständiger, vom Schrifttum gebilligter Rechtsprechung, daß Vertragsparteien auch eine ausdrückliche Vereinbarung aufheben könnten, so ist dies insofern bedenklich, als sowohl in der Rechtsprechung[700] als auch im rechtswissenschaftlichen Schrifttum[701] Abweichendes vertreten wird. Überdies wird die Entscheidung des Bundesgerichtshofs vom 20.6.1962[702] zitiert, eine Entscheidung, in der klar ausgeführt wird, die Frage der Wirksamkeit der formlosen Änderung des die Schriftformklausel enthaltenden Vertrages beurteile sich nach § 125 Satz 2 BGB.[703]

d) Personenhandelsgesellschaften des Handelsgesetzbuches

Im Fall einer offenen Handelsgesellschaft, in dem es um das Ausscheiden eines Gesellschafters aus der Gesellschaft ging, erklärte

---

schriftlich, die Annahme der Änderungsofferte mündlich erfolgte. Nachdem andere Sicherheiten zur Abdeckung der Verbindlichkeiten nicht ausreichten, klagt die Bürgschaftsnehmerin aus dem ursprünglichen Bürgschaftsvertrag und beruft sich, was die nur mündlich vereinbarte Ausfallbürgschaft betrifft, auf die Schriftformklausel.

698 **Palandt/Thomas** (1993), § 766 Rn. 5.

699 BGH 15.5.1986 - IX ZR 96/85 - NJW 1986, 3131 ff, 3132 re. Sp. m. w. N.; **Palandt/Thomas** (1993), § 766 Rn. 4.

700 OLG Braunschweig 27.10.1911, I. Ziv. Sen. - ROLG 24, 355; LG Schweinfurt und OLG Bamberg (12.1.1967) als Vorinstanzen zu BGH 5.2.1968 - II ZR 85/67 - BGHZ 49, 364 ff; OLG Koblenz als Vorinstanz zu BGH 29.11.1973 - VII ZR 205/71 - WM 1974, 105 f sowie zu BGH 22.4.1982 - III ZR 122/80 - WM 1982, 902 f.

701 **Kötz** (1967), 288, argumentiert gegen dieses Urteil des Bundesgerichtshofs, die Meinungen seien nicht so einheitlich wie dargestellt; vor allem bestünden gegen die sehr weit gefaßte Formulierung zur stillschweigend-nachträglichen Außerkraftsetzung von Schriftformklauseln Bedenken.

702 BGH 20.6.1962 - V ZR 157/60 - NJW 1962, 1908 f.

703 Zur Frage, ob in casu ein Erlaßvertrag (§§ 397, 140 BGB) vorliegt, vgl. § 5 B II 3 b.

der Bundesgerichtshof mit Urteil vom 5.2.1968[704], die in § 125 Satz 2 BGB enthaltene Auslegungsregel sei angesichts der besonderen Verhältnisse, die für eine offene Handelsgesellschaft maßgeblich seien, nicht anwendbar.[705] In einem Gesellschaftsvertrag enthalte eine Schriftformklausel keine Wirksamkeitsvoraussetzung, sondern diene lediglich der Klarstellung und sei deshalb nur deklaratorischer Natur.[706]

Ein Fortschritt gegenüber der früheren Entscheidung des Bundesgerichtshofs vom 19.9.1966[707] ist seine Erwägung, es sei nach Maßgabe des § 125 Satz 2 BGB zu entscheiden, ob eine formlose Abänderung, Ergänzung oder Aufhebung des eine Schriftformklausel enthaltenden Vertrages wirksam oder unwirksam ist. Er kommt dann allerdings zum Ergebnis, diese Auslegungsregel könne nicht auf eine offene Handelsgesellschaft angewendet werden.[708] Bei einer solchen bestehe nämlich die Notwendigkeit der Anpassung an die sich ständig ändernden wirtschaftlichen Verhältnisse, was das Bedürfnis nach Änderungen des Gesellschaftsvertrages mit sich bringe, weshalb es sich verbiete, formlose Abänderungen nach der harten Regel des § 125 Satz 2 BGB auszulegen; für diese Auslegungsregel sei im Bereich der offenen Handelsgesellschaft kein Raum.[709] Es scheint, der Bundesgerichtshof habe hier einen Gesichtspunkt ins Feld

---

704 BGH 5.2.1968 - II ZR 85/67 - BGHZ 49, 364 ff.
Der Gesellschaftsvertrag einer OHG enthielt u. a. die Schriftformklausel, daß Vertragsänderungen der Schriftform bedurften. Der erste Gesellschafter stellte seine Mitarbeit in dem Unternehmen Anfang Oktober eines Jahres ein. Der zweite Gesellschafter behauptete, der erste sei Anfang Januar des folgenden Jahres aus der Gesellschaft ausgeschieden. Das sei durch eine mündliche Erklärung des ersten Gesellschafters gegenüber einem Mittelsmann geschehen, die er, der zweite Gesellschafter, angenommen habe. Der erste Gesellschafter bestritt, gegenüber dem Mittelsmann sein Ausscheiden angeboten zu haben, und hält überdies eine bloß mündlich getroffene Vereinbarung zufolge der Schriftformklausel für unwirksam; er beantragt Feststellung, daß er noch Gesellschafter sei.

705 Dabei gibt der Bundesgerichtshof klar zu erkennen, daß er für Fälle außerhalb des Rechts der Personengesellschaften den Feststellungen der beiden Vorinstanzen, LG Schweinfurt und OLG Bamberg, beipflichtet, welche die formlose Aufhebung eines Gesellschaftsvertrages einer offenen Handelsgesellschaft an der in diesem enthaltenen Schriftformklausel scheitern ließen.

706 Im Ansatz ebenso für eine GmbH & Co. KG: OLG Düsseldorf 23.3.1977 - 16 U 169/76 - NJW 1977, 2216. Zum Sachverhalt vgl. Fn. 497.

707 BGH 19.9.1966 - VIII ZR 106/64 - JZ 1967, 287. Zum Sachverhalt vgl. Fn. 697.

708 Vgl. **Fischer, R.** (1968), vor 1. Nach ihm hat diese Entscheidung die rechtssystematische Bedeutung, daß eine gesetzliche Auslegungsregel in einem bestimmten Umfang für nicht anwendbar erklärt werde.

709 Nach **Hueck** (1968), 1207 re. Sp., 2. ist diese Begründung auch auf die Kommanditgesellschaft und auf die BGB-Gesellschaft entsprechend anwendbar.

geführt, der in einzelnen Fällen im Rahmen von § 242 BGB (Fallgruppe der unzulässigen Rechtsausübung wegen früheren Verhaltens) Beachtung finden mag.[710] Mit diesen richtigen Überlegungen ist er freilich übers Ziel hinaus geschossen, indem er zum Ergebnis kommt, bei einem Gesellschaftsvertrag, der eine Schriftformklausel enthalte, sei *stets* anzunehmen, die formlose Änderung dieses Vertrages führe nicht zur Nichtigkeit des Änderungsrechtsgeschäftes. Auch im Recht der Personenhandelsgesellschaften gilt nämlich Vertragsfreiheit und mit dieser ist es nicht vereinbar, daß der Bundesgerichtshof seine Wertung der lebensmäßigen Gegebenheiten dem individuellen Vertragswillen überordnet.[711] Realistischer erscheint *Sudhoffs*[712] Ansicht, ein Vertrag, der für längere Zeit gelten soll und der regelmäßig zahlreiche auf den Einzelfall abgestellte Abreden enthalte, könne nur in schriftlicher Form richtig funktionieren.

II. Der für die Konkretisierung der Zwecke maßgebliche Zeitpunkt

Die Frage ist, welcher Zeitpunkt für die Konkretisierung der mit der Schriftformklausel verfolgten Zwecke maßgeblich ist.

Kommt es auf den Zeitpunkt des Änderungsrechtsgeschäftes an, so sind frühere Festlegungen der Parteien in dem Vertrag, der die Schriftformklausel enthält, unbeachtlich: Das formlose Änderungsrechtsgeschäft setzt sich an die Stelle der früheren Vereinbarung und ist wirksam. Kommt es auf den Zeitpunkt des Abschlusses des die Schriftformklausel enthaltenden Vertrages an, so gehen spätere Vereinbarungen der Parteien ins Leere: Das formlose Änderungsrechtsgeschäft ist bei mit konstitutiver Wirkung vereinbarter Schriftformklausel nichtig.

1. Entstehungsgeschichte

Die Auswertung der Materialien zum Bürgerlichen Gesetzbuch hat ergeben, daß die Worte "im Zweifel" der Entwurfsbestim-

---

710 Vgl. **Gernhuber** (1991), 170; **Hueck** (1968), 1209.
Zur Frage, ob in casu ein Erlaßvertrag (§§ 397, 140 BGB) vorliegt, vgl. § 5 B II 3 b.

711 **Tiefenbacher** (1968), 608.

712 **Sudhoff** (1985), 514.

mung I § 91 Abs. 2 Satz 2 mit den Worten "sofern nicht ein Anderes vorgeschrieben ist" der Entwurfsbestimmung I § 91 Abs. 2 Satz 1 bedeutungsgleich sind.[713] Bei letzterer stellte der historische Gesetzgeber des Bürgerlichen Gesetzbuches zu der Beantwortung der Frage, ob ein Anderes vorgeschrieben ist, auf den Zeitpunkt der ursprünglichen Vereinbarung ab. Wie der rechtshistorische Rückblick belegt, kann bei den Worten "im Zweifel" von I § 91 Abs. 2 Satz 2 ebenfalls nur von diesem, nämlich dem der Vereinbarung der Schriftformklausel, ausgegangen werden. Der historische Gesetzgeber des Bürgerlichen Gesetzbuches ließ sich von dem Gedanken leiten, daß Vertragsparteien nur zu diesem Zeitpunkt eine exakte Vorstellung darüber haben, zu welchem Zweck sie die Schriftformklausel vereinbaren.[714] Desweiteren erhält Gewicht, daß es der Gesetzgeber bis heute nicht unternommen hat, eine Vorschrift einzuführen, die auf den (späteren) Zeitpunkt des Änderungsrechtsgeschäftes abstellte.[715]

2. Rechtsprechung und rechtswissenschaftliches Schrifttum

Rechtsprechung und Stimmen im rechtswissenschaftlichen Schrifttum, die davon ausgehen, eine vereinbarte konstitutive Schriftformklausel könne nur schriftlich aufgehoben werden,[716] bestätigen das aus der Untersuchung der Entstehungsgeschichte hervorgegangene Resultat. Bemerkenswert ist dabei, mit welch' fragwürdigen Konstruktionsversuchen - wie etwa *vertraglicher Verfassungsnorm*[717] oder *pacta sunt servanda*[718] - das teilweise begründet wird. Dazu konnte es deshalb kommen, weil über die Jahre die Entstehungsgeschichte von § 125 Satz 2 BGB in Vergessenheit geriet.

---

713 Vgl. § 4 AA II 3 cb.

714 Vgl. § 4 AA II 3 cb.

715 Auch der im Rahmen einer neuen, im weiteren Verlauf nicht zustandegekommenen Kodifikation unterbreitete Gesetzesvorschlag *Karl Heldrichs* hätte beispielsweise eher nicht dahingehend verstanden werden können, es sei auf den späteren Zeitpunkt abzustellen. Der Wortlaut seines Gesetzesvorschlags (§ 11 Abs. 2) betrifft nämlich den Vertragsabschluß, was aus den Worten "haben binden wollen" erhellt: Aufhebung und Änderung sind Gestaltungsrechtsgeschäfte, sie bewirken keine Bindung (**Adomeit** (1969), 14 f). Dieser Gesetzesvorschlag (§ 11 Abs. 2) lautete: "Haben die Parteien trotz vereinbarter Formvorschrift eine formlose Vereinbarung getroffen, durch die sie sich nachweisbar haben binden wollen, so ist diese Vereinbarung gültig": **Heldrich, K.** (1941), 127.

716 Zur einfachen Schriftformklausel vgl. die Hinweise in Fn. 425 f; § 3 E I.
Zur qualifizierten Schriftformklausel vgl. die Hinweise in Fn. 482 f ; § 3 E IV.

717 **Eisner** (1969), 120 li. Sp. und 121 li. Sp.; vgl. § 3 E II.

718 **Oswald** (1960), 199 li. Sp.; vgl. § 3 E I.

Im Ansatz richtig ist die - allerdings auf der gegenteiligen Ansicht, nach der die Schriftformklausel formlos aufgehoben werden könne, aufbauende - Begründung *Gernhubers*, die Formbindung sei [ergänze: zum Zeitpunkt ihrer Vereinbarung] um bestimmter Zwecke willen verabredet worden, weshalb nicht schlicht die spätere Vereinbarung der Parteien der früheren vorzuziehen sei.[719]
Für die Entscheidung des Oberlandesgerichts Braunschweig vom 27.10.1911,[720] des Oberlandesgerichts Frankfurt a. M. vom 10.12.1974[721] und des Oberlandesgerichts Düsseldorf vom 25.3.1977[722] folgt dieses Resultat, daß auf den Zeitpunkt der Vereinbarung der Schriftformklausel abzustellen ist, aus der *vorgängigen bindenden Parteifestsetzung* (so das Oberlandesgericht Braunschweig[723]) bei Vertragsabschluß. Diese bewirke, so das Oberlandesgericht Frankfurt a. M.,[724] daß den Parteien der Einwand genommen sei, Ansprüche, die sich aus dem schriftlichen Mietvertrag ergeben, seien aufgrund mündlicher Vertragsänderung nicht oder nicht in der vorgesehenen Weise zu erfüllen. Für die Entscheidung des Bundesgerichtshofs vom 2.6.1976[725] folgt es aus der Begründung, bei Verträgen zwischen Kaufleuten könne eine *starre* Bindung an die Form bewirkt werden, was gerade im Hinblick auf die Vertragsfreiheit strikte Beachtung verdiene. Bei dem Urteil des Bundesgerichtshofs vom 22.4.1982[726] aus der, mit der Vereinbarung der Schriftformklausel sei eine - nach dem Bundesgerichtshof unbeachtliche - bloße Vertragszielsetzung zu Gunsten eines Dritten bezweckt worden. Ferner rekurriert der Bundesgerichtshof in dem Urteil vom 17.4.1991[727] auf die Vorstellungen, welche die - von den beim Änderungsrechtsgeschäft personenverschiedenen - Vertreter der Vertragsparteien bei Vertragsabschluß hatten. Prononciert hebt

---

719 **Gernhuber** (1989), 631 in fine f; vgl. § 3 C.
720 OLG Braunschweig 27.10.1911, I. Ziv. Sen. - ROLG 24, 355; vgl. §§ 2 A I 2; 3 E I.
721 OLG Frankfurt a. M. 10.12.1974 - 5 U 62/74 - MDR 1975, 488; vgl. §§ 2 A I 2; 3 E IV. Zum Sachverhalt vgl. Fn. 493.
722 OLG Düsseldorf 25.3.1977 - 16 U 169/76 - NJW 1977, 2216; vgl. §§ 2 A I 2; 3 E IV. Zum Sachverhalt vgl. Fn. 497.
723 OLG Braunschweig 27.10.1911, I. Ziv. Sen. - ROLG 24, 355.
724 OLG Frankfurt a. M. 10.12.1974 - 5 U 62/74 - MDR 1975, 488.
725 BGH 2.6.1976 - VIII ZR 97/74 - BGHZ 66, 378 ff, 382; vgl. §§ 2 A I 2; 3 E IV. Zum Sachverhalt vgl. Fn. 499.
726 BGH 22.4.1982 - III ZR 122/80 - WM 1982, 902 f; vgl. § 2 A I 2. Zum Sachverhalt vgl. Fn. 685.
727 BGH 17.4.1991 - XII ZR 15/90 - NJW-RR 1991, 1289 f; vgl. § 2 A I 2. Zum Sachverhalt vgl. Fn. 505.

das Bundesarbeitsgericht im Urteil vom 10.1.1989[728] auf das formsetzende Rechtsgeschäft ab und bemerkt, nach § 125 Satz 2 BGB sei ein Rechtsgeschäft, das der durch Rechtsgeschäft bestimmten Form ermangele, nichtig. Der Bundesfinanzhof stellt sich auf denselben Standpunkt, indem er in der Entscheidung vom 31.7.1991[729] ausführt, mit der in dem Geschäftsführervertrag vereinbarten Formel, eine Befreiung von der Schriftform durch mündliche Vereinbarung sei unwirksam, hätten die Vertragschließenden die Rechtsfolge von § 125 Satz 2 BGB für eine nur mündlich abgeschlossene Vertragsänderung ausdrücklich vereinbart.

Diese exemplarisch genannten Entscheidungen verdeutlichen, daß - seit Inkrafttreten des Bürgerlichen Gesetzbuches - einzelne Instanzgerichte ebensowohl wie Bundesgerichtshof, Bundesarbeitsgericht und Bundesfinanzhof den Abschlußzeitpunkt der Schriftformklausel als maßgeblich für die Bindung und Vertragsfreiheit erachten.[730] Sie bestätigen, daß es bei der Vereinbarung der Schriftformklausel nach § 125 Satz 2 BGB auf den Zeitpunkt dieser Vereinbarung ankommt, ist sie doch Bestandteil des Rechtsgeschäftes. Zweifel bestehen folglich nur hinsichtlich dessen, was die Parteien zum Zeitpunkt der Vereinbarung der Formabrede gewollt haben.[731] Anders die Rechtslage in den Fällen des § 154 BGB. Dort kommt es nicht etwa auf den Zeitpunkt der Erklärung (im Falle des ersten Absatzes) oder der Verabredung (im Falle des zweiten Absatzes) an, sondern jeweils auf den Zeitpunkt, zu dem möglicherweise der Vertrag formlos abgeschlossen wurde: Sonst gäbe die Bestimmung des § 154 BGB keinen Sinn.

Selbst die Entscheidungen[732] und zum Teil die Meinungen im rechtswissenschaftlichen Schrifttum[733], die auf der Wirksamkeit des formlosen Änderungsrechtsgeschäftes aufbauen, bestätigen regelmäßig den Zeitpunkt des Abschlusses des die Schriftformklausel enthaltenden Vertrages als maßgeblich für die Festlegung der mit ihr verfolgten Zwecke, allerdings unter der Maßgabe, das formlose

---

728 BAG 10.1.1989 - 3 ZR 460/87 - NJW 1989, 2149 f; vgl. § 2 A I 2.

729 BFH 31.7.1991 - I S 1/91 - BStBl. II 1991, 933 f, 934 re. Sp.; vgl. §§ 2 A I 2; 3 E IV.

730 Vgl. **Reinicke** (1976), 2290 re. Sp.

731 **Böhm** (1979), 432 in fine.

732 Z. B. BayOblG 19.6.1903 - Recht 1903, 359, Nr. 1942; BGH 20.6.1962 - V ZR 157/60 - NJW 1962, 1908 f; BGH 26.11.1964 - VII ZR 111/63 - NJW 1965, 293; BGH 26.10.1966 - VIII ZR 173/65 - WM 1966, 1335; vgl. § 2 A I 2.

733 ***Alternativkommentar* - Hart**, § 125 Rn. 12.

Änderungsrechtsgeschäft oder dessen Vollzug mache die vorgängig vereinbarten Zwecke obsolet.
Aus der Rechtsprechung, die auf den (späteren) Zeitpunkt der formlosen Absprache abstellt, kann mithin nicht auf einen Wandel der Rechtsüberzeugung geschlossen werden, der im Wege richterlicher Rechtsfortbildung eine andere Rechtslage geschaffen hätte. Die selbst bei Geltung des Bürgerlichen Gesetzbuches vertretene Ansicht im Schrifttum[734], die Form der Abänderung werde von der des (ursprünglichen) Vertrages bestimmt, hat sich hingegen als nicht mit dem Bürgerlichen Gesetzbuch (§ 125 Satz 2 BGB) konform erwiesen: Der historische Gesetzgeber des Bürgerlichen Gesetzbuches hat diese Einheit von ursprünglichem Vertrag und späterer Änderung aufgebrochen und damit die Rechtslage nach Gemeinem Recht verlassen; Rechtsprechung und die übrige Rechtslehre haben dieses Verständnis über die Jahre hinweg einhellig bestätigt und rekurrierten nicht mehr auf die Auslegung nach Gemeinem Recht. Die gegenteiligen Ansichten im Schrifttum - allesamt von Rechtspraktikern[735] - machen aber deutlich, wie sehr in der Praxis ein Bedürfnis danach besteht, Vertragsänderungen einem Formzwang unterwerfen zu können. Sie erkannten völlig zu Recht, daß ein solcher nur durch das Gesetz bewirkt werden kann, übersahen aber, daß die Bestimmung des § 125 Satz 2 des damals neuen Bürgerlichen Gesetzbuches bei Vertragsänderungen einen diesbezüglichen Willen der Parteien zur Voraussetzung erklärt.
Überlegungen zur ratio der Bestimmung des § 125 Satz 2 BGB stützen dieses Verständnis. Ihr Sinn und Zweck liegt darin, Vertragsparteien zu ermöglichen, eine spätere Abänderung, Ergänzung und Aufhebung eines zwischen ihnen geschlossenen, keinem gesetzlichen Formzwang unterliegenden Vertrages auch nicht-schriftlich vornehmen zu können, falls sie dies wollen; dies unabhängig davon, in welcher Form der ursprüngliche Vertrag geschlossen wurde. Entscheidend ist allein, welche Form die Parteien für das spätere, mit dem ursprünglichen eine Geschäftseinheit bildende Rechtsgeschäft vereinbaren. Der historische Gesetzgeber des Bürgerlichen Gesetzbuches hat sich in den Gesetzesmaterialien klar ausgedrückt und das Gesetz bestätigt: Das Bürgerliche Gesetzbuch gewährt den Parteien in diesem dargelegten Rahmen Vertragsfreiheit, was heißt, daß sich das Gesetz innerhalb dieses Rahmens rechtsgestaltender Eingriffe

---

734 **Fränkel** (1897), 11; **Fuld** (1898), 51 in fine f; **Borcherdt** (1899), 33 in fine f; vgl. § 2 A I 3 a.

735 *Fränkel* und *Fuld* waren Rechtsanwälte, *Borcherdt* war Richter.

enthält und den Parteien die Kompetenz zuweist, Bestimmungen treffen zu können. Der Blick des Gesetzes ist in der Bestimmung des § 125 Satz 2 BGB primär auf die Schriftlichkeit einer Abänderung, Ergänzung oder Aufhebung gerichtet; als Ausfluß der Vertragsfreiheit stellt es aber den Parteien anheim, eine beliebige Form zu vereinbaren.
Haben die Parteien von dieser ihnen eingeräumten Bestimmungskompetenz Gebrauch gemacht - sie konsumiert -, so knüpft das Gesetz in § 125 Satz 2 BGB hieran die Folge, daß es selber diese Bestimmung der Parteien sanktioniert und gewährleistet. Damit stellt das Gesetz den gewillkürten Formzwang dem gesetzlichen hinsichtlich Wirkung und Folge gleich. Diese Gleichbehandlung bewirkt, daß die Strenge und Autorität, die das Gesetz dem gesetzlichen Formzwang beimißt, sich auf den gewillkürten Formzwang überträgt.[736] Es besteht nicht Vertragsfreiheit schlechthin, sondern nur weil und soweit das Gesetz in der Bestimmung des § 125 Satz 2 BGB diese gewährt und gewährleistet.[737]
Vertraglich vereinbarte konstitutive Schriftformklauseln stellen ein typisches Instrument konsumierter Bestimmungskompetenz im dargelegten Sinne durch die Parteien dar. Mit Hilfe einer solchen Schriftformklausel wird vereinbart und festgeschrieben, eine spätere Abänderung, Ergänzung oder Aufhebung habe schriftlich zu erfolgen. Eine vereinbarte konstitutive Schriftformklausel füllt damit den vom Gesetz gewährten Rahmen der Vertragsfreiheit mit der Wirkung und Folge aus, daß damit die den Parteien vom Gesetz anheim gegebene Bestimmungskompetenz ausgeschöpft ist. Das hat zur Folge, daß spätere Änderungsabsprachen, die nicht förmlich erfolgen, unwirksam sind. Deshalb bedeutet Formzwang bei Aufhebung der Formklausel nicht etwa eine Einschränkung, sondern im Gegenteil gerade die volle Anerkennung der Privatautonomie.[738]

3. Ergebnis

Aus diesen Darlegungen resultiert, daß nur die zum Zeitpunkt der Vereinbarung der Schriftformklausel vorgenommene Festlegung die vom Gesetz in der Bestimmung des § 125 Satz 2 BGB gewährte

---

736 ***Alternativkommentar* - Hart**, § 125 Rn. 12.
737 Vgl. § 3 A I.
BFH 31.7.1991 - I S 1/91 - BStBl. II 1991, 933 f, 934 re. Sp.; vgl. §§ 2 A I 2; 3 E IV.
738 **Medicus** (1992), Rn. 643 in fine.

Bestimmungskompetenz konsumiert. Weil bereits eine Regelung durch die Parteien geschaffen wurde, gehen spätere diesbezügliche Vereinbarungen der Parteien ins Leere; sie können nur in besonders gelagerten Ausnahmefällen wie z. B. unter Berücksichtigung von Treu und Glauben eine Rechtsfolge zeitigen.[739] Dieses Ergebnis gibt für diejenige Ansicht im rechtswissenschaftlichen Schrifttum die Begründung, die bei Formabsprachen für Verträge der Bestimmung des § 125 Satz 2 BGB einen angemessenen Anwendungsbereich belassen will,[740] und widerlegt all die Stimmen, die Schriftformklauseln für zweck- und wirkungslos halten[741]. Aufgrund dieses Ergebnisses lautet die Bestimmung des § 125 Satz 2 BGB sinngemäß wie folgt:

> *Der Mangel der durch Rechtsgeschäft bestimmten Form hat Nichtigkeit zur Folge, es sei denn, es stehe aufgrund des nämlichen Rechtsgeschäftes fest, eine andere Rechtsfolge sei gewollt.*[742]

Diese der Bestimmung des § 125 Satz 2 BGB beigemessene Aussage, gewillkürten konstitutiven Formabsprachen zur Wirkung zu verhelfen, fügt sich nahtlos in die übrige jüngste Rechtsentwicklung ein. Sowohl das UN-Kaufrecht mit Bezug auf gewillkürten (Art. 29 Abs. 2 Satz 1 UN-Kaufrecht), als auch das seit gleichem Datum (1.1.1991) in Kraft stehende Verbraucherkreditgesetz vom 17.12.1990 mit Bezug auf gesetzlichen Formzwang (§§ 4 Abs. 1 Satz 1, 6 Abs. 1, 15 Abs. 1 Satz 1, Abs. 2 VerbrKrG) bestätigen für das Rechtsleben eine Tendenz zur Form hin, mit dem Ziel, Rechtsgeschäfte sicherer zu machen. Bei konstitutive Schriftformklauseln enthaltenden Rechtsgeschäften, auf welche die Bestimmung des § 125 Satz 2 BGB Anwendung findet, sind weitergehende gesetzliche Formvorschriften entbehrlich, denn die konstitutive Schriftformklausel macht aufgrund gesetzlicher Sanktionierung (§ 125 Satz 2 BGB) spätere Änderungsrechtsgeschäfte formbedürftig und genügt deshalb einem solchen Sicherheitsbedürfnis vollkommen. Besagte

---

739 Vgl. § 6 A.

740 Vgl. ***Münchener Kommentar*** - **Förschler**, § 125 Rn. 77; vgl. § 2 A I 3 b. Ebenso: BFH 31.7.1991 - I S 1/91 - BStBl. II 1991, 933 f, 934 re. Sp.; vgl. §§ 2 A I 2; 3 E IV.

741 Vgl. **Palandt/Heinrichs** (1993), § 125 Rn. 14; **Rutkowski** (1978), 68, 121; vgl. § 2 A I 3 b; **Reinicke/Tiedtke** (1992), 32.

742 Vgl. die Formulierung des Bundesarbeitsgerichts in der Entscheidung BAG 10.1.1989 - 3 AZR 460/87 - NJW 1989, 2149 re. Sp. in fine: "Ein Rechtsgeschäft, das der durch Rechtsgeschäft bestimmten Form ermangelt, ist nichtig."

Rechtslage bestätigt wiederum Wert und Bedeutung der Privatautonomie - ein aus rechtssystematischer und -politischer Sicht befriedigendes Ergebnis.[743]

B. Schweizerisches Recht

Das schweizerische Gemeinschaftsleben ist eher durch ein Eingehen von Kompromissen als durch ein streitiges Austragen von Differenzen gekennzeichnet. Man arrangiert sich nicht, hebt aber gleichwohl stolz hervor, einen Kompromiß erzielt zu haben. Dies reflektiert die politischen und gesellschaftlichen Gegebenheiten eines Landes, das im Innern auf allen Ebenen nach Ausgleich trachtet und nach außen seine guten Dienste für Konfliktlösungen und Kompromißfindungen anbietet. Für das Rechtsleben bedeutet diese Grundhaltung weniger Prozesse und entsprechend weniger Gerichtsentscheidungen. Kommt es zu gerichtlichen Auseinandersetzungen, so beruhen die Entscheidungen eher auf Billigkeitserwägungen als auf dogmatischer Begründung[744], worin der Richtlinienstil des Obligationenrechts[745] sowie das große Vertrauen in eine Rechtsprechung mit traditionell recht freier Stellung des Richters zum Ausdruck kommen.[746]

Obwohl die nachfolgende Untersuchung verdeutlichen wird, daß Letzteres gerade im Umgang mit Schriftformklauseln offen zutage tritt, sei für das schweizerische Recht dennoch ein Lösungsvorschlag aufgrund der im deutschen vorgefundenen Ansätze unterbreitet: Die für das deutsche Recht formulierte Kernfrage, ob eine Schriftformklausel eine Bindungswirkung entfalten könne, stellt sich nämlich auch nach schweizerischem Recht. Zur Kernfrage[747] selbst sowie zu den zwei grundsätzlichen Antworten - Bindungswirkung aufgrund Vertragsfreiheit bzw. Bindung kraft Wirkung des Gesetzes - kann dabei auf das deutsche Recht Bezug genommen werden.[748]

---

743 Vgl. etwa **Bydlinski** (1982), 166.

744 Rechtssoziologisch wäre interessant, dieses vom *Verf.* beobachtete und erlebte Phänomen mit Daten zu untermauern.

745 Im Unterschied zum abstrahierend-generalisierenden Gesetzesstil des Bürgerlichen Gesetzbuches, vgl. **Larenz** (1989), 23 ff, 26; **Merz** (1982), 20 f, 23.

746 **Merz** (1982), 20.

747 Vgl. § 1 B, 1. Abs. in fine.

748 Vgl. §§ 3; 4 A.

AA. Auslegung von Art. 16 OR im allgemeinen

I. Wortlaut

Im Sinne eines prima facie Vergleiches mit der Bestimmung des § 125 Satz 2 BGB kommt als einschlägige Rechtsvorschrift die Bestimmung des Art. 16 OR in Betracht.[749] Zur Beantwortung der Frage, ob letztere Norm eine Bestimmung zu dem Fall einer späteren Absprache zu einem Vertrag mit Schriftformklausel trifft, sind speziell die im Tatbestand des Art. 16 Abs. 1 OR enthaltenen Worte "vermutet" und "nicht verpflichtet sein" zu untersuchen. Diese Formulierungen deuten nämlich eher auf den Vertragsabschluß[750] als auf eine spätere Änderungsvereinbarung hin.
Das Wort "vorbehalten" im Tatbestand von Art. 16 Abs. 1 OR ist dabei im Zusammenhang mit der Überschrift dieser Bestimmung "Vertraglich vorbehaltene Form" zu lesen; der Vorbehalt nur einer Partei genügt nicht.[751] Zwar kann jede Vertragspartei einseitig eine besondere Vertragsform ebenso wie diverse übrige Vertragspunkte vorschlagen. Eine besondere Form ist erst nach erfolgter Einigung auch über diesen Punkt vorbehalten.[752] Kommt eine Einigung nicht zustande, so sind die Verhandlungen in gleicher Weise gescheitert, wie dies bei einer Nichteinigung über irgend einen anderen Punkt der Fall wäre; für die Anwendung von Art. 16 OR bleibt dann kein Raum.[753] Das Wort "vorbehalten" ist demnach als *vereinbart* zu verstehen.[754]

---

749 Art. 16: Ist für einen Vertrag, der vom Gesetze an keine Form gebunden ist, die Anwendung einer solchen vorbehalten worden, so wird vermutet, dass die Parteien vor Erfüllung der Form nicht verpflichtet sein wollen.
Geht eine solche Abrede auf schriftliche Form ohne nähere Bezeichnung, so gelten für deren Erfüllung die Erfordernisse der gesetzlich vorgeschriebenen Schriftlichkeit.

750 Vgl. die Formulierung von § 154 Abs. 2 BGB; ***Obligationenrecht*** - **Schwenzer**, Art. 16 OR Rn. 14.

751 **Oftinger** (1973), Nr. 13, 31; **Furrer** (1992), 43 ff.

752 BGE 100 II 18 ff (21).
A. A. Obergericht des Kantons Basel-Landschaft 20.8.1957 - BJM 1957, 270; **von Tuhr/Siegwart** (1942), 231, mit dem Argument, der Vorbehalt einer Partei genüge, wodurch jeder Vertragspartei ein jederzeitiges einseitiges Rücktrittsrecht von der Formvereinbarung eingeräumt werde.

753 **Merz** (1974), 2 f.

754 Entstehungsgeschichtlich bemerkenswert ist, daß die Redaktoren des § 913 Zürcher PGB dort mit Absicht "vereinbart" statt "vorbehalten" verwendet haben, vgl. Obergericht des Kantons Zürich 29.1.1863 - ZZRP 12 (1863), 313 Ziff. 2 a.

Um spätere Absprachen zu einem Vertrag mit Schriftformklausel formbedürftig zu machen, müßte die Bestimmung des Art. 16 Abs. 1 OR sinngemäß folgendermaßen lauten: *Ist für eine Änderungs-, Ergänzungs- oder Aufhebungsvereinbarung, die vom Gesetz an keine Form gebunden ist, die Anwendung einer solchen durch Schriftformklausel vereinbart worden, so wird vermutet, daß die Parteien ihre Rechtsbeziehung nur schriftlich gestalten wollen und eine nichtschriftliche Änderung, Ergänzung oder Aufhebung nichtig ist.*

Der Wortlaut von Art. 16 Abs. 1 OR stünde einem solchen Verständnis dieser Norm zwar nicht entgegen. Es allein aus dem Gesetzeswortlaut herzuleiten, ginge indes zu weit, weshalb weitere Auslegungshilfen anzuwenden sind. Auch nach schweizerischem Recht erscheint die historische Betrachtungsweise besonders geeignet.[755]

II. Entstehungszusammenhang

1. Das Obligationenrecht von 1881

Vorläufer der Bestimmung des Art. 16 OR war Art. 14 des Obligationenrechts von 1881: Art. 14 aOR hatte nicht nur die gleichen sprachlichen Wurzeln, sondern auch den gleichen Entstehungszusammenhang; bezüglich des ersten Absatzes sind die beiden Bestimmungen textgleich. Die entstehungsgeschichtliche Untersuchung des Art. 14 aOR hat gezeigt, daß diese Bestimmung zwar für den Vertragsabschluß eine Bestimmung trifft, es aber dennoch gerechtfertigt erscheint, diese Bestimmung auf eine spätere Abänderung, Ergänzung oder Aufhebung analog anzuwenden.[756] Deshalb kann in Betracht kommen, die Bestimmung des Art. 16 Abs. 1 OR gleichfalls analog auf eine spätere Änderungs-, Ergänzungs- oder Aufhebungsvereinbarung anzuwenden,[757] sofern sich aus Art. 16 Abs. 2 OR nicht etwas anderes ergeben sollte. Im Unterschied zu Art. 14 Abs. 2 aOR enthält Art. 16 Abs. 2 OR nämlich keinen Hinweis auf weitere anwendbare Bestimmungen, sondern begnügt sich

---

755 Verwiesen sei auf die einleitenden Bemerkungen zur Entstehungsgeschichte von § 125 Satz 2 BGB; vgl. § 4 AA II 1.

756 Vgl. § 4 AA II 2 d dc.

757 **Merz** (1974), 6 f; **Wey** (1984), Rn. 457 m. w. N.
A. A. Gewerbegericht der Stadt Bern 14.12.1934 - SJZ 32 (1935/36), 45 Nr. 28; **Gauch/Schluep** (1991), Rn. 611.

mit dem Hinweis auf "die Erfordernisse der gesetzlich vorgeschriebenen Schriftlichkeit".

2. Revision von 1911 des Obligationenrechts

Während den Arbeiten zu dieser Revision des Obligationenrechts wurde der Wortlaut von Art. 14 Abs. 1 aOR unverändert beibehalten und schließlich als Art. 16 Abs. 1 OR in das geltende Obligationenrecht übernommen. Im Verlauf der Vorbereitungsarbeiten dieser Gesetzesrevision wurde Art. 14 Abs. 2 aOR jedoch mehrfach umformuliert. Die diesbezügliche bundesrätliche Entwurfsbestimmung des Art. 1031 Abs. 2[758] vom 1.6.1909 verwies auf Art. 1028[759] (mit kleinen sprachlichen Abweichungen textgleich mit Art. 12 aOR) desselben Entwurfs, der mit qualitativen Anforderungen an Unterschriften und Übermittlungsträger (Brief, Telegramm) bei gesetzlicher Schriftform befaßt war. *Brosi*[760] beantragte zu dieser Entwurfsbestimmung, "in Absatz 2 das Zitat (1028) auf Streichung oder Erweiterung redaktionell zu prüfen." Der in der Folge hierzu gestellte Antrag der Kommission des Nationalrates vom 15.9.1909[761] enthielt sich einer spezifischen Verweisung auf andere Vorschriften, die auf Art. 1028 wurde gestrichen. Die für diese Streichung maßgeblichen Gründe sind nicht dokumentiert; die nationalrätliche Kommission kommentierte lediglich dahin, es handele sich um "eine kleine Abänderung, ..., indem ... die Verweisung auf die gesetzlichen Vorschriften über Schriftlichkeit in eine etwas andere Gestalt

---

758 Art. 1031 Abs. 2 (Entwurf des Bundesrates, 1.6.1909):
Geht eine solche Abrede auf schriftliche Form, ohne nähere Bezeichnung, so sind für deren Erfüllung die Erfordernisse der gesetzlich vorgeschriebenen Schriftlichkeit (1028) massgebend.

759 Art. 1028: Ein Vertrag, für den die schriftliche Form gesetzlich vorgeschrieben ist, muss die Unterschriften aller Personen tragen, die durch ihn verpflichtet werden sollen. Sofern das Gesetz es nicht anders bestimmt, gilt als schriftliche Form auch der Brief oder das Telegramm, vorausgesetzt, dass der Brief oder die Aufgabedepesche die Unterschrift derjenigen tragen, die sich verpflichten.

760 **Brosi**, in: Revision des Schweizerischen Obligationenrechts, Protokolle der Expertenkommission vom 1. Mai 1908 - 2. Oktober 1908 - 3. März 1909, 3 (Manuskript, Schweizerisches Bundesarchiv, Bern).

761 Art. 1031 Abs. 2 (Anträge der Kommission des Nationalrates, 15.9.1909):
Geht eine solche Abrede auf schriftliche Form, ohne nähere Bezeichnung, so gelten für deren Erfüllung die Erfordernisse der gesetzlich vorgeschriebenen Schriftlichkeit.
Amtliches stenographisches Bülletin der schweizerischen Bundesversammlung, XIX. Jahrgang, Bern 1909, 465 f, 466 re Sp.

gekleidet wird."[762] Die Entwurfsbestimmung des Art. 1031 Abs. 2 wurde vom Nationalrat - wie von seiner Kommission überarbeitet - angenommen; sie schreibt vor, daß für die *Erfüllung* nicht näher bezeichneter gewillkürter Formvorschriften die *Erfordernisse der gesetzlich vorgeschriebenen Schriftlichkeit* gelten. Diese Entwurfsbestimmung wurde in der Folge textlich unverändert als Art. 16 Abs. 2 in das geltende Obligationenrecht übernommen. Die Gesetzesmaterialien enthalten indes keine Aussage dazu, ob der Entwurfsbestimmung von Art. 1031 Abs. 2 (textgleich mit Art. 16 Abs. 2 OR) eine Erweiterung auf sämtliche Formvorschriften zu entnehmen ist, die für gesetzlichen Formzwang aufgestellt waren, also beispielsweise auch auf Art. 1027[763] (textgleich mit Art. 11 aOR und Art. 12 OR), der bei gesetzlichem Formzwang für Vertragsänderungen Schriftform vorschrieb.

3. Konsequenzen der Gesetzesrevision von 1911 in Rechtsprechung und rechtswissenschaftlichem Schrifttum

Wie festgestellt, nimmt die Bestimmung des Art. 16 Abs. 2 OR keinen Bezug auf andere Gesetzesartikel. Somit stünde der Auslegung grundsätzlich nichts im Wege, die in Art. 16 Abs. 2 OR für die Erfüllung gewillkürter Formvorschriften verlangten Erfordernisse der gesetzlich vorgeschriebenen Schriftlichkeit würden nicht bloß auf die Art. 13 bis 15 OR, sondern auf die Art. 12 bis 15 OR verweisen, mit der Folge, daß mit konstitutiver Wirkung schriftlich abgeschlossene Verträge nur schriftlich abgeändert werden könnten, und zwar *kraft Gesetzes* (Art. 12 OR analog). Nicht nur das rechtswissenschaftliche Schrifttum[764], sondern auch die Rechtsprechung haben einer solchen Auslegung widersprochen.
So führte das schweizerische Bundesgericht in einer Entscheidung vom 4.12.1914[765] aus, die Anwendung der Schriftform sei für nachträgliche Abänderungen eines schriftlichen Vertrages nur dann erforderlich, wenn nach dem Gesetz die Beachtung dieser Form

762 Amtliches stenographisches Bülletin der schweizerischen Bundesversammlung, XIX. Jahrgang, Bern 1909, 473 re. Sp. in fine.

763 Art. 1027: Ist für einen Vertrag die schriftliche Form gesetzlich vorgeschrieben, so gilt diese Vorschrift auch für jede Abänderung desselben, mit Ausnahme von ergänzenden Nebenbestimmungen, die mit der Urkunde nicht im Widerspruche stehen.

764 **Fick** (1911), Art. 16 Anm. 1; **Rossel** (1920), Anm. 49; **Guhl/Merz/Koller** (1991), 114; **Wey** (1984), Rn. 457; **Furrer** (1992), 42 f, 46, 85 f.

765 BGE 40 II 614 ff.

bereits für den Abschluß des ursprünglichen Vertrages notwendig war. In casu ging es darum, ob es wegen den in Art. 16 Abs. 2 OR enthaltenen Bestimmungen allein aufgrund des Umstandes, daß ein - gemäß Art. 320 Abs. 1 OR keiner gesetzlichen Form unterliegender - Arbeitsvertrag schriftlich abgefaßt wurde, gerechtfertigt sei, spätere Änderungsvereinbarungen nur als wirksam anzuerkennen, wenn diese gleichfalls schriftlich abgefaßt werden. Das Bundesgericht stellte sich auf den Standpunkt, man könne die Anwendung von Art. 12 OR in einem solchen Fall nicht damit rechtfertigen, daß man sage, weil die Parteien ihre ursprüngliche Abrede in Schriftform kleideten, habe man als Folge von Art. 16 Abs. 2 OR Anlaß, die vom Gesetz für einen Formzwang vorgesehene Bestimmung des Art. 12 OR anzuwenden. Art. 16 Abs. 2 OR verweise nämlich nur auf die konstitutiven Elemente der Schriftform und der Unterschrift, also auf die Art. 13 bis 15 OR.
Die Cour d'appel de Berne hatte in ihrem Urteil vom 27.4.1926[766] die Frage zu beantworten, ob ein in drei Exemplaren errichteter Pachtvertrag deshalb nicht anders als schriftlich aufgehoben oder abgeändert werden könne, weil die Parteien mit dieser Vertragsgestaltung stillschweigend die Schriftform des ursprünglichen Vertrages vereinbart hätten; damit hätten sie dann nicht nur den Zweck der besseren Beweisbarkeit verfolgt, sondern auch ein Gültigkeitserfordernis für den Vertrag aufgestellt. Das Gericht verneinte dies: Die Vereinbarung einer Form für den ursprünglichen Vertrag habe nicht die Formgebundenheit späterer Abänderungen zur Folge, weil Art. 12 OR, der nur bei gesetzlichem Formzwang Platz greife, auf gewillkürte Formvorschriften keine Anwendung finde. Wegen der bestehenden Vertragsfreiheit hätten die Parteien demnach den Vertrag ohne Beachtung der besonderen Form "mündlich, ausdrücklich oder konkludent"[767] abändern dürfen.

Entstehungsgeschichte und -zusammenhang von Art. 16 OR bestätigen im übrigen die vom Wortlaut her mögliche Auslegung, Art. 16 Abs. 1 OR auch auf den Fall einer späteren Änderungs-, Ergänzungs- oder Aufhebungsabrede anzuwenden. Gerechtfertigt ist zumindest die analoge Anwendung, weil der historische Gesetzgeber des Obligationenrechts sowie dieses selbst die Einheit von ursprünglichem Vertrag und späterer Abrede aufgehoben haben. Deshalb ist

---

766 Cour d'appel de Berne Ire Chambre civ. 27.4.1926 - SJZ 25 (1928/29), 25 f Nr. 26; vgl. § 2 A II 2.

767 "Verbalement, expressément ou tacitement".

diese Bestimmung dahin zu verstehen, sie enthalte in ihrer entsprechenden Anwendung bei vereinbarter Schriftformklausel die Vermutung, spätere Änderungen, Ergänzungen und die Aufhebung eines schriftlich verfaßten Vertrages bedürften der Schriftform.

BB. Auslegung der Worte "vermutet" und "nicht verpflichtet sein wollen" in Art. 16 OR im besonderen

Teile der Rechtsprechung und des rechtswissenschaftlichen Schrifttums gehen davon aus, die Schriftformklausel binde die Parteien nicht.[768] Dabei wird entweder davon ausgegangen, daß für eine spätere Änderungs- oder Ergänzungsvereinbarung zwar die Bestimmung des Art. 16 Abs. 1 OR - direkt oder analog - Platz greife, die Parteien gleichwohl den gewillkürten Formzwang jederzeit formlos abstreifen könnten, oder aber, die Parteien könnten jederzeit den gewillkürten Formzwang abstreifen bzw. auf ihn verzichten. Der Gedanke des Verzichts steht jeweils im Vordergrund der Begründungen.[769]

Andere vertreten den Standpunkt, die Schriftformklausel binde die Parteien.[770] Dabei wird entweder von einer Selbstbindung der Parteien durch die Schriftformklausel in Verbindung mit Art. 16 OR - direkt oder analog - ausgegangen, oder die Bindung aufgrund vereinbarter Schriftformklausel aus Art. 16 Abs. 2 OR i. V. m. Art. 12 OR analog oder schlicht aus Art. 12 OR analog begründet.

I. Die Bedeutung des Wortes "vermutet"

Die Frage, ob die Schriftformklausel verbindlich ist, hängt nach schweizerischem Recht ebenfalls davon ab, ob das Gesetz die Parteien an die von ihnen vereinbarte Schriftformklausel bindet; und zwar deshalb, weil auch nach schweizerischem Recht gilt, daß die Parteien sich nicht selbst binden können - binden kann sie nur das

---

768 Vgl. § 2 A II 2, 3 b.

769 Cour d'appel de Berne Ire Chambre civ. 27.4.1926 - SJZ 25 (1928/29), 25 f Nr. 26; Gewerbegericht der Stadt Bern 14.12.1934 - SJZ 32 (1935/36), 45 Nr. 28; vgl. § 2 II 2.
Schneider (1912), 36; **Bucher, E.** (1988), 174; vgl. **Wey** (1984), Rn. 463 ff.

770 Vgl. § 2 A II 2, 3 a.

Gesetz. Als gesetzliche Vorschrift kommt hierfür die Bestimmung des Art. 16 OR in ihrer entsprechenden Anwendung in Betracht.

Auch nach schweizerischem Recht ist bei vereinbarter Schriftformklausel der mit ihr verfolgte Zweck das maßgebliche Kriterium zur Feststellung, ob die Parteien eine echte Bindung im Sinne konstitutiver Formbedürftigkeit verabredet haben.[771]

Haben die Parteien für spätere Abreden eine Formbedürftigkeit deklaratorischer Natur mit der Schriftformklausel bezweckt, so kommt Art. 16 Abs. 1 OR analog nicht zum Zuge, da diese Rechtsvorschrift für deklaratorische Formen keine Bestimmung trifft. Haben die Parteien mit der Schriftformklausel für spätere Abreden jedoch eine Formbedürftigkeit konstitutiver Natur bezweckt, so kommt es auf die Vermutung in Art. 16 Abs. 1 OR nicht an, weil in diesem Fall feststeht, sie wollten durch formlose Änderungsrechtsgeschäfte nicht gebunden sein.

Läßt sich der mit einer Schriftformklausel verfolgte Zweck nicht feststellen, so ist letztere Rechtsfolge zu vermuten.[772] D. h., ist durch Auslegung des Parteiwillens gemäß Art. 18 OR nicht zu ermitteln, ob die Parteien der Form der späteren Abrede die Bedeutung eines Wirksamkeitserfordernisses (konstitutive Form) oder lediglich die eines Beweiserfordernisses (deklaratorische Form) beigemessen haben, so ist ersteres anzunehmen. Wenn sich das Gesetz im Zweifel für die erste Alternative entscheidet, dann deshalb, weil anzunehmen ist, die Parteien wollen, wenn sie eine erschwerte Form für eine Abmachung vorsehen, sich wegen deren weittragender Bedeutung oder Ermöglichung klarerer Umschreibung des Inhaltes nicht an eine formlose spätere Abrede binden.[773]

Weiter ist zu klären, welcher Zeitpunkt maßgeblich ist, die mit der Schriftformklausel verfolgten Zwecke festzustellen. Dabei kann auf die Ausführungen zum deutschen Recht verwiesen werden, nach dem es auf die zum Zeitpunkt der Vereinbarung der Schriftformklausel verfolgten Zwecke der Parteien ankommt; nur zu diesem Zeitpunkt äußern die Parteien ihren diesbezüglichen Willen.[774] Dies wird durch die Entscheidung des Bezirksgerichts Zürich vom

---

771 **Guhl/Merz/Koller** (1991), 114; **Wey** (1984), Rn. 464.

772 **Gauch/Schluep** (1991), Rn. 611; **Merz** (1974), 6 f; **Wey** (1984), Rn. 457 in fine; **Serozan** (1968), 136.

773 **Oser/Schönenberger** (1929), Art. 16 Rn. 5; **Müller** (1938), 60, der Art. 16 Abs. 1 OR als mit § 125 Satz 2 BGB übereinstimmend wertet.

774 Vgl. § 4 AB II.

31.10.1978[775] und in der Rechtslehre durch diejenigen Stimmen bestätigt, die mit Blick auf Bindung und Vertragsfreiheit auf den Zeitpunkt der Vereinbarung der Schriftformklausel abstellen.[776] Dieses Resultat ergibt sich auch aus der Entstehungsgeschichte des Art. 14 aOR[777], der in der Bestimmung des Art. 16 Abs. 1 OR aufging und bei dem es bei Vorliegen von Zweifeln ebenfalls auf den Zeitpunkt der Vereinbarung der Schriftformklausel ankam.
Bei vereinbarter Schriftformklausel ergibt sich hinsichtlich der Auslegung des "vermutet" in Art. 16 Abs. 1 OR, daß - wenn sich zum Zeitpunkt der Vereinbarung der Schriftformklausel ein mit ihr verfolgter Zweck nicht feststellen läßt - davon auszugehen ist, spätere formlose Änderungsrechtsgeschäfte sollten nach dem Willen der Parteien nicht wirksam sein. D. h., eine vereinbarte konstitutive Schriftformklausel macht die Vermutung in Art. 16 Abs. 1 OR entbehrlich und setzt sich an deren Stelle. Ihre Beachtung wird von Art. 16 Abs. 1 OR gewährleistet, wobei aufgrund der Entstehungsgeschichte dieser Norm nur deren analoge Anwendung in Betracht kommen kann.

Das Gewerbegericht der Stadt Bern verweist zwar in seiner Entscheidung vom 14.12.1934[778] auf die einschlägige Rechtsnorm des Art. 16 OR, argumentierte aber ausschließlich aus dem Blickwinkel des Vertragsabschlusses und erkannte nicht, daß ein solcher Fall von dem in casu zu entscheidenden Sachverhalt scharf zu unterscheiden ist. Weil das Gewerbegericht davon ausgeht, die Schriftformklausel habe bloß den Charakter einer Ordnungsvorschrift, untersucht es auch nicht, ob die Parteien durch die Schriftformklausel und der mit ihr verfolgten Zwecke gemäß Art. 16 OR gebunden waren. Die Ausführungen des Gewerbegerichts zum Charakter der Schriftformklausel sind auch sonst nicht überzeugend. Wenn Vertragsparteien in einem Vertrag, dem teils gedruckte, teils hand- oder maschinengeschriebene Klauseln zu Grunde liegen, Bestimmungen treffen, so ist es unzulässig, zu einem späteren Zeitpunkt mögliche Beweggründe des von den Parteien personenverschiedenen Verfassers des gedruckten Teils zu berücksichtigen, die zur Formulierung dieses

---

775 Bezirksgericht Zürich 31.10.1978 1. Abt. - Nr. 187/1978 (nicht publiziert); vgl. § 2 A II 2.

776 Vgl. § 2 A II 3 a.

777 Vgl. § 4 AA II 2 d.

778 Gewerbegericht der Stadt Bern 14.12.1934 - SJZ 32 (1935/36), 45, Nr. 28; vgl. § 2 A II 2.

gedruckten Teils führten. Der Vertrag ist so, wie er abgeschlossen wurde, als Ganzes zu sehen und auszulegen. Die Schriftformklausel gilt mithin auch für den Lohnansatz, und zwar auch dann, wenn man den Arbeitsvertrag dahin auslegen würde, nur die wesentlichen Vertragspunkte fielen unter den gewillkürten Formzwang. Deshalb fällt es schwer, die Schriftformklausel als Vorschrift anzusehen, die lediglich den Charakter einer Ordnungsvorschrift haben sollte.
Die obiter dicta sowohl der Entscheidung der Cour d'appel de Berne vom 27.4.1926[779] als auch des Rückweisungsbeschlusses des Obergerichts des Kantons Zürich vom 12.6.1979[780] scheitern beide an der Bestimmung des Art. 16 OR. In beiden Fällen wurde für den contrarius actus Formfreiheit angenommen; diese, teilweise auch von der deutschen Rechtsprechung vertretene Begründung, ist aber unzutreffend, wobei auf die früheren Ausführungen verwiesen werden kann.[781]
Meinungen im rechtswissenschaftlichen Schrifttum, die davon ausgehen, die Schriftformklausel könne durch eine formlose spätere Abrede beiseite geschoben werden, übersehen ebenso, daß Art. 16 Abs. 1 OR analog Platz greift und die Bindung an die Formabrede gewährleistet. *Jäggi*[782] sowie *Keller*[783] siedeln zwar das Problem bei Art. 16 OR an, trennen jedoch den Fall des Vertragsabschlusses nicht klar von dem einer späteren Abänderung, Ergänzung oder Aufhebung und setzen sich deshalb nicht weiter mit der Bestimmung des Art. 16 OR auseinander. Für *Gauch*[784] greift Art. 16 OR Platz, wobei nach ihm eine Schriftformklausel bloß der Vermutung des Art. 16 OR unterliege, die durch stillschweigende Abrede beseitigt werden könne. Auch dieser Ansicht kann nicht gefolgt werden; Art. 16 Abs. 1 OR gilt nämlich analog und gewährleistet im Zweifel die Formabrede.

Nach der Entscheidung des Bezirksgerichts Zürich vom 31.10.1978[785] - die Vorinstanz zum vorgängig erwähnten Fall des

---

779 Cour d'appel de Berne Ire Chambre civ. 27.4.1926 - SJZ 25 (1928/29), 25 Nr. 26; vgl. § 2 A II 2.

780 Obergericht des Kantons Zürich 12.6.1979 2. ZK - Nr. 369 Z 78 - ZR 82 (1983), Nr. 23; vgl. § 2 A II 2.

781 Vgl. § 4 AB.

782 ***Zürcher Kommentar* - Jäggi**, Art. 16 OR Rn. 43 ff.

783 **Keller, M./Schöbi** (1988), 23 f, 26 f.

784 **Gauch/Schluep** (1991), Rn. 611 i. V. m. 590 ff, 593; vgl. auch **Furrer** (1992), 85 f.

785 Bezirksgericht Zürich 31.10.1978 1. Abt. - Nr. 187/1978 (nicht publiziert); vgl. § 2 A II 2.

Obergerichts des Kantons Zürich vom 12.6.1979[786] - beruht die Formbedürftigkeit von Vertragsänderungen auf der privatautonomen Vereinbarung der Schriftformklausel. Zwar trifft das Gericht keine Feststellungen zu dem mit der Schriftformklausel verfolgten Zweck, geht aber stillschweigend von der konstitutiven Wirkung der Formvereinbarung aus; wie schon für das deutsche Recht gezeigt, ist dies bei Miet- und Pachtverträgen in der Regel durchaus anzunehmen. Dagegen ist nicht ganz eindeutig, ob die in casu verwendete Klausel, mündliche Abmachungen seien ungültig, spätere Vertragsänderungen mit umfaßt; in der deutschen Rechtsprechung finden sich Klauseln dieser Art üblicherweise in Fällen, bei denen es lediglich um den Vertragsabschluß geht.
Die Argumentation des Bezirksgerichts, die Formbedürftigkeit des Änderungsrechtsgeschäfts ergebe sich aus Art. 16 Abs. 2 i. V. m. Art. 12 OR, ist aber nicht unproblematisch, und zwar deshalb, weil es Art. 12 OR direkt und nicht etwa analog anwendet. Diese Betrachtungsweise geht jedoch fehl, weil Art. 12 OR in direkter Anwendung nur gesetzlichen Formzwang umfaßt und für die Erfüllung nicht näher bezeichneter gewillkürter Formvorschriften (Art. 16 Abs. 2 OR) nach der Rechtsprechung des schweizerischen Bundesgerichts[787] die Bestimmung des Art. 12 OR nicht anwendbar ist. Stellt man sich auf den gegenteiligen Standpunkt, daß nämlich Art. 12 OR für die Erfüllung gewillkürter Formvorschriften Anwendung findet, so wäre doch immerhin die Aufhebung des Vertrages mit Schriftformklausel entgegen dieser Klausel formfrei möglich; denn Art. 12 OR trifft für den Fall der Vertragsaufhebung keine Bestimmung, weil insoweit Art. 115 OR gilt. Obwohl das Bezirksgericht unrichtigerweise davon ausgeht, die Bestimmung des Art. 16 Abs. 1 OR umfasse nur den Vertragsabschluß, hat es richtig erkannt, daß die Schriftformklausel aus eigener Kraft eine Bindung der Parteien an den von ihnen vereinbarten Formzwang nicht bewirkt.

Im rechtswissenschaftlichen Schrifttum wird der Standpunkt, daß eine formlose Abänderung, Ergänzung oder Aufhebung unwirksam, also nichtig sei, nicht expressis verbis vertreten; dennoch stellen sich verschiedene Autoren auf diesen Standpunkt, ohne diese Rechtsfolge klar auszusprechen.

---

786 Obergericht des Kantons Zürich 12.6.1979 2. ZK - Nr. 369 Z 78 - ZR 82 (1983), Nr. 23; vgl. § 2 A II 2.
787 BGE 40 II 614 ff; vgl. § 4 BA II 3.

Nach *Funk*[788] und *Engel*[789] greift bei vereinbarter konstitutiver Schriftformklausel die Bestimung des Art. 12 OR mit der Maßgabe Platz, daß die Parteien die spätere Abänderung oder Ergänzung zu deren Wirksamkeit in Schriftform kleiden müssen. Damit stellen sie sich auf den Standpunkt, die Vertragsfreiheit erlaube den Parteien, hinsichtlich der Formbedürftigkeit späterer Abreden eine Bindung zu bewirken, gleich der, die das Gesetz in Art. 12 OR bei gesetzlichem Formzwang anordnet. Diese Ansichten greifen deshalb zu kurz, weil die Bestimmung des Art. 12 OR, die danach für gewillkürten Formzwang analog Anwendung fände, selbst keine diese Formabrede der Parteien gewährleistende Bestimmung enthält; die Parteien bleiben frei, die vereinbarte Formbedürftigkeit späterer Abreden jederzeit wieder formlos abzustreifen. Eine Bezugnahme auf Art. 12 OR bestätigt nur, was ohnehin gilt: Die Parteien können für eine Vertragsänderung oder -ergänzung einen Formzwang vereinbaren - Art. 12 OR sagt aber nichts über die Wirkung einer solchen Abrede aus.

Sofern *Schmidlin*[790] und *Schwenzer*[791] die Bindung der Parteien durch die Schriftformklausel aus einer Selbstbindung der Parteien herleiten wollen, scheitert ihr Ansatz an der bestehenden Vertragsfreiheit. Ihre Äußerungen stehen indes im Kontext ihrer Kommentierung von Art. 16 OR,[792] weshalb es nahe liegt, anzunehmen, sie begründen diese Selbstbindung aus der Schriftformklausel in Verbindung mit Art. 16 OR.

Wenn *Merz* ausführt, der Formvorbehalt erstrecke sich ohne besondere Abrede nicht auf spätere Vertragsänderungen oder auf die Vertragsaufhebung[793], so heißt dies, daß sich der Formvorbehalt beispielsweise bei Vereinbarung einer Schriftformklausel doch immerhin auf eben diese Klausel erstreckt.[794] Sodann findet nach ihm Art. 16 OR analog Anwendung,[795] d. h. eine spätere Absprache ist nur in der vereinbarten Form wirksam.[796] Wenn *Merz* und *Koller* weiter bemerken, die Erfüllung der vereinbarten Schriftform setze

---

788 **Funk** (1928), Art. 16 Rn. 6.
789 **Engel** (1973), 180 Rn. 55.
790 ***Berner Kommentar*** - **Schmidlin**, Art. 16 OR Rn. 47 f.
791 ***Obligationenrecht*** - **Schwenzer**, Art. 16 OR Rn. 11 in fine.
792 ***Berner Kommentar*** - **Schmidlin**, Art. 16 OR Rn. 35.
793 **Merz** (1974), 6 f.
794 **Merz** (1992), Rn. 417.
795 **Merz** (1992), Rn. 397.
796 **Merz** (1992), Rn. 423.
A. A. **Gauch/Schluep** (1991), Rn. 593.

"im Zweifel" die Erfordernisse der gesetzlich vorgeschriebenen Schriftlichkeit im Sinne von Art. 12 bis 15 OR voraus,[797] so wäre dies auch ohne die ausdrückliche Statuierung in Art. 16 Abs. 2 OR selbstverständlich[798]. Die Parteien können nach eigenem Ermessen bestimmen, wie die vorbehaltene Form im einzelnen beschaffen sein soll.[799] Wählen sie eine gesetzlich geregelte wie die Schriftlichkeit für eine spätere Änderungsabrede, so sind die gesetzlich vorgeschriebenen Erfordernisse zu erfüllen, wobei die Bestimmung des Art. 12 OR lediglich diese Rechtslage, nämlich die Möglichkeit, für Abänderungen die Schriftform vorzusehen, im Grundsatz bestätigt.

Die Auseinandersetzung mit der Rechtsprechung sowie den in der Rechtslehre vertretenen Ansichten bestätigt, daß Art. 16 Abs. 1 OR in analoger Anwendung die konstitutive Schriftformklausel gewährleistet, und diese für die Parteien verbindlich macht; dieses Ergebnis hatte sich bereits aus den entstehungsgeschichtlichen Zusammenhängen ergeben.

II. Die Bedeutung der Worte "nicht verpflichtet sein wollen"

Eine Abänderung, Ergänzung oder Aufhebung bewirkt keine Verpflichtung, denn es handelt sich um Gestaltungsrechtsgeschäfte. Die analoge Anwendung von Art. 16 Abs. 1 OR gestattet aber, die Worte "nicht verpflichtet sein wollen" auf Gestaltungsrechtsgeschäfte anzuwenden und die in Art. 16 Abs. 1 OR enthaltenen Bestimmungen deshalb im Sinne der eingangs erwähnten Formulierung aufzufassen, daß nämlich die Parteien ihre Rechtsbeziehung nur schriftlich gestalten wollen.[800]

Indessen erscheint der Wortlaut der in Art. 16 Abs. 1 OR angeordneten Rechtsfolge weniger eindeutig als in der Bestimmung des § 125 Satz 2 BGB: Nach dem Gesetzestext bleibt unklar, ob formlose Änderungsrechtsgeschäfte *nichtig* sind.

Die Bestimmung des Art. 16 Abs. 1 OR weist mit ihrem Bezug auf die gesetzlichen Formvorschriften (über Art. 16 Abs. 2 OR) Strukturähnlichkeiten mit § 125 Satz 2 BGB auf. Fraglich ist deshalb, ob Art. 16 OR in vergleichbarer Weise, wie das bei § 125 Satz 2 BGB zu Satz 1 derselben Bestimmung der Fall ist, auf die Norm verweist,

797 **Merz** (1974), 6 f; **Guhl/Merz/Koller** (1991), 114.

798 **Guhl/Merz/Koller** (1991), 114.

799 **Merz** (1974), 6 f.

800 **Merz** (1992), Rn. 397 in fine.

welche die Rechtsfolgen bei gesetzlichem Formmangel regelt, nämlich Art. 11 OR. Dem ist aber nicht so: Art. 16 Abs. 2 OR verweist nicht auf Art. 11 OR.
Dies erklärt sich aus dem entstehungsgeschichtlichen Zusammenhang von Art. 16 OR, wobei sowohl der Dresdener Entwurf von 1866 als auch das schweizerische Bundesgesetz über das Obligationenrecht von 1881 (aOR) zu berücksichtigen sind.[801] Bei den Beratungen zu beiden Kodifikationen stand der Gedanke im Vordergrund, Vertragsparteien in ihren privatautonomen Bestimmungsmöglichkeiten und -befugnissen zu stärken. Ihr Wille sollte für die Rechtsfolgen der von ihnen frei vereinbarten Rechtsgeschäfte maßgeblich sein. Deshalb wurde damals gefordert, die Bestimmungen, welche die Rechtsfolgen bei Verstößen gegen gesetzliche Formvorschriften regelten, von denen getrennt zu halten, welche die Rechtsfolgen bei Verstößen gegen gewillkürte Formvorschriften betrafen. Daher wurde der Ausdruck "Nichtigkeit" vermieden, weil er eher nach obrigkeitlicher Anordnung als nach privater Rechtsgestaltung klang. Demgegenüber stellte der historische Gesetzgeber des Bürgerlichen Gesetzbuches das Ziel in den Vordergrund, die Strenge und Autorität der gesetzlichen Form solle klar ersichtlich auf die gewillkürte übertragen werden.
So steht Art. 16 Abs. 1 OR in einer Linie mit dem textgleichen Art. 14 aOR und ist nach seinem Wortlaut mit Art. 75 des Dresdener Vorentwurfs von 1865, bzw. Art. 78 des Dresdener Entwurfs von 1866 vergleichbar, wo es heißt: "erst mit Vollendung der Form geschlossen". Ebenso jedoch wie bei diesen Bestimmungen nach damaliger Auffassung ein Formmangel kraft Gesetzes zur Nichtigkeit führen sollte, gilt dies auch für Art. 16 Abs. 1 OR. Die Parteien haben es nämlich selbst in der Hand, die Rechtsfolge, die sie herbeizuführen wünschen, auch zu vereinbaren. Eine Gleichsetzung der Rechtsfolgen bei gewillkürtem Formzwang mit denen bei gesetzlichem Formzwang begegnet demnach keinen Bedenken.[802]
Es ist daher anzunehmen, daß eine Nichtbeachtung der konstitutiven Schriftformklausel die beabsichtigte Änderungsabsprache scheitern läßt und zur gleichen Rechtsfolge führt, die Art. 11 OR mit dem wenig spezifischen Ausdruck "Ungültigkeit" umschreibt. Deshalb stellt sich die Frage, was unter Ungültigkeit im Sinne von Art. 11

801 Vgl. ***Obligationenrecht* - Bucher, E.**, Einl. vor Art. 1 ff OR Rn. 26 ff.
802 **Müller** (1938), 60.
A. A. **Furrer** (1992), 84 ff, der indessen stets zur Wirksamkeit der formlosen Änderung kommt.

OR zu verstehen ist. Rechtsprechung[803] und herrschende Lehre[804] fassen (Form)Ungültigkeit als absolute Nichtigkeit auf: Ungültigkeit nach Art. 11 OR bedeutet, daß der Vertrag unwirksam ist und sich jedermann darauf berufen kann - auch Dritte, die am Vertrag nicht beteiligt, aber vom Mangel betroffen sind; diese Unwirksamkeit hat der Richter von Amts wegen zu berücksichtigen.[805]
Demnach ist festzuhalten, daß Parteien mit Hilfe der Schriftformklausel spätere Änderungsrechtsgeschäfte formbedürftig machen können; die Außerachtlassung einer solchen Klausel hat - wie im deutschen Recht - "im Zweifel" die Nichtigkeit der formlosen Abänderung, Ergänzung oder Aufhebung zur Folge hat (Art. 16 Abs. 1 OR analog).

Zusammenfassend ist festzuhalten, daß auch nach schweizerischem Recht die Parteien, gerade als Ausfluß und Bestätigung der Vertragsfreiheit, ein nach dem Gesetz formfreies Rechtsgeschäft einer Form unterwerfen können; dafür ist ein Vertrag erforderlich, der selber nicht formbedürftig ist. Vereinbaren die Parteien demgemäß für die Abänderung, Ergänzung oder Aufhebung des Vertrages die Schriftform und nehmen in der Folge eine Abänderung, Ergänzung oder Aufhebung formlos vor, so wird nach Art. 16 Abs. 1 OR analog vermutet, daß die Parteien ihre Rechtsbeziehungen nur schriftlich gestalten wollen und das formlose Änderungsrechtsgeschäft nichtig ist. Wie bei § 125 Satz 2 BGB[806] wird diese Vermutung durch die bei Vereinbarung der Schriftformklausel mit ihr verfolgten Zwecke konkretisiert. Deshalb ist es auch nach schweizerischem Recht empfehlenswert, in der Schriftformklausel ausdrücklich zu statuieren, daß die Nichteinhaltung der Schriftform die Änderungs-, Ergänzungs- oder Aufhebungsvereinbarung nichtig mache; dann läge kein Zweifelsfall vor, weshalb die Vermutungsregelung auch nicht gebraucht würde.[807]

---

803 BGE 95 II 42 f; 98 II 316; 104 II 101; 106 II 151; vorbehalten bleiben indes die Bestimmungen zu Treu und Glauben nach Art. 2 Abs. 2 ZGB.

804 **Von Tuhr/Peter** (1979), 237; ***Obligationenrecht*** - **Schwenzer**, Art. 16 OR Rn. 2.

805 **Serozan** (1968), 27.
A. A. **Keller, M./Schöbi** (1988), 25; **Guhl/Merz/Koller** (1991), 119; **von Büren** (1964), 145; ***Zürcher Kommentar*** - **Jäggi**, Art. 11 OR Rn. 73 ff, die lediglich eine Nichtigkeit inter partes annehmen: Diese sei nicht von Amts wegen zu berücksichtigen und grundsätzlich heilbar.

806 Eine Bestimmung, die *Müller* nach dem Gesagten völlig zu recht als mit der des Art. 16 Abs. 1 OR übereinstimmend wertet: **Müller** (1938), 60.

807 Zur Rechtslage, die das UN-Kaufrecht geschaffen hat, vgl. §§ 2 B; 6 B II.

C. Konsequenzen der vorgeschlagenen Lösung

Aufgrund des gefundenen Lösungsvorschlages ist im folgenden der Frage nachzugehen, ob im Einzelfall die an sich gemäß § 125 Satz 2 BGB bzw. Art. 16 Abs. 1 OR analog nichtige Abänderungs-, Ergänzungs- oder Aufhebungsvereinbarung gleichwohl Rechtsfolgen zeitigt.

§ 5. Nichtigkeitsfolge und deren Disponibilität nach deutschem und schweizerischem Recht

A. Nichtigkeit als Regel

Nach § 125 Satz 2 BGB bzw. Art. 16 Abs. 1 OR analog ist ein Rechtsgeschäft, das der durch Rechtsgeschäft bestimmten Form ermangelt, nichtig.[808] Die unmittelbare Rechtsfolge einer Nichtbeachtung der konstitutiven Schriftformklausel ist mithin Nichtigkeit der formlosen Abänderungs-, Ergänzungs- oder Aufhebungsvereinbarung.[809] Im grundsätzlichen Ansatz läßt sich weder aus dem Wortlaut der Bestimmung des § 125 Satz 2 BGB, noch aus ihrer Entstehungsgeschichte oder ratio eine rechtsrelevante Unterscheidung der Begriffe "nichtig" in Satz 1 und "Nichtigkeit" in Satz 2 von § 125 BGB herleiten. Beide Sätze stehen in engstem Zusammenhang

---

808 BAG 10.1.1989 - 3 AZR 460/87 - NJW 1989, 2149 f.

809 Nichtigkeit ist auch im Anwendungsbereich des UN-Kaufrechts Rechtsfolge bei Nichtbeachtung der Formklausel: Art. 29 Abs. 2 Satz 1 UN-Kaufrecht; vgl. § 2 B.

und die Rechtsfolge der Nichtigkeit in § 125 Satz 2 BGB spiegelt die Strenge wider, die das Bürgerliche Gesetzbuch im Zweifel auf den gewillkürten Formzwang überträgt.
Die Frage der Teilnichtigkeit gemäß § 139 BGB, d. h. Nichtigkeit des ganzen Vertrages, außer wenn der Überrest gewollt worden wäre,[810] stellt sich bei gewillkürtem Formzwang nicht, und zwar deshalb, weil das Änderungs-, Ergänzungs- oder Aufhebungsrechtsgeschäft wegen Formmangels insgesamt nichtig ist.[811]

Bei Nichtigkeit besteht indessen das Bedürfnis, der Frage nachzugehen, ob im Einzelfall aus Konversion (§ 140 BGB), nach Treu und Glauben (§ 242 BGB bzw. Art. 2 ZGB) oder aufgrund von Konvaleszenz (§§ 313 Satz 2, 518 Abs. 2, 766 Satz 2 BGB analog bzw. Art. 634 Abs. 1 ZGB, 243 Abs. 3 OR analog) die an sich gemäß § 125 Satz 2 BGB bzw. Art. 16 Abs. 1 OR analog nichtige Abänderungs-, Ergänzungs- oder Aufhebungsvereinbarung gleichwohl Rechtsfolgen nach sich zieht.

B. Einschränkung und Umdeutung

I. Verzicht auf den Formzwang

Sowohl in gerichtlichen Entscheidungen[812] als auch im rechtswissenschaftlichen Schrifttum[813] - hier vor allem von denjeni-

---

810 **Von Tuhr/Peter** (1979), 227 Fn. 29.

811 **Berner** (1940), 49; **Herz** (1934), 87.
A. A. **Jauernig** (1991), § 125 Nr. 5.

812 Deutsches Recht:
BGH 17.1.1966 - II ZR 8/64 - NJW 1966, 826 ff: Es sei zu vermuten, die Abänderung des Gewinnverteilungsschlüssels sei auch unter Verzicht auf die im Vertrag für Vertragsänderungen vorgesehene Schriftform möglich; BGH 20.3.1967 - VIII ZR 199/64 (nicht publiziert): Die Annahme einer Partei, eine mündliche Abänderungsvereinbarung sei nur wirksam, wenn allseits auf die Einhaltung der vertraglich vorgesehenen Schriftform ausdrücklich verzichtet würde, sei rechtlich ohne Bedeutung. Vgl. § 2 A I 2.
Schweizerisches Recht:
Gewerbegericht der Stadt Bern 14.12.1934 - SJZ 32 (1935/36), 45 Nr. 28; Cour d'appel de Berne Ire Chambre civ. 27.4.1926 - SJZ 25 (1928/29), 25 f Nr. 26. Vgl. § 2 A II 2.

813 Deutsches Recht:
Hueck (1968), 1210, 3; **Esser** (1970), § 6 III 3 a; *Soergel* - **Hefermehl**, § 125 Rn. 33; **Rutkowski** (1978), 68; **Rüthers** (1991), Rn. 306.
Unter Geltung des ALR: **Koch, C. F.** (1878), ALR I, 5 § 134 Fn. 45

gen Stimmen im deutschen rechtswissenschaftlichen Schrifttum, die Schriftformklauseln als Beweisverträge auffassen[814] - wird verschiedentlich bemerkt, die Parteien würden bei dem späteren formlosen Änderungsrechtsgeschäft auf den vereinbarten Formzwang *verzichten*.

Bei näherer Betrachtung erweist sich das, was als Verzicht bezeichnet wird, regelmäßig als eine Aufhebung der Schriftformklausel. In einzelnen Fällen kann mit einem solchen Verzicht ein Erlaß einzelner Forderungen gemeint sein, die aus dem die Schriftformklausel enthaltenden Vertrag hervorgegangen sind. Dort ist dann zu prüfen, ob über den Konversionsweg (§ 140 BGB) ein Erlaßvertrag nach § 397 BGB bzw. Art. 115 OR angenommen werden kann.

II. Der Erlaßvertrag

1. Der Erlaßvertrag und seine Voraussetzungen nach deutschem Recht (§ 397 BGB)

Mit Blick auf die Wirksamkeit des formlosen Änderungsrechtsgeschäftes forderte *Dehn* schon im Jahre 1908[815], es müsse erwiesen sein oder angenommen werden können, daß der Wille der Parteien die spätere formlose Absprache als nicht unter die Schriftformklausel fallend angesehen haben wollte.[816] Beim Erlaßvertrag (§ 397 BGB) wäre dieses Erfordernis erfüllt. Deshalb soll nachfolgend geprüft werden, ob das der Form ermangelnde Änderungsrechtsgeschäft durch Konversion (§ 140 BGB) in einen wirksamen Erlaßvertrag umgedeutet werden kann.[817]

("Entsagungen und Verzichtsleistungen"); vgl. § 4 AA 2 ba.
Schweizerisches Recht:
Schneider (1912), 36; **Furrer** (1992), 46, der indes in Fn. 50 *Merz* unrichtig zitiert: *Merz* rekurriert dort auf gesetzlichen Formzwang. Lediglich *Eugen Bucher*, der Verzicht nur in bestimmten Fällen annimmt, bezieht sich auf die rechtlichen Grundlagen des Erlaßvertrages im Sinne der Bestimmung des Art. 115 OR: **Bucher, E.** (1988), 174, 390.

814 **Kötz** (1967), 289 li Sp.; **Boergen** (1971), 203 re Sp; **Schiedermair** (1935), 65 ff, 81, 122 Anm. 71, die Beweisverträge als Verzichtsverträge auf künftige prozessuale Befugnisse, als vertraglichen Verzicht auf das künftige Recht des Bestreitens, werten.

815 **Dehn** (1908), 45; vgl. §§ 2 A I 3 b; 3 B.

816 Im Ansatz eine gleiche Aussage enthält die Begründung des Reichsgerichts in der Entscheidung vom 23.11.1942: Spätere mündliche Absprachen seien in der Regel lediglich ein vorübergehendes Entgegenkommen, ohne Bindung für die Zukunft (RG 23.11.1942 - V 63/42 - DR 1943, 487 f); vgl. §§ 2 A I 2; 3 B II 1.

817 So schon **Loewe** (1899), 83.

Als Grundsatz ist der Erlaß einer Schuld formfrei und kann auch stillschweigend vorgenommen werden.[818] Hinsichtlich vereinbarter konstitutiver Schriftformklauseln kommt deshalb der Frage besondere Bedeutung zu, ob ein formfreier Erlaß ein unzulässiges Umgehungsgeschäft darstellt, weshalb sich Konversion verbietet. Das wäre dann der Fall, wenn der Erlaß ein von der Schriftformklausel mitumfaßtes Ersatzgeschäft wäre.

Voraussetzung für die Annahme eines Erlaßvertrages ist, daß eine Konversion in Betracht kommt (§ 140 BGB). Konversion heißt Umdeutung eines unwirksamen Rechtsgeschäftes in das in ihm steckende wirksame Zweitgeschäft, dessen Gültigkeitserfordernisse im unwirksamen Rechtsgeschäftstatbestand verwirklicht und dessen entsprechende Rechtswirkungen hypothetisch gewollt sind.[819]

a) Nichtigkeit des formlosen Änderungsrechtsgeschäftes

Die Nichtbeachtung der konstitutiven Schriftformklausel macht das beabsichtigte, aber mißglückte Rechtsgeschäft - das formlose Änderungsrechtsgeschäft - nichtig (§ 125 Satz 2 BGB).

b) Der Erlaßvertrag als Ersatzgeschäft

Die Erfordernisse des Ersatzgeschäftes müssen durch das nichtige Rechtsgeschäft gewahrt sein.[820] Der jeweilige Lebenssachverhalt, der dem Tatbestand des beabsichtigten Rechtsgeschäftes, dem Erstgeschäft, nicht genügt, genügt dem Tatbestand eines anderen, dem Zweitgeschäft. Dabei muß das Zweitgeschäft mit seinen sämtlichen Gültigkeitserfordernissen objektiv[821], bzw. nach seinem rechtlichen Zweck[822], im mangelhaften Tatbestand des gescheiterten Erstgeschäftes enthalten sein[823]; dies muß zum Zeitpunkt der Vornahme des Zweitgeschäftes der Fall sein.[824] Das Zweitgeschäft muß dabei als andere selbständige Geschäftsfigur im positiven Recht an-

818 **Enneccerus/Lehmann** (1958), § 74 I 1; ***Soergel* - Zeiss**, § 397 Rn. 1 f.
819 **Serozan** (1968), 36; **Krampe** (1980), 2; ***RGR-Kommentar* - Krüger-Nieland**, § 125 Anm. 45.
820 BGH 11.12.1970 - V ZR 42/68 - NJW 1971, 420 f; **Medicus** (1992), Rn. 519.
821 **Palandt/Heinrichs** (1993), § 140 Rn. 5.
822 **Serozan** (1968), 37 ff, 40 spricht von einer "causa proxima".
823 **Fischer, O.** (1913), 66; **Finger** (1932), 20 ff; **Serozan** (1968), 36; **Palandt/ Heinrichs** (1992), § 140 Rn. 5.
824 **Herschel** (1952), 41; **Serozan** (1968), 40.

erkannt sein[825] und wirtschaftlich wenigstens annähernd gleichartige Wirkungen herbeiführen wie das ursprüngliche, aber nichtige Erstgeschäft.[826]
Die Aufhebung bewirkt, daß der Vertrag in seiner Gesamtheit dahinfällt. Die Änderung, daß einzelne Vertragsbestimmungen - bei Fortbestehen des Vertrages im übrigen unter Wahrung seiner Identität - dahinfallen oder mit anderem Gehalt fortgelten.[827] Demgegenüber ist der Erlaß ein vertraglicher Verzicht auf eine Forderung,[828] ein Verfügungsrechtsgeschäft, dessen Wirkung im Untergang der in Frage stehenden Forderung besteht - das Schuldverhältnis erlischt (§ 397 BGB).[829] Als Schuldverhältnis in diesem Sinne sind die aus dem die Schriftformklausel enthaltenden Vertrag entspringenden einzelnen Forderungen zu verstehen,[830] deren Erlöschen nicht notwendigerweise den Vertrag insgesamt zum Erlöschen bringt; dazu bedürfte es eines Aufhebungsvertrages.[831] Der Erlaß bringt ein Schuldverhältnis zum Erlöschen, wirkt aber nicht auf den Schuldgrund.[832] Demgegenüber bringt der Aufhebungsvertrag das ganze Schuldverhältnis zum Erlöschen,[833] beseitigt die obligatorische Verpflichtung[834]. Die aus einem Vertrag hervorgegangene einzelne Schuld kann erlassen werden; der Vertrag selber kann nicht erlassen, sondern muß aufgehoben werden.[835]

---

825 **Serozan** (1968), 37 m. w. N. in Fn. 7.

826 BGH 11.12.1970 - V ZR 42/68 - NJW 1971, 420 f; BGH 15.12.1955 - II ZR 204/54 - BGHZ 19, 269 ff; RG 6.4.1925 - V 353/24 - RGZ 110, 391 ff; RG 30.6.1932 - IV 62/32 - RGZ 137, 176 ff; **Flume** (1992), § 32, 9; **Fischer, O.** (1913), 179 ff; ***Soergel*** **- Hefermehl**, § 140 Rn. 1 ff; ***RGR-Kommentar*** **- Krüger-Nieland**, § 140 Anm. 2, 3.

827 Vgl. Fn. 24; **Hirt** (1934), 6 ff, 51; **Kummer** (1942), 145 ff.

828 **Palandt/Heinrichs** (1993), § 397 Rn. 1; **Enneccerus/Lehmann** (1958), § 74 I; **Esser** (1970), § 29 I; **Esser/Schmidt** (1992), § 21 I 1; ***Soergel*** **- Zeiss**, § 397 Rn. 1 f; ***Münchener Kommentar*** **- von Feldmann**, § 397 Rn. 1; **Gauch/Schluep** (1991), Rn. 3189 ff.

829 ***Münchener Kommentar*** **- von Feldmann**, § 397 Rn. 5; **Gauch/Schluep** (1991), Rn. 3191.

830 **Fikentscher** (1992), Rn. 298.

831 ***Münchener Kommentar*** **- von Feldmann**, § 397 Rn. 5.

832 **Happek** (1910), 425.

833 ***Münchener Kommentar*** **- Söllner**, § 305 Rn. 26; ***Münchener Kommentar*** **- von Feldmann**, § 397 Rn. 12.

834 ***Berner Kommentar*** **- Becker**, Art. 115 OR, II 3 Rn. 8; **Siber** (1921), 280.

835 **Hirt** (1943), 51.
A. A. **Heldrich, K.** (1941), 111; **Happek** (1910), 419 m. w. N.; **Hueck** (1968), 1210 Fn. 10: Die Aufhebung könne als gegenseitiger Erlaß der übernommenen Pflichten (§ 397 BGB) angesehen werden.

Beim Erlaßvertrag nach § 397 BGB handelt es sich mithin um ein anderes Rechtsgeschäft, eine selbständige Rechtsfigur. Es ist indessen fraglich, ob es wirtschaftlich wenigstens annähernd gleichartige Wirkungen herbeiführen kann wie der formnichtige Abänderungs- oder Aufhebungsvertrag.

Für die Abänderung und Aufhebung ist dies zu bejahen, sofern der Gegenstand der Abänderung oder Aufhebung Erlaß einer Schuld ist, also dann, wenn die eine Vertragspartei der anderen die Schuld im Wege einer Abänderung oder Aufhebung erläßt, und zwar mit Wirkung ex nunc.[836]

Im Gegensatz zu dem ex nunc-wirkenden Erlaß, ist bei der Aufhebung aber fraglich, ob sie ex nunc oder ex tunc wirke;[837] das Kriterium wirtschaftlich wenigstens annähernd gleichartiger Wirkung kann nämlich nur eine ex nunc-wirkende Aufhebung erfüllen. Der Bundesgerichtshof führt in seinem Urteil vom 16.6.1978[838] aus, Inhalt und Folgen eines Aufhebungsvertrages seien gesetzlich nicht geregelt, weshalb sie vom erklärten Willen der Parteien abhingen. Dieser könne darauf gerichtet sein, das Vertragsverhältnis sowohl für die Zukunft als auch rückwirkend aufzuheben. Die Parteien könnten insbesondere vereinbaren, so gestellt zu werden, als wäre der aufgehobene Vertrag nicht geschlossen worden. Der Inhalt, den sie dem Aufhebungsvertrag gegeben hätten, sei vom Tatrichter durch Auslegung zu ermitteln. Der Bundesgerichtshof setzt sich sodann mit den Lehrmeinungen auseinander und führt aus, die Auffassung, wonach der Aufhebungsvertrag grundsätzlich nur für die Zukunft wirke, weshalb bereits entstandene Ansprüche unberührt blieben, oder umgekehrt, es trete regelmäßig Rückwirkung ein, könne nicht geteilt werden. Es hänge vielmehr von den bei der Auslegung des Vertrages zu berücksichtigenden Umständen des konkreten Einzelfalles ab, ob der Aufhebungsvertrag nur für die Zukunft wirke oder rückwirkend das Vertragsverhältnis beseitige. Bei Dauerrechtsverhältnissen, mit deren Ausführung bereits begonnen wurde, komme eher eine Beendigung nur für die Zukunft in Betracht.

---

836 **Happek** (1910), 418.

837 **Jauernig/Stürner** (1991), Vorb. vor § 362 3 b; **Enneccerus/Lehmann** (1958), § 74 I 3; **Palandt/Heinrichs** (1993), § 305 Rn. 7; ***Berner Kommentar* - Becker**, Art. 115 OR, III 3 Rn. 12.

838 BGH 16.6.1978 - V ZR 115/77 - NJW 1978, 2198 re. Sp.

Im rechtswissenschaftlichen Schrifttum wird die Frage unterschiedlich angegangen. Nach *von Feldmann*[839] bringt der Aufhebungsvertrag das Schuldverhältnis mit rückwirkender Kraft zum Erlöschen, sofern seine Wirkung nicht auf die Zukunft beschränkt werde, was die Ausnahme sei.[840] Für *Happek*[841] bewirkt ein contrarius consensus die Aufhebung des ganzen Vertrages ipso iure mit rückwirkender Kraft; die eingetretenen Wirkungen seien als nicht erfolgt anzusehen. Im Gegensatz zum Erlaß beziehe sich der Aufhebungsvertrag auf den Anfang der Obligation, weshalb er ex tunc wirke. Nach *Söllner*[842] beendet der Aufhebungsvertrag das Schuldverhältnis mit Wirkung für die Zukunft; es bestehe aber kein Hindernis für die Parteien, auch die rückwirkende Beseitigung des Schuldverhältnisses zu vereinbaren.

Das Bürgerliche Gesetzbuch hat als einzige Art, Schuldverhältnisse aufzulösen, den Erlaß (§ 397 BGB) geregelt. Bei ihm handelt es sich um einen Vertrag, der sich nur auf das Ende der Obligation bezieht und die aus dem Schuldverhältnis resultierende einzelne Forderung ex nunc zum Erlöschen bringt.
Die übrigen Aufhebungsarten wurden vom Bürgerlichen Gesetzbuch nicht ausdrücklich geregelt;[843] sie lassen sich aber aus der Bestimmung des § 305 BGB begründen und unter dem Sammelbegriff *Aufhebungsvertrag* subsumieren. Ob nun eine ex tunc- oder ex nunc-Wirkung beabsichtigt ist, muß durch Auslegung ermittelt werden, wobei in bezug auf Dauerrechtsverhältnisse der Begründung des Bundesgerichtshofs in dem Urteil vom 16.6.1978[844] und der Ansicht *Söllners*[845] beizupflichten ist, daß nämlich regelmäßig eine Beendigung für die Zukunft in Betracht komme, die rückwirkende Beseitigung eher die Ausnahme sei. Der Erlaßvertrag kann mithin wirtschaftlich annähernd gleichartige Wirkungen wie der Aufhebungsvertrag herbeiführen.

---

839 ***Münchener Kommentar*** **- von Feldmann**, § 397 Rn. 12.

840 A. A. für das schweizerische Recht ***Zürcher Kommentar*** **- Jäggi**, Art. 12 OR Rn. 9, wonach die Aufhebung bei Dauerrechtsverhältnissen bedeute, der Vertrag werde für die Zukunft aufgelöst.

841 **Happek** (1910), 418.

842 ***Münchener Kommentar*** **- Söllner**, § 305 Rn. 27.

843 **Happek** (1910), 407.

844 BGH 16.6.1978 - V ZR 115/77 - NJW 1978, 2198 re. Sp.

845 ***Münchener Kommentar*** **- Söllner**, § 305 Rn. 27.

Weiter muß anzunehmen sein, die Parteien hätten bei Kenntnis der Nichtigkeit des beabsichtigten Rechtsgeschäftes das andere Rechtsgeschäft gewollt.[846] Ihr hypothetischer Wille[847] muß ergo auf das Zweitgeschäft gerichtet sein. Der Richter hat sich also an ihre Stelle zu versetzen und zu fragen, ob sie bei Kenntnis der Nichtigkeit des beabsichtigten Rechtsgeschäftes zum Zeitpunkt des Abschlusses des Zweitgeschäftes mit dessen Rechtsfolgen einverstanden gewesen wären; er hat dabei die von den Parteien (ergänze: mit dem Zweitgeschäft) verfolgten Ziele und die beiderseitige Interessenlage zu berücksichtigen.[848] Nur wenn diese Frage bejaht werden kann, ist eine Konversion statthaft.[849]

Konversion ist folglich nur zulässig, wenn anzunehmen ist, die Parteien hätten bei Kenntnis der Nichtigkeit des formlosen Änderungsrechtsgeschäftes aufgrund ihrer Zielvorstellungen und der beiderseitigen Interessenlage den Erlaßvertrag gewollt.[850] Hierbei ist auf den Zeitpunkt der Vornahme des formnichtigen Änderungsrechtsgeschäftes abzustellen und nicht auf den des Abschlusses des die Schriftformklausel enthaltenden Vertrages.[851] Dies bedeutet, das ein Erlaßvertrag nicht mit der Begründung abgelehnt werden kann, eine Konversion verbiete sich, weil die Parteien im Zeitpunkt, in dem sie die Schriftformklausel in den Vertrag aufnahmen, möglicherweise den Willen gehabt hätten, im Falle einer späteren Konversion auch dieses Geschäft, nämlich den Erlaßvertrag, der Schriftform zu unterwerfen: Der *hypothetische* Parteiwille kann nicht für alle späteren Konstellationen ex ante angenommen werden.[852] Bei der Konversion handelt es sich nach überwiegender Auffassung eben gerade nicht um die Feststellung des wirklichen, sondern des hypothetischen Willens.[853]

---

846 BGH 11.12.1970 - V ZR 42/68 - NJW 1971, 420 f; **Medicus** (1992), Rn. 520.

847 Es kommt auf hypothetische Parteivorstellungen an, die nicht nach rein objektiven Gesichtspunkten ermittelt werden können: BGH 11.12.1970 - V ZR 42/68 - NJW 1971, 420 f.
A. A. **Hieber** (1954), 304.

848 BGH 5.2.1980 - KZR 13/79 - NJW 1980, 2517 re. Sp. in fine f.

849 **Serozan** (1968), 40.

850 Vgl. BGH 11.12.1970 - V ZR 42/68 - NJW 1971, 420 f.

851 BGH 5.2.1980 - KZR 13/79 - NJW 1980, 2517 re. Sp. in fine f.

852 A. A. **Serozan** (1968), 138, der aber - im Gegensatz zur vorliegenden Abhandlung - nur den Vertragsabschluß im Auge hat.

853 BGH 15.12.1955 - II ZR 204/54 - BGHZ 19, 269 ff, 273; RG 6.4.1925 - V 353/24 - RGZ 110, 391 ff, 392; ***Münchener Kommentar*** **- Mayer-Maly**, § 140 Rn. 3; **Enneccerus/Nipperdey** (1960), § 202 V; **Krampe** (1980), 4 Fn. 20 ff m. w. N.: Während die Auslegung nach § 133 BGB die Erforschung des wirklichen

Bei Konversion und gewillkürtem Formzwang muß jedoch beachtet werden, daß der Formzweck des gewollten, jedoch mißglückten Änderungsrechtsgeschäftes nicht durch Konversion in einen formfreien Erlaßvertrag umgangen wird.[854]

Deshalb ist zu prüfen, ob bei vereinbarter Schriftformklausel Konversion überhaupt in Betracht kommt. Das Gesetz (§ 125 Satz 2 BGB) sanktioniert nämlich eine dahingehende Vereinbarung der Vertragsparteien, der Formwahrung ein solch besonderes Gewicht beizumessen, daß der durch das Änderungsrechtsgeschäft angestrebte Erfolg dahinter zurücktritt.[855] Umdeutung darf nicht zu einer im Gegensatz zur Vertragsfreiheit stehenden Bevormundung der Parteien führen.

Bei gesetzlichem Formzwang hat die Rechtsprechung des öfteren die Konversion formwidriger Verträge zugelassen, und zwar auch bei Vertragstypen, bei denen eine gesetzliche Heilungsmöglichkeit nicht besteht.[856] So kann nach dem Urteil des Reichsgerichts vom 11.11.1910[857] ein formnichtiger Vermögensübergabevertrag (§ 311 BGB) durch Konversion in formlose Verträge über die einzelnen Vermögensgegenstände umgedeutet werden. Ein formwidriger Erbschaftskauf (§ 2371 BGB) kann laut Urteil des Reichsgerichts vom 22.5.1930[858] durch Konversion als Erbauseinandersetzungsvertrag (§ 2042 BGB) aufrechterhalten werden. Wenn nun selbst bei gesetzlichem Formzwang Konversion zulässig sein soll, so läßt sich argumentieren, dies müsse bei gewillkürtem Formzwang erst recht so sein, orientiere sich doch der gewillkürte Formzwang an dem gesetzlichen und habe nicht eine größere Tragweite als dieser.

Andererseits ließe sich gegen eine Konversion bei gewillkürtem Formzwang vorbringen, wäre die Umdeutung des nichtigen Änderungsrechtsgeschäftes zulässig, dann wäre die konstitutive Schrift-

---

Willens der Parteien verlange, gebiete § 140 BGB die Ermittlung dessen, was gewollt sein würde.
A. A. ***RGR-Kommentar*** - **Krüger-Nieland**, § 140 Anm. 3: Die Auslegungsgrundsätze der §§ 133, 157 BGB seien sinngemäß heranzuziehen. Weitere Nachweise bei **Krampe** (1980), 3 Fn. 17 ff.

854 **Serozan** (1968), 39.

855 BGH 15.12.1955 - II ZR 204/54 - BGHZ 19, 269 ff; **Serozan** (1968), 138 in fine.

856 Vgl. die Nachweise bei **Serozan** (1968), 38 f, 44 ff; **Krampe** (1980), 226 ff.

857 RG 11.11.1910 - Rep. II 609/09 - RGZ 76, 1 ff, 3 f; **Krampe** (1980), 226 f.

858 RG 22.5.1930 - IV 397/29 - RGZ 129, 122 ff, 123 f; **Krampe** (1980), 227 f.

formklausel oftmals ohne praktische Bedeutung, könnte doch trotz nichtigem Änderungsrechtsgeschäft auf Erfüllung von ihm erfaßter Einzelverpflichtungen geklagt werden. Indessen geht es beim Erlaßvertrag (§ 397 BGB) nicht um Verpflichtungsgeschäfte, sondern darum, daß einzelne Forderungen aus dem die Schriftformklausel enthaltenden Vertrag durch wirksame Verfügungsgeschäfte untergehen. Es bleiben dabei sämtliche mit der Schriftformklausel verfolgten Zwecke für die Zukunft unberührt, der die Schriftformklausel enthaltende Vertrag selbst bleibt wie vereinbart bestehen. Die Formzwecke werden beim gewollten, jedoch mißglückten Änderungsrechtsgeschäft nicht durch Konversion in ein formfreies Rechtsgeschäft umgangen.[859] Die Klarheit, Beweisbarkeit und Sicherheit über den Vertragsinhalt sowie die Erkennbarkeit für Dritte bleiben nämlich gewährleistet; es werden lediglich bestimmte Rechtsbeziehungen aus dem Vertrag durch den Erlaß nicht dokumentiert. Die Aufrechterhaltung betrifft einen gültigen, von der Schriftformklausel nicht erfaßten Teil des Rechtsgeschäftes.[860] Deshalb ist nicht anzunehmen, das Erstgeschäft (die formlose und deshalb nichtige Abänderung oder Aufhebung) stelle mit dem Zweitgeschäft (dem Erlaß) ein einheitliches Geschäft dar. Vor allem ist ihre Wirkung verschieden: Der Erlaßvertrag vermindert die Rechtsbeziehungen der Parteien nur in dem Umfang, wie sie jederzeit auch auf andere Weise eintreten könnten; so z. B. dadurch, daß ein Gläubiger den Anspruch, der erlassen wurde, vor dem Erlaß durch Pfändung und Überweisung auf sich übergeleitet hätte, was auch für zukünftig entstehende Ansprüche bereits möglich ist.

Der formfreie Erlaßvertrag stellt nach dem Gesagten kein von der Schriftformklausel mitumfaßtes Ersatzgeschäft dar, der Erlaß durch Konversion (§§ 397, 140 BGB) deshalb kein unzulässiges Umgehungsrechtsgeschäft.

2. Der Erlaßvertrag und seine Voraussetzungen nach schweizerischem Recht (Art. 115 OR)

Die Ausführungen zum Erlaßvertrag nach deutschem Recht gelten mit wenigen Ausnahmen auch für das schweizerische

---

859 **Serozan** (1968), 39.
860 Vgl. **Krampe** (1980), 283.

Recht,[861] der dort in der Bestimmung des Art. 115 OR[862] geregelt wird; nach beiden ist ein Erlaß ex ante möglich.[863]
Im Erlaßvertrag wird vereinbart, daß der Gläubiger seine Forderung ganz oder teilweise aufgibt,[864] wobei von Gesetzes wegen keine besondere Form vorgeschrieben ist.[865] Dies gilt nach Art. 115 OR selbst dann, wenn zur Eingehung der Verbindlichkeit eine Form erforderlich oder von den Vertragschließenden gewählt war.[866] Für Art. 115 OR ist von Bedeutung, daß diese Vorschrift keineswegs besagt, die Parteien könnten für einen Erlaßvertrag selbst dann eine Form nicht vereinbaren, wenn sie dies wollten;[867] sie besagt vielmehr, ein formloser Erlaß sei auch dann möglich, wenn zur Eingehung der Verbindlichkeit von den Vertragschließenden eine Form gewählt war.[868]

Für die Annahme eines Erlaßvertrages ist indessen auch nach schweizerischen Recht Voraussetzung, daß eine Konversion in Betracht kommt; auch hierzu kann im wesentlichen auf das zum deutschen Recht Gesagte verwiesen werden.[869]
In der Schweiz ist die Konversion von der Rechtsprechung und dem rechtswissenschaftlichen Schrifttum anerkannt, obgleich das schweizerische Recht keine einschlägige Gesetzesbestimmung aufweist:[870]

---

861 Zu den Unterschieden: **Hirt** (1943), 51, 70 ff, 88 ff.

862 Art. 115 OR: Eine Forderung kann durch Übereinkunft ganz oder zum Teil auch dann formlos aufgehoben werden, wenn zur Eingehung der Verbindlichkeit eine Form erforderlich oder von den Vertragschliessenden gewählt war.

863 **Kummer** (1942), 138 Fn. 1; ***Obligationenrecht*** - **Gonzenbach**, Art. 115 OR Rn. 5.

864 **Gauch/Schluep** (1991), Rn. 3203.

865 **Gauch/Schluep** (1991), Rn. 3200.

866 BGE 99 II 55; ***Obligationenrecht*** - **Gonzenbach**, Art. 115 OR Rn. 8.

867 ***Obligationenrecht*** - **Gonzenbach**, Art. 115 OR Rn. 11.
A. A. **Furrer** (1992), 46, aber ohne Begründung.

868 Dies folgt auch aus der Entstehungsgeschichte von Art. 115 OR. Der mit dieser Bestimmung textgleiche Art. 140 aOR war im Entwurfsstadium als Art. 146 in der von *Colombi* redigierten italienischen Fassung dahingehend formuliert, zur Aufhebung einer Forderung sei nicht einmal dann eine besondere Form erforderlich, "wenn sie vorgeschrieben gewesen wäre"; letztere Formulierung fand nicht Eingang in das Gesetz: **Colombi**, Brouillon original de la traduction italienne de la Loi féd. sur les obligations et le droit comm., Manuskript 1879/80, Schweizerisches Bundesarchiv, Bern.

869 Vgl. § 5 B II 1.

870 **Guhl/Merz/Koller** (1991), 120; **Krampe** (1980), 21 f; **von Tuhr/Peter** (1979), 228 ff; **von Büren** (1964), 150 f; ***Zürcher Kommentar*** - **Jäggi**, Art. 11 OR Rn. 11 f.

Der in der Bestimmung des § 140 BGB niedergelegte Grundsatz der Konversion gilt nach der Rechtsprechung des schweizerischen Bundesgerichts als allgemeine Rechtsanwendungsnorm auch im Bereich des schweizerischen Rechts.[871] Entspreche ein nichtiges Rechtsgeschäft den Erfordernissen eines anderen, das einen ähnlichen Zweck und Erfolg habe wie der mit dem nichtigen erstrebte, so gelte der Grundsatz der Konversion: Jenes andere Geschäft erlangt Geltung, wenn anzunehmen ist, die Vertragsparteien hätten dies bei Kenntnis der Nichtigkeit ihres Geschäfts gewollt.[872] Die Frage nach der Absicht der Parteien im Fall der Kenntnis der Nichtigkeit ist eine Rechtsfrage, weshalb es um die Erforschung des hypothetischen und nicht des tatsächlichen Parteiwillens geht.[873]

3. Anwendung auf die Rechtsprechung

Einzelne von der Rechtsprechung entschiedene Fälle lassen Feststellungen zu, ob durch Konversion ein Erlaßvertrag angenommen werden kann.

a) Mögliche Konversion in einen Erlaßvertrag

In der Entscheidung des Reichsgerichts vom 5.7.1912[874] stellt sich die Herabsetzung der zu zahlenden Vergütung als formlos möglicher Erlaßvertrag nach § 397 BGB dar, weil die Parteien die Herabsetzung der Vergütung als Ziel erreichen wollten. Der Weg war für sie insofern ohne Belang, als sie ihn bei Abschluß des Erlaßvertrages nicht in den Vordergrund ihrer Überlegungen stellten, ihr hypothetischer Wille somit als auf Erlaß gerichtet angenommen werden kann.
In dem Urteil des Bundesgerichtshofs vom 26.11.1964[875] bewirkte die auf Aufhebung der Spesenzusage gerichtete Abmachung der Vertragsparteien, daß der Anspruch auf Spesen erlosch. Erloschen ist er freilich nicht als Folge einer entsprechenden Änderung des Vertretervertrages, der die Schriftformklausel enthielt, sondern - bei dessen unveränderter Fortgeltung - aufgrund eines zwischen den

---

871 BGE 76 II 8, 13 f.
872 BGE 93 II 452 E. 5.
873 BGE 103 II 185 E. 4.
874 RG 5.7.1912 - III 63/12 - WarnR 1912, 402, Nr. 367; vgl. §§ 2 A I 2; 3 B II 1.
875 BGH 26.11.1964 - VII ZR 111/63 - NJW 1965, 293; vgl. §§ 2 A I 2; 4 AB 2 b. Zum Sachverhalt vgl. Fn. 687.

Parteien geschlossenen Erlaßvertrages gemäß § 397 BGB. Zwar hatten sie nicht unbedingt an einen solchen gedacht, sondern die Abänderung des Vertretervertrages im Sinn. Dennoch kann nach § 140 BGB ein Erlaßvertrag angenommen werden: die Parteien waren nämlich übereingekommen, künftig sollten die Spesen nicht mehr erstattet werden. Ihnen kam es auf diesen Erfolg, nicht auf den Weg dorthin an, weshalb ihr hypothetischer Parteiwille auf Erlaß gerichtet war.[876]
Im Urteil des Bundesgerichtshofs vom 17.1.1966[877] stellt sich die frühere Duldung eines vom Gesellschaftsvertrag abweichenden Gewinnverteilungsschlüssels - bei unveränderter Fortgeltung des Gesellschaftsvertrages und damit auch der Schriftformklausel - als ein zwischen den Parteien konkludent abgeschlossener, formloser Erlaßvertrag (§ 397 BGB) dar. Den Gesellschaftern kam es nämlich darauf an, die im Gesellschaftsvertrag vereinbarte Gewinnverteilung bis auf weiteres, also auf Zeit, außer Wirkung zu setzen; wie dies zu erreichen war, war für sie belanglos, so daß ihr hypothetischer Wille - hätten sie die Nichtigkeit ihrer formlosen Änderung der Gewinnverteilung infolge der Schriftformklausel gekannt - auf Erlaß gerichtet gewesen wäre (§ 140 BGB).[878]

Das Gewerbegericht der Stadt Bern hätte in seinem Urteil vom 14.12.1934[879] prüfen müssen, ob in der Vereinbarung der Lohnherabsetzung, später der völligen Einstellung von Barlohnzahlungen, über eine Konversion ein formlos möglicher Erlaßvertrag zu erblicken war; dies nicht zuletzt, als das Gericht selbst den Verzicht erwähnt. Der hypothetische Wille der Parteien war nämlich auf das Resultat - Lohnreduktion und Abbedingung des Barlohns - gerichtet gewesen; der dorthin führende Weg war den Parteien unwichtig,

---

876 Vgl. auch BGH 2.7.1975 - VIII ZR 223/73 - NJW 1975, 1653 ff: In casu ging es neben einem Mieterbeitritt um eine Mietzinsreduktion; dabei war der Wille der Parteien zum Zeitpunkt der Änderungsabrede darauf gerichtet, den Mietzins herabzusetzen. Hypothetisch hätten die Parteien den "Schleichweg" (Erlaßvertrag) gewählt, weshalb sich die Mietzinsreduktion als Erlaßvertrag darstellt. Vgl. § 2 A I 2. Zum Sachverhalt vgl. Fn. 905.
Unentschieden: RG 23.11.1942- V 63/42 - DR 1943, 487 f sowie BGH 20.3.1967 - VIII ZR 199/64 (nicht publiziert).

877 BGH 17.1.1966 - II ZR 8/64 - NJW 1966, 826 ff; vgl. §§ 2 A I 2; 3 D. Zum Sachverhalt vgl. Fn. 415.

878 Vgl. auch **Hueck** (1968), 1210, wonach ein antizipierter Verzicht der formlosen Vereinbarung zur Wirksamkeit verhilft.

879 Gewerbegericht der Stadt Bern 14.12.1934 - SJZ 32 (1935/36), 45, Nr. 28; vgl. § 2 A II 2.

weshalb dieser Entscheidung im Ergebnis zuzustimmen ist.[880] Dabei kann man sich des Eindrucks nicht erwehren, das Gericht habe weniger einen Verzicht im Sinne eines Erlaßvertrages im Auge gehabt, sondern einen solchen mit der Aufhebung der Schriftformklausel verwechselt.

b) Versagen der Konversion in einen Erlaßvertrag

Betrifft die Abänderung oder Aufhebung nicht einen Anspruch aus einem Schuldverhältnis, sondern dieses selbst, so bedarf es eines einheitlichen aufhebenden Vertrages.[881] Ein hypothetischer, auf einen Erlaßvertrag gerichteter Parteiwille kann in diesen Fällen nicht weiterhelfen, weil Voraussetzung wäre, daß das Schuldverhältnis weiterbestünde.
Dies war beispielsweise im Urteil des Bundesgerichtshofs vom 19.9.1966[882] der Fall, wo sich der nachträgliche Verzicht - es sollte in der Folge nicht wie bis dahin generell, sondern nur für Ausfall gebürgt werden - als eine nachträgliche Änderung der Bürgschaftsverpflichtung darstellte, weshalb die Grundlage des Bürgschaftsvertrages betroffen war und ein Erlaß nicht in Frage kam.
Auch in der Entscheidung vom 5.2.1968[883], wo das Ausscheiden aus einer offenen Handelsgesellschaft die Basis der Obligation, nämlich den Gesellschaftsvertrag selbst, betraf, kam ein Erlaß nicht in Betracht.

Die Untersuchung hat gezeigt, daß die erörterten, von den deutschen Gerichten entschiedenen Fälle häufig vom Ergebnis her richtig, die gewählten Begründungen gelegentlich aber vom dogmatischen Ansatz her fragwürdig sind. Mit Hilfe der Konversion (§ 140 BGB) kann auf Grund des jeweils übermittelten Sachverhalts oft, wenngleich nicht immer, ein Erlaßvertrag (§ 397 BGB) angenommen

---

880 Zu der Entscheidung der Cour d'appel de Berne Ire Chambre civ. 27.4.1926 - SJZ 25 (1928/29), 25 f Nr. 26 - kann nichts weiter bemerkt werden, da das Gericht zum Verzicht lediglich in einem obiter dictum Stellung genommen hat; vgl. § 2 A II 2.

881 **Siber** (1921), 280; **Happek** (1910), 404; **Enneccerus/Lehmann** (1958), § 74 I 53 m. w. N.

882 BGH 19.9.1966 - VIII ZR 106/64 - JZ 1967, 287 f; vgl. §§ 2 A I 2; 4 AB I 2 c. Zum Sachverhalt vgl. Fn. 697.

883 BGH 5.2.1968 - II ZR 85/67 - BGHZ 49, 364 ff; vgl. §§ 2 A I 2; 4 AB I 2 d. Zum Sachverhalt vgl. Fn. 704.

werden. Der formfreie Erlaß stellt dabei nicht ein von der Schriftformklausel mitumfaßtes Ersatzgeschäft dar, der Erlaß durch Konversion deshalb kein unzulässiges Umgehungsrechtsgeschäft. Der Vertrag, der die Schriftformklausel enthält, bleibt unberührt: die Parteien verzichten lediglich auf eine Forderung aus diesem Vertrag.

Für das schweizerische Recht hat sich gezeigt, daß sowohl Rechtsprechung als auch rechtswissenschaftliches Schrifttum in ihren Begründungen dem Weg der Umdeutung in einen Erlaßvertrag im Sinne von Art. 115 OR näher stehen als die deutsche Rechtsprechung und Rechtslehre. Dies belegt gleichfalls argumentativ den für das deutsche Recht unterbreiteten Lösungsvorschlag, insbesondere, weil auch das schweizerische Recht den Weg über das Erlaßrechtsgeschäft nicht als ein unzulässiges Ersatzgeschäft wertet. Die Berufung auf Rechtsmißbrauch entfällt in Fällen der Annahme eines Erlaßvertrages.[884]

C. Konvaleszenz durch Vollzug

Aufgrund der gewonnenen Ergebnisse stellt sich desweiteren die Frage, ob Nichtigkeit der formlosen Abrede durch Vollzug geheilt werden könne. Bezüglich einzelner gesetzlicher Formvorschriften weicht das Gesetz vor dem vollzogenen Geschäft zurück, so z. B. in den Bestimmungen §§ 313 Satz 2, 518 Abs. 2, 766 Satz 2 BGB. Hier siegt der beharrliche Parteiwille selbst über die Nichtigkeitsdrohung, wobei das Gesetz von der Annahme ausgeht, Vollzug wiege schwerer als Versprechen. So kann z. B. ein nach § 125 Satz 1 BGB formnichtiges Rechtsgeschäft über ein Grundstück mit der Folge geheilt werden, daß es nachträglich gemäß § 313 Satz 2 BGB seinem ganzen Inhalt nach gültig wird.

Nach überwiegender Ansicht im rechtswissenschaftlichen Schrifttum lassen sich indessen die im Gesetz geregelten Konvaleszenzbestimmungen nicht entsprechend auf sonstige von Nichtigkeit bedrohte Rechtsgeschäfte anwenden;[885] d. h., daß sich aus den Bestimmungen

---

884 BGE 20, 129.
Merz (1974), 10; **Müller** (1938), 62 ff.

885 **Palandt/Heinrichs** (1993), § 125 Rn. 11; **Serozan** (1968), 46 ff, 61 ff; **Berner** (1940), 51 ff, 55 in fine f; **von Tuhr** (1914), 504.

der §§ 313 Satz 2, 518 Abs. 2, 766 Satz 2 BGB kein allgemeiner Rechtsgrundsatz, formunwirksame Rechtsgeschäfte würden durch Vollzug stets geheilt, ableiten läßt. Dies wird unter anderem damit begründet, daß sich die Vorschriften dieser Bestimmungen als kasuistisch über den ganzen Rechtsstoff verstreute Ausnahmebestimmungen darstellen;[886] überdies müsse aus dem Fehlen der Normierung eines allgemeinen Konvaleszenz-Grundsatzes geschlossen werden, der Gesetzgeber hätte eine Verallgemeinerung des Heilungsgedankens nicht gewollt.[887]
Bei Nichtigkeit infolge Nichtbeachtung gewillkürter Formvorschriften ließe sich indessen argumentieren, die Zulassung einer Konvaleszenz sei deshalb angebracht, weil bei gewillkürtem Formzwang besondere Schutzzwecke des Gesetzes keine Rolle spielten; die Bestimmung des § 125 Satz 2 BGB sei bloß eine höchst subsidiäre Norm ohne eigenen Gerechtigkeitsgehalt.[888] Dieser Argumentation ist aber bereits mit den aus den Gesetzesmaterialien zum Bürgerlichen Gesetzbuch gewonnenen Ergebnissen entgegenzutreten: Das Gesetz stellt mit der Bestimmung des § 125 Satz 2 BGB den gewillkürten dem gesetzlichen Formzwang hinsichtlich Wirkung und Folge gleich. Gleiches gilt nach schweizerischem Recht für die Bestimmung des Art. 16 Abs. 1 OR analog.[889] Für die Annahme eines Konvaleszenz-Grundsatzes bei Nichtigkeit zufolge Nichtbeachtung eines gewillkürten Formzwanges besteht schon deshalb weder nach deutschem noch nach schweizerischem Recht[890] Veranlassung. Desweiteren ist zu bedenken, daß die Nichtigkeit bei gewillkürten Formvorschriften nicht allein auf Gesetz beruht. Sie resultiert vielmehr aus einem Zusammenwirken: auf privatautonomer Bestimmung der Parteien, die das Gesetz gewährleistet. Die Parteien haben jederzeit die Möglichkeit, die Nichtigkeitsfolge durch Schriftlichkeit des Änderungsrechtsgeschäftes zu vermeiden. Das Gesetz (§ 125 Satz 2 BGB) dekretiert die Nichtigkeitsfolge bei konstitutiven Schriftformklauseln in Gewährleistung des Parteiwillens, bei Zweifeln in Gewährleistung des nach der Interessenlage der Vertragsparteien vermuteten Parteiwillens. Die Zulassung eines Konvaleszenz-Grundsatzes reimte sich deshalb nicht mit dem mit einer konstitutiven Schriftformklausel verfolgten Zweck und wäre dogmatisch nicht

---

886 **Sommer** (1927), 72.
887 **Lange** (1934), 17.
888 Vgl. **Medicus** (1992), Rn. 341.
889 **Müller** (1938), 60; vgl. § 4 BB II.
890 **Spiro** (1948), 24.

folgerichtig.[891] Aus einem Vollzug läßt sich keinesfalls schließen, der durch die Schriftformklausel bezweckte und vom Gesetz in § 125 Satz 2 BGB gewährleistete Schutz sei dahingefallen. Die Erfüllung selbst kann nämlich durch die gleichen Einflüsse bewirkt werden, von denen sich die Parteien durch Vereinbarung der Schriftformklausel zum Zeitpunkt dieser Vereinbarung "im Zweifel" schützen wollten, so z. B. vor Übervorteilung oder Unüberlegtheit. Formlose Vollzugsgeschäfte fallen dem Leichtsinnigen nicht schwerer als formlose Versprechensgeschäfte.[892] Der Vollzug bewirkt also keine Heilung.

Wohl aber kann der Vollzug in Zusammenhang mit den in § 242 BGB enthaltenen Bestimmungen Bedeutung erlangen. Tritt nämlich zu vorbehaltlosem Vollzug oder Beginn des Vollzugs ein Vertrauenstatbestand hinzu, so kann die Berufung auf die Schriftformklausel treuwidrig sein. Etwa in Fällen vorbehaltlos vollzogener formloser Absprache, in denen ein zusätzliches Verhalten der Vertragsparteien bzw. sonstige Umstände des konkreten Einzelfalles berechtigterweise das Vertrauen der einen Partei begründet haben, die andere werde sich nicht mehr auf die Schriftformklausel berufen (Verbot der unzulässigen Rechtsausübung wegen früheren Verhaltens).[893] *Serozan*[894] schließt hieraus, aus dem in § 242 BGB enthaltenen Verbot des venire contra factum proprium könnten die Gegebenheiten des Einzelfalles viel ungenierter berücksichtigt werden, als bei Anwendung eines schematischen Konvaleszenz-Grundsatzes. Folgerichtig wird nach schweizerischem Recht der Vollzug des formnichtigen Rechtsgeschäfts nicht unter dem Aspekt eines allgemeinen Konvaleszenz-Grundsatzes, sondern unter dem des Rechtsmißbrauchs behandelt.[895]

---

891 **Serozan** (1968), 61; **Boergen** (1971), 202 ff.

892 **Lange** (1934), 17.

893 ***Staudinger*** **- Dilcher**, § 125 Rn. 12; ***Soergel*** **- Teichmann**, § 242 Rn. 392; vgl. § A II 2.

894 **Serozan** (1968), 62.

895 **Serozan** (1968), 60.

§ 6. Unzulässige Berufung auf einen Formmangel

A. Deutsches und schweizerisches Recht

Aus den Ausführungen zur Nichtigkeit als Regel folgt, daß es wie bei gesetzlichem[896] auch bei gewillkürtem Formzwang jeder Vertragspartei grundsätzlich frei steht, sich auf die Nichtigkeit berufen zu können, ohne gegen Treu und Glauben zu verstoßen.[897]

I. Korrekturen der Nichtigkeit im allgemeinen

Auch bei Nichtigkeit infolge Verstoßes gegen die Bestimmung des § 125 Satz 2 BGB ist jedoch gegebenenfalls zu prüfen, ob sich nicht ausnahmsweise aus den Umständen, unter denen der Formfehler entstanden ist oder aufrechterhalten wurde, Korrekturen aufdrängen, mit der Folge, daß die eine oder andere oder beide Vertragsparteien gemäß dem Grundsatz von Treu und Glauben (§ 242 BGB[898], für den Anwendungsbereich des UN-Kaufrechts nach Art. 29 Abs. 2 Satz 2) gehindert sind, sich im konkreten Einzelfall auf die Nichtigkeit berufen zu können. Solche Korrekturen könnten sich in folgenden Fällen ergeben:[899] Eine Vertragspartei hat die andere arglistig über das Formerfordernis getäuscht, um eine wirksame Abänderung, Ergänzung oder Aufhebung zu verhindern; die Parteien kannten das Formerfordernis, beachteten es aber nicht, weil sie sich ohnehin vertrauten oder weil es der einen nicht gelang, die andere zur Einhaltung der Form zu bewegen. Rechtsprechung und -lehre haben hierzu mit Begründung aus § 242 und §§ 826, 249

896 BGH 5.2.1957 - V BLw 37/56 - BGHZ 23, 249 ff, 254.

897 Eine "relative Nichtigkeit" hat sich bislang nicht durchgesetzt; vgl. **Gernhuber** (1991), 48.

898 Dafür, daß diese Bestimmung für den Bereich der Rechtsgeschäftslehre Anwendung findet vgl. z. B. **Gernhuber** (1983), 768; ders. (1976), 70; ders. (1991), 173.

899 Zu diesen Fallgruppen vgl. **Medicus** (1992), Rn. 631-633.

BGB[900] ausführlich Stellung bezogen - allerdings in der Mehrzahl der Fälle nur im Rahmen der Erörterung von Verstößen gegen gesetzliche Formvorschriften.[901] Der Grund, warum es nicht mehr Entscheidungen zur Frage von Treu und Glauben bei gewillkürtem Formzwang gibt, ist darin zu sehen, daß die Rechtsprechung überwiegend zur Wirksamkeit der formlosen Änderungs-, Ergänzungs- oder Aufhebungsabrede gelangt, das hier angesprochene Problem sich dagegen nur bei Nichtigkeit stellen kann.[902]

II. Berücksichtigung des Verhaltens der Parteien im besonderen

1. Rechtsprechung

In der ersten einschlägigen Entscheidung stützt sich das Reichsgericht in seinem Urteil vom 15.11.1907[903] auf den Einwand der Arglist. Die Parteien hatten in einem schriftlichen Mietvertrag im Sinne von § 566 BGB für Änderungen und Zusätze die Schriftform bestimmt. Später einigten sie sich mündlich dahin, die Schriftformklausel solle dann nicht Platz greifen, wenn die Kündigung des Mietvertrages durch den Mieter erfolge. Die Parteien zogen eine schriftliche Änderung der Kündigungsklausel des Mietvertrages in Betracht: Der Mieter wollte die Änderung schriftlich niederlegen, der Vermieter erklärte dies aber für unnötig, berief sich im Prozeß jedoch auf die Schriftformklausel und bestritt die mündliche Abrede überhaupt. Das Reichsgericht begründete seine Entscheidung aus den Bestimmungen der §§ 826, 249 BGB und behandelte in casu den Vertrag so, als sei die Form gewahrt worden. Das Reichsgericht wich der Frage, ob die formlose Abänderung des mit einer Schriftformklausel versehenen Mietvertrages wirksam war, aus, indem es ausführte, die Frage könne dahingestellt bleiben, da jedenfalls die Berufung auf die Nichtigkeit treuwidrig sei. Mit dem Abstellen auf den Einwand der Arglist erübrigte sich für das Gericht auch die

---

900 Zu Art. 29 Abs. 2 Satz 2 UN-Kaufrecht liegt - soweit ersichtlich - noch keine Rechtsprechung vor; vgl. § 6 B II.

901 **Böhm** (1979), 445 Fn. 128 m. w. N.

902 ***Soergel*** **- Teichmann**, § 242 Fn. 329; **Geldsetzer** (1993), 155; **Böhm** (1979), 445 Fn. 129. Mit Blick auf Art. 29 Abs. 2 Satz 2 UN-Kaufrecht vgl. **Herber/Czerwenka** (1991), Art. 29 Rn. 7 in fine.
Bezeichnend ist z. B. die einschlägige Monographie von *Furrer* aus dem Jahre 1992, in der Nichtigkeit bei gewillkürtem Formzwang gar nicht untersucht wird.

903 RG 15.11.1907 - III 142/07 - WarnR 1908, 33, Nr. 38.

Auseinandersetzung mit der Schriftformklausel. Dennoch erhellt gerade das Abstellen auf den Einwand der Arglist, daß das Reichsgericht nicht geneigt ist, die mündliche Änderungsvereinbarung als wirksam anzuerkennen und nur in casu ausnahmsweise bereit ist, eine Wirkung dieser mündlichen Abrede dahingehend zuzulassen, als sich aus ihr Erfüllungsansprüche ergeben können.[904]
Treuwidriges Verhalten legte der Bundesgerichtshof auch in seiner Entscheidung vom 2.7.1975[905] zugrunde. In diesem Fall ging es zum einen um die Frage der Wirksamkeit eines mündlich vereinbarten Mieterbeitritts in einen mehrjährigen und demzufolge schriftlichen Mietvertrag, der eine Schriftformklausel enthielt, und zum anderen um die Frage der Wirksamkeit einer entgegen der Schriftformklausel mündlich vereinbarten Mietzinssenkung. Ob die formlose Mietzinssenkung wirksam war, ließ der Bundesgerichtshof offen, verhalf dieser aber aus Treu und Glauben zur Durchsetzung. Er argumentierte, aus der Bestimmung des § 242 BGB folge, der Mieterin sei die Berufung auf eine etwa eingetretene Nichtigkeit des Änderungsvertrages (§ 125 Satz 2 BGB) versagt. Die Mietzinssenkung sei eine Absprache gewesen, die zu einer Schlechterstellung der Vermieterin geführt und einseitig die Mieterin begünstigt habe. Es verstoße gegen den Grundsatz von Treu und Glauben, wenn die Mieterin aus dieser ihr vorteilhaften Abrede nur deshalb, weil sie nicht in der vorgeschriebenen Schriftform getroffen wurde, den weiteren Vorteil ziehen wolle, sich nunmehr von dem ihr lästig gewordenen Mietvertrag zu lösen, obgleich die Formvorschrift, aus der sie dieses Recht ableitet, jedenfalls nach ihrem ursprünglichen Zweck nicht ihren, sondern den Schutz eines Dritten, nämlich eines etwaigen Erwerbers des Mietgrundstückes im Auge gehabt habe.

---

904 **Flume** (1992), § 15 III 2 Fn. 51.

905 BGH 2.7.1975 - VIII ZR 223/73 - NJW 1975, 1653 ff.
Durch schriftlichen Vertrag mit Schriftformklausel wurde einer GmbH eine Weinstube auf zehn Jahre zu einem Mietzins von monatlich 2000 DM vermietet. Nachdem die GmbH in Zahlungsschwierigkeiten geraten war, vereinbarten Vermieterin und der Geschäftsführer der GmbH, daß der Mietzins für zwei Jahre auf monatlich 1600 DM herabzusetzen sei und der Geschäftsführer als Mitmieter in den Vertrag eintrete. Die Vermieterin bestätigte diese mündliche Vereinbarung schriftlich. Einige Monate danach wird für den Geschäftsführer endgültig klar, daß sich der Betrieb der Weinstube wirtschaftlich nicht länger vertreten läßt. Streit herrscht nunmehr darüber, inwieweit die GmbH und der Geschäftsführer an den Mietvertrag gebunden sind: Die Vermieterin verlangt von beiden gesamtschuldnerisch Zahlung der Miete, die Mieter wenden u. a. Nichteinhaltung der Schriftformklausel ein.

Im Urteil vom 2.6.1976[906] stellt der Bundesgerichtshof zunächst fest, der allgemeine Arglisteinwand gemäß § 242 BGB beanspruche, sofern er sich als begründet erweise, grundsätzlich Geltung auch gegenüber äußerster Formstrenge, die von den Parteien für rechtsgeschäftliche Erklärungen vereinbart worden sei. Bei gewillkürter Schriftform komme der Arglisteinwand nur zum Zuge, wenn besondere Umstände es rechtfertigten. Entscheidend sei, welchem Zweck die Formvorschrift diene und welche Bedeutung ihr die Vertragschließenden beigemessen hätten. Das Gericht erläutert zwar nicht den Zweck der Schriftformklausel, interpretiert aber die ihr durch die Vertragsparteien beigemessene Bedeutung. Wenn Kaufleute die Relevanz mündlicher Erklärungen oder schlüssiger Verhaltensweisen in einem Individualvertrag ersichtlich in Kenntnis und im Hinblick auf die höchstrichterliche Rechtsprechung ausschlössen, so könne grundsätzlich nur die bewußte Vereitelung der Formwahrung den Arglisteinwand rechtfertigen; die Beachtung anderer Verhaltensweisen höhle Sinn und Zweck der Schriftformklausel aus. Weiter führt das Gericht aus, der Arglisteinwand müsse im Hinblick auf die von Kaufleuten in einem Individualvertrag vereinbarte Schriftformklausel auf den Fall des bewußten Hintergehens eingeschränkt werden; er gelange dann zur Anwendung, wenn die eine die andere Partei bewußt von der Wahrung der Form abgehalten oder sich von vornherein auf den formlosen Vertrag in der Absicht eingelassen habe, später die Nichtigkeit desselben geltend zu machen. In dieser Entscheidung ist ein Bemühen des Bundesgerichtshofs zu erkennen, seine Erwägungen zur Ergänzungsklausel in Individualverträgen zwischen Kaufleuten mit Hilfe des Einwandes der Arglist abzurunden.

Die Entscheidungen des Bundesgerichtshofs tragen nicht dazu bei, den Fragenkreis Nichtigkeit und Treu und Glauben zu erhellen, je nach dem es sich um Nichtigkeit zufolge eines gesetzlichen oder zufolge eines gewillkürten Formzwanges handelt. Die Äußerungen des Bundesgerichtshofs in der Entscheidung vom 2.7.1975[907] deuten lediglich darauf hin, daß sich das Gericht den Stimmen im Schrifttum anschließt, die bei Vorliegen besonderer Umstände die Nichtigkeit nach § 125 BGB durch den Grundsatz von Treu und Glauben

---

906 BGH 2.6.1976 - VIII ZR 97/74 - BGHZ 66, 378 ff, 383; vgl. §§ 2 A I 2; 3 E IV. Zum Sachverhalt vgl. Fn. 499.

907 BGH 2.7.1975 - VIII ZR 223/73 - NJW 1975, 1653 ff.

beschränken[908]. Schließlich spricht die Begründung des Bundesgerichtshofs in seinem Urteil vom 2.6.1976[909], auch bei gewillkürter Schriftform komme der Arglisteinwand nur dann zum Zuge, wenn besondere Umstände es rechtfertigten, gerade dafür, daß sich das oberste Zivilgericht einer unterschiedlichen Behandlung der Nichtigkeit zufolge eines gesetzlichen oder zufolge eines gewillkürten Formzwanges entgegenstellt.

2. Rechtswissenschaftliches Schrifttum

Im rechtswissenschaftlichen Schrifttum wollen einige Stimmen hinsichtlich der Einwirkung von Treu und Glauben auf die Rechtsfolgen eines Formverstoßes danach differenzieren, ob es sich um eine gesetzliche oder um eine gewillkürte Formvereinbarung handelt.

So will *Schmidt-Salzer*[910] in Fällen, in denen die Unwirksamkeit der mündlichen Abrede nicht auf einem Willensmangel, sondern auf einem Versehen der Parteien beruhe, den Gedanken des Rechtsmißbrauchsverbots heranziehen. In solchen Fällen sei es rechtsmißbräuchlich im Sinne des venire contra factum proprium, beriefen sich die Parteien nach Aufdecken des Versehens auf den Formmangel, weil er sonst zum Vorwand würde, sich vom mündlichen Vertrag zu befreien. *Förschler*[911] bemerkt dazu, die vereinbarte Form habe als selbstgewählte disponible Erschwerung gegenüber widersprüchlichem Verhalten zurückzutreten. Dies bedeute für die meisten Fälle, auch bei Vereinbarung einer Schriftformklausel seien mündliche Absprachen gleichwohl bindend. *Dilcher*[912] hält bei beidseitiger Beachtung der formlosen Abrede, also bei Vollzug oder Beginn des Vollzugs, die nachfolgende Berufung auf die Formvereinbarung normalerweise für einen Verstoß gegen Treu und Glauben.

Böhm[913] und *Meyer*[914] bauen ihre Ausführungen auf dem Gedanken der sogenannten Erklärung ohne Erklärungsbewußtsein auf: Er-

---

908 **Enneccerus/Nipperdey** (1960), § 154 III 4; ***Staudinger*** **- Dilcher**, § 125 Rn. 42 ff; **Lorenz** (1957), 381 ff; **Palandt/Heinrichs** (1993), § 242 Rn. 38, § 125 Rn. 16 f; **Hübner** (1985), Rn. 485.

909 BGH 2.6.1976 - VIII ZR 97/74 - BGHZ 66, 378 ff, 383.

910 **Schmidt-Salzer** (1968), 1257 ff.

911 ***Münchener Kommentar*** **- Förschler**, § 125 Rn. 77.

912 ***Staudinger*** **- Dilcher**, § 125 Rn. 11 f.

913 **Böhm** (1979), 426 f, 440 ff.

914 **Meyer** (1987), 58 ff, 62 ff.

wecke der in Unkenntnis der Formvereinbarung formlos Abschließende den Anschein, die Formvereinbarung aufheben zu wollen und dürfe sein Partner darauf vertrauen, so sei dieser insofern in seinem Vertrauen zu schützen, als der unwissende Kontrahent die formlose Aufhebung gelten lassen müsse, falls ihm die Aufhebungserklärung zuzurechnen sei. Durch diese Konstruktion wird versucht, das fehlende Bewußtsein, die Schriftformklausel aufzuheben, durch ein Abstellen auf den Erklärungswert einer Erklärung für den Erklärungsgegner zu ersetzen, sofern letzterer schutzbedürftig ist.
Körnig[915] argumentiert auf dem Boden der Bestimmung des § 125 Satz 2 BGB aus einer zweistufigen Restriktion der Nichtigkeit. Nach ihm sind formwidrige Abreden dann wirksam, wenn der mit der Schriftformklausel konkret verfolgte Zweck die Unwirksamkeit nicht mehr verlange, d. h. anderweitig erreicht worden sei; die Heilung der Nichtigkeit werde in diesem Fall durch Annahme einer bis dahin nur schwebenden Nichtigkeit ermöglicht. Die Bestimmung des § 242 BGB bleibe als letzter Ausweg gegen grob unbillige Ergebnisse, wobei diese Bestimmung nicht nur Instrument zur Begrenzung von Ansprüchen sei, sondern in Ausnahmefällen die Nichtigkeit vollständig heilen könne.

Die Begründungen von *Schmidt-Salzer*, *Förschler*, *Dilcher*, *Böhm* und *Meyer* gehen zwar zu recht davon aus, daß es auch bei gewillkürtem Formzwang Fälle einer Nichtigkeit geben müsse, weil sonst das Verbot unzulässiger Rechtsausübung wegen früheren Verhaltens gar nicht Platz griffe. Sie verkennen aber den Anwendungsbereich von § 125 Satz 2 BGB als sedes materiae. Dadurch ist der Ansatzpunkt und die Basis ihrer Argumentation von der in vorliegender Abhandlung vertretenen verschieden. Selbst unter der Prämisse, die Bestimmung des § 125 Satz 2 BGB sei eine höchst subsidiäre Norm, die keinen Gerechtigkeitsgehalt habe,[916] muß jede Überwindung einer auf rechtsgeschäftlichem Formzwang beruhenden Nichtigkeit über § 242 BGB eine Ausnahme bleiben, was auch *Körnig*[917] hervorhebt, weil es sonst zu einer Umgehung von § 125 Satz 2 BGB sowie insbesondere der privatautonomen Bestimmungsmöglichkeiten der Parteien kommen könnte. Weiter unterscheiden sich diese Stimmen zum Teil in ihrer Argumentation auch nicht von denen zur Frage des gesetzlichen Formzwangs und daraus folgender Nichtig-

915 **Körnig** (1978), 89, 95, 111, 113 ff, 123 ff.
916 **Medicus** (1992), Rn. 341.
917 **Körnig** (1978), 111 in fine, 136 f.

keit und Treu und Glauben. So folgt *Förschler* bei gewillkürtem Formzwang der vom Bundesgerichtshof in einem Beschluß vom 5.2.1957[918] vorgegebenen Linie in dem Fall, daß Kaufleute in einem Individualvertrag mit Hilfe einer Ergänzungsklausel einen Formzwang vereinbart haben. *Böhm* und *Meyer* bauen ihre Ausführungen auf der Willenserklärung auf; ihnen ist entgegenzuhalten, daß alle Ansichten dazu, ob für eine wirksame Willenserklärung Erklärungsbewußtsein erforderlich ist oder nicht[919], die abgegebene Erklärung im Auge haben, also das in und mit ihr Erklärte.[920] Im vorliegenden Fall wäre dies die formlose Erklärung, den Vertrag, der die Schriftformklausel enthält, ändern, ergänzen oder aufheben zu wollen. Die Konstruktion von *Böhm*[921], diese Erklärung enthalte gleichzeitig eine weitere "stillschweigende" Erklärung, die Formvereinbarung bei Vorliegen einer besonderen Vertrauenssituation auf Seiten des Erklärungsgegners außer Wirkung zu setzen, erscheint gekünstelt. Insbesondere besteht dafür keine Notwendigkeit: Auch ohne diese Konstruktion kann wegen des Verbots unzulässiger Rechtsausübung wegen früheren Verhaltens die Situation eintreten, daß aufgrund einer bestimmten Fallgestaltung der formlos Erklärende gehindert ist, vom Inhalt und der Wirkung seiner Erklärung wieder abzurücken.

Wenn *Körnig*[922] grundsätzlich Nichtigkeit der formlosen Abrede annimmt, die in Ausnahmefällen durch § 242 BGB einzuschränken sei, so ist ihm beizupflichten. Bei gewillkürtem Formzwang verbietet sich indessen die Annahme einer schwebenden Unwirksamkeit: Nichtigkeit tritt nur im Zweifel ein, und die Nichtigkeitsfolge abzuwenden liegt völlig in der Hand der Parteien, die hierfür ihre Abrede nur in Schriftform zu kleiden brauchen. Nach dem System des Bürgerlichen Gesetzbuches könnte Formnichtigkeit dann, wenn im Gesetz eine Heilung ausdrücklich angeordnet ist, in ihrer Wirkung

---

918 BGH 5.2.1957 - V BLw 37/56 - BGHZ 23, 249 ff, 254: Der Bundesgerichtshof führt aus, es verstoße in der Regel nicht gegen Treu und Glauben, wenn ein von Gesetzes wegen formbedürftiger Vertrag bei Nichteinhaltung der vorgeschriebenen Form als nichtig behandelt werde, weil sich die Beteiligten grundsätzlich damit abfinden müßten, daß ihnen in einem solchen Fall Bereicherungs- und unter Umständen auch Schadenersatzansprüche zustehen.
Vgl. auch **Enneccerus/Nipperdey** (1960), § 154 III 4; **Stoll, Heinrich** (1936), 26.

919 Vgl. dazu BGH 7.6.1984 - IX ZR 66/83 - NJW 1984, 2279, in der es der Bundesgerichtshof ablehnt, das Erklärungsbewußtsein als konstitutives Merkmal einer wirksamen Willenserklärung zu fordern.

920 **Bekker** (1889), 57 ff.

921 **Böhm** (1979), 440.

922 **Körnig** (1978), 111 in fine, 136 f.

der schwebenden Unwirksamkeit gleichzusetzen sein;[923] eine solche ausdrückliche gesetzliche Regelung fehlt für Nichtigkeit bei gewillkürtem Formzwang. Für *Körnigs* Annahme einer Nichtigkeitspendenz[924] besteht indessen auch deshalb keine Notwendigkeit, weil das, was er in einer ersten Stufe geprüft wissen will, vom Richter in seinen Überlegungen, ob sich eine Korrektur aus § 242 BGB aufdrängt, voll berücksichtigt wird.

Auch die Argumentation von *Schmidt-Salzer*, *Förschler* und *Dilcher*, in der Regel greife das Rechtsmißbrauchsverbot Platz, überzeugt nicht. Wäre den Parteien die Schriftformklausel eingefallen, so hätten sie sich die Änderungsabrede möglicherweise nochmals überlegt und vielleicht wäre in der Folge die eine oder andere oder beide Parteien von ihr wieder abgerückt. Letzterer Gedanke spricht auch gegen *Meyers*[925] Versuch einer ergänzenden Vertragsauslegung. Allerdings ist diesen Stimmen im Schrifttum insoweit beizupflichten, daß in bestimmten Fällen vorbehaltlos vollzogener formloser Absprache die Berufung auf die Schriftformklausel treuwidrig sein kann. Etwa dann, wenn ein zusätzliches Verhalten der Vertragsparteien bzw. sonstige Gegebenheiten des konkreten Einzelfalles berechtigterweise das Vertrauen der einen Partei begründet haben, die andere werde sich nicht mehr auf die Schriftformklausel berufen (Verbot der unzulässigen Rechtsausübung wegen früheren Verhaltens)[926]. Dieser Gesichtspunkt greift aber nicht bloß bei Nichtigkeit zufolge Nichtbeachtung gewillkürter Formvorschriften Platz. Deshalb stellt sich die Frage, ob es bei gewillkürtem Formzwang überhaupt einer besonderen Ausgestaltung des Rechtsmißbrauchsverbots bedarf.

Stellt man sich auf den Standpunkt, daß sich die Parteien durch Vereinbarung einer Schriftformklausel nicht binden können, dann drängt sich der Gedanke auf, bei gewillkürtem Formzwang liege gegenüber Nichtigkeit die Berufung auf § 242 BGB viel näher als bei gesetzlichem Formzwang, weil in jenem Fall besondere Schutzzwecke des Gesetzes keine Rolle spielen. Während nämlich gesetzliche Formvorschriften, welche die Interessen der Allgemeinheit wahren wollen, wie etwa die Publizität gewisser Rechtsvorgänge - z. B. der Eheschließung oder der Adoption - absolut durchzusetzen sind, stellt sich dort, wo eine Formvorschrift individuelle Interessen

923 **Reinhart** (1969), 89.
924 **Körnig** (1978), 95.
925 **Meyer** (1987), 63 in fine f.
926 *Staudinger* - **Dilcher**, § 125 Anm. 12; *Soergel* - **Teichmann**, § 242 Rn. 329.

schützt, also die individuelle "Richtigkeit" eines Vertragsverhältnisses gewährleisten soll, die Frage, ob es zur Erreichung des Formzweckes auf die Formwahrung ankommt. Nimmt man aber an, daß die Verwendung einer Schriftformklausel zu einer Bindung der Parteien führt, dann spielen letztere Überlegungen keine Rolle: Sind nämlich die Parteien gemäß § 125 Satz 2 BGB an die vereinbarte Form gebunden, so ist dies eine vom Gesetz gewährleistete und in letzter Konsequenz gesetzliche Bindung, weshalb kein Grund ersichtlich ist, warum hier im Grundsatz andere Maßstäbe für eine Nichtbeachtung der Form gelten sollten als die bei Nichtbeachtung der gesetzlichen Form entwickelten. Für konstitutive Formvereinbarungen hat die vorliegende Abhandlung ergeben, daß aus der Verschiedenheit der Schutzzwecke ein anderes Ergebnis nicht folgt, es mithin einer besonderen Ausgestaltung des Rechtsmißbrauchsverbots für gewillkürten Formzwang nicht bedarf. So scheitert schließlich auch der Lösungsvorschlag *Fischers*[927] über die Annahme einer besonderen gesellschaftlichen Treuepflicht (§ 242 BGB) der nichtschriftlichen Abänderung, Ergänzung oder Aufhebung stets zur Wirksamkeit zu verhelfen, "im Zweifel" an § 125 Satz 2 BGB.

In Fällen, in denen das Änderungsrechtsgeschäft wegen Nichteinhaltung der Schriftformklausel nichtig ist, gilt im Grundsatz das Gleiche wie bei Nichtigkeit wegen Nichteinhaltung einer gesetzlichen Formvorschrift: Die Parteien müssen ihr Verhalten nach Treu und Glauben beurteilen lassen. Was den Grundsatz von Treu und Glauben betrifft, gilt bei konstitutivem gewillkürtem Formzwang nichts Besonderes. Es gilt genau das Gleiche, was sonst in den Fällen der Nichtigkeit wegen Nichteinhaltung einer gesetzlich vorgeschriebenen Form gilt.[928]

Auch nach schweizerischem Recht begründet das Prinzip von Treu und Glauben das Recht, auf Einhaltung des Vertrages bestehen zu dürfen; dieses Recht besteht aber nur solange, als das Begehren auf Vertragserfüllung nicht nach Art. 2 ZGB rechtsmißbräuchlich erscheint. Die in Art. 2 ZGB enthaltenen Bestimmungen stehen der

---

927 **Fischer, R.** (1968), 3. in fine.

928 Vgl. dazu **Gernhuber** (1991), 49, 172 f. So erklärt sich auch, weshalb **Medicus** (1992), Rn. 626-635, 639-643 bei Nichtigkeit gemäß § 125 Satz 1 BGB die Folgen des Formmangels auf der Grundlage der Bestimmung des § 242 BGB untersucht, nicht jedoch bei Nichtigkeit gemäß § 125 Satz 2 BGB.

freien Vertragsgestaltung zwar nicht direkt entgegen[929], beschränken jedoch die Ausübung vertraglicher Rechte und heben sie gelegentlich völlig auf.[930]
Für die Formbedürftigkeit späterer Abreden bedeutet dies, daß das Bestehen auf Einhaltung der vereinbarten Form oder auf der Sanktion ihrer Nichteinhaltung im Grundsatz nicht gegen Treu und Glauben verstößt und insbesondere keinen Rechtsmißbrauch darstellt. Der die Vertragsbeziehung beherrschende Grundsatz von Treu und Glauben greift indessen auch bei der Geltendmachung von Formverstößen ein,[931] wenngleich seine Anwendung zurückhaltend erfolgt.[932]
Die Untersuchungen zu Art. 16 OR haben gezeigt, daß die Strenge und Autorität, die das Gesetz mit dem gesetzlichen Formzwang in Art. 11 und 12 OR verfolgt, sich im Zweifel auf den gewillkürten Formzwang überträgt; daraus folgt, daß die Grenze von Treu und Glauben bei gewillkürtem nicht früher als bei gesetzlichem Formzwang erreicht ist, obgleich auf den ersten Blick der Schutzzweck des Art. 16 OR ein anderer als der von Art. 11 und 12 OR zu sein scheint.[933] Aus diesem Grund kann auf die Ausführungen zum deutschen Recht Bezug genommen werden, weil insoweit keine Abweichung von ihm vorliegt.

B. US-amerikanisches und UN-Kaufrecht

I. Die Bestimmung des § 2-209 (4) UCC

Nach der Bestimmung des § 2-209 (4) UCC[934] kann einer versuchten, aber wegen der Schriftformklausel gemäß § 2-209 (2) UCC fehlgeschlagenen Änderung oder Aufhebung die Wirkung eines

---

929 ***Berner Kommentar* - Merz**, Art. 2 ZGB Rn. 103.
930 BGE 56 I 445 f; 86 II 439.
***Zürcher Kommentar* - Egger**, Art. 2 ZGB Rn. 24; ***Berner Kommentar* - Merz**, Art. 2 ZGB Rn. 28; **Widmer** (1971), 21 Fn. 41, 53 f.
931 Vgl. Gewerbegericht der Stadt Bern 14.12.1934 - SJZ 32 (1935/36), 45, Nr. 28, nach dem sich das Klagebegehren der Serviertochter nach wirksam erfolgter Kündigung als rechtsmißbräuchlich darstellt. Vgl. §§ 2 A II 2; 4 BB I.
932 **Spiro** (1948), 24.
933 **Guhl/Merz/Koller** (1991), 115, 117 ff.
934 Zum Gesetzestext vgl. Fn. 163; § 2 A III.

Verzichts zukommen ("can operate as a waiver").[935] Dabei wird der Begriff "waiver" im Uniform Commercial Code selber nicht definiert; es finden die allgemeinen Regeln Anwendung (§ 1-103 UCC). Nach allgemeinem Schuldrecht erfaßt "waiver" die bewußte und gewollte Aufgabe einer bestehenden Rechtsposition,[936] "the voluntary, intentional relinquishment of a known right"[937]. Nach dem Official Uniform Comment zum Uniform Commercial Code bezieht sich ein solcher Verzicht ("waiver") indes auf die rechtlichen Wirkungen des späteren Verhaltens der Parteien.[938] Die heute überwiegende Rechtsprechung[939] wurde u. a. durch solche Beurteilung veranlaßt, dem Gedanken verstärkt Rechnung zu tragen, daß "waiver" auf equity-Überlegungen beruht. Nach *Schlesinger*[940] hätte es der Klarheit gedient, wenn anstelle des Begriffs "waiver" der Begriff "estoppel" verwendet worden wäre.[941] Mit der Bestimmung des § 2-209 (4) UCC hat das promissory estoppel-Prinzip Eingang in den Uniform Commercial Code gefunden. Hierauf beruht die wenige Jahre nach Inkrafttreten des Uniform Commercial Code von *Patterson* geäußerte Befürchtung, hinsichtlich der Absätze zwei und drei von § 2-209 UCC öffne Absatz vier desselben Tür und Tor ("Subs. (4) of UCC § 2-209 opens the big back door on the preceding subsections").[942]

---

935 **Calamari/Perillo/Hadjiyannakis Bender** (1989), 201, betonen, diese Bestimmung sage nicht, eine versuchte Änderung oder Aufhebung *sei* ein Verzicht, sondern *könne* als Verzicht wirken; kritisch: **Hillman** (1988), 453 f, weil die Bestimmung nicht ausführe, wann eine versuchte Änderung oder Aufhebung als Verzicht wirke, was den Schluß nahe lege, nicht jede versuchte Änderung oder Aufhebung wirke als Verzicht.

936 **Hillman** (1988), 455; **Honnold** (1991), Rn. 204 Fn. 8; **Weigel** (1989), 73 m. w. N. in Fn. 108; **Geldsetzer** (1993), 86 f.

937 **Calamari/Perillo/Hadjiyannakis Bender** (1989), 203; **Black** (1990), s. v. "waiver" m. w. N.

938 "Subsection (4) is intended, despite the provisions of subsection (2) and (3), to prevent contractual provisions excluding modification except by a signed writing from limiting in other respects the legal effect of the parties' actual later conduct." Official Uniform Comment Nr. 4 zu § 2-209 UCC, abgedruckt in: Commercial Law 1992/93, Gold Book Bender Pamphlet Ed. New York 1993.

939 Vgl. § 2 A III 2; C. I. T. Corp. v. Jonnet, 214 A. 2d 620 (Pa. 1965); Citibank, N. A. v. Tele/Resources, Inc. 724 F. 2d 266 (2d Cir. 1983); Wisconsin Knife Works v. National Metal Crafters, 781 F. 2d 1280 (7th Cir. 1986). Weitere Nachweise z. B. bei **Geldsetzer** (1993), 84 ff.

940 **Schlesinger** (1968), 1638.

941 Zur doctrine of estoppel vgl. die Hinweise in Fn. 159. Zur Unterscheidung zwischen "waiver" und "estoppel" vgl. **Geldsetzer** (1993), 88 ff.

942 *Patterson*, zit. nach **Schlesinger** (1968), 1637 m. w. H. in Fn. 52 i. V. m. 46.

Auch bei promissory estoppel nach § 90 des zweiten Restatement hängt es vom konkreten Einzelfall ab, inwieweit welche Vereinbarung Grundlage für die weitere Vertragsabwicklung ist: "Enforcement" erfolgt "as justice requires".[943] Das führt indes nicht etwa dazu, daß die versuchte, aber mißglückte formlose Änderungsabsprache schlechtweg wirksam ist und bindet, sondern nur soweit als die andere Vertragspartei ein schutzwürdiges Interesse hat.[944] Zwar kann der Verzicht ("waiver") auf die Form bezüglich eines noch nicht ausgeführten Vertrages durch - zugangsbedürftige[945] - Berufung auf die Schriftformklausel widerrufen werden (§ 2-209 (5), 1. Halbsatz UCC).[946] Allerdings gemäß § 2-209 (5), 2. Halbsatz UCC nur, sofern ein solcher Widerruf nicht mit Blick auf eine - durch das Vertrauen ("reliance") der anderen Vertragspartei auf den Verzicht - zwischenzeitlich eingetretenen wesentlichen Änderung deren Rechtstellung unbillig bzw. ungerecht ("unjust") ist.[947]
Umstritten ist jedoch, worauf nach § 2-209 (4) UCC verzichtet werden kann. Eine Auffassung geht dahin, formlos könne nur auf einzelne bestehende vertragliche Rechte, wie z. B. Liefertermine, verzichtet werden.[948] Eine andere sieht in der formunwirksamen Änderungsabrede einen konkludenten Verzicht auf die Schriftformklausel.[949] In der formlosen Änderungsvereinbarung per se einen Verzicht zu sehen, widerspräche indes dem in der Bestimmung des § 2-209 (4) UCC zum Ausdruck gebrachten Schutzzweck des gewillkürten Formzwanges, Mißbräuche zu verhindern.[950] Auch deshalb setzt sich in neuerer Zeit die Auffassung durch, daß eine formlose Änderungsabsprache entgegen der Schriftformklausel nur dann als Verzicht ("waiver") gemäß § 2-209 (4) UCC wirksam sein kann,

---

943 **Stern** (1990), Rn. 146; **Köndgen** (1981), 80. Nach **Köndgen** (1981), 75 m. w. N. in Fn. 306, habe die Rechtsprechung Mängel der Vertretungsmacht ebenso schon mit § 90 "überspielt", wie die Nichteinhaltung der gewillkürten Schriftform.

944 **Stern** (1990), Rn. 146.

945 "Notification received" (§ 2-209 (5) UCC); **Stern** (1990), Rn. 146 Fn. 6; **Geldsetzer** (1993), 95.

946 Zum Gesetzestext vgl. Fn. 160.

947 Vgl. hierzu **Hogan/Penney** (1993), § 2-209 UCC, (2).

948 Vgl. die Hinweise bei **Weigel** (1989), 73 Fn. 109.

949 Vgl. die Hinweise bei **Weigel** (1989), 74 Fn. 110.

950 **White/Summers** (1988), 58 (dortige Ausführungen von Judge *Posner* im Fall Wisconsin Knife Works v. National Metal Crafters, 781 F. 2d 1287); **Weigel** (1989), 72; **Geldsetzer** (1993), 90 ff, 92.

wenn wegen des späteren Verhaltens der Parteien eine erfolgreiche Berufung auf die Schriftformklausel treuwidrig wäre.[951]
Eine erste Gruppe hierzu bilden die Fälle, bei denen der Vertrag von den Parteien mit geändertem Inhalt bereits insgesamt oder zum Teil abgewickelt worden war.[952] Das traf z. B. in dem vorn[953] erwähnten Fall Citibank, N. A. v. Tele/Resources, Inc.[954] zu. Dort argumentierte der United States Court of Appeals für den Zweiten Gerichtsbezirk[955], das Recht von New York sei in dem Punkt eindeutig, daß auf ein vertragliches Verbot mündlicher Ergänzungen - wie auf jede andere Vereinbarung auch - durch eine vollzogene mündliche Vereinbarung oder weil estoppel Anwendung findet, verzichtet werden kann. In casu waren die behaupteten mündlichen Abtretungs- oder Rangrücktrittsvereinbarungen zwischen Newmarket und Citibank - sofern sie überhaupt getroffen waren - jedenfalls vollzogen. Der Court of Appeals führte desweiteren aus, im Vertragsverhältnis zwischen Citibank und Tele/Resources seien die Schriftformklauseln vereinbart worden, um die Citibank besser zu stellen. Tele/Resources hätte ferner keinerlei Einwände gegen die behaupteten Abtretungs- oder Rangrücktrittsvereinbarungen zwischen Newmarket und Citibank vorgebracht; diese seien erfolgt, um Tele/Resources besser zu stellen. Aufgrund dieses Sachverhaltes erscheine es am zweckmäßigsten, die "equitable doctrines of waiver and estoppel" anzuwenden.
Eine zweite Gruppe bilden die Fälle, bei denen eine Vertragspartei im Vertrauen auf die Wirksamkeit der Vertragsänderung Leistungen erbracht hat.[956] Ob im Fall Wisconsin Knife Works v. National Metal Crafters[957] aus dem Jahre 1986 diesbezügliche Leistungen

---

951 **Weigel** (1989), 75; **Stone** (1989), 28; **Anderson** (1982), § 2-209:7; **Quinn** (1978), § 2-209 Rn. 6.
952 **Weigel** (1989), 75 in fine.
953 Vgl. § 2 A III 2.
954 724 F. 2d 266 (2d Cir. 1983).
955 United States Court of Appeals for the Second Circuit.
956 **Weigel** (1989), 75 in fine f m. w. N. in Fn. 116.
957 781 F. 2d 1280 (7th Cir. 1986).
Ein Käufer verpflichtete sich zum Erwerb von unbearbeiteten Schaufelteilen, die er für ein Fabrikationsverfahren verwenden wollte. Der Kaufvertrag enthielt u. a. die Klausel, daß der Käufer an Vertragsänderungen nur gebunden ist, sofern diese in schriftlicher und von einem bevollmächtigten Vertreter des Käufers unterschriebener Form erfolgen ("No modification of this contract, shall be binding upon Buyer unless made in writing and signed by Buyer's authorized representative"). Der Verkäufer hielt den im Kaufvertrag als verbindlich vereinbarten Liefertermin nicht ein, weshalb der Käufer aus Vertragsverletzung (breach of

erbracht worden waren, blieb in casu offen; der United States Court of Appeals für den Siebten Gerichtsbezirk[958] wies indes den Fall mit der Maßgabe an die Vorinstanz zurück, diese Frage abzuklären.
Die in den Urteilsgründen von Judge *Posner*[959] zum Ausdruck gebrachte zentrale Erwägung war die, ob es dem Verkäufer gestattet war, die Schriftformklausel etwa dadurch außer Wirkung zu setzen ("nullify"), indem er das behauptete Verhalten des Käufers, neuen Lieferdaten zugestimmt zu haben, als Verzicht ("waiver") etikettierte und nicht als Vertragsänderung ("modification"), die der Schriftform bedurft hätte. Mit Blick darauf, das Spannungsverhältnis zwischen den Bestimmungen des zweiten und des vierten Absatzes von § 2-209 UCC aufzulösen, entschied das Gericht, eine versuchte (aber fehlgeschlagene) Änderung wirke nur dann als Verzicht gemäß § 2-209 (4) UCC, sofern ein Vertrauenstatbestand vorliegt ("if there is reliance"). Reliance trete dabei als Ersatz an die Stelle von consideration.[960] Deshalb erfordere reliance, daß die Vertragspartei, die vertraut hat, diesbezügliche Kosten ("reliance costs") eingegangen ist. Habe der Verkäufer gemäß diesen Kriterien vernünftigerweise auf Zusicherungen des Käufers vertrauen dürfen ("reasonably relied"), daß die verspätete Lieferung akzeptiert werde, so könne die durch Verhalten versuchte [ergänze: aber fehlgeschlagene] Vertragsänderung als Verzicht wirksam sein ("then the attempted modification by conduct could operate as a waiver"). Habe der Verkäufer aber keine reliance-Kosten aufgewendet, so komme ein Verzicht nicht in Betracht. Das rechtswissenschaftliche Schrifttum[961] stimmt dieser Urteilsbegründung zu: Sie entspreche dem Wortlaut von

---

contract) klagte. In seiner Klageerwiderung brachte der Verkäufer vor, der Käufer hätte durch sein Verhalten ("by his conduct") neuen Lieferdaten zugestimmt.

958 United States Court of Appeals for the Seventh Circuit.

959 Zit. nach **White/Summers** (1988), 58.

960 781 F. 2 d 1287, zit. nach **White/Summers** (1988), 58: "Reliance, if reasonably induced and reasonable in extent, is a common substitute for consideration in making a promise legally enforceable, in part because it adds something in the way of credibility to the mere say-so of one party. The main purpose of forbidding oral modifications is to prevent the promisor from fabricating a modification that will let him escape his obligations under the contract; and the danger of successful fabrication is less if the promisor has actually incurred a cost, has relied. There is of course a danger of bootstrapping - of incurring a cost in order to make the case for a modification. But it is a risky course and is therefore less likely to be attempted than merely testifying to a conversation; it makes one put one's money where one's mouth is."

961 **Calamari/Perillo/Hadjiyannakis Bender** (1989), 201; **White/Summers** (1988), 58 in fine; **Hillman** (1988), 453 f; **Geldsetzer** (1993), 92 f.

§ 2-209 (4) UCC, wonach der versuchten Änderung die Wirkung eines Verzichts zukommen *kann*, nicht aber stets zukommt.

Im Rahmen von Warenkäufen (transactions in goods, §§ 2-102 i. V. m. 2–105 UCC) vereinbarte Schriftformklauseln sind nach US-amerikanischem Recht (Uniform Commercial Code) grundsätzlich bindend. Sie finden indes durch die "equitable doctrines of waiver and estoppel" eine Beschränkung, sofern das Vertrauen (reliance) auf die mündliche Änderungsabsprache schützenswert ist. In ihren wesentlichen Aspekten entspricht diese Rechtslage der des deutschen Rechts und bestätigt die nach deutschem Recht entwickelte Lösung.

II. Die Bestimmung des Art. 29 Abs. 2 Satz 2 UN-Kaufrecht

Kommt UN-Kaufrecht zur Anwendung, so führt dies nach der im deutschen rechtswissenschaftlichen Schrifttum vertretenen Auffassung[962] dazu, daß formlose Änderungsabsprachen wegen der schriftlich vereinbarten Schriftformklausel gemäß Art. 29 Abs. 2 Satz 1 UN-Kaufrecht nichtig sind. Nach UN-Kaufrecht haben formlose Änderungsrechtsgeschäfte mithin die gleiche Rechtsfolge wie - gemäß dem Ergebnis vorliegender Abhandlung - bei vereinbarter konstitutiver Schriftformklausel nach internem deutschem Recht. Dieses Resultat befriedigt das Judiz auch deshalb, weil sich die ermittelten Schutzzwecke von § 125 Satz 2 BGB und Art. 29 Abs. 2 Satz 1 UN-Kaufrecht gleichen. Für den Anwendungsbereich des UN-Kaufrechts bestätigt die Bestimmung des Art. 29 Abs. 2 Satz 1 UN-Kaufrecht die von § 125 Satz 2 BGB geschaffene Rechtslage, wie sie vorne dargelegt wurde. Waren die Vertragsparteien nach Gemeinem Recht von Rechts wegen bzw. kraft partikularrechtlicher Gesetzesvorschrift an die Schriftlichkeit von Abänderungen gebunden, so können sie dasselbe sowohl nach dem Bürgerlichen Gesetzbuch als auch nach UN-Kaufrecht kraft Vertragsfreiheit bewirken: Haben Vertragsparteien von der ihnen vom Gesetz eingeräumten Bestimmungskompetenz durch Vereinbarung einer konstitutiven Schriftformklausel Gebrauch gemacht, so gewährleisten die in § 125 Satz 2 BGB bzw. Art. 29 Abs. 2 Satz 1 UN-Kaufrecht enthaltenen Bestimmungen diese Vereinbarung und machen spätere Abänderungen oder die Aufhebung formbedürftig. Für die Praxis macht es

962 Vgl. die Hinweise in Fn. 287.

dabei keinen beachtenswerten Unterschied, daß die Schriftformklausel nach UN-Kaufrecht in einem schriftlichen Vertrag vereinbart sein muß, weil im Geschäftsleben Schriftformklauseln in aller Regel schriftlich vereinbart werden. Aus dem Gesagten folgt, daß sich die Bestimmung des Art. 29 Abs. 2 Satz 1 UN-Kaufrecht nahtlos in das nationale deutsche Recht einfügt.

Nach Art. 29 Abs. 2 Satz 2 UN-Kaufrecht[963] kann indessen eine Vertragspartei aufgrund ihres eigenen Verhaltens, auf das die andere vertraut hat, gehindert sein, sich auf die Schriftformklausel zu berufen.[964] Die nicht-schriftliche Änderungs- oder Aufhebungsabrede per se rechtfertigt ein solches Vertrauen nicht.[965] Hinzukommen muß ein Verhalten der einen, das bei der anderen Vertragspartei berechtigterweise[966] bzw. konkret[967] das Vertrauen begründet hat, die erstere werde vom Schriftformerfordernis nicht mehr Gebrauch machen, weshalb eine nachfolgende Berufung auf die Unwirksamkeit der nicht-schriftlichen Änderung oder Aufhebung im Widerspruch zum Verhalten der Partei stünde, die sich auf die Unwirksamkeit beruft.[968] Das vorausgesetzte Vertrauen kann indes durch eine schlichte - zugangsbedürftige[969] - Mitteilung, man wolle doch am ursprünglichen Vertrag festhalten, ex nunc zerstört werden.[970] Die Bestimmung des Art. 29 Abs. 2 Satz 2 UN-Kaufrecht baut auf dem auf, was Rechtsprechung und rechtswissenschaftliches Schrifttum in den USA zu § 2-209 (4) UCC entwickelt haben;[971] mit ihr hat das anglo-amerikanische *promissory estoppel*-Prinzip Eingang in das UN-Kaufrecht gefunden.[972] Sie basiert auf der Überlegung, im internationalen Handel sei es notwendig, die Beachtung der Grundsätze

---

963 Zum Gesetzestext vgl. die Nachweise in Fn. 234.

964 **Bianca/Bonell/Date-Bah** (1987), 242; **von Caemmerer/Schlechtriem** (1990), Art. 29 Rn. 10; **Hillman** (1988), 459 f; **Huber, U.** (1979), 436; **Schlechtriem** (1988), 1044; ders. (1990), 281; **Reinicke/Tiedtke** (1992), 326; **Neumayer/Ming** (1993), Art. 29, 2.

965 **Reinhart** (1991), Art. 29 Rn. 5; **Honnold** (1991), Rn. 204.

966 **Herber/Czerwenka** (1991), Art. 29 Rn. 7.

967 ***Soergel* - Lüderitz**, Art. 29 UN-Kaufrecht Rn. 3.

968 **Reinhart** (1991), Art. 29 Rn. 5; **Stern** (1990), Rn. 146; **Posch/Kandut** (1992), 75; **Karollus** (1991), 79; **Neumayer/Ming** (1993), Art. 29, 2.

969 **Stern** (1990), Rn. 146 in fine; vgl. § 2-209 (5) UCC: "...notification received..."

970 **Bianca/Bonell/Date-Bah** (1987), 243; **von Caemmerer/Schlechtriem** (1990), Art. 29 Rn. 10; **Stern** (1990), Rn. 146 in fine; **Posch/Kandut** (1992), 75 in fine f; **Karollus** (1991), 79.

971 Vgl. § 6 B I.

972 **Stern** (1990), Rn. 146; **Neumayer/Ming** (1993), Art. 29, 2.

von Treu und Glauben zu fördern,[973] Grundsätze, die im rechtswissenschaftlichen Schrifttum für diesen Bereich mit "reliance based on conduct"[974], "tätiger Verlaß"[975] oder "Vertrauen erzeugendes Verhalten"[976] umschrieben werden.

Die nationalen Rechtsordnungen Deutschlands, der Schweiz und der USA haben Rechtssätze, die auf diesen Grundsätzen aufbauen. Im US-amerikanischen Recht, welches das UN-Kaufrecht gerade zu dieser Frage maßgeblich beeinflußt hat, ist es das *promissory estoppel*-Prinzip und speziell die Bestimmung des § 2-209 (4) UCC.[977] Im deutschen und schweizerischen Recht sind es die Bestimmungen zu Treu und Glauben von § 242 BGB bzw. Art. 2 ZGB, und zwar die von ihnen umfaßte Fallgruppe einer unzulässigen Rechtsausübung wegen Rechtsmißbrauchs oder wegen früheren Verhaltens.[978] Die Frage, ob es sich hierbei speziell um ein venire contra factum proprium[979] oder um eine Verwirkung[980] handelt - auch, ob beide Rechtsbegriffe Unterschiedliches umfassen oder ob die Verwirkung ein Unterfall eines venire contra factum proprium ist[981] - oder ob Arglist[982] vorliegt, kann in diesem Kontext offengelassen werden.

Dem UN-Kaufrecht selber läßt sich nicht entnehmen, welche Sachverhalte ein solches Vertrauen erzeugen können.[983] Mit der Bestimmung des Art. 29 Abs. 2 Satz 2 UN-Kaufrecht soll nach dem rechtswissenschaftlichen Schrifttum dem Richter bzw. dem Schiedsrichter ein flexibler Rahmen an die Hand gegeben werden,[984] wobei

---

973 **Honnold** (1991), Rn. 204: "... the need to promote ... the observance of good faith in international trade".

974 **Honnold** (1991), Rn. 204; vgl. das hierzu vorne unter § 6 B I zu § 2-209 (4) UCC Gesagte.

975 **Wey** (1984), Rn. 440.

976 **Von Caemmerer/Schlechtriem** (1990), Art. 29 Rn. 10.

977 **Von Caemmerer/Schlechtriem** (1990), Art. 29 Rn. 10 Fn. 24; **Honnold** (1991), Rn. 204 Fn. 8; **Wey** (1984), Rn. 448, 451; **Stern** (1990), Rn. 146; **Posch/Kandut** (1992), 76 Fn. 66; vgl. § 6 B I.

978 Vgl. **Gernhuber** (1991), 170.

979 **Enderlein/Maskow/Stargardt** (1985), Art. 29 Anm. 4.1; **Reinhart** (1991), Art. 29 Rn. 5 in fine.

980 **Herber/Czerwenka** (1991), Art. 29 Rn. 7.

981 Vgl. **Gernhuber** (1991), 170.

982 Botschaft des Schweizerischen Bundesrates betreffend das Wiener Übereinkommen über Verträge über den internationalen Warenkauf vom 11.1.1989, 41.

983 **Posch/Kandut** (1992), 75.

984 **Bianca/Bonell/Date-Bah** (1987), 242 f; **Posch/Kandut** (1992), 75.

darauf hingewiesen wird, es sei nicht zu verkennen, daß diese eingebaute Flexibilität eine Unsicherheit bewirke.[985]
Rechtsprechung hierzu liegt noch nicht vor, weshalb zur Zeit nur vom Schrifttum gebildete Beispiele zur Verfügung stehen. Der Sekretariatskommentar nennt die gemäß der mündlichen Änderungsabsprache teilweise widerspruchslose Erfüllung.[986] Im rechtswissenschaftlichen Schrifttum wird neben diesem Beispiel[987] die Aufnahme der Produktion einer verkauften Ware zu (mündlich) veränderten Konditionen erwähnt;[988] ferner erbrachte oder angenommene Leistungen, die der Absprache im unwirksamen Rechtsgeschäft entsprechen.[989]
Voraussetzung für die Eignung eines Sachverhaltes, ein solches Vertrauen zu erzeugen, ist jedenfalls, daß die nicht-schriftliche Vertragsänderung von beiden Vertragsparteien beachtet, die andere Partei sich aber überdies durch Handlungen darauf eingestellt hat, die nicht zu berücksichtigen zu einer unzumutbaren Härte führen würde.[990] Wenn mithin vorgebracht wird, bei Vollzug oder Beginn des Vollzugs der formwidrigen Absprache sei die nachfolgende Berufung auf die Schriftformklausel unzulässig, so kann dies dann zutreffen, wenn zu der Vollzugshandlung ein Vertrauenstatbestand hinzutritt, der dieses Vertrauen - diese *reliance* - begründet. Aus der Sicht des nationalen deutschen Rechts besteht weder Anlaß, Bedürfnis noch die Möglichkeit, die Bestimmung des Art. 29 Abs. 2 Satz 2 UN-Kaufrecht mit dem Ziel anzuwenden, bei konstitutiv und schriftlich vereinbarter Schriftformklausel der formlosen Änderung oder Aufhebung per se - d. h. ohne daß ein Vertrauenstatbestand hinzutreten müßte - zur Wirksamkeit zu verhelfen: Dem stünde die Bestimmung des Art. 29 Abs. 2 Satz 1 UN-Kaufrecht entgegen, eine Norm, die sich mit dem nationalen deutschen Recht (§ 125 Satz 2 BGB) völlig in Einklang befindet.

Wie bei Art. 29 Abs. 2 Satz 1 UN-Kaufrecht stellt sich auch bei Satz 2 dieser Bestimmung die Frage, ob die Parteien nach Art. 6 UN-

---

985 **Bianca/Bonell/Date-Bah** (1987), 243 f; **von Caemmerer/Schlechtriem** (1990), Art. 29 Rn. 10 in fine.
986 **Von Caemmerer/Schlechtriem** (1990), Art. 29 Rn. 10; **Honnold** (1984), 418.
987 **Stern** (1990), Rn. 146; **Posch/Kandut** (1992), 75.
988 **Honnold** (1991), Rn. 204.
989 **Reinhart** (1991), Art. 29 Rn. 5; vgl. die Auflistung bei **Geldsetzer** (1993), 182.
990 **Herber/Czerwenka** (1991), Art. 29 Rn. 7; **Neumayer/Ming** (1993), Art. 29, 2.

Kaufrecht die Wirkung von Art. 29 Abs. 2 Satz 2 UN-Kaufrecht abschwächen oder erweitern können.[991]
Eine Aufhebung oder Abschwächung der in Art. 29 Abs. 2 Satz 2 UN-Kaufrecht enthaltenen Bestimmungen ist abzulehnen: ihr Schutzzweck bezieht sich auf die unzulässige Rechtsausübung bei vereinbarter Schriftformklausel und nicht auf deren generelle Wirksamkeit. Deshalb darf Art. 6 UN-Kaufrecht - vor allem im Hinblick auf den Grundsatz der Wahrung des guten Glaubens im internationalen Handel gemäß Art. 7 Abs. 1 UN-Kaufrecht - nicht dazu dienen, den Schutz gegen Mißbrauch abzubedingen oder zu schmälern.[992] Dies auch deshalb, weil Art. 29 Abs. 2 Satz 2 UN-Kaufrecht eine *gesetzliche* Einschränkung der Vertragsfreiheit der Parteien (Art. 6 UN-Kaufrecht) enthält; die Parteien können daher den "reliance"-Vorbehalt von Art. 29 Abs. 2 Satz 2 UN-Kaufrecht nicht beiseite schieben.[993] Zutreffend bemerkt *Huber*[994], Art. 29 Abs. 2 Satz 2 UN-Kaufrecht markiere das "rechtsgeschäftliche Minimum", welches die Regelung nicht unterschreiten dürfe, deren loyale Befolgung man von den Gerichten erwarte.
Im rechtswissenschaftlichen Schrifttum wird hingegen eine Erweiterung für zulässig erachtet,[995] wobei alsdann für Satz 2 des zweiten Absatzes dieser Bestimmung zu fragen ist, wie dies wohl geschehen könne. Theoretisch möglich, aber wenig praktikabel erscheint, daß Vertragsparteien auf nationale Rechtsvorschriften abheben und beispielsweise vereinbaren, an die Stelle von Art. 29 Abs. 2 Satz 2 UN-Kaufrecht sollen - bei Niederlassung in Deutschland - die Vorschrift des § 242 BGB bzw. - bei Niederlassung in der Schweiz - die von Art. 2 ZGB treten. Eine solche Vereinbarung würde nur sinnvoll sein, sofern letztere nationale Normen einen gegenüber Art. 29 Abs. 2 Satz 2 UN-Kaufrecht weitergehenden Anwendungsbereich umfaßten: § 242 BGB und Art. 2 ZGB gehen zwar nach ihrem Wortlaut über die von Art. 29 Abs. 2 Satz 2 UN-Kaufrecht umfaßte Fallgruppe der unzulässigen Rechtsausübung wegen Rechtsmißbrauchs oder wegen früheren Verhaltens hinaus und betreffen beispielsweise noch die Fallgruppe der Unredlichkeit und der Rücksichtslosigkeit.[996] Indessen wird im rechtswissenschaftlichen Schrift-

991 Vgl. vorne § 2 B.
992 **Honnold** (1991), Rn. 204; **Geldsetzer** (1993), 151.
993 "Parties cannot derogate from the reliance exception of article 29 (2)": **Hillman** (1988), 462.
994 **Huber, U.** (1979), 436.
995 **Bianca/Bonell** (1987), 58; **Honnold** (1991), Rn. 202.
996 **Gernhuber** (1991), 169 ff.

tum vorgebracht, die Bestimmung des Art. 7 Abs. 1 UN-Kaufrecht enthalte eine den Vorschriften von §§ 1-203 UCC, 242 BGB und Art. 2 ZGB entsprechende Generalklausel zu Treu und Glauben.[997] Dann bestünde für die besondere Vereinbarung letzterer Rechtsvorschriften weder Bedürfnis noch Möglichkeit: Art. 7 Abs. 2, 1. Alt. UN-Kaufrecht. Überdies erscheint eine Absprache der Parteien, an die Stelle von Art. 29 Abs. 2 Satz 2 UN-Kaufrecht solle z. B. die Bestimmung des § 242 BGB treten, wenig lebensnah: Zwar mag die Partei mit Niederlassung in Deutschland ein diesbezügliches Bedürfnis entwickeln, führte sie doch zur Anwendbarkeit vertrauten Rechts - sie wäre aber nur bei entsprechender Verhandlungsstärke oder aber Gleichgültigkeit bzw. Nachlässigkeit der anderen Vertragspartei durchsetzbar.[998]

Die Frage ist, ob neben Art. 7 Abs. 1 UN-Kaufrecht Bestimmungen wie etwa denen von §§ 242 BGB, 1-203 UCC und Art. 2 ZGB eine eigenständige Bedeutung zukommt.
Die Bestimmung des Art. 7 Abs. 1 UN-Kaufrecht beschränkt gemäß ihrem Wortlaut den Schutz des guten Glaubens auf die Auslegung des Übereinkommens. Ihre Entstehungsgeschichte spricht aber dafür, daß auch die Rechtsanwendung von diesem Grundsatz erfaßt werde:[999] Die Streichung des Wortes *Anwendung* wurde nämlich von den Gesetzesredaktoren als rein redaktionell bezeichnet.[1000] Deshalb erscheint die Aussage begründet, die Bestimmung von Art. 7 Abs. 1 UN-Kaufrecht laufe auf eine Generalklausel - ähnlich § 1-203 UCC, Art. 2 ZGB und § 242 BGB - hinaus.[1001] Auch wenn letztere Gesetzesvorschriften von unterschiedlicher Tragweite sein mögen,[1002] weshalb eine ungeprüfte Übernahme der zu diesen entwickelten Grundsätze nicht möglich ist,[1003] so enthalten sie jedenfalls das allgemeine Prinzip einer ergänzenden und korrigierenden Bezugnahme

---

997 **Von Caemmerer/Schlechtriem/Herber** (1990), Art. 7 Rn. 7, Rn. 17; **Herber/ Czerwenka** (1991), Art. 7 Rn. 6; **Honnold** (1991), Rn. 94 f.
Reinhart (1991), Art.7 Rn. 5 schlägt vor, die zum Begriff der *Sorgfalt eines ordentlichen Kaufmanns* in § 247 Abs. 1 HGB entwickelten Grundsätze zu übernehmen.

998 **Piltz** (1991), Rn. 7.

999 **Reinhart** (1991), Art.7 Rn. 3.
A. A. **Honnold** (1991), Rn. 94; **Wey** (1984), Rn. 386.

1000 **Von Caemmerer/Schlechtriem/Herber** (1990), Art. 7 Rn. 7 Fn. 14, Rn. 16.

1001 Vgl. die Hinweise in Fn.997.

1002 **Bianca/Bonell** (1987), 85 f.

1003 **Reinhart** (1991), Art.7 Rn. 5.

auf die guten Sitten.[1004] Diese für die Anwendung von Art. 7 Abs. 1 UN-Kaufrecht wegweisenden Grundsätze dürfen aber nicht den nationalen Rechtsordnungen entnommen werden, sondern sind aus den international anerkannten Prinzipien des ehrbaren Verhaltens von den Gerichten der Vertragsstaaten des UN-Kaufrechts im Sinne des Gebots einheitlicher Rechtsanwendung zu entwickeln.[1005] Aus dem in Art. 7 Abs. 1 enthaltenen Gebot von Treu und Glauben läßt sich insbesondere das Verbot mißbräuchlicher Rechtsausübung[1006] sowie das venire contra factum proprium ableiten.[1007] Ob für Bestimmungen wie beispielsweise § 242 BGB ein eigenständiger Anwendungsbereich verbleibt, kann nach dem Gesagten nur beantwortet werden, wenn sich eine auf den Art. 29 Abs. 2 Satz 2, 7 Abs. 1 UN-Kaufrecht aufbauende Rechtsprechung entwickelt haben wird. Nach Art. 7 Abs. 2, 2. Alt. UN-Kaufrecht kommen die Regeln des internationalen Privatrechts des Gerichtsstaats nur dann - als ultima ratio - zum Zuge, wenn die Schließung einer Lücke des UN-Kaufrechts mit allgemeinen Grundsätzen nicht möglich ist; der Richter hat dann nach den IPR-Regeln der lex fori das auf den Kaufvertrag anwendbare Recht zu bestimmen.[1008] Sowohl nach deutschem[1009] als auch nach schweizerischem[1010] Recht wäre dies - soweit auf das Vertragsstatut abzustellen ist - in der Regel das Recht des Sitzes bzw. der Niederlassung des Verkäufers:[1011] Bei Importgeschäften nach Deutschland oder in die Schweiz das betreffende ausländische Recht des Verkäufers, bei Exportgeschäften deutsches bzw. schwei-

---

1004 **Von Caemmerer/Schlechtriem/Herber** (1990), Art. 7 Rn. 17.

1005 **Von Caemmerer/Schlechtriem/Herber** (1990), Art. 7 Rn. 18; **Herber/Czerwenka** (1991), Art. 7 Rn. 6; **Schlechtriem** (1981), 25.

1006 **Honnold** (1991), Rn. 99; vgl. **Karollus** (1991), 79.

1007 **Von Caemmerer/Schlechtriem/Herber** (1990), Art. 7 Rn. 37; **Herber/Czerwenka** (1991), Art. 7 Rn. 6.

1008 **Stoll, Hans** (1988), 498 f; **von Caemmerer/Schlechtriem/Herber** (1990), Art. 7 Rn. 28, 31; **Reinhart** (1991), Art.7 Rn. 9; **Herber/Czerwenka** (1991), Art. 7 Rn. 15; **Palandt/Heldrich, A.** (1993), Art. 28 EGBGB Rn. 7; Botschaft des Schweizerischen Bundesrates betreffend das Wiener Übereinkommen über Verträge über den internationalen Warenkauf vom 11.1.1989, 22.

1009 Art. 28 Abs. 1 Satz 1 und Abs. 2 Satz 1 EGBGB.

1010 Art. 117 Abs. 3 lit. a IPRG.

1011 Deutsches Recht:
Stoll, Hans (1988), 504; **von Caemmerer/Schlechtriem/Herber** (1990), Art. 7 Rn. 32; **Herber/Czerwenka** (1991), Art. 7 Rn. 15; ***Soergel* - Lüderitz**, Art. 7 UN-Kaufrecht Rn. 9; **Palandt/Heldrich, A.** (1993), Art. 28 EGBGB Rn. 8.
Schweizerisches Recht:
Botschaft des Schweizerischen Bundesrates betreffend das Wiener Übereinkommen über Verträge über den internationalen Warenkauf vom 11.1.1989, 3.

zerisches Recht. Hinter dieser Anknüpfung steckt die Überlegung, daß die Lösung der lex fori den "allgemeinen Rechtsgrundsätzen" von Art. 7 Abs. 2 UN-Kaufrecht entspricht. Bei eher die Rechtstechnik betreffenden Rest-Fragen[1012] - z. B. den Regeln über die Schadensberechnung sowie über Bedingungen oder Befristungen - wird aus jenem Grund die Ansicht vertreten, das Sachrecht des Gerichtsstaats solle zur Anwendung kommen. Für letztere Auffassung sprechen Gründe der Praktikabilität und Prozeßökonomie. Der Richter ist dadurch "der Notwendigkeit enthoben, nach der genauen Grenze zwischen Lücken innerhalb des Regelungsbereichs des Einheitlichen Kaufrechts und Rest-Fragen zu suchen, die diesen Bereich bereits überschreiten."[1013]

1012 "Randfragen von geringer Wertungsrelevanz": **Stoll, Hans** (1988), 498.
1013 **Stoll, Hans** (1988), 498 in fine.

ZWEITER TEIL

SCHRIFTFORMKLAUSELN IN ALLGEMEINEN GESCHÄFTSBEDINGUNGEN

Im folgenden ist zu untersuchen, ob sich an der Beurteilung von Schriftformklauseln etwas ändert, wenn dem ursprünglichen Vertrag Allgemeine Geschäftsbedingungen zugrunde liegen, welche die Schriftformklausel "Abänderungen, Ergänzungen sowie die Aufhebung dieses Vertrages bedürfen der Schriftform" enthalten.[1014] Hierbei geht es dann ebensowenig wie im ersten Teil (Schriftformklauseln in Individualvereinbarungen) um Formklauseln mit anderem Inhalt und Zweck - also z. B. nicht um die Abschlußklausel (auch Vollständigkeitsklausel genannt)[1015] -, weil letztere auch dann, wenn sie in Allgemeinen Geschäftsbedingungen enthalten ist, lediglich das Zustandekommen des Vertrages, nicht jedoch das spätere Änderungsrechtsgeschäft erfaßt.

§ 7. DEUTSCHES RECHT

A. Rechtsprechung

Der Bundesgerichtshof enthält sich in den einschlägigen Entscheidungen direkter Ausführungen, ob eine konstitutive Schriftformklausel die Parteien bindet. Er stellt sich aber im Grundsatz auf den Standpunkt, spätere Änderungsabsprachen zu Verträgen, denen

1014 Vgl. § 1 B.
1015 Vgl. § 1 A, speziell die Hinweise in Fn. 18.

Allgemeine Geschäftsbedingungen mit Schriftformklausel zugrunde gelegt wurden, seien formlos wirksam.[1016]

In der Entscheidung des Bundesgerichtshofs vom 8.5.1968[1017], die noch vor Inkrafttreten des AGB-Gesetzes erging, enthielt ein schriftlicher Mietvertrag in seinem AGB-Teil eine Schriftformklausel. Als die Vermieterin nach Kündigung auf Räumung des Grundstücks klagte, brachte die Mieterin vor, jene habe immer wieder mündlich versichert, die Räumung der Grundstücke komme nur im Falle dringenden Eigenbedarfs in Frage. Der schriftliche Mietvertrag enthielt jedoch keine solche Abrede, weshalb sowohl das Landgericht als auch das Oberlandesgericht München der Klage stattgaben. Die Revision machte geltend, das Berufungsgericht habe Zeugen nicht vernommen, welche die Vereinbarung hätten bestätigen können, daß abweichend von dem schriftlichen Mietvertrag die Kündigung von dem unstreitig hier nicht vorliegenden dringenden Eigenbedarf der Vermieterin abhängen sollte. Der Bundesgerichtshof rechtfertigt die Nichteinvernahme der von der Mieterin zur Bestätigung der mündlichen Abrede benannten Zeugen damit, dies ergebe sich aus der im AGB-Teil des Mietvertrages enthaltenen Schriftformklausel. Weiter führt er aus, die durch Rechtsgeschäft bestimmte Form könne an sich durch schlichte Vereinbarung abbedungen werden[1018]. Die Mieterin habe aber Tatsachen nicht vorgetragen, aus denen sich diese für die Klägerin, einer Körperschaft des öffentlichen Rechts, ganz ungewöhnliche Aufhebung der Schriftform herleiten ließe; die formelhafte Wiedergabe der einschlägigen Rechtsprechungsgrundsätze reiche nicht aus.

In seiner Entscheidung vom 26.11.1980[1019] hob der Bundesgerichtshof hervor, daß die Schriftformklausel[1020] in den Allgemeinen Geschäftsbedingungen enthalten war. In casu ging es um einen For-

---

1016 BGH 8.5.1968 - VIII ZR 82/67 (nicht publiziert); BGH 31.10.1984 - VIII ZR 226/83 - NJW 1985, 320 ff, 322 li. Sp. in fine; BGH 15.5.1986 - IX 96/85 - NJW 1986, 3131 ff.

1017 BGH 8.5.1968 - VIII ZR 82/67 (nicht publiziert).

1018 Der Bundesgerichtshof zitiert hierfür BGH 20.6.1962 - V ZR 157/60 - NJW 1962, 1908 f; BGH 26.11.1964 - VII ZR 111/63 - NJW 1965, 293; BGH 19.9.1966 - VIII ZR 106/64 - JZ 1967, 287 f; vgl. § 2 A I 2. Zu den Sachverhalten vgl. Fn. 407, 687, 697.

1019 BGH 26.11.1980 - VIII ZR 298/79 - BB 1981, 266 f = WM 1981, 121 f. Vorinstanz: OLG Koblenz.

1020 "Abänderungen, Ergänzungen oder die Aufhebung dieses Vertrages bedürfen einer gesonderten schriftlichen Vereinbarung".

mularmietvertrag, den eine Kommanditgesellschaft als Mieterin eines Kopierautomaten mit der Vermieterin abgeschlossen hatte. Mit getrennt erhobenen Klagen verlangte die Vermieterin von beiden persönlich haftenden Gesellschaftern die Zahlung der Miete. Diese brachten hiergegen vor, mit der Vermieterin sei mündlich vereinbart worden, sie sollten aus der Haftung für Schulden aus dem Mietvertrag dann entlassen sein, wenn der eine Gesellschafter mit seiner neuen Firma einen Kopierautomaten bei der Vermieterin bestellte, was auch geschehen war. Das erstinstanzliche Landgericht verurteilte den anderen Gesellschafter, das Berufungsgericht beide als Gesamtschuldner zur Zahlung des Mietzinses. Die Revision führte zur Aufhebung der Vorentscheidung und zur Zurückverweisung, weil nach Ansicht des Bundesgerichtshofs in Betracht kam, daß der Mietvertrag für die hier interessierende Zeit wirksam aufgehoben war und ein Mietzinsanspruch, für den der andere Gesellschafter haften müsse, nicht mehr bestand. Bei einer späteren Änderungs- oder Aufhebungsabrede zu einem Vertrag, dem Allgemeine Geschäftsbedingungen mit Schriftformklausel zugrunde gelegt worden waren, müßten die Parteien die vereinbarte Schriftform nicht noch in irgend einer Weise abbedingen; desweiteren sei unerheblich, ob sie sich bei der späteren Abrede daran erinnern, vom ursprünglichen Vertrag in einzelnen Punkten abzuweichen.[1021] Das Gericht läßt die Gründe nicht gelten, die es selber in seiner Entscheidung vom 2.6.1976[1022] als gewichtig und entscheidend wertete, nämlich dem erhöhten Sicherheitsbedürfnis der Vertragsparteien Rechnung tragen zu müssen. In casu sei die Schriftformklausel nämlich in den Allgemeinen Geschäftsbedingungen enthalten. Bei einem Formularvertrag, dessen allgemeine Bedingungen gerade nicht ausgehandelt werden, dürfe ein solches in den Vordergrund gestellte Sicherheitsbedürfnis jedenfalls für den Vertragspartner des Verwenders nicht zugrunde gelegt werden.

In seiner Entscheidung vom 31.10.1984[1023] erklärte der Bundesgerichtshof in einem nach den §§ 13 ff AGB-Gesetz angestrengten

---

1021 Der Bundesgerichtshof zitiert hierfür BGH 2.7.1975 - VIII ZR 223/73 - NJW 1975, 1653 f. Zum Sachverhalt vgl. Fn. 905.

1022 BGH 2.6.1976 - VIII ZR 97/74 - BGHZ 66, 378 ff, 382; vgl. § 2 A I 2. Zum Sachverhalt vgl. Fn. 499.

1023 BGH 31.10.1984 - VIII ZR 226/83 - NJW 1985, 320 ff, 321 f = BB 1985, 689 ff.
Vorinstanz: OLG Frankfurt 26.5.1983 - 6 U 109/82 - ZIP 1983, 1213 sowie LG Frankfurt 27.4.1982 - 2/13 O 6/82 - abgedruckt in: ***Bunte***, Bd. 3, § 9 Rn. 103 a.

Verfahren, die im Bestellformular eines Möbelhandelsunternehmens enthaltene Schriftformklausel gemäß § 9 AGB-Gesetz für unangemessen. Sie sei deshalb unwirksam, weil nach ihr auch nachträgliche Vereinbarungen - etwa über die Lieferzeit - unwirksam seien, soweit sie nicht-schriftlich erfolgten. Eine Schriftformklausel könne dadurch außer Kraft gesetzt werden, indem die Vertragschließenden deutlich den Willen zum Ausdruck brächten, die mündlich getroffene Abrede solle ungeachtet dieser Klausel gelten. Sei eine von einem solchen Willen begleitete nachträgliche Vereinbarung in mündlicher Form wirksam getroffen worden, so könne ein Kunde, dem der Klauselverwender die Schriftformklausel vorhalte, von der Durchsetzung seiner ihm zustehenden Rechte abgehalten werden. Diese Gefahr liege dann nahe, wenn die Schriftformklausel - wie hier - so formuliert sei, daß dem Kunden der Gedanke an eine ausnahmsweise mögliche Wirksamkeit nachträglicher mündlicher Abreden verstellt werde, was ihn entgegen den Geboten von Treu und Glauben unangemessen benachteilige. Es seien auch keine Beweisschwierigkeiten des Verwenders ersichtlich, die für sein berechtigtes Interesse an dieser Klauselgestaltung sprächen, weil der Kunde die Beweislast für nachträglich getroffene mündliche Vereinbarungen trage.
Der Bundesgerichtshof hatte sich in dem Urteil vom 15.5.1986[1024] mit folgender Klausel auseinanderzusetzen: "Jede Änderung oder Ergänzung des Bürgschaftsvertrages oder dessen Aufhebung bedarf, um Gültigkeit zu erlangen, der Schriftform. Auf dieses Erfordernis kann nur schriftlich verzichtet werden". Der Beklagte war bei oder nach Unterzeichnung der Bürgschaftsurkunde[1025] mit der Gläubigerin übereingekommen, er erkläre sich nur unter der Abrede zur Eingehung der Bürgschaft bereit, als letzter der drei Bürgen zu haften. Das oberste Zivilgericht führte aus, die mündliche Nebenabrede sei wirksam: Die Bestimmung des § 766 BGB verlange nämlich nach ihrem Sinn und Zweck nicht, daß bürgschaftsändernde Abreden schriftlich zu erfolgen hätten; letztere seien formlos gültig, weshalb die mündliche nicht gemäß §§ 125, 127 BGB unwirksam sei. Eine solche mündliche, nach der gesetzlichen Regelung wirksam getrof-

---

1024 BGH 15.5.1986 - IX ZR 96/85 - NJW 1986, 3131 ff.

1025 In casu war gerade der Zeitpunkt dieser Vereinbarung umstritten: Das erstinstanzliche Landgericht ging von der Gleichzeitigkeit aus - das OLG München als Berufungsgericht davon, dies sei anscheinend nach Unterzeichnung der Bürgschaftsurkunde geschehen; der Bundesgerichtshof ging davon aus, entsprechend den Besonderheiten des vorliegenden Falles habe sich der Beklagte gegenüber der Gläubigerin von vornherein nur als nachrangig haftender Bürge verpflichtet: NJW 1986, 3133.

fene Individualabrede gehe gemäß § 4 AGB-Gesetz der Schriftformklausel vor.[1026]

B. Rechtswissenschaftliches Schrifttum

Wie in der Rechtsprechung, so wird auch im rechtswissenschaftlichen Schrifttum die grundsätzliche Standpunktfrage, ob Schriftformklauseln die Parteien binden, nicht direkt erörtert.

Vor allem sind keine Stimmen vorhanden, die sich ausdrücklich auf den Standpunkt stellten, eine spätere nicht-schriftliche Änderungs-, Ergänzungs- oder Aufhebungsvereinbarung sei nichtig, wenn es sich beim ursprünglichen Vertrag um einen solchen handelt, dem Allgemeinen Geschäftsbedingungen zugrunde gelegt wurden, die eine Schriftformklausel enthielten. Es wird nicht danach unterschieden, ob die Schriftformklausel in einer Individualvereinbarung oder ob sie in einem Vertrag enthalten ist, dem Allgemeine Geschäftsbedingungen mit Schriftformklausel zu Grunde gelegt wurden.[1027] Als Begründung wird auf die zu Schriftformklauseln in Individualvereinbarungen ergangene Rechtsprechung und auf das einschlägige rechtswissenschaftliche Schrifttum verwiesen; damit wird mittelbar auf die dort abgehandelten Fragen Bezug genommen.[1028] Für die

---

1026 Demgegenüber liegen z. B. den Entscheidungen des Bundesgerichtshofs vom 25.2.1982 (BGH 25.2.1982 - VII ZR 268/81 - NJW 1982, 1389 ff), vom 28.4.1983 (BGH 28.4.1983 - VII ZR 246/82- NJW 1983, 1853 f), vom 26.11.1984 (BGH 26.11.1984 - VIII ZR 214/83 - BGHZ 93, 29 ff, 61 f = ZIP 1985, 161 ff, 172 li. Sp.) und vom 26.3.1986 (BGH 26.3.1986 - VIII ZR 85/85 - NJW 1986, 1809 ff, 1810 re. Sp. in fine f) sogenannte Bestätigungsklauseln (vgl. Fn. 1133, 1134) und denen vom 19.6.1985 (BGH 19.6.1985 - VIII ZR 238/84 - NJW 1985, 2329 ff, 2330 re. Sp. und 2331 li. Sp.) und vom 30.9.1992 (BGH 30.9.1992 - VIII ZR 196/91 - ZIP 1992, 1573 ff) die Abschlußklausel zugrunde; dabei befassen sie sich zumeist mit Fragen des Vertreterhandelns. Ihre Erwägungen sind deshalb aufgrund der anders gelagerten Fallkonstellationen nicht auf die vorliegende Abhandlung übertragbar.

1027 **Trinkner** (1975), 194; **Eberstein** (1987), 39 f; **Löwe/von Westphalen/Trinkner** (1977), § 4 AGB-G Rn. 26-29; **Schmidt-Salzer** (1977), 118 ff; **Fehl** (1979), 98 f.

1028 **Helm** (1978), 133 li. Sp.; **Koch, E./Stübing** (1977), § 4 AGB-G Rn. 14; ***Münchener Kommentar*** **- Kötz**, § 4 AGB-G Rn. 9; **Lindacher** (1982), 1; **Lindacher**, in: **Wolf, M./Horn/Lindacher** (1989), § 4 AGB-G Rn. 33; **Palandt/Heinrichs** (1993), AGB-G §§ 4, 5 Rn. 2 ff; **Reinicke** (1976), 2291 in fine; **Schlosser, P.**, in: **Schlosser, P./Coester-Waltjen/Graba** (1977), § 4

einen Autoren gilt dies zugleich für die durch Ergänzungsklausel qualifizierte Schriftformklausel.[1029] Für andere ergibt sich aus der Bestimmung des § 4 AGB-Gesetz, daß die spätere formlose Abrede, trotz der in den Allgemeinen Geschäftsbedingungen des ursprünglichen Vertrages enthaltenen Schriftformklausel, wirksam sei[1030]; dies gelte zugleich für die durch Ergänzungsklausel qualifizierte.[1031]
Nach *Dietlein*[1032] werde der an sich anwendbare § 4 AGB-Gesetz durch die in den Allgemeinen Geschäftsbedingungen enthaltene Schriftformklausel suspendiert; Schriftformklauseln seien im Interesse der Klarheit des Rechtsverkehrs und der Erleichterung des Beweises wichtiger Nebenabreden nicht grundsätzlich ausgeschlossen. *Ulmer*[1033] hebt hervor, der Vorrang der späteren Abrede setze zunächst deren Wirksamkeit voraus. *Brandner*[1034] argumentiert, Schriftformklauseln ignorierten das Vorrangprinzip von § 4 AGB-Gesetz und seien deshalb gemäß § 9 Abs. 1 und § 9 Abs. 2 Nr. 1 AGB-Gesetz unwirksam. Nach Ansicht *Grabas*[1035] müsse die im einzelnen Fall in Frage stehende Schriftformklausel anhand des Maßstabes der vertragstypischen Regelung im Sinne von § 9 Abs. 2 Nr. 2 AGB-Gesetz überprüft werden. Dabei sei zu klären, ob für den Vertragspartner des Verwenders der mit der Verweisung auf die Schriftform verbundene Rechtsverlust eine Einschränkung wesentlicher Rechte und Pflichten bedeute. Obwohl nach § 125 Satz 2 BGB der Mangel der durch Rechtsgeschäft bestimmten Form in der Regel zur Nichtigkeit der Erklärung führe, gebe diese Bestimmung für die hier zu treffende Wertung ebensowenig her wie der Hinweis auf das grundsätzlich geltende Prinzip der Formfreiheit. *Bunte*[1036] führt aus, die Formulierung der Schriftformklausel dürfe

---

AGB-G Rn. 20-23; ***Staudinger* - Schlosser, P.**, § 4 AGB-G Rn. 24; **Stein, A.** (1977), § 4 AGB-G Rn. 9 f.

1029 ***Staudinger* - Schlosser, P.**, § 4 AGB-G Rn. 24; **Stein, A.** (1977), § 4 AGB-G Rn. 10.

1030 **Bunte** (1981), 40 f; ders. (1982), 15; **Baumann** (1980), 551 f; **Locher** (1990), 57; **Weigel** (1989), 45 ff; **Reinicke/Tiedtke** (1992), 32 in fine f; **Geldsetzer** (1993), 131 f.

1031 **Locher** (1990), 57; **Bunte** (1982), 15 unter Hinweis auf BGH 2.6.1976 - VIII ZR 97/74 - BGHZ 66, 378 ff.

1032 **Dietlein/Rebmann** (1976), § 4 AGB-G Rn. 3.

1033 **Ulmer**, in: **Ulmer/Brandner/Hensen** (1993), § 4 AGB-G Rn. 11, 13.

1034 **Brandner**, in: **Ulmer/Brandner/Hensen** (1993), Anh. §§ 9-11 Rn. 634. Ausgenommen seien sog. einfache Schriftformklauseln, wobei *Brandner* (Rn. 634 i. V. m. 625) hierunter jedoch nur deklaratorische Schriftformklauseln versteht.

1035 **Graba**, in: **Schlosser, P./Coester-Waltjen/Graba** (1977), § 9 AGB-G Rn. 117.

1036 **Bunte** (1981), 40 f; ders. (1982), 66 f.

nicht dem von der früheren Rechtsprechung entwickelten Grundsatz widersprechen, daß solche Klauseln nachträglich durch mündliche Vereinbarungen wieder aufgehoben werden könnten. Die Formulierung der AGB-Klauseln dürfe nicht die generelle Nichtigkeit der mündlichen Abmachung anordnen, sondern müsse der Individualabrede nach § 4 AGB-Gesetz Vorrang einräumen. *Teske*[1037] argumentiert, eine in Allgemeinen Geschäftsbedingungen enthaltene Schriftformklausel könne aufgrund von § 4 AGB-Gesetz keine Wirkung als konstitutive rechtsgeschäftliche Formbestimmung entfalten und damit auch nicht diejenigen Zwecke erfüllen, die ihr gemeinhin zugeschrieben werden; sie sei absolut wirkungslos. Eine Schriftformklausel stelle somit die Rechtslage stets unzutreffend dar, was die Gefahr begründe, daß sich der Vertragspartner des Verwenders bereits vorprozessual von der Durchsetzung seiner Rechte abhalten lasse; sie benachteilige ihn deshalb entgegen den Geboten von Treu und Glauben unangemessen, verstoße demzufolge im kaufmännischen wie auch im nicht-kaufmännischen Bereich gegen die Bestimmung des § 9 Abs. 1 AGB-Gesetz und sei daher unwirksam.[1038]

Zusammenfassend ist festzuhalten, daß sich, vom Ergebnis her betrachtet, im rechtswissenschaftlichen Schrifttum nichts Abweichendes von der in der Rechtsprechung vertretenen Auffassung ergibt, das spätere Änderungsrechtsgeschäft sei formlos gültig. Einerseits wird dieses Ergebnis aus den allgemeinen Grundsätzen abgeleitet, also mit den Sätzen begründet, wie sie teilweise im rechtswissenschaftlichen Schrifttum zu Individualvereinbarungen entwickelt wurden. Andererseits wird es aus der Bestimmung des § 4 AGB-Gesetz oder aus dieser i. V. m. den in § 9 AGB-Gesetz enthaltenen Bestimmungen begründet.

C. Gesetzgebungsverfahren

Wegen den in Rechtsprechung und rechtswissenschaftlichem Schrifttum vertretenen Begründungen mit bezug auf Bestimmungen des AGB-Gesetzes ist im folgenden der Frage nachzugehen, ob letz-

---

1037 **Teske** (1990), 292 ff, 294 f.

1038 **Teske** (1990), 296 in fine ff, 302 in fine f.

teres in die strittige Rechtslage klärend eingegriffen hat - sei es ausdrücklich, sei es durch Erkenntnisse, die im Gesetzgebungsverfahren gewonnen worden sind.

Das AGB-Gesetz erwähnt den Begriff *Schriftformklausel* expressis verbis nicht. Deshalb erscheint es angebracht, das Gesetzgebungsverfahren daraufhin zu untersuchen, ob aus ihm Erkenntnisse für den Gegenstand vorliegender Abhandlung gewonnen werden können.
In den Vorüberlegungen sowie in den einzelnen Entwürfen und deren Kommentierungen zu einem AGB-Gesetz wurden Schriftformklauseln im Rahmen von zwei Fragenkreisen erörtert: *Individualabrede und Allgemeine Geschäftsbedingungen*[1039] sowie *Unzulässige Klauseln ohne Wertungsspielraum*[1040]. Für beide wurde der persönliche Anwendungsbereich diskutiert.[1041]

1039 § 4 Ref. E. I/Juni 1974: [Vorrang Individualabrede]
Individuelle Vertragsabreden haben ohne Rücksicht auf die Form, in der sie getroffen werden, Vorrang vor Allgemeinen Geschäftsbedingungen. Gesetzliche Formvorschriften bleiben unberührt.
§ 3 E CDU/CSU/31.1.1975: [Verhältnis Individualvertrag und AGB]
Bestimmungen in Allgemeinen Geschäftsbedingungen sind unwirksam, soweit sie Vereinbarungen im Individualvertrag widersprechen.
Unberührt hiervon bleibt der Ausschluß mündlicher Nebenabreden durch Allgemeine Geschäftsbedingungen.
§ 4 Ref. E II/März 1975 (textgleich mit Reg E/6.8.1975) [Vorrang der Individualabrede]
Individuelle Vertragsabreden haben Vorrang vor Allgemeinen Geschäftsbedingungen.
§ 4 AGB-G (textgleich mit § 4 Ref. E II/März 1975) [Vorrang der Individualabrede]

1040 § 10 Ziff. 17 Ref E II/März 1975 (textgleich mit § 9 Nr. 17 Reg E/6.8.1975) [Unzulässige Klauseln ohne Wertungsspielraum]
In AGB sind stets unwirksam:
Eine Bestimmung, wonach die Wirksamkeit vertraglicher Abreden von der Einhaltung der Schriftform oder davon abhängig gemacht wird, daß der AGB-Verwender sie schriftlich bestätigt.
§ 9 Nr. 17 in der Formulierung des Briefes des bayerischen Staatsministers der Justiz an die Landesjustizverwaltungen vom 10.6.1975 (Gz 3420-I-415/74): In AGB sind stets unwirksam:
Eine Bestimmung, wonach die Wirksamkeit zusätzlicher, in der Vertragsurkunde nicht enthaltener Abreden von der Einhaltung der Schriftform oder davon abhängig gemacht wird, daß der Verwender sie schriftlich bestätigt.

1041 § 12 Ref. E I/Juni 1974: [Persönlicher und sachlicher Anwendungsbereich]
Die Vorschriften dieses Gesetzes finden keine Anwendung:
1. wenn der Kunde ein in das Handelsregister eingetragener Kaufmann ist, sofern der Vertrag zum Betrieb seines Handelsgewerbes gehört;

I. Individualabrede und Allgemeine Geschäftsbedingungen

In seiner Stellungnahme spaltet der nordrhein-westfälische Justizminister den Anwendungsbereich des § 4 Ref. E I/Juni 1974 in drei Gruppen auf; ihr ist zu entnehmen, diese Bestimmung finde lediglich auf den Vertragsabschluß und nicht auf spätere mündliche Abreden Anwendung.[1042] Seine Empfehlung geht allerdings dahin, Schriftformklauseln in Allgemeinen Geschäftsbedingungen gesetzlich für unwirksam zu erklären.[1043] Gleichfalls mit Blick auf den Vertragsabschluß äußert sich der bayerische Justizminister dahin, § 4 sei ein eingeschränktes Verbot der Schriftformklausel zu entnehmen,[1044]

---

2. wenn der Kunde eine juristische Person des öffentlichen Rechts oder ein öffentlich-rechtliches Sondervermögen ist;
3. bei Verträgen auf dem Gebiet des Arbeits-, Erb-, Familien- und Gesellschaftsrechts.

§ 13 Ref. E II/März 1975 (der in dieser Bestimmung angesprochene § 10 in Ziff. 17 enthielt eine Bestimmung, die beim Bundesrat zur Bestimmung § 9 Nr. 17 wird): [Persönlicher Anwendungsbereich]

Die Vorschriften der §§ 2, 9, 10 und 11 finden keine Anwendung auf Allgemeine Geschäftsbedingungen,

1. die gegenüber einem Kaufmann verwendet werden, wenn der Vertrag zum Betriebe seines Handelsgewerbes gehört;
2. die gegenüber einer juristischen Person des öffentlichen Rechts oder einem öffentlich-rechtlichem Sondervermögen verwendet werden.

§ 24 AGB-Gesetz: [Persönlicher Anwendungsbereich]

Text des ersten Absatzes gleich § 13 Ref. E II/März 1975, wobei allerdings die dort genannten §§ 2, 9, 10 und 11 zu den §§ 2, 10, 11 und 12 wurden.

1042 Brief des Justizministers des Landes Nordrhein-Westfalen an den Bundesminister der Justiz vom 18.11.1974 - 3420-II B. 49:

Einmal spreche § 4 den Fall an, daß der Vertragstext handschriftlich ergänzt werde und daß diese Ergänzung einer Bestimmung der AGB widerspreche. Dabei handele es sich in der Tat um den Vorrang der Individualabrede, diese müsse wirksam, die im Widerspruch dazu stehende AGB-Bestimmung unwirksam sein;

Sollten aber mündliche Vereinbarungen gelten, obwohl in dem Vertrag oder den AGB eine Klausel enthalten ist, daß mündliche Nebenabreden nicht wirksam sind oder einer besonderen schriftlichen Bestätigung bedürfen, so handele es sich nicht um den Vorrang der Individualabrede. Vielmehr sollte bestimmt werden, daß in diesem Falle die AGB-Klauseln über die Schriftform oder die notwendige nachträgliche schriftliche Bestätigung unwirksam seien;

Die letzte Gruppe betreffe die Frage der Vertretungsbefugnis. Grundsätzlich sind alle Erklärungen eines Vertreters nur dann für den Vertretenen verbindlich, wenn ersterer im Rahmen seiner Vollmacht gehandelt hat. Hinzu kommen noch die Fälle der Duldungs- und Anscheinsvollmacht.

1043 Vgl. § 10 Ziff. 17 Ref. E II/März 1975.

1044 Brief des bayerischen Staatsministers der Justiz an den Bundesminister der Justiz vom 18.11.1974 -3420-I-415/74.

wobei die Einschränkung in der Zulassung von Schriftformklauseln als Beschränkung der Vertretungsmacht zu sehen ist.[1045]
In den Anmerkungen zu § 4 Ref. E II/März 1975 heißt es, der neu gefaßte § 4 weise deshalb nicht auf die Form der Individualabrede hin, um die Vorschrift auch für den kaufmännischen Geschäftsverkehr tragbar zu machen.[1046] Für den Bereich des nichtkaufmännischen Geschäftsverkehrs solle die Schriftformklausel in Allgemeinen Geschäftsbedingungen jedoch weiterhin verboten sein,[1047] woraus folgt, für den kaufmännischen soll hinsichtlich des Vertragsabschlusses die Bindung an einen gewillkürten Formzwang möglich sein. Ein Verbot von Schriftformklauseln ist jedenfalls nicht aus § 4 Ref. E II/ März 1975 zu entnehmen.[1048] Damit ist die Ansicht des bayerischen Justizministers als von Ref. E II/März 1975 überholt anzusehen. Wenn im weiteren den Anmerkungen zu § 4 Ref. E II/März 1975 zu entnehmen ist, daß § 4 keinen Hinweis auf die Form der Individualabrede gibt, so bedeutet dies, daß § 4 keine Regel enthält, die bestimmt, in welcher Form eine spätere Abänderung, Ergänzung oder Aufhebung gekleidet sein muß oder sein kann. Das bedeutet nichts anderes, als daß spätere mündliche Abreden, trotz einer in Allgemeinen Geschäftsbedingungen enthaltenen Schriftformklausel, nicht als Folge von § 4 Wirksamkeit erlangen; es bleibt also insoweit bei den allgemeinen Regeln.

Es erscheint nach dem Gesagten deshalb konsequent, wenn in der Begründung zum Verfahren der Abstimmung innerhalb der Ressorts vom 2.4.1975 und in der publizierten Begründung des Bundesjustizministeriums zu § 4 Ref. E II/März 1975[1049] bemerkt wird, eine zusätzliche Schwierigkeit für die Vertragspartei, die sich auf eine mündliche Abrede berufen wolle, bildeten Schriftformklauseln. Nach der Rechtsprechung könne ein rechtsgeschäftlicher Formzwang jederzeit formlos aufgehoben werden, wobei allerdings unterschied-

---

1045 Vgl. auch § 3 Abs. 2 E CDU/CSU/31.1.1975, der aber im weiteren Verfahren keine Berücksichtigung fand, weshalb auf ihn nicht weiter einzugehen ist. Dieser Vorschlag (zu seinem Inhalt vgl. Fn. 1039) ist dennoch einschlägig, was aus seinem Wortlaut und der Entwurfsbegründung sowie den Protokollen der Beratungen des Rechtsausschusses des Bundestages der 97. Sitzung vom 5.5.1976, speziell den Äußerungen des Abgeordneten *Thürk* entnommen werden kann.

1046 Vgl. § 13 Ref. E II/März 1975.

1047 Vgl. § 10 Ziff. 17 Ref. E II/März 1975.

1048 Umkehrschluß aus § 10 Ziff. 17 Ref. E II/März 1975.

1049 BJM Reg. E/6.8.1975, 14, 44.

liche Anforderungen an eine derartige Aufhebung gestellt würden; § 4 ändere an dieser Rechtslage nichts.
§ 4 Ref. E II/März 1975 berührt somit die seitherige Rechtslage hinsichtlich einer Abänderung, Ergänzung oder Aufhebung von Verträgen, denen bei Abschluß eine in Allgemeinen Geschäftsbedingungen enthaltene Schriftformklausel zugrunde gelegt wurde, nicht; der Entwurf geht von der Rechtsprechung aus, will diese aber nicht als bindend bestätigen oder ändern.

II. Unzulässige Klauseln ohne Wertungsspielraum

Im Rahmen der Erörterung von § 10 Ziff. 17 Ref. E II/März 1975 wird in den Anmerkungen ausgeführt, das Verbot der Schriftformklausel in Allgemeinen Geschäftsbedingungen sei zusätzlich in den Katalog der unzulässigen Klauseln aufgenommen worden, nachdem sich wegen des erweiterten persönlichen Anwendungsbereichs des § 4 Ref. E II/März 1975 die Notwendigkeit ergeben habe, den inhaltlich entsprechenden Passus jener Vorschrift zu streichen.[1050] Für den Bereich der Geschäfte mit Letztverbrauchern solle sich der Kunde darauf verlassen dürfen, daß mündlichen Vereinbarungen nicht durch eine Schriftformklausel in Allgemeinen Geschäftsbedingungen die Wirksamkeit genommen werden.
Daraus erhellt der enge Zusammenhang zwischen § 4 Ref. E II/ März 1975, § 10 Ziff. 17 Ref. E II/März 1975 und § 13 Ref. E II/ März 1975. Wäre § 10 Ziff. 17 Ref. E II/März 1975 Gesetz geworden, so wären Schriftformklauseln für den nicht-kaufmännischen Verkehr ausgeschlossen.[1051] Die Fragestellung hätte sich auf solche im kaufmännischen Geschäftsverkehr beschränkt. So erklärt sich auch, wenn im Rahmen der Erörterung von § 10 Ziff. 17 Ref. E II/ März 1975 in der Begründung vom 2.4.1975[1052] gesagt wird, diese Bestimmung - die beim Bundesrat zu § 9 Nr. 17 wird - ergänze für den Bereich der Rechtsgeschäfte mit Letztverbrauchern den § 4 Ref. E II/März 1975, wonach individuelle Vertragsabreden Vorrang vor Allgemeinen Geschäftsbedingungen hätten.

1050 BJM Reg. E/6.8.1975, 43.
1051 Vgl. § 13 Ref. E II/März 1975 und § 24 AGB-G.
1052 In weiten Teilen identisch mit der publizierten Begründung des Bundesjustizministeriums Reg. E/6.8.1975.

III. Die Diskussion im Rechtsausschuß des Deutschen Bundestages

In der Diskussion im Rechtsausschuß des Deutschen Bundestages vom 5.5.1976[1053] wurde im Rahmen der Erörterungen von § 4 Ref. E II/März 1975[1054] ausführlich zu Schriftformklauseln Stellung bezogen, im wesentlichen allerdings nur unter dem Aspekt des Vertragsabschlusses.[1055] Spätere Abreden wurden eher beiläufig behandelt. So bemerkt etwa *Rebmann* vom Bundesministerium der Justiz, mit Blick auf § 3 E CDU/CSU vom 31.1.1975, dieser ändere mit der Bestimmung, daß die Schriftform nur schriftlich aufgehoben werden könne, einen Grundsatz des Allgemeinen Teils des Bürgerlichen Gesetzbuches, nämlich daß eine gewillkürte Form jederzeit zur Disposition der Parteien stehe, von diesen also ohne die von ihnen selber gewählte Form aufgehoben werden könne. *Däubler-Gmelin* pflichtet dem bei, indem sie sagt, die von *Rebmann* vorgetragenen dogmatischen Einwände seien nicht von der Hand zu weisen. Die Äußerungen *Thürks* treffen auf beide Fallkonstellationen - Vertragsabschluß und spätere Absprachen - gleichermaßen zu: Danach wolle der Entwurf der CDU/CSU die weithin im Bewußtsein vorhandene Auffassung, daß nur schriftlich bestätigte Absprachen Wirkung ausübten, gesetzlich fixieren und dadurch festigen, womit Rechtsunsicherheit und Prozesse vermieden würden. Dagegen wendet *Däubler-Gmelin* ein, der CDU/CSU-Entwurf erschwere die Möglichkeit, in Einzelfällen zugunsten des Verbrauchers zu entscheiden. Der Regierungsentwurf führe nach der Streichung des § 9 Nr. 17 zu einem Schwebezustand und einer Offenheit, mit denen den Verbraucherinteressen besser gedient sei. Die Fassung des Regierungsentwurfs eröffne immerhin für krasse Einzelfälle die Möglichkeit einer Korrektur, was die Abweichung von der fugendichten Fassung des CDU/CSU-Entwurfs rechtfertige. Gegen diese Ansicht wendet sich der Ausschußvorsitzende *Lenz*: Der Regierungsentwurf eröffne nur formal die Möglichkeit individueller Vertragsgestaltung, führe aber tatsächlich in eine Sackgasse, da im Prozeß normalerweise mündliche Absprachen nicht beweisbar seien und es deshalb doch beim schriftlich Festgelegten bleibe. Die härter scheinende Formulierung des CDU/CSU-Entwurfs erwecke keine falsche Hoff-

---

1053 Beratungen BTag-Rechtsausschuß, Sten. Prot. 97. Sitzung, 5.5.1976.

1054 Textgleich mit Reg. E/6.8.1975.

1055 Vgl. die Ausführungen *Thürks*, speziell zu § 3 E CDU/CSU/31.1.1975.

nungen, sondern mache klar: "quod non est in actis, non est in mundo".
In seiner Sitzung vom 21.5.1976[1056] beschloß der Rechtsausschuß, § 9 Nr. 17 solle entfallen.[1057]

Die Äußerungen der Abgeordneten *Thürk* und *Lenz* veranschaulichen, welch großes Bedürfnis im Rechtsalltag nach Schriftformklauseln besteht und wie wenig die Rechtsprechung dem Rechnung trägt. Wahrscheinlicher Grund dafür, daß die Abstimmung im Rechtsausschuß eine Mehrheit für die Annahme des Regierungsentwurfs ergab, ist die unrichtige Darstellung der Bedeutung und Wirkung vereinbarter Schriftformklauseln durch einzelne Mitglieder des Ausschusses. Auch vermochte *Däubler-Gmelin* nicht stichhaltig darzulegen, wieso den Verbraucherinteressen mit der Streichung des § 9 Nr. 17 gedient werde; ihre Berufung auf krasse Einzelfälle bleibt unsubstantiiert. Mit krassem Einzelfall ist wohl der gemeint, daß eine Berufung auf die vereinbarte Form rechtsmißbräuchlich wäre: Gerade in diesen Fällen griffe möglicherweise das Rechtsmißbrauchsverbot bei einem Formzwang Platz, der seinen Ursprung in einer § 3 Abs. 2 E CDU/CSU entsprechenden Norm hätte. Schließlich ist zu bemerken, daß die Frage einer Bindung an die Schriftformklausel im Rechtsausschuß nur nebenbei und oberflächlich erörtert wurde, wobei lediglich Teile der Rechtsprechung berücksichtigt und deren Ergebnisse unreflektiert übernommen wurden. Lediglich *Thürk* und *Lenz* hoben auf die Bedürfnisse der Praxis ab.
Die vom nordrhein-westfälischen Justizminister zu § 4 Ref. E I/Juni 1974 und die anderen zu § 4 Ref. E II/März 1975 gegebenen Begründungen greifen folglich nahtlos ineinander: Weder die eine noch die andere Vorschrift sollte in Fällen nachträglicher formloser Abänderungen, Ergänzungen oder einer Aufhebung trotz Schriftformklausel zur Frage der im einzelnen Fall vertragsgemäßen Form eine Bestimmung treffen. Da § 4 Ref. E II/März 1975 textgleich mit dem Reg. E/6.8.1975 und mit der Bestimmung des § 4 AGB-Gesetz ist, bestehen keine Bedenken, dieses Ergebnis auch auf letztere anzuwenden. Ferner bleibt festzuhalten, daß keine § 10 Ziff. 17 Ref. E II/März 1975 (textgleich mit § 10 Nr. 17 Reg. E/6.8.1975) entsprechende Vorschrift Gesetzeskraft erlangte, weshalb Schrift-

---

1056 Beratungen BTag-Rechtsausschuß, Sten. Prot. 99. Sitzung, 21.5.1976 .
1057 Vgl. den zusammenfassenden Bericht des BTag-Rechtsausschusses vom 23.6. 1976 - BT-Drucksache 7/5422.

formklauseln für den kaufmännischen wie auch den nichtkaufmännischen Geschäftsverkehr als grundsätzlich vom AGB-Gesetz nach der hier vertretenen Auslegung als nicht verboten anzusehen sind.

D. Geltung der allgemeinen Grundsätze

Sowohl die Rechtsprechung[1058] als auch ein Großteil des rechtswissenschaftlichen Schrifttums[1059] gehen davon aus, daß die allgemeinen Grundsätze und Auslegungsregeln, die zu Schriftformklauseln in Individualvereinbarungen entwickelt wurden, auch bei in Allgemeinen Geschäftsbedingungen enthaltenen anwendbar sind. Voraussetzung hierfür wäre, daß sich für diesen Zusammenhang aus den Bestimmungen des AGB-Gesetzes, insbesondere aus § 4 AGB-Gesetz, nichts Besonderes ergibt; darüber hinaus, daß auch das Spannungsverhältnis zwischen genereller AGB-Regelung und individueller Abweichung in diesem Zusammenhang zu keinen Besonderheiten Anlaß gibt, so vor allem, daß die in Allgemeinen Geschäftsbedingungen enthaltene Schriftformklausel als Formklausel im Sinne der §§ 125, 127 BGB vereinbart wurde.

I. Vorrang der Individualabrede (§ 4 AGB-Gesetz)

Individuelle Vertragsabreden haben gemäß § 4 AGB-Gesetz Vorrang vor Allgemeinen Geschäftsbedingungen.
Ein Teil des rechtswissenschaftlichen Schrifttums entnimmt daraus ein *funktionelles Rangverhältnis*[1060] zwischen einer wirksamen Bestimmung in Allgemeinen Geschäftsbedingungen und einer wirksamen Individualvereinbarung,[1061] d. h. die Wirksamkeit der Indivi-

---

1058 BGH 8.5.1968 - VIII ZR 82/67 (nicht publiziert); BGH 26.11.1980 - VIII ZR 298/79 - BB 1981, 266 f; BGH 31.10.1984 - VIII ZR 226/83 - NJW 1985, 320 ff, 321 f; vgl. § 7 A.

1059 **Helm** (1978), 133 li. Sp.; **Koch, E./Stübing** (1977), § 4 AGB-G Rn. 14; ***Münchener Kommentar*** - **Kötz**, § 4 AGB-G Rn. 9; **Lindacher** (1982), 1; **Lindacher**, in: **Wolf, M./Horn/Lindacher** (1989), § 4 AGB-G Rn. 32 ff; **Palandt/Heinrichs** (1993), AGB-G §§ 4, 5 Rn. 2 ff; **Reinicke** (1976), 2291 in fine; **Schlosser, P.**, in: **Schlosser, P./Coester-Waltjen/Graba** (1977), § 4 AGB-G Rn. 20-23; ***Staudinger*** - **Schlosser, P.**, § 4 AGB-G Rn. 24; **Stein, A.** (1977), § 4 AGB-G Rn. 9 f.

1060 **Lindacher**, in: **Wolf, M./Horn/Lindacher** (1989), § 4 AGB-G Rn. 1.

1061 ***Soergel*** - **Stein, U.**, § 4 AGB-G Rn. 15; **Ulmer**, in: **Ulmer/Brandner/Hensen** (1993), § 4 Rn. 7, 11; **Trinkner** (1975), 191 f; **Palandt/Heinrichs** (1993),

dualvereinbarung sei Voraussetzung dafür, daß die Bestimmung des § 4 AGB-Gesetz Platz greife. Schriftformklauseln in Allgemeinen Geschäftsbedingungen stellten eine wirksame Formbestimmung im Sinne der §§ 127, 125 BGB dar, weshalb spätere formlose Abreden gemäß § 125 Satz 2 BGB im Zweifel nichtig seien. Liege letzterer Fall vor, so fehle es an der Voraussetzung der wirksamen Individualvereinbarung mit der Folge, daß zwischen Schriftformklausel und späterer formloser Individualabrede kein inhaltlicher Widerspruch bestehe, der aus der Bestimmung des § 4 AGB-Gesetz zu lösen sei.[1062]

Gegen dieses Verständnis der Bestimmung des § 4 AGB-Gesetz wird in Rechtsprechung und rechtswissenschaftlichem Schrifttum argumentiert, wäre eine Schriftformklausel wirksam, so könne der Vertrag mittelbar einen Inhalt bekommen, der im Widerspruch zu den formlosen späteren Individualvereinbarungen stehe.[1063] Sie würde gerade das bewirken, was die Bestimmung des § 4 AGB-Gesetz verhindern solle, nämlich die Verdrängung individueller Vereinbarungen durch Allgemeine Geschäftsbedingungen. Schriftformklauseln in Allgemeinen Geschäftsbedingungen hätten zumindest indirekt sehr weitgehende Auswirkungen auf das durch die Bestimmung des § 4 AGB-Gesetz angeordnete Rangverhältnis, weshalb diese direkt oder analog Platz greife, wenn durch Schriftformklauseln Wirksamkeitsvoraussetzungen für Individualvereinbarungen verabredet würden. Jene Bestimmung verhindere, daß die Wirksamkeit späterer Abreden durch das Wirksamkeitserfordernis der Schriftlichkeit beseitigt werde[1064] und räume Individualabreden umfassenden Vorrang vor kollidierenden Bestimmungen in Allgemeinen Geschäftsbedingungen ein.[1065]

Den Kommentaren im Gesetzgebungsverfahren des AGB-Gesetzes und diesem selbst ist keine Bestimmung zu entnehmen, die eine Aussage macht zur Form einer späteren Änderungs-, Ergänzungs- oder Aufhebungsvereinbarung zu einem Vertrag, dem Allgemeine Geschäftsbedingungen mit Schriftformklausel zu Grunde gelegt worden waren.

AGB-G §§ 4, 5 Rn. 2; *Münchener Kommentar* - **Kötz**, § 4 AGB-G Rn. 1 f; **Teske** (1990), 279 f, insbesondere Fn. 303 m. w. N.

1062 *Soergel* - **Stein, U.**, § 4 AGB-G Rn. 15; **Rutkowski** (1978), 87.

1063 BGH 28.4.1983 - VII ZR 246/82 - NJW 1983, 1853 f; **Teske** (1990), 283; **Weigel** (1989), 45 ff; **Reinicke/Tiedtke** (1992), 32 in fine f.

1064 **Teske** (1990), 283 in fine f.

1065 **Teske** (1990), 285.

Zwar ließ sich der Gesetzgeber von der Annahme leiten, eine spätere formlose Abrede könne trotz Schriftformklausel wirksam sein; daraus schließen zu wollen, diese Auffassung sei in der Folge in der Bestimmung des § 4 AGB-Gesetz festgeschrieben worden, ginge indessen zu weit. Die diesbezüglichen Kommentare im Rechtsausschuß des Deutschen Bundestages geben dazu auch keinen Anlaß. Im weiteren sind die Vorentwürfe zu § 4 AGB-Gesetz, die individuellen Vertragsabreden ohne Rücksicht auf die Form, in der sie getroffen werden, Vorrang vor Allgemeinen Geschäftsbedingungen einräumten[1066], nicht Gesetz geworden. Sie wurden überdies durch spätere Vorentwürfe in diesem Punkt überholt,[1067] was die Äußerungen im Rechtsausschuß des Deutschen Bundestages bestätigen.
Gemäß Wortlaut, Entstehungsgeschichte sowie Sinn und Zweck will die Bestimmung des § 4 AGB-Gesetz lediglich ein *funktionelles Rangverhältnis* zwischen Individualabrede und Bestimmungen in Allgemeinen Geschäftsbedingungen klarstellen und festschreiben. Dies wird auch dadurch bestätigt, daß sie als Rechtsfolge nicht etwa die Unwirksamkeit bestimmter Klauseln in Allgemeinen Geschäftsbedingungen anordnet.[1068]
Somit ist die Bestimmung des § 4 AGB-Gesetz hinsichtlich der Formbedürftigkeit späterer Abreden nicht einschlägig, sondern erst dann anwendbar, wenn die in Frage stehende Abrede in vertragsgemäßer Form in Erscheinung tritt, d. h., wenn sie an sich wirksam ist.[1069] Inkonsequent wäre deshalb, ihr entnehmen zu wollen, spätere Abreden seien trotz vereinbarter Schriftformklausel formlos möglich: Wie besagte Rechtsprechung und rechtswissenschaftliches Schrifttum überwiegend ausführen, klärt § 4 AGB-Gesetz nämlich nicht, welche Form die vertragsgemäße ist. Der Vorrang abweichender mündlicher Abreden setzt mithin deren Wirksamkeit voraus, und zwar auch in formeller Hinsicht, wobei § 125 Satz 2 BGB zu beachten ist. Letztere Bestimmung ist sedes materiae, weil die Regelungen in Allgemeinen Geschäftsbedingungen nicht etwa Vertragsrecht niederen Ranges sind, sondern nur als generelle Vereinbarung insoweit zurücktreten, als die Parteien wirksam spezielle Abreden getroffen haben. Aus der Bestimmung des § 4 AGB-Gesetz auf

---

1066 Z. B. § 4 Ref E I/Juni 1974.

1067 Z. B. § 3 E CDU/CSU/31.1.1975; § 4 Ref E II/März 1975.

1068 **Teske** (1990), 280.

1069 **Dietlein/Rebmann** (1976), § 4 AGB-G Rn. 3; **Ulmer**, in: **Ulmer/Brandner/Hensen** (1993), § 4 AGB-G Rn. 11, 13.

deren Wirksamkeit zu schließen, würde nichts anderes als eine nicht haltbare petitio principii bedeuten.

II. Spannungsverhältnis zwischen genereller AGB-Regelung und individueller Abweichung

Nach herkömmlicher Ansicht sind Allgemeine Geschäftsbedingungen Vertragsschablonen, die bei Bedarf als Bestandteil in den einzelnen Vertrag übernommen werden und damit Vertragsbestimmungen werden. Die zum Zeitpunkt des Vertragsabschlusses durch Übernahme der Allgemeinen Geschäftsbedingungen bedingte Vertragsstandardisierung[1070] erschwert individuelle Absprachen oder macht sie teilweise unmöglich. Gleichzeitig wird das dispositive Recht insoweit abbedungen, als der Verwender ihm ungünstige Bestimmungen nachgiebigen Rechts auszuschließen bestrebt ist.[1071] Treffen beim Vertragsabschluß Allgemeine Geschäftsbedingungen mit individuellen Abweichungen von der von diesen Allgemeinen Geschäftsbedingungen geregelten Materie zusammen, so entsteht ein Spannungsverhältnis. Dieser Fall liegt vorliegender Abhandlung nicht zugrunde: Hier geht es um spätere Abreden zu einem bestehenden Vertrag, der unter Verwendung Allgemeiner Geschäftsbedingungen mit Schriftformklausel abgeschlossen wurde. Die Allgemeinen Geschäftsbedingungen sind durch Übernahme in den Vertrag Vertragsbestimmungen geworden, weshalb ein Spannungsverhältnis der erwähnten Art gar nicht bestehen kann.

Es stellt sich allerdings die Frage, ob ein Unterschied besteht zwischen einer Schriftformklausel, die in einem AGB-Vertragsteil und einer, die im individuell vereinbarten Teil enthalten ist.
Auch der Bundesgerichtshof nimmt in seiner Entscheidung vom 26.11.1980[1072] eine dahingehende Differenzierung vor: Falls die Parteien ihrem erhöhten Sicherheitsbedürfnis mit Hilfe einer Schriftformklausel Ausdruck geben wollten, hätten sie diese in den individuell vereinbarten Vertragsteil aufnehmen müssen. Vom Ergebnis her vergleichbar unterscheidet *Körnig*[1073], indem er bemerkt, in Allgemeinen Geschäftsbedingungen enthaltene, pauschal einbezogene Schriftformklauseln hätten stets deklaratorischen Charakter, weil

---

1070 Vgl. **Widmer** (1971), 23 Fn. 46.
1071 **Bauer** (1977), 26; **Schmidt-Rimpler** (1974), 3 ff; **Hecht** (1960), 59.
1072 BGH 26.11.1980 - VIII ZR 298/79 - BB 1981, 266 f.
1073 **Körnig** (1972), 25 ff.

eine solche konstitutiver Natur im Widerspruch zur vereinbarten Subsidiarität der Allgemeinen Geschäftsbedingungen stünde. Dies hieße, einer in Allgemeinen Geschäftsbedingungen enthaltenen Schriftformklausel komme nicht die Bedeutung einer Formklausel gemäß §§ 125, 127 BGB zu, mit der Folge, daß formlose Abreden nicht gemäß § 125 Satz 2 BGB im Zweifel nichtig sind.

Diesen Begründungen kann nicht gefolgt werden: Im geltenden Recht lassen sich keine Kriterien finden, die darauf abheben, ob die Schriftformklausel im vorformulierten oder im individuell vereinbarten Vertragsteil enthalten ist.[1074] Zum einen sind Allgemeine Geschäftsbedingungen, sobald sie Vertragsbestandteil geworden sind, als vertragliche Bestimmungen zu qualifizieren,[1075] für deren Beurteilung und Auslegung grundsätzlich die für die Auslegung von rechtsgeschäftlichen Willenserklärungen entwickelten Regeln gelten.[1076] Zum anderen sind sie, sobald Vertragsbestandteil geworden, nicht von minderer Qualität.[1077]

Fraglich ist, ob sich im Blick auf spätere Abreden zu einem Vertrag, dem Allgemeine Geschäftsbedingungen mit Schriftformklausel zugrunde gelegt werden, nicht Aspekte aufdrängen, die eine Sonderbehandlung von Allgemeinen Geschäftsbedingungen nahe legen, was deren Auslegung betrifft. Dazu ist folgendes zu bemerken: Jede Vereinbarung ist an einem objektiven Maßstab zu messen, der jene Gerechtigkeitsvorstellungen darstellt, die sich aus der Rechtsordnung und den Wertungen der Wirtschafts- und Sozialordnung ergeben. Im Einzelfall mag sich deshalb ein Spannungsverhältnis auftun: Der Forderung des einzelnen auf staatliche Anerkennung und Gewährleistung seiner vertraglichen Bindungen stehen die Ansprüche der Rechtsordnung entgegen, die verlangen, daß jeder Vertrag eine irgendwie geartete Richtigkeitsgewähr in sich trage, bzw. der Verantwortung vor dem Prinzip der sozialen Gerechtigkeit standhalte.[1078]

Das deutsche wie das schweizerische Vertragsrecht gehen davon aus, der Vertragsinhalt werde von den Parteien Punkt für Punkt ausgehandelt. Eine solche Punktation bewirkt, daß die wechselseitig bei den Verhandlungen vorgetragenen Ziele und Interessen Gewähr für

---

1074 **Raiser** (1935), 235.
1075 **Gernhuber** (1976), 9; **Raiser** (1935), 149.
1076 Für das schweizerische Recht vgl. **Patry** (1955), 386 f.
1077 **Ulmer**, in: **Ulmer/Brandner/Hensen** (1993), § 4 Rn. 11.
1078 **Meier-Hayoz** (1948), 104; **Egger** (1950), 128 ff; **Oftinger** (1948), 315 ff.

die materielle Richtigkeit der vereinbarten Rechtsfolgen bieten;[1079] es besteht mithin ein funktioneller Zusammenhang zwischen Selbstbestimmung und gerechtem Interessenausgleich.[1080] Daraus läßt sich folgern, daß dieser Zusammenhang nur dort existieren kann, wo jede der Vertragsparteien die Möglichkeit hat, die Grundposition und Interessen der anderen Seite zu beeinflussen, wobei ein einseitiges Vertragsdiktat ausgeschlossen sein muß.[1081] In dieses Grundschema, dem das deutsche wie das schweizerische Vertragsrecht folgen, passen Allgemeine Geschäftsbedingungen kaum. Der Verwender ändert diese eher selten für den einzelnen Fall: Der Vertragspartner nimmt an der Inhaltsgestaltung eines Vertrages, dem Allgemeine Geschäftsbedingungen zugrunde gelegt wurden, in der Regel nicht teil.

Ausnahmsweise mag es die Rechtsordnung hinnehmen, wenn in einzelnen Fällen das sonst vorausgesetzte Schema frei ausgehandelter Vertragsbedingungen nicht gegeben ist, wobei das Argument der Verkehrssicherheit maßgeblich ist.[1082] Rechtlich bedenklich wirkt diese Haltung spätestens dann, wenn der Ausnahmefall zur typischen Erscheinung wird, wie gerade bei Verträgen, denen Allgemeine Geschäftsbedingungen zugrunde gelegt werden.[1083] Bei einer solchen antizipierten Vertragsgestaltung entfällt typischerweise die in der Regel beim individuell ausgehandelten Vertrag gegebene Richtigkeitsgewähr.[1084] Es erscheint indessen nicht vorstellbar, wie eine in Allgemeine Geschäftsbedingungen enthaltene Schriftformklausel gegen das Prinzip der Richtigkeitsgewähr verstoßen kann: Bereits die Vereinbarung der Schriftform in Individualvereinbarungen ist nicht mehr oder weniger "richtig", gerecht und zweckmäßig wie ihre Nichtvereinbarung; sie ist insoweit völlig neutral. In vorliegender Abhandlung wurde zu begründen versucht, daß die in einer Individualvereinbarung verabredete Schriftform für ein an sich formfreies Geschäft weder die Grenzen der Inhaltsgestaltungsfreiheit (§§ 134, 138 BGB)[1085] überschreitet noch gegen das Recht der Persönlichkeit (§§ 137 Satz 1, 399, 2. Alt. BGB)[1086] verstößt. Deshalb ist nicht ersichtlich, warum etwas anderes gelten soll, wenn die Schriftform-

---

1079 **Wolf, M.** (1970), 67 ff; **Bydlinski** (1967), 62.
1080 **Schmidt-Rimpler** (1941), 155 f.
1081 **Flume** (1960), 143; **Schmidt-Rimpler** (1941), 157.
1082 **Schmidt-Rimpler** (1941), 136 ff.
1083 **Merz** (1970), 10; **Schmidt-Salzer** (1973), 25.
1084 **Bydlinski** (1967), 213; **Wolf, M.** (1970), 67.
1085 Vgl. § 3 A I.
1086 Vgl. § 3 A II.

klausel in Allgemeinen Geschäftsbedingungen enthalten ist. Letzteres folgt insbesondere aus den Bestimmungen, mit deren Hilfe das AGB-Gesetz neue Wertmaßstäbe setzt: So beispielsweise die Bestimmung des § 11 Nr. 2 AGB-Gesetz, nach der jede Einschränkung des Leistungsverweigerungsrechts (§§ 320 ff BGB) unwirksam ist und nach der in Allgemeinen Geschäftsbedingungen nur solche Zurückbehaltungsrechte ausgeschlossen werden können, die nicht auf demselben Vertragsinhalt beruhen; im weiteren können gemäß der Bestimmung des § 11 Nr. 10 lit. f AGB-Gesetz Verjährungsfristen in Allgemeinen Geschäftsbedingungen nicht verkürzt werden. Beide Vorschriften bezwecken die Waffengleichheit der Vertragsparteien und wollen der Fairneß im Vertragsrecht zum Durchbruch verhelfen. Schriftformklauseln der hier zu untersuchenden Art bestätigen diese Zwecke lediglich; sie sind, wie gesagt, neutral.

Nichts anderes ergibt sich mit Blick auf die Abbedingung des dispositiven Rechts durch Allgemeine Geschäftsbedingungen. Die vom Gesetz eröffnete Möglichkeit, im Wege freier Parteivereinbarung dispositives Gesetzesrecht abzubedingen, führt dort, wo Allgemeine Geschäftsbedingungen verwendet werden, des öfteren zu einer "Flucht aus dem Gesetz".[1087] Klauseln in Allgemeinen Geschäftsbedingungen treten nach Inhalt und Stellung an die Stelle dispositiver Gesetzesnormen; sie haben sich als prägnantestes Beispiel privater Rechtssetzung in eine Wirkposition vorgedrängt, die den gesetzlichen Regelungen nahesteht.[1088]
Hinsichtlich der so erhaltenen tatsächlichen Wirkung stellt sich die Frage, ob aus dem Grundprinzip der Vertragsfreiheit als Grundlage der Allgemeinen Geschäftsbedingungen überhaupt eine so weitgehende Gestaltung hergeleitet werden kann, ob also an die Stelle einer gesetzlichen Regelung eine private, einseitig dekretierte und doch zwingende treten kann. Der deutsche wie der schweizerische Gesetzgeber hatten bei den Vorarbeiten zum Bürgerlichen Gesetzbuch bzw. zum Obligationenrecht die Individualvereinbarung vor Augen, wobei sich schuldrechtliche Vertragsfreiheit und schuldrechtliche Normen dispositiven Charakters als Eckpfeiler liberaler Gesetzesgestaltung anboten. Die dafür gesetzten einzelnen Normen sind als objektives Recht in das Gesamtsystem einer vom Gesetzgeber vorgeschlagenen gerechten Ordnung und Lösung einge-

---

1087 **Liver** (1955), 22.
1088 **Biedenkopf** (1972), 16.

bettet.[1089] Das angestammte dispositive Recht sorgt in der Regel für einen angemessenen Ausgleich der beteiligten Interessen, weshalb sich die einseitige, systematische Umtypisierung dieser Wertordnung durch Allgemeine Geschäftsbedingungen als eine Umgehung derselben darstellt; dies kann aber nicht ohne Korrektur durch hoheitliche Kontrolle hingenommen werden.[1090] Die Befugnis, eine so weitgehende private generell-abstrakte Ordnung zu schaffen, ist deshalb zwingenden Schranken unterworfen; diese sind enger als die überkommenen inhaltlicher Ausgestaltung einer Individualvereinbarung.[1091]
Die hier zu untersuchende Schriftformklausel, sofern in einer Individualvereinbarung enthalten, stößt weder an die Grenzen der Inhaltsgestaltungsfreiheit noch verstößt sie gegen das Recht der Persönlichkeit. Gleiches muß auch gelten, wenn die Schriftformklausel in Allgemeinen Geschäftsbedingungen enthalten ist: Die Schriftformklausel kann auch dort nicht von einem erfahrenen Verwender zum Nachteil des unerfahrenen Vertragspartners vereinbart werden. Wie noch darzulegen sein wird, ist sie nicht per se unbillig - sie ist höchstens lästig, dies aber für beide Vertragsparteien gleichermaßen. Den Schranken inhaltlicher Vertragsgestaltung kommt keine Bedeutung zu.

Zu klären bleibt, ob mit im AGB-Teil enthaltenen Schriftformklauseln andere oder weniger weitgehende Zwecke verfolgt werden, als mit solchen im individuell vereinbarten Vertragsteil. *Körnig*[1092] behauptet dies unter Hinweis darauf, in Allgemeinen Geschäftsbedingungen würden zumeist nur einseitige Zwecke des Verwenders verfolgt. Beim Vertragsabschluß mag diese Überlegung ihre Berechtigung haben; für die Frage der Formbedürftigkeit späterer Abreden führt sie indes konstruktiv nicht weiter. Die Schriftformklausel kann konstitutiv oder deklaratorisch vereinbart werden, wobei sie gemäß § 125 Satz 2 BGB im Zweifel konstitutiv, als Wirksamkeitsvoraussetzung, vereinbart ist.[1093] In der Entscheidung des Bundesgerichts-

1089 **Raiser** (1935), 293; **Wolf, M.** (1970), 35.
1090 **Bydlinski** (1967), 222; **Merz** (1970), 10.
1091 **Bauer** (1977), 72 Fn. 72; **Raiser** (1935), 291.
1092 **Körnig** (1972), 19.
Vgl. auch BGH 26.11.1980 - VIII ZR 298/79 - BB 1981, 266 f. Dieser Entscheidung ist inzidenter eine in die gleiche Richtung gehende Tendenz zu entnehmen.
1093 **Wolf, M.**, in: **Wolf, M./Horn/Lindacher** (1989), § 9 AGB-G Rn. S 32.

hofs vom 26.11.1980[1094] stellt sich deshalb die Erwähnung und das Abstellen auf ein erhöhtes Sicherheitsbedürfnis als ein Satz ohne Begründung dar, der, wie auch nach der Ansicht *Körnigs*[1095], darüber hinaus in unzulässiger Weise den Willen der Vertragsparteien ignoriert.

Ein Spannungsverhältnis zwischen genereller AGB-Regelung und individueller Abweichung im Rahmen der vorliegenden Abhandlung gibt zu keinen Besonderheiten Anlaß: Die zu Individualvereinbarungen entwickelten Grundsätze gelten, sofern sich nicht aus anderen Bestimmungen des AGB-Gesetzes - so z. B. aus den §§ 3, 5 und 9 AGB-Gesetz - im Einzelfall etwas anderes ergibt.

III. Beurteilung der allgemeinen Grundsätze anhand der Rechtsprechung

Im folgenden soll die Rechtsprechung anhand der allgemeinen, zu Individualvereinbarungen entwickelten Grundsätze untersucht werden.

Der Bundesgerichtshof stützt sich in seinem Urteil vom 8.5.1968[1096] ausdrücklich auf seine Entscheidung vom 20.6.1962[1097]; weil das Berufungsgericht bereits das Bestehen einer mündlichen Änderungsvereinbarung verneint hatte, setzte er sich nicht mit den in casu mit der Schriftformklausel verfolgten Zwecken auseinander. Seiner Begründung, eine Schriftformklausel könne durch eine formlose Vereinbarung beiseite geschoben werden, ist nicht zu folgen. Er zitiert zwar die Rechtsprechung[1098], setzt sich aber nicht mit ihr auseinander; dadurch übersieht er, daß im Urteil vom 20.6.1962[1099] die Bestimmung des § 125 Satz 2 BGB erwähnt wird. In dieser Bestimmung hätte er die Grundlage seiner in casu behaupteten, aber nicht begründeten Bedenken gegen eine nicht-schriftliche Aufhebung

---

1094 BGH 26.11.1980 - VIII ZR 298/79 - BB 1981, 266 f; vgl. § 7 A.

1095 **Körnig** (1972), 19, obwohl er sich ausdrücklich auf die Bestimmung des § 157 BGB beruft.

1096 BGH 8.5.1968 - VIII ZR 82/67 (nicht publiziert); vgl. § 7 A.

1097 BGH 20.6.1962 - V ZR 157/60 - NJW 1962, 1908 f; vgl. § 2 A I 2. Zum Sachverhalt vgl. Fn. 407.

1098 BGH 20.6.1962 - V ZR 157/60 - NJW 1962, 1908 f; BGH 26.11 1964 - VII ZR 111/63 - NJW 1965, 293; BGH 19.9.1966 - VIII ZR 106/64 - JZ 1967, 287 f; vgl. § 2 A I 2.

1099 BGH 20.6.1962 - V ZR 157/60 - NJW 1962, 1908 f; vgl. § 7 A.

der Schriftformklausel gefunden. Dabei verstößt das oberste Zivilgericht selbst gegen seine eigenen Ausführungen, wonach die lediglich formelhafte Wiedergabe der einschlägigen Rechtsprechungsgrundsätze nicht ausreiche.
Die Entscheidung des Bundesgerichtshofs vom 26.11.1980[1100] - aber auch die zu sog. Bestätigungsklauseln ergangenen vom 28.4.1983[1101] und vom 26.11.1984[1102] - machen deutlich, wie sehr sich die Rechtsprechung in ihrer Begründung vom Satz leiten läßt, die Parteien könnten sich jederzeit formlos von einem von ihnen selbst gesetzten Formzwang befreien. Das führt dazu, daß sich das oberste Zivilgericht nicht mit den Zwecken auseinandersetzt, welche die Parteien jeweils mit den von ihnen verwendeten Schriftformklauseln verfolgten. Der Begründung des Bundesgerichtshofs in der Entscheidung vom 26.11.1980[1103], daß der frühere Vertrag durch den späteren einfach überholt werde, wodurch die Schriftformklausel eo ipso entfalle, kann nicht gefolgt werden: Verträge können nur vertraglich abgeändert werden, was das Oberlandesgericht Koblenz als Vorinstanz auch zurecht hervorhebt.[1104]

Sofern die Entscheidung des Bundesgerichtshofs vom 15.5.1986[1105] nicht den Vertragsabschluß, sondern spätere Abreden betrifft, begegnet sie den dargelegten Bedenken: Die Vorschrift des § 4 AGB-Gesetz beschreibt lediglich ein funktionelles Rangverhältnis. Der Bundesgerichtshof hätte sich mit dem Zweck der Schriftformklausel auseinandersetzen müssen, der bei Bürgschaftsverträgen in der Regel zur Annahme führt, sie sei konstitutiver Natur.

E. Verbot überraschender Klauseln (§ 3 AGB-Gesetz)

Nachfolgend soll untersucht werden, ob es sich bei einer Schriftformklausel, die in Allgemeinen Geschäftsbedingungen ent-

---

1100 BGH 26.11.1980 - VIII ZR 298/79 - BB 1981, 266 f; vgl. § 7 A.

1101 BGH 28.4.1983 - VII ZR 246/82 - NJW 1983, 1853 f; vgl. Fn. 1026.

1102 BGH 26.11.1984 - VIII ZR 214/83 - BGHZ 93, 29 ff, 61 f; vgl. Fn. 1026.

1103 BGH 26.11.1980 - VIII ZR 298/79 - BB 1981, 266 f; vgl. § 7 A.

1104 In Abgrenzung zu seiner Entscheidung vom 24.10.1979 (BGH 24.10.1979 - VIII ZR 235/78 - NJW 1980, 234 f = BB 1979, 1789 f) spricht der Bundesgerichtshof indessen klar aus, bei späteren Vertragsänderungen sei es unerheblich, ob letztere von Angestellten getroffen worden seien.

1105 BGH 15.5.1986 - IX ZR 96/85 - NJW 1986, 3131 ff; vgl. § 7 A und Fn. 1025.

halten ist, um eine sogenannte überraschende Klausel gemäß § 3 AGB-Gesetz handelt, wie dies im rechtswissenschaftlichen Schrifttum gelegentlich vorgebracht wird.[1106]

Die Vorschrift des § 3 AGB-Gesetz steht in funktionalem und systematischem Zusammenhang mit der Regelung der allgemeinen Einbeziehungsvoraussetzungen in § 2 AGB-Gesetz; § 3 AGB-Gesetz greift nur ein, wenn die in § 2 AGB-Gesetz enthaltenen Voraussetzungen erfüllt und die Allgemeinen Geschäftsbedingungen grundsätzlich Vertragsbestandteil geworden sind.[1107] Von der in § 4 AGB-Gesetz enthaltenen Vorrangbestimmung unterscheidet sich § 3 AGB-Gesetz dadurch, daß er kein bloßes Auslegungsprinzip aufstellt, sondern eine negative Einbeziehungsvoraussetzung begründet.[1108] Deshalb sind Allgemeine Geschäftsbedingungen zunächst auf ihre Verbindlichkeit im Hinblick auf § 3 AGB-Gesetz, anschließend daraufhin zu prüfen, ob sie der Inhaltskontrolle des § 9 AGB-Gesetz standhalten.[1109]
Die vertragliche Einbeziehung von Allgemeinen Geschäftsbedingungen erfaßt grundsätzlich diejenigen Klauseln nicht, die überraschend sind, also solche, mit denen die eine Vertragspartei bei Billigung der von der anderen aufgestellten Bedingungen redlicherweise nicht zu rechnen braucht.[1110] Die Vorschrift des § 3 AGB-Gesetz knüpft die Nichteinbeziehung ungewöhnlicher Klauseln an zwei Voraussetzungen:[1111] Zum einen müssen die fraglichen Klauseln objektiv, im Hinblick auf den konkreten Vertrag zwischen AGB-Verwender und dessen Vertragspartner ungewöhnlich sein. Desweiteren muß in subjektiver Hinsicht die Überraschung von letzterem hinzukommen, der wegen des ungewöhnlichen Charakters der Klausel und fehlender Aufklärung nicht mit ihr gerechnet hat, als er sich mit der Einbeziehung der Allgemeinen Geschäftsbedingungen einverstanden erklärte. Kannte der Vertragspartner die Klausel oder mußte er trotz

---

1106 **Baumann** (1980), 551 f; **Weigel** (1989), 140 ff, 149 (sofern die Schriftformklausel nicht hervorgehoben plaziert ist).

1107 **Ulmer**, in: **Ulmer/Brandner/Hensen** (1993), § 3 AGB-G Rn. 3.
A. A. ***Soergel* - Stein, U.**, § 3 AGB-G Rn. 1 f.

1108 **Ulmer**, in: **Ulmer/Brandner/Hensen** (1993), § 3 AGB-G Rn. 4.

1109 **Locher** (1990), 50; ***Soergel* - Stein, U.**, § 3 AGB-G Rn. 3.

1110 BGH 12.10.1978 - VII ZR 139/75 - BGHZ 72, 222 ff, 225.
Löwe/von Westphalen/Trinkner (1977), § 3 AGB-G Rn. 10; **Ulmer**, in: **Ulmer/Brandner/Hensen** (1993), § 3 AGB-G Rn. 13; ***Münchener Kommentar* - Kötz**, § 3 AGB-G Rn. 2 ff, 8.

1111 **Ulmer**, in: **Ulmer/Brandner/Hensen** (1993), § 3 AGB-G Rn. 11.

erheblicher Ungewöhnlichkeit mit ihr rechnen, liegt keine überraschende Klausel vor.[1112]

Eine Klausel in Allgemeinen Geschäftsbedingungen ist nur dann überraschend, wenn zwischen ihrem Inhalt und den Erwartungen des Vertragspartners des Verwenders eine deutliche Diskrepanz besteht, wenn ihr ein Überrumpelungs- oder Übertölpelungseffekt innewohnt; es reicht demnach nicht aus, daß eine solche Klausel unüblich ist oder für den Vertragspartners des Verwenders unerwartet kommt.[1113]

Schriftformklauseln der hier zu untersuchenden Art mögen in einzelnen Fällen eine Besonderheit darstellen, sind aber schon wegen ihrer weiten Verbreitung keineswegs ungewöhnlich.[1114] Für die Bestimmung des § 3 AGB-Gesetz müßte es sich nämlich um mehr als nur eine Besonderheit handeln, bloße Unüblichkeit reicht auch nicht aus. Ein Indiz, daß solche Schriftformklauseln nicht überraschend sind, ist dem Gesetzestext selber zu entnehmen: § 3 AGB-Gesetz erwähnt als Maßstab für die Ungewöhnlichkeit der Klausel, mit der nicht zu rechnen ist, beispielhaft das äußere Erscheinungsbild des Vertrages. Dabei ist insbesondere an wichtige Bedingungen zu denken, die zwischen Nebensächlichem versteckt sind. Schriftformklauseln sind in der Regel nicht versteckt, sondern befinden sich üblicherweise am Vertragsende; sehr häufig als sogenannte Schlußbestimmung in der Nähe der Gerichtsstandsklausel, wobei auch das äußere Erscheinungsbild regelmäßig gegen die Annahme spricht, sie seien überraschend.[1115]

1112 **Stein, A.** (1977), § 3 AGB-G Rn. 7.
Vgl. auch vor Inkrafttreten des AGB-Gesetzes BGH 8.10.1975 - VIII ZR 81/74 - BB 1976, 157 ff, 158 re. Sp.

1113 ***Münchener Kommentar*** **- Kötz**, § 3 AGB-G Rn. 8.

1114 **Ulmer**, in: **Ulmer/Brandner/Hensen** (1993), § 3 AGB-G Rn. 16; **Wolf, M.**, in: **Wolf, M./Horn/Lindacher** (1989), § 9 AGB-G Rn. S 32; ***Soergel*** **- Stein, U.**, § 3 AGB-G Rn. 12.
Ungewöhnlich mögen allerdings Klauseln sein, die über das bloße Schriftformerfordernis hinaus Zusagen von Angestellten des Verwenders generell unter Bestätigungsvorbehalt stellen: BGH 25.2.1982 - VII ZR 268/81 - NJW 1982, 1389 f.

1115 In diesem Sinne zustimmend: **Weigel** (1989), 149.
A. A. **Stein, A.** (1977), § 3 AGB-G Rn. 4, der vor allem an solche Bedingungen denkt, mit denen nach dem gesamten Aufbau der Allgemeinen Geschäftsbedingungen und nach ihrer drucktechnischen Gestaltung in einem bestimmten Zusammenhang nicht gerechnet zu werden braucht, weil sie etwa über Vertragsabwicklungsfragen hinausgehen und wesentliche Fragen betreffen.

Aus all dem resultiert, daß die hier zu untersuchende Schriftformklausel nicht als überraschende im Sinne des § 3 AGB-Gesetz zu qualifizieren ist.

F. Die Unklarheitsregel (§ 5 AGB-Gesetz)

Für Schriftformklauseln und spätere Abreden ist im Rahmen der vorliegenden Abhandlung hinsichtlich der in § 5 AGB-Gesetz enthaltenen Unklarheitsregel zu klären, in welchem Verhältnis die Bestimmung des § 125 Satz 2 BGB [im Zweifel Nichtigkeit] zu derjenigen des § 5 AGB-Gesetz [im Zweifel zu Lasten des Verwenders] steht.

Unklarheit im Sinne von § 5 AGB-Gesetz bedeutet, daß trotz Berücksichtigung und Zuhilfenahme aller Auslegungshilfen der Sinn der in Frage stehenden Klausel nicht zu klären ist. Diese Unklarheitsregel beruht auf der Überlegung, denjenigen das Risiko etwaiger Unklarheiten einer Vertragsklausel tragen zu lassen, der ihre Formulierung veranlaßt hat. Voraussetzungen für die Anwendung dieser Regel sind das tatsächliche Bestehen einer Unklarheit über den Inhalt der verwendeten Klausel, also das Vorhandensein nicht behebbarer Zweifel auch bei Anwendung aller in Betracht kommender Auslegungsregeln, und die Tatsache, daß zumindest zwei Auslegungen rechtlich vertretbar sind. Demgegenüber hat die Bestimmung des § 125 Satz 2 BGB Zweifel in der Formgültigkeit zum Gegenstand, trifft also Bestimmungen über die Rechtsfolgen bei der Nichtbeachtung der vereinbarten Form; sie bezieht sich folglich nicht auf Zweifel, ob und mit welchem Inhalt Schriftform vereinbart worden ist, sondern auf Zweifel, ob bei vereinbarter Schriftform die Nichteinhaltung derselben zur Nichtigkeit führt. Bestehen Unklarheiten über den Inhalt der Schriftformklausel, so greift § 5 AGB-Gesetz ein; sind diese mit Hilfe jener behoben, gegebenenfalls § 125 Satz 2 BGB.

Es fällt schwer, sich einen Fall vorzustellen, in dem eine Schriftformklausel so unklar abgefaßt ist, daß § 5 AGB-Gesetz anzuwenden ist. Sollte ein solcher vorkommen, ist nach Maßgabe von § 5 AGB-

Gesetz ihr Inhalt klarzustellen.[1116] Erst wenn das geschehen ist, kommt gegebenenfalls die Bestimmung des § 125 Satz 2 BGB zur Anwendung. Deshalb stellt sich die Frage nicht, ob § 5 AGB-Gesetz den § 125 Satz 2 BGB verdrängt oder umgekehrt.

G. Die entgegen Treu und Glauben unangemessene Benachteiligung (§ 9 AGB-Gesetz)

Nachstehend ist zu prüfen, ob die Schriftformklausel eine unangemessene Benachteiligung für den Vertragspartner des Verwenders im Sinne von § 9 AGB-Gesetz mit sich bringt.[1117]

Nach § 9 Abs. 1 AGB-Gesetz sind Bestimmungen in Allgemeinen Geschäftsbedingungen unwirksam, wenn sie den Vertragspartner des Verwenders entgegen den Geboten von Treu und Glauben unangemessen benachteiligen; § 9 Abs. 2 AGB-Gesetz stellt für den Zweifelsfall Kriterien auf, wann eine unangemessene Benachteiligung besteht. Dabei handelt es sich um eine Generalklausel, die sowohl bei Verwendung gegenüber Kaufleuten als auch gegenüber Nichtkaufleuten gilt. Entscheidend ist, ob eine Schriftformklausel den Vertragspartner des Verwenders durch das Abschneiden der Berufung auf nicht-schriftlich getroffene Vereinbarungen unangemessen benachteiligt, bzw. im Verfahren gemäß §§ 13 ff AGB-Gesetz benachteiligen würde. Ob dem so ist, läßt sich nicht allgemein, sondern nur für die jeweils in Frage stehende Klausel beurteilen,[1118] was sich auch aus der Entstehungsgeschichte des AGB-Gesetzes ergibt.[1119]

1116 In der Formulierung "Änderungen und Ergänzungen zu diesem Vertrag" sah das OLG Düsseldorf im Urteil vom 15.11.1990 - 10 U 68/90 - NJW-RR 1991, 374 f, 375 li. Sp., eine Unklarheit hinsichtlich der Frage, ob mit dieser Klausel eine Vereinbarung auch über die Beendigung des Vertragsverhältnisses getroffen worden sei.

1117 Die Bestimmung des § 9 AGB-Gesetz wird durch das UN-Kaufrecht nicht außer Wirkung gesetzt: Art. 4 Satz 1 lit. a UN-Kaufrecht; **Piltz** (1991), Rn. 81.

1118 BGH 7.10.1981 - VIII ZR 229/80 - NJW 1982, 331 ff, 333 li. Sp. in fine = BB 1982, 146; BGH 28.4.1983 - VII ZR 246/82 - NJW 1983, 1853; BGH 31.10.1984 - VIII ZR 226/83 - NJW 1985, 320 ff, 322; inzidenter: BGH 26.11.1984 - VIII ZR 214/83 - BGHZ 93, 29 ff, 61 f; BGH 26.3.1986 - VIII 85/85 - NJW 1986, 1809 ff, 1810 re. Sp.; BGH 15.5.1991 - VIII ZR 38/90 - NJW 1991, 1750 ff, 1751 re. Sp.

1119 So ausdrücklich BGH 31.10.1984 - VIII ZR 226/83 - NJW 1985, 320 ff, 321 f.

Dieses sieht zwei Wege vor, eine in Allgemeinen Geschäftsbedingungen enthaltene Schriftformklausel zu überprüfen: Einmal in einem konkreten Rechtsfall als richterliche Inzidentkontrolle von Allgemeinen Geschäftsbedingungen - zum anderen im Rahmen der Verbandsklage nach § 13 AGB-Gesetz.[1120] Im Verfahren nach § 13 AGB-Gesetz hat eine generalisierende und von den Umständen des Einzelfalles losgelöste Prüfung stattzufinden, die Ähnlichkeiten mit der abstrakten Normenkontrolle aufweist. Für eine Prüfung nach § 13 AGB-Gesetz ist mithin nicht maßgeblich, ob die beanstandete Klausel in einem konkreten Einzelfall nach §§ 2 - 5 AGB-Gesetz überhaupt Vertragsbestandteil geworden ist oder werden kann: Die Prüfung hat sich allein mit dem Inhalt der Klausel und ihrer Vereinbarkeit mit den Bestimmungen der §§ 9 - 11 AGB-Gesetz zu befassen. Sinn und Zweck der Verbandsklage ist ein präventiver Schutz: Es soll verhindert werden, daß allgemein aufgestellte Vertragsbedingungen in den Rechtsverkehr gelangen, die nach §§ 9 - 11 AGB-Gesetz unwirksam wären und dadurch geeignet sind, den Rechtsverkehr zum Nachteil der Vertragspartner des Verwenders ernsthaft zu beeinträchtigen.

I. Die Bestimmung des § 9 Abs. 1 AGB-Gesetz

Bestimmungen in Allgemeinen Geschäftsbedingungen, die den Vertragspartner des Verwenders entgegen den Geboten von Treu und Glauben unangemessen benachteiligen, sind gemäß § 9 Abs. 1 AGB-Gesetz unwirksam.

In der Rechtsprechung sowie im rechtswissenschaftlichen Schrifttum wird vorgebracht, gemäß der Bestimmung des § 4 AGB-Gesetz hätten individuelle Vertragsabreden ohne Rücksicht auf die Form, in der sie getroffen werden, Vorrang vor Bestimmungen in Allgemeinen Geschäftsbedingungen; Schriftformklauseln seien deshalb absolut wirkungslos, ihre Aufnahme in Allgemeinen Geschäftsbedingungen gebe die Rechtslage unrichtig wieder, mit der Folge, daß der Vertragspartner vorprozessual unangemessen benachteiligt werde,

---

1120 Vgl. OLG Karlsruhe 17.1.1980 - 12 U 111/79 - NJW 1981, 405 ff.
Das Verhältnis beider Maßstäbe zueinander ist umstritten: vgl. LG München 26.6.1980 - 7 O 4591/80 (nicht publiziert); OLG Karlsruhe 17.1.1980 - 12 U 111/79 - NJW 1981, 405 ff; **Hensen**, in: **Ulmer/Brandner/Hensen** (1993), § 13 Rn. 7.

wenn er sich an die Schriftformklausel gebunden halte.[1121] Mit den Ausführungen zu der Bestimmung des § 4 AGB-Gesetz ist dieser Ansicht entschieden zu widersprechen. Schriftformklauseln stellen wirksame Formbestimmungen im Sinne von §§ 125 Satz 2, 127 BGB dar mit der Folge, daß spätere formlose Abreden im Zweifel nicht als wirksame Individualvereinbarungen im Sinne von § 4 AGB-Gesetz zu qualifizieren sind, weshalb letztere Bestimmung und das in ihr enthaltene funktionelle Rangverhältnis nicht zum Zuge kommen.

Die Entscheidung des Bundesgerichtshofs vom 31.10.1984[1122] ist - gemessen an seiner früheren[1123] als auch an seiner späteren Rechtsprechung[1124] - etwas überraschend. Der Bundesgerichtshof stellt nämlich nicht klar, ob er nur den Vertragsabschluß oder zugleich eine spätere Vertragsänderung berücksichtigt hat. Obzwar letzteres wohl gemeint ist, spricht die Wortwahl des obersten Zivilgerichts eher für ersteres: Lieferzeit, Zahlungsweise oder Eigenschaften der bestellten Möbelstücke betreffen üblicherweise Einigungspunkte bei Vertragsabschluß. Auch wird nicht mehr differenziert, ob die Schriftformklausel in Austauschverträgen oder in Dauerrechtsverhältnissen enthalten ist.
Stellt man dieser Entscheidung die andere angeführte Entscheidung des Bundesgerichtshofs aus dem Jahre 1984 gegenüber, so erklärt die Entscheidung vom 31.10.1984[1125] eine Schriftformklausel für unwirksam, deren Wirksamkeit das kurz darauf folgende Urteil vom 26.11.1984[1126] keinesfalls in Frage stellen möchte: In letzterem Fall beanstandete der Bundesgerichtshof die Schriftformklausel[1127] nur

1121 BGH 31.10.1984 - VIII ZR 226/83 - NJW 1985, 320 ff, 321 f; OLG Bamberg 11.12.1979 - 5 U 140/79 (nicht publiziert); **Teske** (1990), 283 ff; **Weigel** (1989), 180, 202; **Geldsetzer** (1993), 132.

1122 BGH 31.10.1984 - VIII ZR 226/83 - NJW 1985, 320 ff, 321 f; vgl. § 7 A.

1123 BGH 26.11.1980 - VIII ZR 298/79 - BB 1981, 266 f.

1124 BGH 26.11.1984 - VIII ZR 214/83 - BGHZ 93, 29 ff, 61 f.

1125 BGH 31.10.1984 - VIII ZR 226/83 - NJW 1985, 320 ff, 321 f.

1126 BGH 26.11.1984 - VIII ZR 214/83 - BGHZ 93, 29 ff, 61 f.

1127 "Vereinbarungen der Parteien, die einen der in diesem Vertrag geregelten Gegenstände betreffen, und Änderungen, Ergänzungen (mit Ausnahme der im Vertragsvordruck vorgesehenen Einfügungen) oder Streichungen einer vorgedruckten Passage dieses Vertrages sind nur wirksam, wenn sie in einer schriftlichen Vereinbarung bestätigt werden, die gemäß § 7 dieses Vertrages ausgefertigt ist." Durch die Verweisung auf diesen § 7 wird für die Wirksamkeit von Vertragsänderungen oder -ergänzungen die Unterzeichnung durch sämtliche maßgeblichen Geschäftsführer des Vertragshändlerunternehmens sowie durch zwei bevollmächtigte Vertreter der Fahrzeugherstellers verlangt.

wegen des in ihr enthaltenen Zusatzes einer besonderen Vertretungsregelung. Nach dieser Klausel bedurften Vertragsänderungen oder -ergänzungen der Unterschrift sämtlicher maßgeblicher Geschäftsführer des Vertragshändlers sowie zweier bevollmächtigter Vertreter des Fahrzeugherstellers selbst dann, wenn der ursprüngliche Vertrag für jede Vertragspartei nur von einer Person abgeschlossen worden war, die alleinvertretungsberechtigt war. Der Bundesgerichtshof argumentierte, diese Klausel führe zu einer Beschränkung der Vertretungsmacht gerade dort, wo deren gesetzliche Voraussetzungen erfüllt seien. Sie habe zur Folge, daß der Vertragshändler auf die Gültigkeit schriftlicher Vereinbarungen mit einem alleinvertretungsberechtigten Bevollmächtigten des Fahrzeugherstellers nicht vertrauen könne, was ihn in unangemessener Weise benachteilige. Der Bundesgerichtshof hat somit in dieser Entscheidung eine Schriftformklausel der hier zu untersuchenden Art nicht gemäß § 9 AGB-Gesetz für unwirksam erklärt, sondern ist von deren Wirksamkeit ausgegangen.

Die Begründung des Bundesgerichtshofs in der Entscheidung vom 31.10.1984[1128], durch die Schriftformklausel könne der Kunde von der Durchsetzung ihm zustehender Rechte abgehalten werden,[1129] reflektiert das Dilemma, in das sich Teile der Rechtsprechung sowie des rechtswissenschaftlichen Schrifttums hineinmanövriert haben, indem sie bereits mit Blick auf die Bedeutung und Wirkung der Schriftformklausel in Individualvereinbarungen sich nicht de profundis mit der Bestimmung des § 125 Satz 2 BGB auseinandergesetzt haben. Der Bundesgerichtshof greift aus den zahlreichen in Rechtsprechung und Rechtslehre vertretenen Auffassungen zur formlosen Außerkraftsetzung der Schriftformklausel die ihm genehme heraus und erklärt diese, gleichsam ex cathedra, für die Rechtslage schlechthin, und zwar in schlichter Wiedergabe der von ihm in einer Entscheidung vom 26.11.1980[1130] gegebenen Begründung, nach der die Schriftformklausel bei formlosen Änderungsabsprachen eo ipso wegfällt[1131]; der 8. Zivilsenat des Bundesgerichtshofs tut dies, ohne diesen Satz gegenüber einigen seiner früheren Entscheidungen

---

1128 BGH 31.10.1984 - VIII ZR 226/83 - NJW 1985, 320 ff, 321 f.

1129 Hinsichtlich einer anderslautenden, hier nicht abzuhandelnden Formklausel formuliert der 8. Zivilsenat des Bundesgerichtshofs gleich im Urteil BGH 15.5.1991 - VIII ZR 38/90 - NJW 1991, 1750 ff, 1751 in fine.

1130 BGH 26.11.1980 - VIII ZR 298/79 - BB 1981, 266 f; vgl. § 7 A.

1131 Zur Kritik dieser Entscheidung vgl. § 7 D III.

abzugrenzen.[1132] Als Folge leistet diese Rechtsprechung der Überlegung Vorschub, das Schriftlichkeitserfordernis für spätere Abreden benachteilige den Vertragspartner des Verwenders unangemessen.

Besonders eindrücklich wird diese Entwicklung, zieht man die Rechtsprechung zu Klauseln heran, die eine schriftliche Bestätigung des Verwenders postulieren.[1133] Bei solchen Klauseln wird in der Rechtsprechung angenommen, dieses Erfordernis schriftlicher Bestätigung verstoße gegen die Bestimmung des § 9 AGB-Gesetz.[1134] Dies liegt in der Tat nahe, wenn man von dem Standpunkt ausgeht, die spätere formlose Abrede sei entgegen der Bestätigungsklausel wirksam. Nach bereits erfolgter Vereinbarung zusätzlich die schriftliche Bestätigung einer Vertragspartei, und zwar des Verwenders - der vielleicht bei der Änderung, Ergänzung oder Aufhebung vertreten wurde - fordern zu wollen, erscheint nicht nur lästig, sondern führt möglicherweise dazu, daß dessen Vertragspartner im Sinne von § 9 AGB-Gesetz unangemessen benachteiligt ist.
Nimmt man aber den gegenteiligen Standpunkt ein, daß also die Bestätigungsklausel der Wirksamkeit einer formlosen späteren Absprache entgegensteht, so ist im Grundsatz ein Verstoß gegen § 9 AGB-Gesetz nicht ersichtlich. In einem Verfahren nach den §§ 13 ff AGB-Gesetz hat das Kammergericht letzteren Standpunkt in einer Entscheidung vom 10.1.1990[1135] eingenommen und in ihr die verfehlte Begründung der überwiegenden Rechtsprechung offengelegt. Die Urteilsbegründung zeigt, daß das Kammergericht aufgrund einer Bewertung der Zwecke, die mit der in Bausparverträgen enthaltenen

---

1132 BGH 26.10.1966 - VIII ZR 173/65 - WM 1966, 1335; BGH 20.3.1967 - VIII ZR 199/64 (nicht publiziert); BGH 2.7.1975 - VIII ZR 223/73 - NJW 1975, 1653 ff. Überdies stützt die vom 8. Zivilsenat des Bundesgerichtshofs zitierte Entscheidung BGH 11.10.1967 - VIII ZR 76/65 - NJW 1968, 32 seine Begründung nicht, denn letztere Entscheidung betrifft den Vertragsabschluß.

1133 Sogenannte Bestätigungsklauseln; zur Abgrenzung vgl. § 1.

1134 BGH 26.3.1986 - VIII ZR 85/85 - NJW 1986, 1809 ff; BGH 26.11.1984 - VIII ZR 214/83 - BGHZ 93, 29 ff, 61 f; OLG Karlsruhe 17.1.1980 - 12 U 111/79 - NJW 1981, 405 ff: Die Klausel, andere als die im Vertrag schriftlich festgelegten Vereinbarungen, insbesondere schriftliche Abmachungen, hätten ohne schriftliche Bestätigung keine Gültigkeit, halte einer Überprüfung nach § 9 Abs. 1 AGB-Gesetz nicht stand. Diese Klausel schließe nämlich die Wirksamkeit mündlicher Abreden völlig aus, wobei es im Ergebnis gleichgültig sei, ob die Wirksamkeit mündlicher Abreden schlechterdings ausgeschlossen oder von einer schriftlichen Bestätigung abhängig gemacht werde.
Weitere Entscheidungen abgedruckt bei ***Bunte*** Bd. 6, § 9 Rn. 123 ff; Bd. 5, § 9 Rn. 126 ff; Bd. 4, § 9 Rn. 105 ff; Bd. 3, § 9 Rn. 86 ff.

1135 KG 10.1.1990 - 23 U 5932/88 - NJW-RR 1990, 544 f.

Bestätigungsklausel von der Bausparkasse verfolgt wurden, zu diesem Ergebnis kommt: Es hat, ohne dies allerdings klar auszusprechen, die Zwecke der Inhaltsklarheit, der Erkennbarkeit für Dritte und des Schutzes vor Übereilung für ausschlaggebend erachtet und der Bestätigungsklausel folgerichtig konstitutive Natur beigemessen. Die Bestätigungsklausel diene dem legitimen Interesse der Bausparkasse, zu gewährleisten, daß Verträge ausschließlich auf der Grundlage der Allgemeinen Geschäftsbedingungen und schriftlich fixierter, vom Vorstand der Bausparkasse kontrollierter Individualabreden getroffen werden. Der einzelne Bausparer könne nicht erwarten, daß ihm mündlich Sonderbedingungen verbindlich zugestanden werden. Diese Entscheidung bestätigt: Die Bestätigungsklausel ist eine Formvorschrift im Sinne von §§ 125, 127 BGB, mit der Folge, daß formlose Absprachen gemäß § 125 Satz 2 BGB im Zweifel nichtig sind.

Die Begründung des Bundesgerichtshofs in der Entscheidung vom 31.10.1984[1136], die Schriftformklausel enthalte eine in der Sache nicht immer zutreffende Darstellung der Rechtslage, wirft die Frage auf, ob das oberste Zivilgericht sein Verdikt über ihre Bedeutung und Wirkung etwa deshalb gefällt habe, um nicht durch die Bestimmung des § 8 AGB-Gesetz an der Feststellung der Unwirksamkeit der in casu zu beurteilenden Schriftformklausel gehindert zu sein. Im Verfahren nach den §§ 13 ff AGB-Gesetz geht es nicht um einen Einzelfall, sondern um den Rechtsverkehr, der allgemein von der Verwendung unangemessener Klauseln freigehalten werden soll;[1137] deshalb kann die Prüfung der Angemessenheit der Vertragsgestaltung durch den AGB-Verwender immer nur generell, also nur in bezug auf die abbedungene gesetzliche Regelung oder ihre Ergänzung erfolgen (§ 8 AGB-Gesetz).[1138] Die Ergebnisse vorliegender Abhandlung sprechen dafür, diese Frage zu bejahen. Die Vereinbarung einer Schriftformklausel, welche die Wirksamkeit späterer Änderungen an die Beachtung der Schriftform knüpft, steht völlig in Übereinstimmung mit den allgemeinen Rechtsvorschriften im Sinne von § 8 AGB-Gesetz: § 125 Satz 2 i. V. m. §§ 305, 241 BGB; denn unter Rechtsvorschriften gemäß § 8 AGB-Gesetz ist alles zu verstehen, was Gesetz im formellen Sinn ist[1139]. Bei dieser Prüfung ist

---

1136 BGH 31.10.1984 - VIII ZR 226/83 - NJW 1985, 320 ff, 321 f; vgl. § 7 A.
1137 BGH 28.1.1981 - VIII ZR 165/79 - NJW 1981, 979 f, 980 li. Sp. m. w. N.
1138 BGH 6.11.1981 - I ZR 178/79 - BB 1982, 460 f, 461 li. Sp.
1139 **Graba**, in: **Schlosser, P./Coester-Waltjen/Graba** (1977), § 8 Rn. 2.

freilich stets zu fragen, ob die in einem AGB-Text wiederholte gesetzliche Regelung wirklich von sich aus Rechte und Pflichten der Vertragsparteien begründet oder diesen nur einen Regelungsspielraum zuweist;[1140] dabei ist im letzteren Fall nicht gesagt, daß dieser auch durch Allgemeine Geschäftsbedingungen ausgefüllt werden kann.
Die hier einschlägige Regelung des § 125 Satz 2 BGB eröffnet den Vertragsparteien lediglich einen zur Ausschöpfung freigestellten Regelungsspielraum, sich im Sinne eines gewillkürten Formzwanges binden zu können. Die Bestimmung des § 8 AGB-Gesetz steht daher einer Überprüfung der Schriftformklausel gemäß § 9 AGB-Gesetz nicht entgegen, und es ist deshalb zu fragen, ob diese einer Überprüfung gemäß § 9 AGB-Gesetz standhält.
Bei der Auseinandersetzung mit dem Gesetzgebungsverfahren zum AGB-Gesetz hat sich gezeigt, daß man sich dort an keiner Stelle speziell damit befaßt hat, ob die spätere Abänderung, Ergänzung oder Aufhebung eines Vertrages, der eine Schriftformklausel enthält, der Schriftform bedarf. Wie ausgeführt, fallen Schriftformklauseln der hier zu untersuchenden Art nicht unter die Bestimmungen der §§ 3 - 5 AGB-Gesetz, denn sie sind für sich gesehen nicht unklar, ungewöhnlich oder durch formlose individuelle Abreden außer Wirkung gesetzt. Solche Klauseln scheitern auch nicht an § 9 AGB-Gesetz:[1141] Schriftformklauseln im allgemeinen wurden nicht in den

---

1140 **Graba**, in: **Schlosser, P./Coester-Waltjen/Graba** (1977), § 8 Rn. 8.

1141 Zum Werdegang dieser Bestimmung:
§ 6 Ref. E I/Juni 1974: [Grundsatz des angemessenen Interessenausgleichs]
Allgemeine Geschäftsbedingungen sind nur wirksam, wenn sie unter Berücksichtigung des gesamten Vertragsinhalts die beiderseitigen Interessen angemessen ausgleichen.
Allgemeine Geschäftsbedingungen sind stets unwirksam, wenn
1. der Gerechtigkeitsgehalt allgemeiner oder besonderer gesetzlicher Regelungen, von denen abgewichen wird, wesentlich verletzt ist oder
2. wesentliche Rechte oder Pflichten, die sich aus der Natur des Vertrages oder aus seinem von der Verkehrsanschauung geprägten Leitbild ergeben, so eingeschränkt werden, daß die Erreichung des Vertragszwecks gefährdet ist.

§ 7 E-BACDJ/31.7.1974 (unter der Überschrift: Unwirksame Klauseln): [Generalklausel]
Bestimmungen in AGB sind unwirksam, wenn sie demjenigen, der sie dem Vertrag zu Grunde gelegt hat, entgegen den Anforderungen, die Treu und Glauben mit Rücksicht auf die Verkehrssitte an die ausreichende Berücksichtigung auch der Interessen des anderen Vertragspartners stellen, einen unangemessenen Vorteil verschaffen sollen.
Die Unwirksamkeit einer Bestimmung wird vermutet, wenn sie mit wesentlichen Grundsätzen der gesetzlichen Regelung, die abbedungen werden soll, oder bei gesetzlich nicht geregelten Vertragsgestaltungen mit von der Verkehrsan-

Katalog der speziellen Klauselverbote der §§ 10 f AGB-Gesetz aufgenommen. Daraus, daß § 10 Ziff. 17 Ref. E II/März 1975 bzw. § 9 Nr. 17 Reg. E/6.8.1975 nicht ins AGB-Gesetz aufgenommen wurden, kann zwar nicht geschlossen werden, § 9 AGB-Gesetz käme bei Schriftformklauseln nicht in Betracht, mit der Folge, daß auch unter diesem Gesichtspunkt Schriftformklauseln als stets zulässig und wirksam hingenommen werden müßten.[1142] Weil dem Verbotskatalog die Vorstellung zugrunde lag, daß alle Klauseln von praktischer Bedeutung erfaßt und die erfahrungsgemäß für unangemessene Allgemeine Geschäftbedingungen typischen Einbruchstellen des bürgerlichen Vertragsrechts damit abgesichert seien,[1143] wirkt diese Nichtaufnahme immerhin als Indiz für die Wirksamkeit der Schriftformklausel. Berücksichtigt man die vom Gesetzgeber mit dem AGB-Gesetz verfolgte Zweckbestimmung, so ist gar nicht zu erwarten, daß dieses eine Aussage zu der hier zu untersuchenden Schriftformklausel macht:[1144] Sein Zweck geht nämlich dahin, den unerfahreneren oder schwächeren Vertragspartner gegenüber dem

---

schauung entwickelten Rechtsgrundsätzen nicht zu vereinbaren ist. Diese Vermutung gilt nicht, wenn die Partei für die Bestimmung triftige Gründe nachweist, die nicht lediglich auf ihrem Interesse beruhen.

§ 9 AGB-Gesetz: [Generalklausel]

Bestimmungen in Allgemeinen Geschäftsbedingungen sind unwirksam, wenn sie den Vertragspartner des Verwenders entgegen den Geboten von Treu und Glauben unangemessen benachteiligen.

Eine unangemessene Benachteiligung ist im Zweifel anzunehmen, wenn eine Bestimmung

1. mit wesentlichen Grundgedanken der gesetzlicher Regelung, von der abgewichen wird, nicht zu vereinbaren ist, oder
2. wesentliche Rechte oder Pflichten, die sich aus der Natur des Vertrages ergeben, so einschränkt, daß die Erreichung des Vertragszwecks gefährdet ist.

1142 **Ulmer**, in: **Ulmer/Brandner/Hensen** (1993), Anh. §§ 9 - 11 Rn. 627 m. w. N. Vgl. OLG Bamberg 11.12.1979 - 5 U 140/79 (nicht publiziert), das ausführt, mit der Streichung von § 9 Nr. 17 des Entwurfs habe der Gesetzgeber nicht zum Ausdruck bringen wollen, der Ausschluß mündlicher Nebenabreden durch Allgemeine Geschäftsbedingungen solle generell zugelassen werden, da dies die Rechtsprechung hindern könnte, der mißbräuchlichen Berufung auf Schriftformklauseln zu begegnen.

1143 **Bunte** (1982), 44.

1144 Vgl. OLG Karlsruhe 17.1.1980 - 12 U 111/79 - NJW 1981, 405 ff, das ausführt, das AGB-Gesetz enthalte keine Entscheidung darüber, ob Schriftformklausel in Allgemeinen Geschäftsbedingungen grundsätzlich zulässig seien oder nicht; der Gesetzgeber habe die Entscheidung hierüber der Rechtsprechung überlassen, weshalb sich Rückschlüsse auf die Vereinbarkeit von Schriftformklauseln mit § 9 AGB-G nicht aus weiteren Regelungen des ABG-Gesetzes gewinnen ließen.

stärkeren oder erfahreneren zu schützen und Ungewißheiten auf der Kundenseite auszuschließen (Zweck des Verbraucherschutzes).[1145] Indessen kann eine Schriftformklausel nicht von einem stärkeren oder erfahreneren Vertragspartner zum Nachteil des schwächeren oder unerfahreneren genutzt werden. Für den Geschäftsunerfahrenen, Schutzwürdigen ist eine Schriftformklausel nämlich niemals nachteilig,[1146] weil Formvorschriften gerade "nicht-rechtskundige" Personen schützen.[1147] Der Umstand, daß für die nachträgliche Abänderung, Ergänzung oder Aufhebung die Schriftform erforderlich ist, ist für ihn nicht schädlich - allenfalls lästig; dies aber keinesfalls in größerem Maße für den Geschäftsunerfahrenen als für den Verwender. Die Lästigkeit liegt für den Vertragspartner des Verwenders darin, daß die Abänderung, Ergänzung oder Aufhebung schriftlich erfolgen muß - dem stehen Klarheit und erhöhte Rechtssicherheit als Vorteile gegenüber. Die Abwägung ergibt, daß die Lästigkeit nicht einer unangemessenen Benachteiligung gleichgesetzt wurde.
Bei einer in Allgemeinen Geschäftsbedingungen enthaltenen Schriftformklausel haben die Parteien hinsichtlich späterer Abreden überdies im Regelfall genügend Zeit, von dieser Kenntnis zu nehmen, da sie Vertragsbestandteil geworden ist. Zum Zeitpunkt ihrer Vereinbarung ist sie neutral: Es kann nicht vorausgesehen werden, ob diese Klausel je aktuelle Bedeutung erlangt, und gegebenenfalls, ob sich dies für eine der Parteien vorteilhaft oder nachteilig auswirkt. Sie dient den berechtigten Interessen beider Vertragsparteien.[1148] Wer einen Vertrag, der eine auf längere Zeit angelegte Verpflichtung schafft, schriftlich abschließt, denkt im Zeitpunkt des Vertragsabschlusses üblicherweise daran, diese später auch schriftlich abzuändern, zu ergänzen oder aufzuheben, sollte ein solcher Fall je aktuell werden.
Vorstehende Überlegungen sind selbst aus einseitiger Sicht des Vertragspartners des Verwenders, des Verbrauchers, nicht zu pauschal, denn das AGB-Gesetz hat nicht zum Ziel, Vertragsparteien zu ermöglichen, Verträge sorglos oder leichtsinnig abzuschließen; es hat hingegen das Ziel, unangemessenen Benachteiligungen des Verbrauchers von einigem Gewicht einen Riegel vorzuschieben.[1149] Die

---

1145 Ref. E I/Juni 1974, 2 f.
1146 OLG Frankfurt a. M. 12.6.1980 - 6 U 185/79 - BB 1980, 1550 ff, bestätigt von BGH 7.10.1981 - VIII ZR 229/80 - BB 1982, 2136 ff.
1147 **Henle** (1924), 726.
1148 **Wolf, M.**, in: **Wolf, M./Horn/Lindacher** (1989), § 9 AGB-G Rn. S 34.
1149 **Palandt/Heinrichs** (1993), AGB-G § 9 Rn. 7.

Bestimmung des § 9 AGB-Gesetz zieht nämlich die Folgerung aus der bei Allgemeinen Geschäftsbedingungen typischerweise gegebenen einseitigen Inanspruchnahme der Gestaltungsfreiheit, welche die Selbstbestimmung des Vertragspartners des Verwenders beeinträchtigen könnte,[1150] indem sie gegenüber dem allgemeinen Vertragsrecht einen verschärften Maßstab der Inhaltskontrolle vorsieht (Kontrollfunktion). Die Bestimmung des § 9 AGB-Gesetz geht damit für den Bereich von Verträgen, die Allgemeinen Geschäftsbedingungen unterworfen sind, über den Maßstab der Inhaltskontrolle hinaus, wie ihn Rechtsprechung und Rechtslehre zu Individualvereinbarungen aus § 242 BGB entwickelt haben, und zwar im Sinne eines engeren, stärker eingreifenden Maßstabes.
Schriftformklauseln der in vorliegender Abhandlung zu untersuchenden Art beeinträchtigen indessen die Selbstbestimmung des Vertragspartners des Verwenders, des Verbrauchers, nicht - weder angemessen noch unangemessen: sie sind neutral. Wäre dem nicht so, würden bereits grundsätzliche, auf der Wertung des Gesetzes beruhende Bedenken[1151] solchen Schriftformklauseln die Rechtswirkung versagen. Somit verstoßen sie auch nicht gegen die Bestimmung des § 9 AGB-Gesetz. Ein Verstoß könnte aber sehr wohl bei Formklauseln vorliegen, die den Vertragsabschluß im Auge haben, weil dort der Verbraucher möglicherweise unangemessen benachteiligt sein könnte, wenn man einer solchen gegenüber vor oder bei Vertragsabschluß getroffenen mündlichen Abreden den Vorrang einräumte;[1152] dies hat der Bundesgerichtshof in seiner Entscheidung vom 31.10.1984[1153] verkannt.

Fraglich ist indessen, ob die Schriftformklausel, dadurch daß sie in Allgemeinen Geschäftsbedingungen enthalten ist, gegen die Bestimmung des § 242 BGB verstößt. Zur Beantwortung dieser Frage muß geklärt werden, inwieweit die in § 242 BGB enthaltenen Bestimmungen neben denen des § 9 AGB-Gesetz überhaupt Anwendung finden. Nach den im rechtswissenschaftlichen Schrifttum vorherrschenden Ansichten hängt dies von der Funktion ab, die der Bestimmung des § 242 BGB zukommt. Die Bestimmung des § 9 AGB-Gesetz verdränge die allgemeinere Vorschrift des § 242 BGB als Instrument der Inhaltskontrolle mit der Folge der Unwirksamkeit

1150 **Wolf, M.**, in: **Wolf, M./Horn/Lindacher** (1989), § 9 AGB-G Rn. 2.
1151 §§ 137 Satz 1, 399 2. Alt. BGB, §§ 11 Nr. 2 und Nr. 10 lit. f AGB-G.
1152 Vgl. aber BGH 7.10.1981 - VIII ZR 229/80 - NJW 1982, 331 ff, 333.
1153 BGH 31.10.1984 - VIII ZR 226/83 - NJW 1985, 320 ff, 321 f.

treuwidriger Vereinbarungen; die Bestimmung des § 242 BGB greife hingegen als Instrument zur Verhinderung unzulässiger Rechtsausübung Platz.[1154] D. h., diese Bestimmung bleibt nur dann von Bedeutung, wenn die Rechtsausübung aus anderen als den vom AGB-Gesetz geregelten Gesichtspunkten - so dem Verbot des venire contra factum proprium - unzulässig ist.[1155] Für die Frage der Formbedürftigkeit späterer Abreden folgt hieraus, daß ein Rückgriff auf die Bestimmung des § 242 BGB im Rahmen der Inhaltskontrolle verfehlt ist.[1156]
Hinsichtlich der Frage, ob eine konkrete Rechtsausübung sonst mit § 242 BGB in Einklang steht, gilt das, was in diesem Kontext zu Individualvereinbarungen und Treu und Glauben ausgeführt wurde.[1157] Eine solche Unvereinbarkeit liegt beispielsweise dann vor, wenn die sorglose Vertragspartei vom Vertragspartner "hereingelegt" worden ist, indem dieser die Sorglosigkeit ausgenützt hat, daß beispielsweise zum Zeitpunkt einer Änderung nicht an die Schriftformklausel gedacht wurde. In einem solchen Fall ist durch das Rechtsinstitut des Verbots der unzulässigen Rechtsausübung wegen früheren Verhaltens dafür gesorgt, daß der treuwidrig handelnde Geschäftspartner sich auf die Formnichtigkeit der den Vertrag abändernden, ergänzenden oder aufhebenden Vereinbarung nicht berufen kann.

II. Die Bestimmung des § 9 Abs. 2 Nr. 1 AGB-Gesetz

Bestimmungen in Allgemeinen Geschäftsbedingungen sind gemäß § 9 Abs. 2 Nr. 1 AGB-Gesetz unwirksam, wenn sie mit den wesentlichen Grundgedanken der gesetzlichen Regelung, von der abgewichen wird, nicht zu vereinbaren sind. Unter gesetzlicher Regelung in § 9 Abs. 2 Nr. 1 AGB-Gesetz sind nicht nur Gesetze im formellen Sinn, sondern überdies die Rechtssätze zu verstehen, die im Wege der Auslegung, Analogie und Rechtsfortbildung von der

---

1154 **Wolf, M.**, in: **Wolf, M./Horn/Lindacher** (1989), § 9 AGB-G Rn. 24 ff; **Dietlein/Rebmann** (1976), § 9 AGB-G Rn. 2; **Graba**, in: **Schlosser, P./Coester-Waltjen/Graba** (1977), § 9 AGB-G Rn. 11; **Stein, A.** (1977), § 9 AGB-G Nr. 31; **Locher** (1990), 74 f.
A. A. **Fehl** (1979), 109.

1155 Singgemäß: **Locher** (1990), 75.

1156 **Gernhuber** (1991), 172; *Soergel* - **Stein, U.**, § 9 AGB-G Rn. 4.

1157 Vgl. § 6 A.

Rechtsprechung sowie dem rechtswissenschaftlichen Schrifttum entwickelt worden sind.[1158]
Vom Grundsatz der Formfreiheit (§§ 305, 241 BGB) wird durch die Schriftformklausel nicht im Sinne von § 9 Abs. 2 Nr. 1 AGB-Gesetz abgewichen.[1159] Die Formfreiheit umfaßt nämlich die Freiheit, eine Form zu wählen, wobei es sich aus den Bestimmungen der §§ 125 Satz 2, 127 BGB ausdrücklich ergibt, daß es dem Bürgerlichen Gesetzbuch völlig entspricht, einen Formzwang rechtsgeschäftlich zu vereinbaren.
Es wird vorgebracht, die gefestigte Praxis der Rechtsprechung und der Ansicht des rechtswissenschaftlichen Schrifttums, wonach eine Schriftformklausel durch spätere formlose Abreden abgestreift werden könne, habe zumindest zu einer materialen Auslegungsregel geführt, die im Sinne des § 9 Abs. 2 Nr. 1 AGB-Gesetz den wesentlichen Grundgedanken der gesetzlichen Regelung zuzurechnen sei.[1160]
Die begründeten Ergebnisse vorliegender Abhandlung widersprechen diesem Verständnis: Eine solche materiale Auslegungsregel liegt schon deshalb nicht vor, weil Rechtsprechung und rechtswissenschaftliches Schrifttum in der Behandlung der Frage einer Bindung der Vertragsparteien an die Schriftformklausel keineswegs einheitlich sind.[1161] Entscheidungen - von der des Oberlandesgerichts Braunschweig vom 27.10.1911[1162] kurz nach Inkrafttreten des Bürgerlichen Gesetzbuches über die des Bundesgerichtshofs vom 2.6.1976[1163] und vom 17.4.1991[1164] bis hin zu dem Beschluß des Bundesfinanzhofs vom 31.7.1991[1165] - zeigen, daß eine dahingehende materiale Auslegungsregel nicht entwickelt wurde. Desweiteren legen materiale Auslegungsregeln fest, was aus der Sicht des Gesetzgebers bzw. der Rechtsprechung eine die Interessen der Vertragsparteien - sofern diese privatautonom eine Bestimmung nicht getroffen haben - angemessen ausgleichende Regelung einer konkreten Sachfrage darstellt.[1166] Berücksichtigt man die Interessen

---

1158 **Teske** (1990), 271 in fine f; **Palandt/Heinrichs** (1993), AGB-G § 9 Rn. 19.
1159 **Teske** (1990), 272.
1160 **Teske** (1990), 273 ff, 275.
1161 Vgl. §§ 2 A I 2, 3; 3 E I.
1162 OLG Braunschweig 27.10.1911, I. Ziv. Sen. - ROLG 24, 355.
1163 BGH 2.6.1976 - VIII ZR 97/74 - BGHZ 66, 378 ff.
1164 BGH 17.4.1991 - XII ZR 15/90 - NJW-RR 1991, 1289 f.
1165 BFH 31.7.1991 - I S 1/91 - BStBl. II 1991, 933 f, 934 re. Sp.
1166 ***Münchener Kommentar*** - **Mayer-Maly**, § 133 Rn. 51 f; **Teske** (1990), 274.

der Vertragsparteien[1167] sowie die hartnäckige Faktizität der Schriftformklausel in der Praxis, die eine Bindung an und nicht eine Befreiung von der Form bezweckt, so würde dies sogar eher für die Annahme einer gegenteiligen materialen Auslegungsregel sprechen.
Ferner wird argumentiert, als Leitbild einer Inhaltskontrolle nach § 9 Abs. 2 Nr. 1 AGB-Gesetz sei die Bestimmung des § 4 AGB-Gesetz heranzuziehen, die der Verwendung von Schriftformklauseln in Allgemeinen Geschäftsbedingungen entgegenstehe, weil sie die Wirksamkeit und den Vorrang mündlicher Individualvereinbarungen beschränkten oder beseitigten; die Bestimmung des § 4 AGB-Gesetz sei nämlich im Sinne der Entwurfsbestimmung § 4 Ref. E I/Juni 1974 zu verstehen.[1168] Die Auslegung von § 4 AGB-Gesetz aus dieser nicht Gesetz gewordenen Entwurfsbestimmung ist fragwürdig. Nach dem Willen der Redaktoren des AGB-Gesetzes, die für eine Offenheit des Gesetzes in dieser Frage waren, sowie nach dem AGB-Gesetz selber ist davon auszugehen, daß zwischen Schriftformklauseln und den wesentlichen Grundgedanken von § 4 AGB-Gesetz keine Unvereinbarkeit im Sinne von § 9 Abs. 2 Nr. 1 AGB-Gesetz besteht.[1169]

III. Die Bestimmung des § 9 Abs. 2 Nr. 2 AGB-Gesetz

Bestimmungen in Allgemeinen Geschäftsbedingungen, welche die Hauptrechte und Hauptpflichten des Vertrages im Sinne von § 9 Abs. 2 Nr. 2 AGB-Gesetz aushöhlen, sind unwirksam. Einer Auffassung nach höhle eine Schriftformklausel die vertragswesentlichen Rechte und Pflichten dann aus, wenn sich die spätere formlose und wegen Verstoßes gegen die Schriftformklausel unwirksame Abrede auf diese vertragswesentlichen Rechte und Pflichten beziehe.[1170]
Die Schriftformklausel schreibt vor, in welcher Form der Vertrag geändert, ergänzt oder aufgehoben werden muß, um wirksam zu sein; die vertragswesentlichen Rechte und Pflichten selber werden durch die Formvorschrift nicht tangiert. Deren Einschränkung darin sehen zu wollen, daß die formlose Abrede nicht verbindlich ist, weil sie aufgrund des Mangels der Form unwirksam ist, ließe die von der Bestimmung des § 9 Abs. 2 Nr. 2 AGB-Gesetz gebotene Interessen-

1167 Vgl. § 1 C I, III.
1168 **Teske** (1990), 279 ff, 284.
1169 **Teske** (1990), 288 ff, 290.
1170 So wohl **Graba**, in: **Schlosser, P./Coester-Waltjen/Graba** (1977), § 9 AGB-G Rn. 117.

abwägung unberücksichtigt.[1171] Folgt man dieser Ansicht nicht, so sind jedenfalls keine Anhaltspunkte dafür ersichtlich, auf welche Art und Weise Schriftformklauseln die Erreichung des Vertragszwecks gefährden könnten. Schriftformklauseln sind Ausfluß der Vertragsfreiheit und die Rechtsordnung gestattet eine Bindung der Parteien an die Form (§§ 125 Satz 2, 127 BGB). Als Folge der mit ihnen verfolgten Zwecke sind sie gerade Garanten dafür, daß die vertragswesentlichen Rechte und Pflichten stets feststellbar sind. Sie gefährden nicht, sondern unterstützen das Erreichen des Vertragszwecks. Die Ansicht, daß Schriftformklauseln gegen die Bestimmung des § 9 Abs. 2 Nr. 2 AGB-Gesetz verstoßen, ist deshalb unrichtig.

Von daher ist weder der Entscheidung des Oberlandesgerichts Karlsruhe vom 17.1.1980[1172], noch *Brandner*[1173] oder *Graba*[1174] beizupflichten; denn die Schriftformklausel der in vorliegender Arbeit zu erörternden Art kommt, wie das Oberlandesgericht Frankfurt am Main mit Urteil vom 12.6.1980[1175] feststellt, auch dem Vertragspartner und nicht nur dem Verwender zugute. Wenn *Bunte*[1176] die neuere Rechtsprechung dahin zusammenfaßt, die Fassung der Schriftformklausel dürfe nicht dem von der früheren Rechtsprechung entwickelten Grundsatz, Schriftformklauseln könnten nachträglich durch mündliche Vereinbarung aufgehoben werden, widersprechen, so steht dem für hier zu untersuchende die Entscheidung des Bundesgerichtshofs vom 26.11.1980[1177] entgegen, in der die Klausel, Abänderungen, Ergänzungen oder die Aufhebung des Vertrages bedürften einer gesonderten schriftlichen Vereinbarung für zulässig erklärt wurde.[1178] Wie dargelegt, hat die frühere Rechtsprechung diesen von *Graba* so genannten Grundsatz bestenfalls ansatzweise entwickelt. Dies verkennt auch der Bundesgerichtshof in seinem Urteil vom 31.10.1984[1179], was wahrscheinlich darauf zurückzuführen ist, daß nicht scharf zwischen Abschlußklauseln einer- und Schriftformklauseln andererseits unterschieden wurde.

1171 **Teske** (1990), 292.

1172 OLG Karlsruhe 17.1.1980 - 12 U 111/79 - NJW 1981, 405 ff.

1173 **Ulmer**, in: **Ulmer/Brandner/Hensen** (1993), Anh. §§ 9-11 Rn. 634.

1174 **Graba**, in: **Schlosser, P./Coester-Waltjen/Graba** (1977), § 9 AGB-G Rn. 117.

1175 OLG Frankfurt a. M. 12.6.1980 - 6 U 185/79 - BB 1980, 1550 ff, 1551 f, bestätigt von BGH 7.10.1981 - VIII ZR 229/80 - BB 1982, 2136 ff.

1176 **Bunte** (1981), 40 f; ders. (1982), 66 f.

1177 BGH 26.11.1980 - VIII ZR 298/79 - BB 1981, 266 f.

1178 Vgl. die eine (einfache) Schriftformklausel nicht in Frage stellende Entscheidung BGH 26.11.1984 - VIII ZR 214/83 - BGHZ 93, 29 ff, 61 f.

1179 BGH 31.10.1984 - VIII ZR 226/83 - NJW 1985, 320 ff, 321 f.

Als Ergebnis ist festzuhalten, daß eine Schriftformklausel der hier zu untersuchenden sowie üblicherweise in Dauerrechtsverhältnissen verwendeten Art nicht per se unbillig im Sinne von § 9 AGB-Gesetz ist, da sie nicht eine unangemessene Benachteiligung für den Vertragspartner des Verwenders im Sinne von § 9 AGB-Gesetz mit sich bringt.

H. Keine Besonderheiten hinsichtlich konstitutiver Schriftformklauseln in Allgemeinen Geschäftsbedingungen

Die Untersuchung hat ergeben, daß die zu Schriftformklauseln in Individualvereinbarungen entwickelten Ergebnisse auch dann gelten, wenn es sich beim ursprünglichen Vertrag um einen handelt, dem Allgemeine Geschäftsbedingungen mit Schriftformklausel zugrunde gelegt wurden. Insbesondere hat das AGB-Gesetz nicht in die für Individualvereinbarungen dargelegte Rechtslage eingegriffen, und es erschwert darüber hinaus die dogmatische Bewältigung der Frage, warum die Parteien an den von ihnen vereinbarten Formzwang gebunden sind.[1180] Zwar haben nach § 4 AGB-Gesetz individuelle Vertragsabreden Vorrang vor Allgemeinen Geschäftsbedingungen; dies setzt jedoch voraus, daß die individuelle Vertragsabrede wirksam ist und zwar auch in formeller Hinsicht (§ 125 Satz 2 BGB). Letzteres ist bei einer formlosen Abänderung, Ergänzung oder Aufhebung eines Vertrages dann nicht der Fall, wenn nach ihm hierfür Schriftform vorgesehen und daher die formlose Abänderung, Ergänzung oder Aufhebung im Zweifel nichtig ist.

1180 Vgl. BGH 31.10.1984 - VIII ZR 226/83 - NJW 1985, 320 ff; vgl. § 7 A.

§ 8. Schweizerisches Recht

Bis heute besitzt die Schweiz keine dem deutschen AGB-Gesetz vergleichbare gesetzliche Regelung. Wegen des langwierigen und mit harter Interessenpolitik vermengten Gesetzgebungsverfahrens ist die Chance der praktisch-politischen Realisierbarkeit einer solchen Regelung mit ihrem besonderen Schutzgedanken eher aussichtslos.[1181]

A. Rechtsprechung

Es gibt zahlreiche Entscheidungen zum Fall, daß bei Abschluß eines Vertrages, dem Allgemeine Geschäftsbedingungen mit Schriftformklausel zugrunde gelegt worden waren, mündliche Nebenabreden getroffen wurden, die sich auf das Zustandekommen des Vertrages bezogen.[1182] Dabei gilt auf der Grundlage des Vertrauensgrundsatzes, daß AGB-Klauseln, die im Widerspruch zu Individualvereinbarungen stehen, für das in Frage stehende Rechtsverhältnis nicht wirksam werden.[1183]
Für den Fall später getroffener Änderungs-, Ergänzungs- oder Aufhebungsvereinbarungen ist keine Rechtsprechung auffindbar; es darf deshalb angenommen werden, dieser Fall werde nach den allgemeinen Grundsätzen beurteilt, die zu Individualvereinbarungen entwickelt worden sind. Auch ergibt sich aus der Bestimmung des Art. 27 ZGB keine Besonderheit, obgleich das daraus fließende Verbot,

---

1181 **Bauer** (1977), 30 f.
Für ein schweizerisches AGB-Gesetz: **Baudenbacher** (1987), 505 ff.

1182 Obergericht des Kantons Zürich 5.6.1969 - ZR 69 (1970), Nr. 96.

1183 BGE 51 II 230 ff; 70 II 212; 73 II 218; 81 II 350; 88 II 341; 101 II 339.
Nobel (1979), 304 f; **Merz** (1968), 137 ff; **Forstmoser** (1976), 18; **Nägeli** (1951), 293 ff; ***Zürcher Kommentar*** - **Jäggi**, Art. 1 Rn. 491 ff; **Schuler** (1978), 120 Fn. 28.

eine übermäßige Bindung einzugehen, gelegentlich bedeutsam wird;[1184] die Rechtsprechung hat diese Bestimmung aber bislang nicht auf Schriftformklauseln angewandt.[1185]

B. Rechtswissenschaftliches Schrifttum

Das rechtswissenschaftliche Schrifttum befaßt sich zum Großteil mit der Frage der Formbedürftigkeit mündlicher Abreden beim Vertragsabschluß[1186], nicht jedoch mit der späterer. Zu letzterem Fall nimmt *Schuler*[1187] unter schlichtem Bezug auf das Urteil des Bundesgerichtshofs vom 26.11.1964[1188] Stellung: Die Abänderung von Allgemeinen Geschäftsbedingungen unter Nichtbeachtung der Schriftformklausel stelle zugleich eine Aufhebung des Formvorbehalts durch contrarium actum dar. *Jäggi*[1189] bemerkt unter Bezugnahme auf *Raiser*[1190], sehe der vorgeformte Inhalt ausdrücklich vor, abweichende individuelle Abreden seien nur in bestimmter Form gültig, so spreche dies einzig dann gegen die Wirksamkeit einer in anderer Form getroffenen späteren Abrede, wenn zweifelhaft sei, ob es sich bei ihr überhaupt um eine verbindlich gemeinte Abrede handle; stehe dies dagegen fest, so sei anzunehmen, die Parteien hätten die vereinbarte Formvorschrift wieder aufgehoben: der individuell vereinbarte Inhalt sei alsdann gültig. *Forstmoser*[1191] argumentiert, auch durch mündliche Vereinbarung könne von schriftlich akzeptierten Allgemeinen Geschäftsbedingungen abgewichen werden, was allerdings nicht zu vermuten sei. Nach *Kramer*[1192] kann sich der Aufsteller der Allgemeinen Geschäftsbedingungen mit Schriftformklausel bei späteren formlosen Änderungsabreden nicht

---

1184 BGE 51 II 281 f; 67 II 131.
Forstmoser (1982), 43 Fn. 129, 44 ff.

1185 Inzidenter: **Giger** (1983), 72 ff.

1186 Vgl. **Giger** (1983), 67 f.; **Baudenbacher** (1987), 513; ***Obligationenrecht*** - **Bucher, E.**, Art. 1 OR Rn. 54.
Bemerkenswert ist, daß z. B. die aus dem Jahre 1992 stammende, thematisch einschlägige Monographie von *Furrer* Allgemeine Geschäftsbedingungen nicht einmal erwähnt.

1187 **Schuler** (1978), 122.

1188 BGH 26.11.1964 - VII ZR 111/63 - NJW 1965, 293; vgl. §§ 2 A I 2; 4 AB I 2 b.

1189 ***Zürcher Kommentar*** - **Jäggi**, Art. 1 Rn. 494.

1190 **Raiser** (1935), 235 f.

1191 **Forstmoser** (1976), 18.

1192 ***Berner Kommentar*** - **Kramer**, Art. 1 Rn. 213.

auf die Unwirksamkeit der mündlichen Änderungsabrede berufen; vielmehr sei sein Verhalten nach Treu und Glauben als konkludenter Verzicht auf den Formvorbehalt zu interpretieren.

Weder besteht Rechtsprechung noch hat das rechtswissenschaftliche Schrifttum - abgesehen von *Kramer* - eine eigenständige, auf schweizerischem Recht aufbauende Ansicht zu Bedeutung und Wirkung der Schriftformklausel in Allgemeinen Geschäftsbedingungen entwickelt; dies nicht zuletzt deshalb, weil lediglich der Vertragsabschluß erörtert wird. Obgleich *Kramer* nicht scharf zwischen Vertragsabschluß und späterer Änderung trennt und es zudem unklar bleibt, weshalb seine Darlegungen nur den Aufsteller der Allgemeinen Geschäftsbedingungen und nicht beide Vertragsparteien betreffen, so ist ihm jedoch in seinem Ansatz bei der Vorschrift über die formlose Aufhebung von Forderungen aus formpflichtigen Verträgen zuzustimmen, allerdings begrenzt auf singuläre Fälle (Art. 115 OR). *Kramer* hat indessen nicht den Erlaßvertrag nach Art. 115 OR vor Augen, sondern eine formlose Vertragsänderung und begründet deren Wirksamkeit aus dem Grundsatz von Treu und Glauben. In dieser Verallgemeinerung geht seine Ansicht zu weit: Die Verbindlichkeit der Schriftformklausel ergibt sich aus dieser in Verbindung mit Art. 16 Abs. 1 OR analog und geht bis an die Grenze von Treu und Glauben; dabei ist zu beachten, daß diese Grenze nicht stets, sondern nur in einzelnen Fällen überschritten wird.

Zusammenfassend ist zu bemerken, daß sich im schweizerischen Recht mit Blick auf Allgemeine Geschäftsbedingungen noch keine klare Grundlinie zur Frage der Formbedürftigkeit späterer Abreden entwickelt hat. Einstweilen kann man sich deshalb dem Argument von *Nobel*[1193] anschließen, die schweizerische Praxis werde auch in Zukunft dem deutschen AGB-Gesetz die gebührende Aufmerksamkeit zu schenken haben. Da das AGB-Gesetz aber zu Schriftformklauseln und späteren Abreden keine Aussage enthält, muß es für das schweizerische Recht bei dem zu Schriftformklauseln in Individualvereinbarungen Gesagten verbleiben; dies solange, bis Rechtsprechung und rechtswissenschaftliches Schrifttum eine Lösung aus Art. 16 OR analog in Verbindung mit den sich aus der Verwendung von Allgemeinen Geschäftsbedingungen ergebenden Besonderheiten - falls solche vorliegen sollten - entwickeln.

1193 **Nobel** (1979), 305; vgl. **Baudenbacher** (1987), 505 ff, 530 f.

SCHLUßBEMERKUNG

Nach einer kritischen, rechtsvergleichenden Übersicht und eingehender Untersuchung des deutschen Rechts wurde die jahrzehntelange Unsicherheit im Umgang mit Schriftformklauseln aufgezeigt. In auffälligem Kontrast dazu steht ihre gleichzeitig häufige Verwendung im Geschäftsleben - besonders bei Dauerrechtsverhältnissen -, wodurch ein unabdingbares Bedürfnis der Praxis offenkundig wird, wichtige Rechtsverhältnisse, die auf längere Zeit angelegt sind, durch Schriftformklauseln sicherer zu machen.

Rechtsprechung und Rechtslehre werden diesem Bedürfnis insgesamt betrachtet nicht gerecht. Sie anerkennen es zwar ausdrücklich, sind aber mehrheitlich überzeugt, der Grundsatz der Vertragsfreiheit (Privatautonomie) führe unausweichlich dazu, Vertragsparteien könnten die selbstgeschaffene Bindung an die gesetzlich nicht vorgesehene Schriftform jederzeit und formlos wieder abstreifen. Denn es komme lediglich auf ihre zeitlich letzte, ausdrückliche oder konkludente Vereinbarung an. Dies führt zu der paradoxen Situation, daß im Vertragsleben angestrebt wird, die mit der Schriftformklausel bezweckte Sicherheit *gegen* die Rechtsprechung zu erzwingen; man ist geneigt, von einer hartnäckigen Faktizität der Schriftformklausel in der Vertragspraxis zu sprechen. Zunehmend soll die Verbindlichkeit der Schriftformklausel durch gleichzeitige Vereinbarung eines verstärkenden Zusatzes erwirkt werden, z. B. dem, eine Befreiung von dem Schriftformerfordernis durch mündliche Vereinbarung sei unwirksam (sog. qualifizierte Schriftformklausel). Und zwar deshalb, weil Teile der Rechtsprechung - unter Zustimmung von Teilen des rechtswissenschaftlichen Schrifttums - eine solche Unterscheidung zwischen einfacher (ohne Zusatz) und qualifizierter Schriftformklausel (ergo, mit Zusatz) für rechtsrelevant erachten. Obzwar beide Klauseln dasselbe besagen, verhelfen neuere Entscheidungen der qualifizierten Schriftformklausel schlechtweg oder unter bestimmten Voraussetzungen zur Wirkung, d. h. sie nehmen grundsätzlich an, Vertragsparteien könnten durch Vereinbarung einer qualifizierten Schriftformklausel das Änderungsrechtsgeschäft formbedürftig machen. Die Argumentation einzelner dieser Entscheidungen - z. B. der Urteile des Bundesgerichtshofs vom 2.6.1976[1194] und vom 17.4.1991[1195] - unterstreichen die Unsicherheit, welche die Rechtsprechung kennzeichnet. Ob und inwieweit der Beschluß des Bundesfinanzhofs vom 31.7.1991[1196] die künftige Rechtsprechung nachhaltig beeinflussen wird, bleibt abzuwarten. Dort begründet der Bundesfinanzhof, Vertragsparteien könnten gemäß § 125 Satz 2 BGB in einem ersten Rechtsgeschäft ein späteres Änderungsrechtsgeschäft zu demselben formbedürftig machen, und zwar unabhängig von einer zwischenzeitlich erfolgten Meinungsänderung ihrerseits.

Ein diese Unsicherheit im Umgang mit Schriftformklauseln perpetuierendes Grundproblem liegt darin, daß oft nicht scharf zwischen der Abschlußklausel (Vollständigkeitsklausel), die den Abschluß des Vertrages, und der Schriftformklausel, die seine nachträgliche Abänderung, Ergänzung oder Aufhebung erfaßt, unterschieden wird. Ein weiteres Problem liegt darin, daß die Rechtslage vor Inkrafttreten des Bürgerlichen Gesetzbuches über die Jahre in Vergessenheit geriet. Vorher bedurfte nach Gemeinem Recht die spätere Abänderung eines Vertrages, der kraft Entschließung der Parteien zu seiner Wirksamkeit schriftlich abgeschlossen wurde, von Rechts wegen bzw. aufgrund partikularrechtlicher Vorschrift[1197] der Schriftform.[1198] Zwar gingen die Gesetzesredaktoren *von Kübel* und *Gebhard* noch mit dieser gemeinrechtlichen Sonde an die Materie heran: Mit dem Abstellen auf Rechtsgeschäfte statt auf obligatorische Verträge sowie auf Bestimmungen, die es zuließen, das Änderungsrechtsgeschäft formbedürftig zu machen - wie beispielsweise Art. 15 des vierten Entwurfs eines schweizerischen Obligationenrechts von 1879 - bereiteten sie aber den Boden dafür, die Einheit von ursprünglichem Vertrag und späterer Änderungsabsprache zu demselben zu verlassen. In den weiteren Gesetzesberatungen wurde diese Entwicklung vollzogen, mit der Folge, daß ab Inkrafttreten des

---

1194 BGH 2.6.1976 - VIII ZR 97/74 - BGHZ 66, 378 ff.

1195 BGH 17.4.1991 - XII ZR 15/90 - NJW-RR 1991, 1289 f.

1196 BFH 31.7.1991 - I S 1/91 - BStBl. II 1991, 933 f, 934 re. Sp.

1197 Mit Blick auf § 917 Zürcher PGB formulierte *Bluntschli* im Jahre 1855: "Nur die Schrift, nicht das Wort, entkräftet die Schrift" (**Bluntschli** (1855), § 917 PGB Anm. 1 in fine, 14).

1198 Nach *Dernburg* begründete gemäß Preußischem Allgemeinem Landrecht (I, 5 § 127 ALR) sogar die bloße Tatsache schriftlichen Vertragsabschlusses den Formzwang für das Aufhebungsrechtsgeschäft (**Dernburg** (1894), § 101, 211 m. w. N. in Fn. 3).

Bürgerlichen Gesetzbuches aufgrund der Bestimmung des § 125 Satz 2 BGB die spätere Änderung, Ergänzung oder Aufhebung von den Vertragsparteien formbedürftig gemacht werden konnte. Späterhin wurde oft die Bedeutung von § 125 Satz 2 BGB für diesen Zusammenhang verkannt, was seine Ursachen nicht nur in der mangelnden Berücksichtigung der Entstehungsgeschichte jener Vorschrift, sondern ebenso ihrer systematischen Stellung im Gesetz sowie ihrer ratio legis hat. Überaus häufig wird von der zu kurz greifenden Ansicht ausgegangen, eine Schriftformklausel könne nicht verbindlich sein, weil Vertragsparteien nicht autorisiert seien, sich selbst vertraglich zu binden. Dies ist nur im Ansatz und insofern richtig, als sie es zwar nicht aus eigener Kraft, sehr wohl aber mit Hilfe des Gesetzes tun können: und zwar deshalb, weil es ihre Bindungsabrede in § 125 Satz 2 BGB sanktioniert und gewährleistet. Nachdem heute Vertragsfreiheit gilt, wäre es kurios, könnten Vertragsparteien nicht kraft Privatwillkür das erreichen, was vormals von Rechts wegen galt, nämlich die Wirksamkeit des späteren Änderungsrechtsgeschäftes an die Beachtung der Schriftform zu knüpfen. *Medicus*[1199] trifft den Kern, wenn er in diesem Resultat nicht etwa eine Einschränkung, sondern im Gegenteil gerade die volle Anerkennung der Privatautonomie sieht, und der Beschluß des Bundesfinanzhofs vom 31.7.1991[1200] gibt Anlaß anzunehmen, die Rechtsprechung werde dieses Argument künftig berücksichtigen. Die dargelegten dogmatischen Mängel führten nur deswegen zu keiner größeren Rechtsunsicherheit, weil die getroffenen Entscheidungen und gewonnenen Ergebnisse trotz unhaltbarer Begründung vielfach richtig sind: Statt eines formnichtigen Abänderungs-, Ergänzungs- oder Aufhebungsvertrages ist gegebenenfalls über den Konversionsweg (§ 140 BGB) ein wirksamer (formfreier) Erlaßvertrag (§ 397 BGB) anzunehmen. Desweiteren führte öfters der die Vertragsbeziehung beherrschende Grundsatz von Treu und Glauben zu einer das Rechtsempfinden befriedigenden Entscheidung.

Wie sich gezeigt hat, können Vertragsparteien die Schriftformklausel im Rahmen und aufgrund der ihnen von der objektiven Rechtsordnung eingeräumten Gestaltungsbefugnis vereinbaren und die spätere Abänderung, Ergänzung oder Aufhebung formbedürftig machen. Die Bestimmung des § 125 Satz 2 BGB[1201] regelt die Ver-

---

1199 **Medicus** (1992), Rn. 643 in fine.

1200 BFH 31.7.1991 - I S 1/91 - BStBl. II 1991, 933 f, 934 re. Sp.

1201 Für das schweizerische Recht: Art. 16 Abs. 1 OR analog.

bindlichkeit einer gewillkürten Schriftform. Diese Bestimmung bindet die Parteien - im Zweifel - nach Wortlaut, Entstehungsgeschichte, Systematik sowie Sinn und Zweck an die eigene, gewillkürte Schriftform in gleicher Weise wie an eine gesetzliche. Eine konstitutive Schriftformklausel macht das Änderungs-, Ergänzungs- und Aufhebungsrechtsgeschäft formbedürftig, ein Abstellen auf die "im Zweifel"-Regelung entbehrlich.[1202] Die Parteien können also die konstitutive Schriftformklausel nicht jederzeit wieder formlos, sondern nur förmlich (schriftlich) außer Wirkung setzen, wobei in einzelnen Fällen die Bestimmungen zu Treu und Glauben zu einer anderen Rechtslage führen können. Ein solches Ergebnis genügt nicht nur den Bedürfnissen der Praxis, sondern auch den dogmatischen und systematischen Anforderungen der Rechtslehre.

Auch zeigt sich für Deutschland, daß die Erkenntnisse und rechtlichen Lösungen in den USA (§ 2-209 Uniform Commercial Code, § 15-301 New York General Obligations Law) manches zur Erhellung der Bedeutung von Schriftformklauseln beitragen können. Die Rechtslage in den USA spricht für die in dieser Abhandlung vorgeschlagene Argumentation - ebenso wie die vom UN-Kaufrecht geschaffene (Art. 29 Abs. 2 UN-Kaufrecht). Das UN-Kaufrecht hat den Außenhandel der Vertragsstaaten auf eine neue rechtliche Grundlage gestellt und wird auch im Handel zwischen Angehörigen von Nicht-Mitgliedstaaten als Drittrecht, das vertraglich vereinbart werden kann, Geltung erlangen; dadurch wird es den internationalen Warenaustausch künftig nachhaltig beeinflussen.[1203] Das UN-Kaufrecht wird sich aber nicht nur auf den Welthandel auswirken, sondern als geltendes Recht auch nationale Kaufrechte beeinflussen.[1204] Dies bedeutet, die von Art. 29 Abs. 2 UN-Kaufrecht geschaffene Rechtslage wird international über die Jahre an Bedeutung gewinnen. Die deutsche und schweizerische Rechtsprechung sollten letztere Rechtslage zum Anlaß nehmen, ihre Praxis hinsichtlich Bedeutung

1202 Das schweizerische Recht entspricht dem für das deutsche Recht entwickelten Lösungsvorschlag: Eine konstitutive Schriftformklausel macht das Änderungsrechtsgeschäft gemäß Art. 16 Abs. 1 OR analog formbedürftig, auf das Wort "vermutet" in Art. 16 Abs. 1 OR muss dann nicht mehr rekurriert werden. Auch nach schweizerischem Recht ist indes über den - dort freilich nicht kodifizierten, aber als allgemeine Rechtsanwendungsnorm anerkannten - Konversionsweg in einzelnen Fällen ein wirksamer (formfreier) Erlaßvertrag (Art. 115 OR) anzunehmen. Desweiteren kann gelegentlich der Grundsatz von Treu und Glauben (Art. 2 ZGB) zu einer anderen Rechtslage führen.

1203 **Bucher, E.** (1991), 13; **Piltz** (1991), Rn. 3.

1204 **Bucher, E.** (1991), 49.

und Wirkung der Schriftformklausel im nationalen deutschen bzw. schweizerischen Recht zu überdenken und - so die Empfehlung aufgrund der Ergebnisse vorliegender Abhandlung - zu korrigieren. Es läßt sich nur schwer vorstellen, daß die von der deutschen und schweizerischen Rechtsprechung teilweise verwendete Formulierung, die Schriftformklausel könne formlos aufgehoben bzw. beiseitegeschoben werden, aufrechterhalten werden kann.

Schließlich hat sich hinsichtlich der Auswirkungen des AGB-Gesetzes auf die Bedeutung von Vertragsklauseln, die nachträgliche Änderungen und Ergänzungen sowie die Aufhebung des Vertrages der Schriftform unterwerfen, gezeigt, daß sowohl die Vorarbeiten zu diesem Gesetz und seine reichhaltige Kommentierung als auch seine bisherige Anwendung in der Praxis so gut wie nichts zur wissenschaftlichen Erhellung die Schriftformklausel betreffender Fragen beigetragen haben.

In vorliegender Studie wurde versucht, die auffällige Diskrepanz zwischen dem unsicheren Umgang mit Schriftformklauseln in Rechtsprechung und Rechtslehre sowie deren gleichzeitige Unverzichtbarkeit für das Vertragsleben exemplarisch zu belegen. Um diesem unabdingbaren Bedürfnis der Praxis genüge zu tun, wird hier deshalb vorgeschlagen, Schriftformklauseln so zu formulieren, daß die Rechtsfolge eines Formverstoßes stets der Klausel selbst zu entnehmen ist; dann muß auch nicht auf die Worte "im Zweifel" in § 125 Satz 2 BGB[1205] zurückgegriffen werden. Die Parteien sollten also ihre Bestimmung so genau abfassen, daß über deren Sinn kein Zweifel bleibt und es einer Auslegung nicht bedarf.[1206] Der Vorschlag einer für die Praxis tauglichen und mit dem Gesetz in Einklang stehenden konstitutiven Schriftformklausel, die auf den Erkenntnissen von Lehre und Rechtsprechung basiert, lautet deshalb folgendermaßen:

> ***"Änderungen, Ergänzungen sowie die Aufhebung dieses Vertrages sind nur dann wirksam, wenn sie schriftlich erfolgen. Erfolgt hingegen seine Änderung, Ergänzung oder Aufhebung formlos, so ist sie nichtig."***

1205 Für das schweizerische Recht: auf das Wort "vermutet" in Art. 16 Abs. 1 OR.

1206 **Von Tuhr** (1910), Einleitung VI. 2, 27.

FSC
www.fsc.org
MIX
Papier | Fördert
gute Waldnutzung
FSC® C083411

Kolibri 360 GmbH
Ferdinand-Jühlke-Straße 7
99095 Erfurt, Deutschland
produktsicherheit@kolibri360.de